城市轨道交通工程
施工图设计文件技术审查要点

住房城乡建设部

中国建筑工业出版社

图书在版编目（CIP）数据

城市轨道交通工程施工图设计文件技术审查要点/住房城乡建设
部. —北京：中国建筑工业出版社，2015.7
ISBN 978-7-112-18273-2

Ⅰ.①城… Ⅱ.①住… Ⅲ.①城市铁路-轨道交通-工程施工-
工程制图-标准 Ⅳ.①U239.5

中国版本图书馆 CIP 数据核字（2015）第 155432 号

责任编辑：刘 江 范业庶 万 李
责任设计：王国羽
责任校对：姜小莲 赵 颖

城市轨道交通工程施工图设计文件技术审查要点
住房城乡建设部
*
中国建筑工业出版社出版、发行（北京西郊百万庄）
各地新华书店、建筑书店经销
北京红光制版公司制版
北京圣夫亚美印刷有限公司印刷
*
开本：787×1092毫米 1/16 印张：20¾ 字数：428千字
2015 年 7 月第一版 2017 年 9 月第三次印刷
定价：**58.00** 元
ISBN 978-7-112-18273-2
（27513）

住房城乡建设部文件

建质〔2015〕68 号

住房城乡建设部关于印发城市轨道交通工程施工图设计文件技术审查要点的通知

各省、自治区住房城乡建设厅，北京市规划委，天津市城乡建设委，上海市城乡建设和管理委员会，重庆市城乡建设委，新疆生产建设兵团建设局：

为贯彻《房屋建筑和市政公用基础设施工程施工图设计文件审查管理办法》（住房城乡建设部令第 13 号），进一步做好城市轨道交通工程施工图设计文件审查工作，我部组织编制了《城市轨道交通工程施工图设计文件技术审查要点》。现印发给你们，请参照执行。

住房城乡建设部

2015 年 5 月 22 日

前　言

受中华人民共和国住房和城乡建设部工程质量安全监管司委托，中国勘察设计协会组织北京城建信捷轨道交通工程咨询有限公司等单位，经过广泛调查研究，认真总结城市轨道交通工程施工图设计文件审查实践经验，在广泛征求城市轨道交通建设主管部门、轨道交通施工图审查机构、勘察设计单位意见的基础上，制定本要点。

在本要点执行过程中如发现需修改和补充之处，请及时向中国勘察设计协会反映，以供今后修订时参考。

本要点由中国勘察设计协会组织编写。

主编单位：北京城建信捷轨道交通工程咨询有限公司

参编单位：中铁工程设计咨询集团有限公司

　　　　　武汉铁四院工程咨询有限公司

　　　　　武汉中交工程咨询顾问有限责任公司

参编人员：陆　明　刘爱华　熊晓红　李新禄　常中华　阚　孜　张晓林　张建良

　　　　　郭德友　陈　阳　戴　群　裴晓莉　毛望琴　邱庆珠　杨萍芬　王　锋

　　　　　周辰龙　李湘久　李文英　曾向荣　张格妍　李　杨　喻智宏　马静芬

　　　　　徐　文　白世军　梁莉霞　张艳伟　黄纯昉　马文胜　卢桂英　马安泉

审查人员：王树平　叶　嘉　刘宝权　冯金海　林剑峰　王元湘　陈　曦　余　乐

　　　　　沈子钧　陈　东　朱悦明　惠丽萍　冯燕宁

编 制 说 明

受中华人民共和国住房和城乡建设部工程质量安全监管司委托，中国勘察设计协会组织，由北京城建信捷轨道交通工程咨询有限公司牵头编写了《城市轨道交通工程施工图设计文件技术审查要点》（以下简称《要点》）。本《要点》规定了我国城市轨道交通领域中地铁工程施工图设计文件技术审查内容，是地铁系统工程设计文件技术审查的依据。

一、编制《要点》的目的：

统一审查标准、突出重点并减少审查人员的自由裁量权，保证施工图技术审查的质量，同时提高审查工作效率。

二、"审查要点"编制思路：

1. 将审查要点分为两大类：针对设计文件的审查要点和针对设计规范（标准）执行情况的审查要点，分别确定审查点和审查内容。

2. 收集规定"审查点"："审查点"是指设计文件中与工程建设和运营安全密切相关，涉及公共利益、公众安全的设计部位（一般包含设计说明、设计图纸、设计计算书、设计规范的技术规定等）。

3. 确定"审查内容"：

（1）现行工程建设设计标准中的强制性条文，是进行施工图设计文件审查的基本依据，所有与其相关的审查点和审查内容均应与其符合。

（2）现行工程建设设计标准中的一般性条文中，凡是涉及公共利益和公众安全的并以严格要求（如"应"、"必须"、"不得"等）表述的条文，亦应作为审查依据对设计文件中的相关内容进行审查。

（3）国务院颁布的《建设工程安全生产管理条例》、《建设工程质量管理条例》、《建设工程勘察设计管理条例》中与工程设计相关的规定亦列入本《要点》作为施工图审查的审查依据。

4. 本《要点》的编制依据：根据《房屋建筑和市政基础设施工程施工图设计文件审查管理办法》（中华人民共和国住房和城乡建设部令第13号）和《住房城乡建设部办公厅关于加强城市轨道交通工程施工图设计文件审查管理工作的通知》（建办质〔2012〕25号）的要求，本《要点》以《地铁设计规范》GB 50157及其推荐使用的相关设计规范为主要编制依据。

三、本《要点》涉及的专业：

依据《住房城乡建设部办公厅关于加强城市轨道交通工程施工图设计文件审查管理工作的通知》（建办质〔2012〕25号）的要求："除继续加强城市轨道交通工程土建工程的审查外，要将城市轨道交通工程设备系统纳入审查内容"，编制中将《地铁设计规范》GB 50157涉及的相关专业均纳入本《要点》。

四、本《要点》的适用范围：

1. 适用于新建的国内城市轨道交通工程（地铁工程）施工图设计文件审查。

2. 针对轨道交通工程施工图设计文件的技术性审查，不包含程序性审查。

3. 所列审查内容是工程涉及公共利益、公众安全的基本要求，各地在审查过程中还应满足相关地方标准的规定。

4. 各地可结合属地施工图设计文件管理规定，适当增加审查内容，但不应减少本《要点》规定的审查内容。

五、本《要点》所列"审查点"是保证轨道交通工程设计质量和安全的基本要求，并不是设计的全部内容。设计单位应全面执行工程建设标准、法律、法规和政府文件。

六、本《要点》颁布之后，如工程建设标准、法律、法规和政府文件有修订（或补充）时，应以修订（或补充后）的内容为准，《要点》中采用的规范及编号见附录A。

七、本《要点》收录的强制性条文，均采用黑体字标识。

目　　录

1 总　　则

1.1　为指导和规范我国城市轨道交通工程施工图设计文件审查工作，使城市轨道交通工程施工图设计文件的设计符合现行设计规范中的强制性条文（以下简称强条）和涉及公共安全、公众利益的条文规定；使施工图设计文件审查标准统一，提高审查工作效率，保证审查工作质量，根据《房屋建筑和市政基础设施工程施工图设计文件审查管理办法》（中华人民共和国住房和城乡建设部令第 13 号，详见附录 D）和《住房城乡建设部办公厅关于加强城市轨道交通工程施工图设计文件审查管理工作的通知》（建办质〔2012〕25 号，详见附录 E）的要求，特制定本《城市轨道交通工程施工图设计文件技术审查要点》（以下简称《要点》）。

1.2　本《要点》主要适用于新建的国内城市轨道交通工程（地铁工程）施工图设计文件审查。改建、扩建的地铁系统工程及其他制式的轨道系统工程施工图设计文件的审查，应结合自身系统的特点，参照本《要点》相关内容执行。

1.3　本《要点》主要由下列内容组成：

1. 审查专业

包含轨道交通工程施工图设计文件涉及的所有专业。

2. 审查点

《要点》中的"审查点"规定了各专业审查人员在审查工作中必须审查的项目（审查点）和审查内容。

3. 审查依据的规范条款

"审查点"所对应的规范条款及内容均选自与轨道交通工程相关的现行设计标准、规范、规程及法规等，所选条款包括强制性条文、涉及公共利益、公众安全的条文及与设计深度相关的内容。

1.4　除本《要点》规定的审查点外，政府部门颁布的与轨道交通工程建设技术管理相关的规定，且需在施工图设计文件中落实的事项，也应作为审查内容。

1.5　各专业尚需审查下列内容：

1. 设计文件是否符合《城市轨道交通工程设计文件编制深度规定》（2013 年版），《城市轨道交通工程设计文件编制深度规定》中未包含的地面建筑工程（如：控制中心、车辆基地建筑等）相关专业的审查按《建筑工程设计文件编制深度规定》（2008 年版）的要求执行；

2. 对初步设计评审意见、风险专项论证、抗震专项论证、节能、环保等的评审、论证意见是否得到执行；

3. 工程设计使用的岩土工程勘察文件是否已审查且合格；

4. 是否使用属于淘汰或禁止使用的建筑材料；使用限制使用的建筑材料时，是否符合相应的限制条件；

5. 设计文件中规定采用的新技术、新材料，可能影响建设工程质量和安全，又没有国家技术标准的，应当由国家认可的检测机构进行试验、论证，出具检测报告，并经国务院有关部门或者省、自治区、直辖市人民政府有关部门组织的建设工程技术专家委员会审定后，方可使用，并应在设计中提出保障施工作业人员安全和预防生产安全事故的措施建议；

6.《城市轨道交通技术规范》GB 50490—2009 的全部条文为强制性条文，均作为审查依据；

7. 地方标准有规定的，亦应审查是否符合地方标准；

8. 勘察设计企业、注册执业人员以及相关人员是否按相关规定在施工图设计文件（包括图纸和计算书）上加盖相应的图章和签字。

1.6 地面建筑（如：控制中心、车辆基地建筑等）各专业的技术审查，除按照本《要点》及《地铁设计规范》GB 50157 相关内容审查外，还应按照《建筑工程施工图设计文件技术审查要点》相关内容审查。

1.7 除按《实施工程建设强制性标准监督规定》（中华人民共和国建设部令第 81 号）第五条规定进行审定（或备案）的情况外，审查中发现的不符合"强条"或违反法规的问题，必须进行修改，否则不能通过审查。

对于审查中发现的其他问题，如设计未严格执行本《要点》的规定，应有充分的依据。审查时应根据相关标准的"用词说明"，按其用词的严格程度予以区别对待。

1.8 除本《要点》内容外，施工图审查尚应包括现行有关地方性法规规定的内容。

1.9 审查人应对审查出的问题进行分类标注，问题类别分为以下四类：

"强条"——违反设计标准、规范中强制性条文或相关法规；属性为"强条"的审查意见，除 1.7 规定的情况外，要求设计单位必须改正。

"一般"——违反设计标准、规范中，涉及公共利益、公众安全的非强制性条文；属性为"一般"的审查意见，设计单位未严格执行应有充分的依据。

"深度"——设计深度不符合中华人民共和国住房和城乡建设部颁发的《城市轨道交通工程设计文件编制深度规定》和《建筑工程设计文件编制深度规定》。

"其他"——设计文件中存在的其他问题、差错，或对优化设计的建议。

2 限 界

编号	审查点	执行设计规范（标准）情况的审查内容
2.1 建筑限界		
2.1.1	缓和曲线地段矩形隧道加宽方法；站台及站台门限界加宽方法的规定	GB 50157—2013 5.3.2-3 3 缓和曲线地段矩形隧道建筑限界加宽方法应按本规范附录 E 的规定计算。
2.1.2	圆形或马蹄形隧道在曲线超高地段偏移量的规定	GB 50157—2013 5.3.5 圆形或马蹄形隧道在曲线超高地段，应采用隧道中心向线路基准线内侧偏移的方法解决轨道超高造成的内外侧不均匀位移量。位移量应按下列公式计算： 1 按半超高设置时，应按下列公式计算： $$y' = h_0 \cdot h/s \qquad (5.3.5\text{-}1)$$ $$z' = -h_0 \cdot (1 - \cos\alpha) \qquad (5.3.5\text{-}2)$$ 2 按全超高设置时，应按下列公式计算： $$y' = h_0 \cdot h/s \qquad (5.3.5\text{-}3)$$ $$z' = h/2 - h_0 \cdot (1 - \cos\alpha) \qquad (5.3.5\text{-}4)$$ 式中：y'——隧道中心线对线路基准线内侧的水平位移量（mm）； z'——隧道中心线竖向位移量（mm）； h_0——隧道中心至轨顶面的垂直距离（mm）。
2.1.3	隧道外建筑限界的规定	GB 50157—2013 5.3.6 隧道外建筑限界的确定，应符合下列规定： 1 隧道外的区间建筑限界，应按隧道外设备限界及设备安装尺寸计算确定； 2 无疏散平台时，建筑限界宽度的计算方法应按矩形隧道建筑限界制定方法确定；有疏散平台时，疏散平台和设备限界的安全间隙不应小于50mm。疏散平台宽度应符合本规范第5.2节的规定； 3 设置接触网支柱、防护栏或声屏障支柱时，应保证与设备限界之间有足够的设备安装空间；无设备时，设备限界与建（构）筑物之间的安全间隙不应小于50mm；当采用接触轨授电时，还应满足受流器与轨旁设备之间电气安全距离的要求；

编号	审查点	执行设计规范（标准）情况的审查内容
2.1.3	隧道外建筑限界的规定	4 建筑限界高度应符合下列规定： 1）A 型车和 B_2 型车应按受电弓工作高度和接触网系统高度加轨道结构高度确定； 2）B_1 型车应按设备限界高度和轨道结构高度另加不小于 200mm 安全间隙。
2.1.4	道岔区建筑限界	GB 50157—2013　5.3.7 道岔区的建筑限界，应在直线地段建筑限界的基础上，根据不同类型的道岔和车辆技术参数，分别按欠超高和曲线轨道参数计算合成后进行加宽。 采用接触轨受电的道岔区，当电缆从隧道顶部过轨时，应核查顶部高度，必要时应采取局部加高措施。
2.1.5	车站限界的规定	GB 50157—2013　5.3.8 车站直线地段建筑限界，应符合下列规定： 1 站台面不应高于车厢地板面，站台面距轨顶面的高度，应符合下列规定： 1）A 型车应为 1080mm±5mm； 2）B_1、B_2 型车应为 1050mm±5mm； 2 站台计算长度内的站台边缘至轨道中心线的距离，应按不侵入车站车辆限界确定。站台边缘与车辆轮廓线之间的间隙，应符合下列规定： 1）当车辆采用塞拉门时采用 100^{+5}_{0}mm； 2）当车辆采用内藏或外挂门时采用 70^{+5}_{0}mm； 3 车站设置站台门时，站台门的滑动门体至车辆轮廓线（未开门）之间的净距，当车辆采用塞拉门时，应采用 130^{+15}_{-5}mm；当车辆采用内藏门或外挂门时，应采用 100^{+15}_{-5}mm；站台门顶箱与车站车辆限界之间，应保持不小于 25mm 的安全间隙； 4 站台计算长度外的站台边缘至轨道中心线距离，宜按设备限界另加不小于 50mm 安全间隙确定； 5 站端设有道岔的车站与盾构区间相接时，道岔岔心与盾构管片起点距离，应符合下列规定： 1）9 号道岔不宜小于 18m，困难条件下采用 13m； 2）12 号道岔不宜小于 21m，困难条件下采用 16m； 6 车站范围内其余部位建筑限界，应按区间建筑限界的规定执行。 GB 50157—2013　5.3.9 曲线站台边缘至车门门槛之间的间隙，应按站台类型、车辆参数和曲线半径计算确定。曲线车站站台边缘与车厢地板面高度处车辆轮廓线的水平间隙不应大于 180mm。

编号	审查点	执行设计规范（标准）情况的审查内容
2.1.6	隔断门限界的规定	GB 50157—2013　5.3.10 轨道区隔断门建筑限界宽度，其门框内边缘至设备限界应有不小于100mm安全间隙；隔断门建筑限界高度宜与区间矩形隧道高度相同。

2.2　设备及管线布置

编号	审查点	执行设计规范（标准）情况的审查内容
2.2.1	设备与设备限界间的安全间隙规定	GB 50157—2013　5.4.1 轨道区内安装的设备和管线（含支架）与设备限界应保持不小于50mm的安全间隙（架空接触网和接触轨除外）。
2.2.2	区间隧道内管线设备布置的规定	GB 50157—2013　5.4.4-2、6 区间隧道内管线设备布置应符合下列要求： 2　疏散平台上方应保持不小于2000mm的疏散空间； 6　当接触网（轨）隔离开关安装在轨道区时，隧道建筑限界必要时应予加宽，并应留出周边管线安装空间。

2.3　限界间隙

编号	审查点	执行设计规范（标准）情况的审查内容
2.3.1	建筑限界高度的规定	GB 50490—2009　6.0.3 当采用顶部架空接触网授电时，建筑限界高度应按受电弓工作高度和接触网系统结构高度计算确定；当采用侧向接触网或接触轨授电时，建筑限界高度应按设备限界高度加不小于200mm的安全间隙计算确定。
2.3.2	建筑限界宽度的规定	GB 50490—2009　6.0.4 建筑限界宽度应符合下列规定： 1　对双线区间，当两线间无建（构）筑物时，两条线设备限界之间的安全间隙不应小于100mm。 2　对单线地下区间，当无构筑物或设备时，隧道结构与设备限界之间的距离不应小于100mm；当有构筑物或设备时，设备限界与构筑物或设备之间的安全间隙不应小于50mm。 3　对高架区间，设备限界与建（构）筑物之间的安全间隙不应小于50mm；当采用接触轨授电时，还应满足受流器与轨旁设备之间电气安全距离的要求。 4　当地面线外侧设置防护栏杆、接触网支柱等构筑物时，应保证与设备限界之间有足够的设备安装空间。 5　人防隔断门、防淹门的建筑限界与设备限界在宽度方向的安全间隙不应小于100mm。

编号	审查点	执行设计规范（标准）情况的审查内容
2.3.3	站台与车体水平间隙的规定	GB 50490—2009　6.0.5 车站站台不应侵入车辆限界；直线车站站台边缘与车厢地板面高度处车辆轮廓线的水平间隙不应大于100mm，曲线车站站台边缘与车厢地板面高度处车辆轮廓线的水平间隙不应大于180mm。
2.3.4	站台高度限界的规定	GB 50490—2009　6.0.6 在任何工况下，车站站台面的高度均不得高于车辆客室地板面的高度；在空车静止状态下，二者高差不应大于50mm。
2.3.5	站台门限界的规定	GB 50490—2009　6.0.7 站台屏蔽门不应侵入车辆限界，直线车站时，站台屏蔽门与车体最宽处的间隙不应大于130mm。
2.3.6	建筑限界与设备限界间最小间隙的规定	CJJ 96—2003　3.3.10-4 4　车站范围内有墙、柱处的建筑限界：当墙、柱上悬挂设备时，应按设备限界加400～500mm空隙确定；当墙、柱上不安装设备或管线时，线路中心线至墙柱的建筑限界可按设备限界加200mm空隙确定；困难条件下不应小于100mm。
2.3.7	站台边缘与车厢地板高度处间隙的规定	CJJ 96—2003　3.3.10-2 2　有效站台范围内，站台边缘与车厢地板面高度处的车辆限界之间的水平间隙不宜小于10mm，站台边缘与车厢地板面高度处的车辆轮廓线之间的水平间隙不应大于100mm。

2.4　其他

编号	审查点	执行设计规范（标准）情况的审查内容
2.4.1	过站最大速度的规定	GB 50490—2009　4.1.3-3 在运营期间，线路上的列车最高运行速度应满足下列要求： 3　在站台计算长度范围内，当不设站台屏蔽门时，越站列车实际运行速度不应大于40km/h。
2.4.2	上线运营的车辆限界规定	GB 50490—2009　6.0.9 线路上运行的其他车辆均不应超出所运行线路的车辆限界。
2.4.3	疏散平台限界的规定	GB 50157—2013　5.2.2-6 6　当区间设置疏散平台时，疏散平台应符合下列要求： 1）疏散平台最小宽度应符合表5.2.2的规定； 表5.2.2　疏散平台最小宽度（mm） 2）疏散平台的高度（距轨顶面）应小于等于900mm。

表5.2.2　疏散平台最小宽度（mm）

区域及条件 设置位置	隧道内		隧道外	
	一般情况	困难情况	一般情况	困难情况
单线（设于一侧）	700	550	700	550
双线（设于中央）	1000	800	1000	800

3　线　路

编号	审查点	执行设计规范（标准）情况的审查内容

3.1　一般规定

地铁线路施工图审查时应结合国家规范、地方标准和各类技术文件及实际情况，综合权衡确定。

编号	审查点	执行设计规范（标准）情况的审查内容
3.1.1	地铁选线规定	GB 50157—2013　6.1.2-4 地铁选线应符合下列规定： **4　地铁线路之间交叉，以及地铁线路与其他交通线路交叉时，必须采用立体交叉方式。** GB 50157—2013　6.1.2-7 地铁选线应符合下列规定： 7　地铁线路与相近建筑物距离应符合城市环境、风景名胜和文物保护的要求。地上线必要时应采取针对振动、噪声、景观、隐私、日照的治理措施，并应满足城市环境相关的规定；地下线应减少振动对周围敏感点的影响。
3.1.2	线路敷设方式规定	GB 50157—2013　6.1.6-3、4 线路敷设方式应符合下列规定： 3　高架线路应注重结构造型和控制规模、体量，并应注意高度、跨度、宽度的比例协调，其结构外缘与建筑物的距离应符合现行国家标准《建筑设计防火规范》GB 50016 和《高层民用建筑设计防火规范》GB 50045 的有关规定，高架线应减小对地面道路交通、周围环境和城市景观的影响； 4　地面线应按全封闭设计，并应处理好与城市道路红线及其道路断面的关系，地面线应具备防淹、防洪能力，并应采取防侵入和防偷盗设施。

3.2　线路平面

编号	审查点	执行设计规范（标准）情况的审查内容
3.2.1	平面曲线设计规定	GB 50157—2013　6.2.1-1、3、5、6 平面曲线设计应符合下列规定： 1　线路平面圆曲线半径应根据车辆类型、地形条件、运行速度、环境要求等综合因素比选确定。最小曲线半径应符合表 6.2.1-1 的规定； 表 6.2.1-1　圆曲线最小曲线半径（m）

表 6.2.1-1　圆曲线最小曲线半径（m）

车型 线路	A 型车		B 型车	
	一般地段	困难地段	一般地段	困难地段
正　线	350	300	300	250
出入线、联络线	250	150	200	150
车场线	150	—	150	—

编号	审查点	执行设计规范（标准）情况的审查内容
3.2.1	平面曲线设计规定	3 车站站台宜设在直线上，当设在曲线上，其站台有效长度范围的线路曲线最小半径，应符合表6.2.1-2的规定；

表 6.2.1-2 车站曲线最小半径（m）

车 型		A 型车	B 型车
曲线半径	无站台门	800	600
	设站台门	1500	1000

5 圆曲线最小长度，在正线、联络线及车辆基地出入线上，A 型车不宜小于 25m，B 型车不宜小于 20m；在困难情况下，不得小于一节车辆的全轴距；车场线不应小于 3m；

6 新建线路不应采用复曲线，在困难地段，应经技术经济比较后采用。复曲线间应设置中间缓和曲线，其长度不应小于 20m，并应满足超高顺坡率不大于 2‰的要求。

编号	审查点	执行设计规范（标准）情况的审查内容
3.2.2	缓和曲线设计规定	GB 50157—2013　6.2.2-1、2、4 缓和曲线设计应符合下列规定： 1 线路平面圆曲线与直线之间应设置三次抛物线型的缓和曲线； 2 缓和曲线长度应根据曲线半径、列车通过速度以及曲线超高设置等因素确定； 4 当圆曲线较短和计算超高值较小时，可不设缓和曲线，但曲线超高应在圆曲线外的直线段内完成递变。'

编号	审查点	执行设计规范（标准）情况的审查内容
3.2.3	曲线间夹直线设计规定	GB 50157—2013　6.2.3 曲线间的夹直线设计应符合下列规定： 1 正线、联络线及车辆基地出入线上，两相邻曲线间，无超高的夹直线最小长度，应按表6.2.3确定；

表 6.2.3 夹直线最小长度（m）

正线、联络线、出入线	一般情况	$\lambda \geqslant 0.5V$	
	困难时最小长度 λ	A 型车	B 型车
		25	20

注：V 为列车通过夹直线的运行速度（km/h）。

2 道岔缩短渡线，其曲线间夹直线可缩短为 10m。

3.3 线路纵断面

编号	审查点	执行设计规范（标准）情况的审查内容
3.3.1	线路坡度设计规定	GB 50157—2013　6.3.1-1.2 线路坡度设计应符合下列规定： 1 正线的最大坡度宜采用 30‰，困难地段最大坡度可采用 35‰，在山地城市的特殊地形地区，经技术经济比较，有充分依据时，最大坡度可采用 40‰； 2 联络线、出入线的最大坡度宜采用 40‰。

编号	审查点	执行设计规范（标准）情况的审查内容
3.3.2	车站及配线坡度设计规定	GB 50157—2013 6.3.2-1、2、3、4 车站及其配线坡度设计应符合下列规定： 1　车站宜布置在纵断面的凸型部位上，可根据具体条件，按节能坡理念，设计合理的进出站坡度和坡段长度； 2　车站站台范围内的线路应设在一个坡道上，坡度宜采用2‰，当具有有效排水措施或与相邻建筑物合建时，可采用平坡； 3　具有夜间停放车辆功能的配线，应布置在面向车挡或区间的下坡道上，隧道内的坡度宜为2‰，地面和高架桥上坡度不应大于1.5‰； 4　道岔宜设在不大于5‰的坡道上。在困难地段应采用无砟道床，尖轨后端为固定接头的道岔，可设在不大于10‰的坡道上。
3.3.3	坡段与竖曲线设计规定	GB 50157—2013 6.3.3 坡段与竖曲线设计应符合下列规定： 1　线路坡段长度不宜小于远期列车长度，并应满足相邻竖曲线间的夹直线长度不小于50m的要求； 2　两相邻坡段的坡度代数差等于或大于2‰时，应设圆曲线型的竖曲线连接，竖曲线的半径不应小于表6.3.3的规定； 表6.3.3　竖曲线半径（m） | 线　别		一般情况	困难情况
---	---	---	---
正　线	区间	5000	2500
	车站端部	3000	2000
联络线、出入线、车场线		2000		 3　车站站台有效长度内和道岔范围内不得设置竖曲线，竖曲线离开道岔端部的距离应符合表6.2.4-2的规定。
3.3.4	竖曲线与缓和曲线设置规定	GB 50157—2013 6.3.6 竖曲线与缓和曲线或超高顺坡段在有砟道床地段不得重叠。在无砟道床地段竖曲线与缓和曲线重叠时，每条钢轨的超高最大顺坡率不得大于1.5‰。

3.4　配线设置

编号	审查点	执行设计规范（标准）情况的审查内容
3.4.1	联络线设置规定	GB 50157—2013 6.4.1-3 联络线设置应符合下列规定 3　相邻两段线路初期临时贯通且正式载客运行的联络线，应设置双线。
3.4.2	折返线与停车线设置规定	GB 50157—2013 6.4.3-3、4、5、7 折返线与停车线设置应符合下列规定： 3　正线应每隔5座～6座车站或8km～10km设置停车线，其间每相隔2座～3座车站或3km～5km应加设渡线；

编号	审查点	执行设计规范（标准）情况的审查内容
3.4.2	折返线与停车线设置规定	4　停车线应具备故障车待避和临时折返功能。停车线设在中间折返站时，应与折返线分开设置，在正常运营时段，不宜兼用。停车线尾端应设置单渡线与正线贯通； 5　远离车辆段或停车场的尽端式车站配线，除应满足折返功能外，还应满足故障列车停车、夜间存车和工程维修车辆折返等功能要求； 7　折返线、故障列车停车线有效长度（不含车挡长度）不应小于表6.4.3的规定。 **表6.4.3　折返线、故障列车停车线有效长度（m）** 表见下

表6.4.3（位于编号3.4.2行内）：

配线名称	有效长度＋安全距离（不含车挡长度）
尽端式折返线、停车线	远期列车长度＋50
贯通式折返线、停车线	远期列车长度＋60

编号	审查点	执行设计规范（标准）情况的审查内容
3.4.3	安全线设置规定	GB 50157—2013　6.4.5 安全距离与安全线的设置应符合下列规定： 1　支线与干线接轨的车站应设置平行进路，在出站方向接轨点道岔处的警冲标至站台端部距离，不应小于50m，小于50m时应设安全线； 2　车辆基地出入线，在车站接轨点前，线路不具备一度停车条件，或停车信号机至警冲标之间小于50m时，应设置安全线。采用八字形布置在区间与正线接轨时，应设置安全线； 3　列车折返线与停车线末端均应设置安全线，其长度应符合本规范第6.4.3条第7款的规定； 4　安全线自道岔前端基本轨缝（含道岔）至车挡前长度应为50m（不含车挡）。在特殊情况下，缩短长度可采取限速和增加阻尼措施。

4 轨 道

编号	审查点	执行设计规范（标准）情况的审查内容

4.1 一般规定

编号	审查点	执行设计规范（标准）情况的审查内容
4.1.1	轨道结构的性能要求	GB 50157—2013　7.1.1 轨道结构应具有足够的强度、稳定性、耐久性、绝缘性和适量弹性。 GB 50157—2013　7.1.2 轨道结构设计应根据车辆运行条件确定轨道结构的承载能力，并应符合质量均衡、弹性连续、结构等强、合理匹配的原则。
4.1.3	轨道结构的耐久性	GB 50157—2013　7.1.3 **无砟轨道主体结构及混凝土轨枕的设计使用年限不应低于100年。**
4.1.3	环境保护	GB 50157—2013　7.1.5 轨道结构设计应根据工程环境影响评价的要求，并与车辆等系统综合协调后，采取相应减振措施。

4.2 基本技术要求

编号	审查点	执行设计规范（标准）情况的审查内容
4.2.1	轨距的加宽及递减	GB 50157—2013　7.2.2 标准轨距为1435mm，半径小于250m的曲线地段应进行轨距加宽，加宽值应符合表7.2.2的规定。轨距加宽值应在缓和曲线范围内递减，无缓和曲线或其长度不足时，应在直线地段递减。递减率不宜大于2‰。

表 7.2.2　曲线地段轨距加宽值

曲线半径 R（m）	加宽值（mm）	
	A 型车	B 型车
250＞R≥200	5	—
200＞R≥150	10	5
150＞R≥100	15	10

编号	审查点	执行设计规范（标准）情况的审查内容
4.2.2	曲线超高	GB 50157—2013　7.2.3 曲线超高应按下式计算。设置的最大超高应为120mm，未被平衡超高允许值不宜大于61mm，困难时不应大于75mm。车站站台有效长度范围内曲线超高不大于15mm：

$$h=\frac{11.8V_c^2}{R} \tag{7.2.3}$$

式中：h——超高值（mm）；

V_c——列车通过速度（km/h）；

R——曲线半径（m）。

GB 50157—2013　7.2.4-2

曲线超高设置应符合下列规定：

2　超高顺坡率不宜大于2‰，困难地段不应大于2.5‰。曲线超高值应在缓和曲线内递减，无缓和曲线或其长度不足时，应在直线段递减。

编号	审查点	执行设计规范（标准）情况的审查内容
4.2.3	扣件铺设数量	GB 50157—2013　7.2.7 扣件铺设数量应符合表7.2.7的规定。 **表7.2.7　扣件铺设数量**（对/km） 见下表

GB 50157—2013　7.2.7

扣件铺设数量应符合表7.2.7的规定。

表7.2.7　扣件铺设数量（对/km）

道床型式	正线、试车线、出入线		其他配线	车场线（不含试车线）
	直线及 $R>400m$ 坡度 $i<20‰$	$R≤400m$ 或坡度 $i≥20‰$		
无砟道床	1600～1680	1680	1600	1440
混凝土枕有砟道床	1600～1680	1680～1760	1600～1680	1440
无缝线路混凝土枕有砟道床	1680～1760	1760～1840	—	—
木枕有砟道床	1680～1760	1760～1840	1680	1440

4.3　轨道部件

编号	审查点	执行设计规范（标准）情况的审查内容
4.3.1	钢轨选型与连接	GB 50157—2013　7.3.1-2、3 钢轨应符合下列规定： 2　正线有缝线路地段的钢轨接头应采用对接，曲线内股应采用厂制缩短轨。配线和车场线半径不大于200m的曲线地段钢轨接头应采用错接，错接距离不应小于3m； 3　不同类型的钢轨应采用异型钢轨连接。
4.3.2	道岔类型	GB 50157—2013　7.3.4-2 2　正线道岔钢轨类型应与相邻区间钢轨类型一致，并不得低于相邻区间钢轨的强度等级及材质要求。 注：地铁正线、辅助线和试车线宜采用不小于9号各类道岔，车场线咽喉区宜用不大于7号各类道岔，并宜采用AT尖轨、高锰钢辙叉和可调式护轨。
4.3.3	道岔区变形缝的设置	GB 50157—2013　7.3.4-5 5　道岔转辙器和辙叉部位不应设在隧道变形缝或梁缝上。
4.3.4	道岔允许通过速度	GB 50157—2013　7.3.4-6 6　正线道岔直向允许通过速度不应小于区间设计速度，侧向允许通过速度不宜小于30km/h。

4.4　道床结构

编号	审查点	执行设计规范（标准）情况的审查内容
4.4.1	无砟道床混凝土强度等级及道床结构耐久性	GB 50157—2013　7.4.1-1 1　混凝土强度等级，隧道内和U形结构地段不应低于C35，高架线和地面线地段不应低于C40，道床结构的耐久性应满足设计使用年限100年的规定。

编号	审查点	执行设计规范（标准）情况的审查内容
4.4.2	无砟道床结构	GB 50157—2013　7.4.1-2、3、6 　　2　应采用钢筋混凝土结构，并应满足承载能力要求。配筋尚应满足杂散电流的技术要求。轨枕与道床联结应采取加强措施； 　　3　应设置道床伸缩缝，隧道内伸缩缝间距不宜大于12.5m，U形结构地段、隧道洞口内50m范围、高架桥上和库内线，不宜大于6m。在结构变形缝和高架桥梁缝处，应设置道床伸缩缝。特殊地段应结合工程特殊设计； 　　6　在无砟道床上应设铺轨基标。轨道铺轨图设计，应以对结构内轮廓进行复测后，必要时经调整的线路条件为依据。
4.4.3	有砟道床结构	GB 50157—2013　7.4.2-1、2 有砟道床应符合下列规定： 　　1　应采用一级道砟； 　　2　地面线无缝线路地段在线路开通前，正线有砟道床的密实度不得小于1.7t/m³，纵向阻力不得小于10kN/枕，横向阻力不得小于9kN/枕。
4.4.4	不同道床弹性过渡段及同一曲线道床型式	GB 50157—2013　7.4.3 不同道床结构的过渡段设置应符合下列规定： 　　1　正线、出入线和试车线的无砟道床与有砟道床间应设置过渡段，长度不宜短于全轴距； 　　2　不同减振地段间的过渡方式和长度应根据计算确定。

4.5　无缝线路

编号	审查点	执行设计规范（标准）情况的审查内容
4.5.1	高架线无缝线路	GB 50157—2013　7.5.4 高架线无砟道床的无缝线路铺设应符合下列要求： 　　1　桥上无缝线路设计应计算伸缩力、挠曲力、断轨力等，并应进行钢轨断缝检算。钢轨折断允许断缝值，无砟轨道应取100mm、有砟轨道应取80mm； 　　2　大跨度连续梁桥应根据计算布置钢轨伸缩调节器； 　　3　联合接头距桥梁边墙的距离不应小于2m。
4.5.2	无缝线路的稳定性和强度	GB 50157—2013　7.5.1 无缝线路设计应根据当地气象及地下线温度资料确定设计锁定轨温，并应对轨道结构强度、稳定性等进行计算。 轨道稳定性计算应符合TB 10082—2005 11.6的规定。 轨道强度计算应符合TB 10082—2005 11.7的规定。

4.6　减振轨道

编号	审查点	执行设计规范（标准）情况的审查内容
4.6.1	减振设计依据	GB 50157—2013　7.6.1 减振轨道结构应按项目环境影响评价报告书，确定减振地段位置及减振等级。

编号	审查点	执行设计规范（标准）情况的审查内容
4.6.2	减振轨道结构	GB 50157—2013　7.6.2 采取减振工程措施时，不应削弱轨道结构的强度、稳定性及平顺性。

4.7　安全设施

编号	审查点	执行设计规范（标准）情况的审查内容
4.7.1	轨道附属设备及安全设备	GB 50157—2013　7.7.1 高架桥线路的下列地段或全桥范围应设防脱护轨： 1　半径不大于500m曲线地段的缓圆（圆缓）点两侧，其缓和曲线部分不小于缓和曲线长的一半并不小于20m、圆曲线部分20m范围内，曲线下股钢轨旁； 2　高架桥跨越城市干道、铁路及通航航道等重要地段，以及受列车意外撞击时易产生结构性破坏的高架桥地段及其以外各20m范围内，在靠近双线高架桥中线侧的钢轨旁； 3　竖曲线与缓和曲线重叠处，竖曲线范围内两根钢轨旁； 4　防脱护轨应设置在钢轨内侧。 GB 50157—2013　7.7.2 在轨道尽端应设置车挡，并应符合下列要求： 1　正线及配线、试车线、牵出线的终端应采用缓冲滑动式车挡。地面和地下线终端车挡应能承受列车以15km/h速度撞击的冲击荷载，高架线终端车挡应能承受列车以25km/h速度撞击的冲击荷载。特殊情况可根据车辆、信号等要求计算确定； 2　车场线终端应采用固定式车挡。
4.7.2	线路标志及有关信号标志	GB 50157—2013　7.7.3-1、2 轨道标志的设置应符合下列规定： 1　应设置百米标、坡度标、曲线要素标、平面曲线起终点标、竖曲线起终点标、道岔编号标、站名标、桥号标、水位标等线路标志； 2　应设置限速标、停车位置标、警冲标等信号标志。
4.7.3	标志制作材料及安装	GB 50157—2013　7.7.3-3、4 轨道标志的设置应符合下列规定： 3　各种标志应采用反光材料制作； 4　警冲标应设在两设备限界相交处，其余标志应安装在行车方向右侧司机易见的位置。

5　路　　基

编号	审查点	执行设计规范（标准）情况的审查内容
5.1　路基		
5.1.1	对路基路肩高程的规定	GB 50157—2013　8.2.1 　　路基路肩高程应高出线路通过地段的最高地下水位和最高地面积水水位，并应加毛细水强烈上升高度和有害冻胀深度或蒸发强烈影响深度，再加 0.5m。路基采取降低水位、设置毛细水隔断层等措施时，可不受本条规定的限制。 　　路肩高程还应满足与城市其他交通衔接和相交等情况时的特殊要求。
5.1.2	对路基面形状和路肩宽度的规定	GB 50157—2013　8.2.2 　　路基面形状应设计为三角形路拱，应由路基中心线向两侧设 4% 的人字排水坡。曲线加宽时，路基面仍应保持三角形。 GB 50157—2013　8.2.3 　　路基面宽度应根据线路数目、线间距、轨道结构尺寸、曲线加宽、路肩宽度、是否有接触网立柱等计算确定。 　　当路肩埋有设备时，路堤及路堑的路肩宽度不得小于 0.6m，无埋设设备时路肩宽度不得小于 0.4m。 GB 50157—2013　8.3.1 　　路堤边坡坡度应根据填料或土质的物理力学性质、边坡高度、轨道、列车荷载和地基工程地质条件确定，当路堤高度小于等于 8m 时，路堤边坡坡度不应大于 1∶1.5。 　　路堤坡脚外应设宽度不小于 1.0m 的护道。
5.1.3	对基床厚度的规定	GB 50157—2013　8.2.5 　　路基基床分表层和底层，表层厚度不应小于 0.5m，底层厚度不应小于 1.5m。基床厚度应以路肩施工高程为计算起点。
5.1.4	对路基填料的规定	GB 50157—2013　8.2.6 　　路堤基床表层填料应选用 A、B 组填料，基床底层填料可选用 A、B、C 组填料。使用 C 组填料时，在年平均降水量大于 500mm 地区，其塑性指数不应大于 12，液限不应大于 32%。 　　填料分类及粒径要求，宜按现行行业标准《铁路路基设计规范》TB 10001 的有关规定执行。

编号	审查点	执行设计规范（标准）情况的审查内容
5.1.5	对路基压实标准的规定	

GB 50157—2013　8.2.8

路基基床各层的压实度不应小于表 8.2.8 的规定值。

表 8.2.8　路基基床各层的压实度

位置	压实指标	填料类别			
		细粒土和粉砂、改良土	砂类土（粉砂除外）	砾石类	碎石类
基床表层	压实系数 K_h	(0.93)	—	—	—
	K_{30}（MPa/cm）	(1.0)	1.1	1.4	1.4
	相对密度 D_r	—	0.8	—	—
基床底层	压实系数 K_h	0.91	—	—	—
	K_{30}（MPa/cm）	0.9	1.0	1.2	1.3
	相对密度 D_r	—	0.75	—	—

注：1　K_h 为重型击实试验的压实系数；

2　K_{30} 为直径 30cm 直径平板荷载试验的地基系数，取下沉量为 0.125cm 的荷载强度；

3　细粒土和粉砂、改良土一栏中，有括号的仅为改良土的压实标准。

GB 50157—2013　8.2.9

路堑基床表层的压实度不应小于表 8.2.8 的规定值。基床底层厚度范围内天然地基的静力触探比贯入阻力 P_s 值不应小于 1.2MPa，或天然地基容许承载力 $[\sigma]$ 不应小于 0.15MPa。

GB 50157—2013　8.3.2

高度小于基床厚度的低路堤，基床表层厚度范围内天然地基的土质及其压实度，应符合本规范第 8.2.6 和第 8.2.8 条的规定。基床底层厚度范围内天然地基为软弱土层时，其静力触探比贯入阻力 P_s 值不得小于 1.2MPa，或天然地基容许承载力 $[\sigma]$ 不小于 0.15MPa。

GB 50157—2013　8.3.3

基床以下部分填料的压实度不应小于表 8.3.3 的规定。路堤浸水部位的填料，应选用渗水土填料。

表 8.3.3　基床以下部分填料的压实度

填筑部位	压实指标	填料类别			
		细粒土和粉砂、改良土	砂类土（粉砂除外）	砾石类	碎石类
基床以下不浸水部分	压实系数 K_h	0.9	—	—	—
	K_{30}（MPa/cm）	0.8	0.8	1.1	1.2
	相对密度 D_r	—	0.7	—	—
基床以下浸水部分	K_{30}（MPa/cm）		0.8	1.1	1.2
	相对密度 D_r	—	0.7	—	—

编号	审查点	执行设计规范（标准）情况的审查内容
5.1.6	对路基工后沉降量的规定	GB 50157—2013　8.3.5 路基的工后沉降量应符合下列要求： 　1　有砟轨道线路不应大于200mm，路桥过渡段不应大于100mm，沉降速率均不应大于50mm/年； 　2　无砟轨道线路路基工后不均匀沉降量，不应超过扣件允许的调高量，路桥或路隧交界处差异沉降不应大于10mm，过渡段沉降造成的路基和桥梁或隧道的折角不应大于1/1000。
5.2	**支挡结构**	
5.2.1	对路基支挡结构设计的规定	GB 50157—2013　8.5.2 支挡结构设计应符合下列规定： 　1　在各种设计荷载作用下，应满足稳定性、坚固性和耐久性要求； 　2　结构类型及其设置位置，应做到安全可靠、经济合理、技术先进和便于施工及养护，同时应与周围环境协调； 　3　使用的材料应保证耐久、耐腐蚀，混凝土结构宜采用预制构件； 　4　路堤或路肩挡土墙的墙后填料及其压实度，应符合表8.2.8、表8.3.3的规定； 　5　支挡结构与桥台、地下结构、既有支挡结构连接时，应平顺衔接； 　6　需在支挡结构上设置照明灯杆、电缆支架和声屏障立柱等设施，应预留照明灯杆、电缆支架和声屏障立柱等设施的位置和条件，并应保证支挡结构的完整、稳定。
5.2.2	对路基支挡结构计算及设计的规定	GB 50157—2013　8.5.4 支挡结构设计时，所采用的荷载力系、荷载组合、检算、构造及材料等要求，可按现行行业标准《铁路路基支挡结构设计规范》TB 10025的有关规定执行，列车荷载应按地铁车辆的实际轴重计算其产生的竖向荷载作用，同时尚应按线路通过的重型设备运输车辆的荷载进行验算。 GB 50157—2013　8.5.5 当支挡结构上有声屏障等附属设施时，应增加风荷载等附加荷载。采用装配式支挡结构时，尚应检算连接部分的焊接强度。
5.3	**排水及防护**	
5.3.1	对路基排水及防护设计的规定	GB 50157—2013　8.6.1 路基应有完善的排水系统，并宜与市政排水设施相结合。排水设施应布置合理，当与桥涵、隧道、车站等排水设施衔接时，应保证排水畅通。 GB 50157—2013　8.6.2 排水设施的布置应符合下列规定：

编号	审查点	执行设计规范（标准）情况的审查内容
5.3.1	对路基排水及防护设计的规定	1　在路堤天然护道外应设置单侧或双侧排水沟； 2　路堑应于路肩两侧设置侧沟； 3　堑顶外应设置单侧或双侧天沟。 GB 50157—2013　8.6.3 路基排水纵坡不应小于2‰，单面排水坡段长度不宜大于400m。 GB 50157—2013　8.6.4 排水沟的横断面应按流量及用地情况确定，路基排水设施均应采取防止冲刷或渗漏的加固措施，并应确保边坡稳定。 GB 50157—2013　8.6.5 对路基有危害的地下水，应根据地下水类型、含水层的埋藏深度、地层的渗透性及对环境的影响等条件，设置暗沟（管）、渗沟、检查井等地下排水设施。地下排水设施的类型、位置及尺寸应根据工程地质和水文地质条件确定。

6 建　　筑

编号	审查点	执行设计规范（标准）情况的审查内容
6.1　车站建筑		
6.1.1	车站总体布置	GB 50352—2005　4.2.1 **建筑物及附属设施不得突出道路红线和用地红线建造。** GB 50157—2013　9.1.1 车站的总体布局应符合城市规划、城市综合交通规划、环境保护和城市景观的要求，并应处理好与地面建筑、城市道路、地下管线、地下构筑物及施工时交通组织之间的关系。
6.1.2	房间伸入站台长度	GB 50157—2013　9.3.3 设置在站台层两端的设备和管理用房，可伸入站台计算长度内，但伸入长度不应超过一节车厢的长度，且与梯口或通道口的距离不应小于8m。侵入处侧站台的计算宽度应符合合表9.3.15-1的规定。
6.1.3	车站各部位的最小宽度	GB 50157—2013　9.3.15 车站各部位的最小宽度和最小高度，应符合表9.3.15-1、表9.3.15-2的规定。
6.1.4	站台和乘降区的最小宽度	GB 50490—2009　7.3.3-3、4 **除有轨电车系统外，车站站台和乘降区的最小宽度应满足下列规定：** **3　当站台计算长度小于100m，且楼梯和自动楼梯设置在站台计算长度以外时，岛式站台5m，侧式站台3.5m。** **4　设有站台屏蔽门的地面车站、高架车站的侧站台2m。**
6.1.5	绝缘处理	GB 50157—2013　9.3.11 当站台设置站台门时，自站台边缘起向内1m范围的站台地面装饰层下应进行绝缘处理。
6.1.6	栅栏疏散门	GB 50490—2009　7.3.7 **在车站付费区与非付费区之间的隔离栅栏上，应设置栅栏门；检票口和栅栏门的总通行能力应满足乘客安全疏散的需要。**
6.1.7	变电所、通信信号等电气房间	GB 50352—2005　8.3.1-1 1　配变电所位置的选择，应符合下列要求： 4）不应设在厕所、浴室或其他经常积水场所的正下方，且不宜与上述场所相贴邻；装有可燃油电气设备的变配电室，不应设在人员密集场所的正上方、正下方、贴邻和疏散出口的两旁；

编号	审查点	执行设计规范（标准）情况的审查内容
6.1.8	开向疏散走道及楼梯间的门	GB 50352—2005　6.10.4-5 　5　开向疏散走道及楼梯间的门扇开足时，不应影响走道及楼梯平台的疏散宽度。
6.1.9	公共厕所	GB 50157—2013　9.2.6 车站应设置公共厕所，管理人员厕所不宜与公共厕所合用。
6.1.10	车站环境设计	GB 50157—2013　9.4.4 **车站内应设置导向、事故疏散、服务乘客等标志。** GB 50157—2013　9.4.6 不设置站台门的车站，车站轨道区应采取吸声处理。有噪声源的房间，应采取隔声、吸声措施。
6.1.11	出入口前集散场地	GB 50157—2013　9.5.3 设于道路两侧的出入口，与道路红线的间距，应按当地规划部门要求确定。当出入口朝向城市主干道时，应有一定面积的集散场地。
6.1.12	车站出入口地面防淹	GB 50157—2013　9.5.4 地下车站出入口、消防专用出入口和无障碍电梯的地面标高，应高出室外地面300mm～450mm，并应满足当地防淹要求，当无法满足要求时，应设防淹闸槽，槽高可根据当地最高积水位确定。
6.1.13	出入口台阶或坡道	GB 50490—2009　7.3.19-7 **车站出入口的设置应满足进出站客流和应急疏散的需要，并应符合下列规定：** **　7　出入口的台阶或坡道末端至道路各类车行道的距离不应小于3m。**
6.1.14	人防出入口	GB 50038—2005　3.3.1-1 **　1　防空地下室的每个防护单元不应少于两个出入口（不包括竖井式出入口、防护单元之间的连通口），其中至少有一个室外出入口（竖井式除外）。战时主要出入口应设在室外出入口。**
6.1.15	侧面开设风口的风亭	GB 50157—2013　9.6.2 当采用侧面开设风口的风亭时，应符合下列规定： 　1　进风、排风、活塞风口部之间的水平净距不应小于5m，且进风与排风、进风与活塞风口部应错开方向布置或排风、活塞风口部高于进风口部·5m；当风亭口部方向无法错开且高度相同时，风亭口部之间的距离应符合本规范9.6.3条第1、2款的规定； 　2　风亭口部5m范围内不应有阻挡通风气流的障碍物； 　3　风亭口部底边缘距地面的高度应满足防淹要求；当风亭设于路边时，其高度不应小于2m；当风亭设于绿地内时，其高度不应小于1m。

编号	审查点	执行设计规范（标准）情况的审查内容
6.1.15	顶面开设风口的风亭	GB 50157—2013　9.6.3 当采用顶面开设风口的风亭时，应符合下列规定： 　1　进风与排风、进风与活塞风亭口部之间的水平净距不应小于10m； 　2　活塞风亭口部之间、活塞风亭与排风亭口部之间水平净距不应小于5m； 　3　风亭四周应有宽度不小于3m宽的绿篱，风口最低高度应满足防淹要求，且不应小于1m； 　4　风亭开口处应有安全防护装置，风井底部应有排水设施。
	风（口）亭之间、风亭与出入口地面亭之间的间距尺寸	GB 50490—2009　7.3.12 **地下车站的风亭（井）应防止气流短路，并应符合环境保护要求。** GB 50157—2013　9.6.4 当风亭在事故工况下用于排烟时，排烟风亭口部与进风亭口部、出入口口部的直线距离宜大于10m；当直线距离不足10m时，排烟风亭口部宜高于进风亭口部、出入口口部5m。
6.1.16	楼梯	GB 50157—2013　9.7.1 乘客使用的楼梯宜采用26°34′倾角，当宽度大于3.6m时，应设置中间扶手。楼梯宽度应符合人流股数和建筑模数。每个梯段不应超过18级，且不应少于3级，休息平台长度宜为1.2m～1.8m。 GB 50352—2005　6.7.6 楼梯应至少一侧设扶手，梯段净宽达三股人流时应两侧设扶手，达四股人流时宜加设中间扶手。
6.1.17	自动扶梯	GB 50490—2009　7.3.6 **当车站出入口的提升高度超过6m时，应设置上行自动扶梯；当车站出入口的提升高度超过12m时，应设置上行和下行自动扶梯。站厅与站台间应设置上行自动扶梯，当高差超过6m时，应设置上行和下行自动扶梯。** GB 50157—2013　9.7.2 车站出入口、站台至站厅应设上、下行自动扶梯，在设置双向自动扶梯困难且提升高度不大于10m时，可仅设上行自动扶梯。每座车站应至少有一个出入口设上、下行自动扶梯；站台至站厅应至少设一处上、下行自动扶梯。 GB 50157—2013　9.7.4 当站台至站厅及站厅至地面上、下行均采用自动扶梯时，应加设人行楼梯或备用自动扶梯。

编号	审查点	执行设计规范（标准）情况的审查内容
6.1.17	自动扶梯	GB 50157—2013　9.7.6 （前略）当扶手带外缘与任何障碍物的距离小于400mm时，则应设置防碰撞安全装置。 GB 50157—2013　9.7.7 两台相对布置的自动扶梯工作点间距不得小于16m；自动扶梯工作点与前面影响通行的障碍物间距不得小于8m；自动扶梯与楼梯相对布置时，自动扶梯工作点与楼梯第一级踏步的间距不得小于12m。 GB 50157—2013　25.1.19 自动扶梯和自动人行道安装位置，宜避开结构诱导缝和变形缝，跨越时应采用相应的构造措施。
6.1.18	无障碍：电梯	GB 50157—2013　9.8.2 车站应设置无障碍电梯。
	厕所	GB 50157—2013　9.8.7 车站内应设置无障碍厕所。
	检票通道	GB 50490—2009　7.3.8 **车站应至少设置一处无障碍检票通道，通道净宽不应小于900mm。**
	提示盲道	GB 50763—2012　3.2.3-1 1　行进盲道在起点、终点、转弯处及其他有需要处应设提示盲道，当盲道的宽度不大于300mm时，提示盲道的宽度应大于行进盲道的宽度。
	出入口	GB 50763—2012　3.3.2-4、5、6 4　除平坡出入口外，在门完全开启的状态下，建筑物无障碍出入口的平台的净深度不应小于1.50m； 5　建筑物无障碍出入口的门厅、过厅如设置两道门，门扇同时开启时两道门的间距不应小于1.50m； 6　建筑物无障碍出入口的上方应设置雨棚。
	轮椅坡道	GB 50763—2012　3.4.6 轮椅坡道起点、终点和中间休息平台的水平长度不应小于1.50m。
	门	GB 50763—2012　3.5.3-4、5、7 4　在门扇内外应留有直径不小于1.5m的轮椅回转空间； 5　在单扇平开门、推拉门、折叠门的门把手一侧的墙面，应设宽度不小于400mm的墙面； 7　门槛高度及门内外地面高差不应大于15mm，并以斜面过渡。

编号	审查点	执行设计规范（标准）情况的审查内容
6.1.18	楼梯	GB 50763—2012　3.6.1-3、7 　3　不应采用无踢面和直角形突缘的踏步； 　7　距踏步起点和终点 250mm～300mm 宜设提示盲道。
	台阶	GB 50763—2012　3.6.2-3 　3　三级及三级以上的台阶应在两侧设置扶手。
	升降平台	GB 50763—2012　3.7.3-3 **3　垂直升降平台的基坑应采用防止误入的安全防护措施。** GB 50763—2012　3.7.3-1 　1　升降平台只适用于场地有限的改造工程。
	扶手	GB 50763—2012　3.8.5 　扶手应安装坚固，形状易于抓握。圆形扶手的直径应为 35mm～50mm，矩形扶手的截面尺寸应为 35mm～50mm。
	厕所的入口和通道	GB 50763—2012　3.9.1-2 　2　厕所的入口和通道应方便乘轮椅者进入和进行回转，回转直径不小于 1.5m。
	无障碍厕位	GB 50763—2012　3.9.2-1 　1　无障碍厕位应方便乘轮椅者到达和进出，尺寸宜做到 2.00m×1.50m，不应小于 1.80m×1.00m。
	无障碍厕所	GB 50763—2012　3.9.3-1、2、5、10 　1　位置宜靠近公共厕所，应方便乘轮椅者进入和进行回转，回转直径不小于 1.5m； 　2　面积不应小于 4.00m²； 　5　内部应设坐便器、洗手盆、多功能台、挂衣钩和呼叫按钮； 　10　在坐便器旁的墙面上应设高 400mm～500mm 的救助呼叫按钮。
	人行天桥	GB 50763—2012　4.4.5 **人行天桥桥下的三角区净空高度小于 2.00m 时，应安装防护设施，并应在防护设施外设置提示盲道。**
	公共建筑	GB 50763—2012　8.1.4 **建筑内设有电梯时，至少应设置 1 部无障碍电梯。**
6.1.19	建筑节能	GB 50189—2005　4.2.4 **建筑每个朝向的窗（包括透明幕墙）墙面积比不应大于 0.70。当窗（包括透明幕墙）墙面积比小于 0.40 时，玻璃（或其他透明材料）的可见光透射比不应小于 0.4。**

编号	审查点	执行设计规范（标准）情况的审查内容
6.1.19	建筑节能	GB 50157—2013　9.10.3 　　地上车站的设备与管理用房，其建筑围护结构热工设计应符合现行国家标准《公共建筑节能设计标准》GB 50189 的有关规定。 GB 50157—2013　9.10.6 　　位于严寒地区的地下车站出入口，应在通道口设置热风幕。 GB 50157—2013　9.10.8 　　设于地面的控制中心楼和车辆基地内的办公楼、培训中心、公寓、食堂等公共建筑，其围护结构的热工设计应符合现行国家标准《公共建筑节能设计标准》GB 50189 的有关规定。 GB 50189—2005　4.2.8 　　外窗的可开启面积不应小于窗面积的 30%。透明幕墙应具有可开启部分或设有通风换气装置。 GB 50189—2005　4.2.9 　　严寒地区建筑的外门应设门斗，寒冷地区建筑的外门宜设门斗或应采取其他减少冷风渗透的措施。其他地区建筑外门也应采取保温隔热节能措施。
6.2　防灾		
6.2.1	耐火等级	GB 50157—2013　28.2.1-1、2、3 　　地铁各建（构）筑物的耐火等级应符合下列规定： 　　**1**　地下的车站、区间、变电站等主体工程及出入口通道、风道的耐火等级应为一级； 　　2　地面出入口、风亭等附属建筑物，地面车站、高架车站及高架区间的建、构筑物，耐火等级不得低于二级； 　　**3**　控制中心建筑耐火等级应为一级。
6.2.2	防火分区	GB 50490—2009　7.3.16 　　地上车站不应大于 **2500m²**；两个相邻防火分区之间应采用耐火极限不低于 **3h** 的防火墙分隔，防火墙上的门应采用甲级防火门。与车站相接的商业设施等公共场所，应单独划分防火分区。 GB 50490—2009　7.3.18-4 　　在地下换乘车站公共区的下列部位，应采取防火分隔措施： 　　**4**　多线换乘车站共用一个站厅公共区，且面积超过单线标准车站站厅公共区面积 **2.5** 倍时，应通过消防性能化设计分析，采取必要的消防措施。 GB 50157—2013　28.2.2-1、2、3 　　防火分区的划分应符合下列规定：

编号	审查点	执行设计规范（标准）情况的审查内容
6.2.2	防火分区	1 地下车站站台和站厅公共区应划为一个防火分区，设备与管理用房区每个防火分区的最大允许使用面积不应大于1500m²； 2 地下换乘站当共用一个站厅时，站厅公共区面积不应大于5000m²； 3 地上的车站站厅公共区采用机械排烟时，防火分区的最大允许建筑面积不应大于5000m²，其他部位每个防火分区的最大允许建筑面积不应大于2500m²。
6.2.3	车站安全出口	GB 50157—2013　28.2.3 车站安全出口设置应符合下列规定： 1 车站每个站厅公共区安全出口数量应经计算确定，且应设置不少于2个直通地面的安全出口； 2 地下单层侧式站台车站，每侧站台安全出口数量应经计算确定，且不应少于2个直通地面的安全出口； 3 地下车站的设备与管理用房区域安全出口的数量不应少于2个，其中有人值守的防火分区应有1个安全出口直通地面； 4 安全出口应分散设置，当同方向设置时，两个安全出口通道口部之间净距不应小于10m； 5 竖井、爬梯、电梯、消防专用通道，以及设在两侧式站台之间的过轨地道不应作为安全出口； 6 地下换乘车站的换乘通道不应作为安全出口。
6.2.4	设备和管理用房区安全出口和消防通道	GB 50490—2009　7.3.19-3、4 车站出入口的设置应满足进出站客流和应急疏散的需要，并应符合下列规定： 3 地下车站有人值守的设备和管理用房区域，安全出口的数量不应少于2个，其中1个安全出口应为直通地面的消防专用通道。 4 对地下车站无人值守的设备和管理用房区域，应至少设置一个与相邻防火分区相通的防火门作为安全出口。
6.2.5	人防安全出口设置	GB 50098—2009　5.1.1-1、2 每个防火分区安全出口设置的数量，应符合下列规定之一： 1 每个防火分区的安全出口数量不应少于2个； 2 当有2个或2个以上防火分区相邻，且将相邻防火分区之间防火墙上设置的防火门作为安全出口时，防火分区安全出口应符合下列规定： 1）防火分区建筑面积大于1000m²的商业营业厅、展览厅等场所，设置通向室外、直通室外的疏散楼梯间或避难走道的安全出口个数不得少于2个； 2）防火分区建筑面积不大于1000m²的商业营业厅、展览厅等场所，设置通向室外、直通室外的疏散楼梯间或避难走道的安全出口个数不得少于1个。

编号	审查点	执行设计规范（标准）情况的审查内容
6.2.6	变电所安全出口	GB 50352—2005　8.3.1-6 6　长度大于7m的配电室应在配电室的两端各设一个出入口，长度大于60m时，应增加一个出口。
6.2.7	设备及管理用房安全出口	GB 50016—2014　5.5.5 除歌舞娱乐放映游艺场所外，防火分区建筑面积不大于200m²的地下或半地下设备间、防火分区建筑面积不大于50m²且经常停留人数不超过15人的其他地下或半地下建筑（室），可设置1个安全出口或1部疏散楼梯； 除本规范另有规定外，建筑面积不大于200m²的地下或半地下设备间、建筑面积不大于50m²且经常停留人数不超过15人的其他地下或半地下房间，可设置1个疏散门。
6.2.8	防火墙	GB 50157—2013　28.2.5 **两个防火分区之间应采用耐火极限不低于3h的防火墙和甲级防火门分隔，在防火墙设有观察窗时，应采用甲级防火窗；防火分区的楼板应采用耐火极限不低于1.5h的楼板。**
6.2.9	站台、站厅公共区疏散距离	GB 50157—2013　28.2.7 站台和站厅公共区内任一点，与安全出口疏散的距离不得大于50m。
6.2.10	安全出口、楼梯和疏散通道的宽度和长度	GB 50157—2013　28.2.10-2、3 安全出口、楼梯和疏散通道的宽度和长度应符合下列规定： 2　设备与管理用房区房间单面布置时，疏散通道宽度不得小于1.2m，双面布置时不得小于1.5m； 3　设备与管理用房直接通向疏散走道的疏散门至安全出口的距离，当房间疏散门位于两个安全出口之间时，疏散门与最近安全出口的距离不应大于40m；当房间位于袋形走道两侧或尽端时，其疏散门与最近安全出口的距离不应大于22m。
6.2.11	地下出入口通道长度	GB 50157—2013　28.2.10-4 4　地下出入口通道的长度不宜超过100m，当超过时应采取满足人员消防疏散要求的措施。
6.2.12	安全疏散时间	GB 50157—2013　28.2.11 **车站站台公共区的楼梯、自动扶梯、出入口通道，应满足当发生火灾时在6min内将远期或客流控制期超高峰小时一列进站列车所载的乘客及站台上的候车人员全部撤离站台到达安全区的要求。**
6.2.13	消防专用通道及楼梯间	GB 50157—2013　28.2.13 地下车站消防专用通道及楼梯间应设置在有车站控制室等主要管理用房的防火分区内，并应方便到达地下各层。地下超过三层（含三层）时，应设防烟楼梯间。

编号	审查点	执行设计规范（标准）情况的审查内容
6.2.14	墙体防火封堵	GB 50157—2013　28.2.15 防火卷帘与建筑物之间的缝隙，以及管道、电缆、风管等穿过防火墙、楼板及防火分隔物时，应采用防火封堵材料将空隙填塞密实。
6.2.15	重要设备用房墙体	GB 50157—2013　28.2.16 重要设备用房应以耐火极限不低于 2h 的隔墙和耐火极限不低于 1.5h 的楼板与其他部位隔开。
6.2.16	区间风井	GB 50490—2009　7.3.23 当区间隧道设中间风井时，井内或就近应设置直通地面的防烟楼梯。
6.2.17	防烟分区	GB 50157—2013　28.4.8 地下车站的公共区，以及设备与管理用房，应划分防烟分区，且防烟分区不得跨越防火分区。站厅与站台的公共区每个防烟分区的建筑面积不宜超过 2000m²，设备与管理用房每个防烟分区的建筑面积不宜超过 750 m²。
6.2.18	挡烟垂壁	GB 50157—2013　28.4.9 防烟分区可采取挡烟垂壁等措施。挡烟垂壁等设施的下垂高度不应小于 500mm。
6.2.19	换乘站：防火分隔措施部位	GB 50490—2009　7.3.18 在地下换乘车站公共区的下列部位，应采取防火分隔措施： 1　上下层平行站台换乘车站：下层站台穿越上层站台时的穿越部分；上、下层站台联络梯处。 2　多线同层站台平行换乘车站：站台与站台之间。 3　多线点式换乘车站：换乘通道或换乘梯。 4　多线换乘车站共用一个站厅公共区，且面积超过单线标准车站站厅公共区面积 2.5 倍时，应通过消防性能化设计分析，采取必要的消防措施。
	防火分隔措施要求	GB 50490—2009　7.3.21 换乘通道、换乘楼梯（含自动扶梯）应满足预测高峰时段换乘客流的需要；当发生火灾时，设置在该部位的防火卷帘应能自动落下。
6.2.20	商业设施	GB 50157—2013　28.1.5 车站站台、站厅和出入口通道的乘客疏散区内不得设置商业场所，除地铁运营、服务设备、设施外，也不得设置妨碍乘客疏散的设备、设施及其他物体。
6.2.21	消防通道	GB 50490—2009　7.3.11 地面车站和高架车站应与相邻建筑物保持安全的防火间距，并应设置消防车通道。

编号	审查点	执行设计规范（标准）情况的审查内容

6.3 车站装修及疏散指示标志

编号	审查点	执行设计规范（标准）情况的审查内容
6.3.1	车站装修材料	GB 50157—2013　28.2.9 车站的装修材料应符合下列规定： 1　地下车站公共区和设备与管理用房的顶棚、墙面、地面装修材料及垃圾箱，应采用燃烧性能等级为 A 级不燃材料； 2　地上车站公共区的墙面、顶棚的装修材料及垃圾箱，应采用 A 级不燃材料，地面应采用不低于 B1 级难燃材料。设备与管理用房区内的装修材料，应符合现行国家标准《建筑内部装修设计防火规范》GB 50222 的有关规定； 3　地上、地下车站公共区的广告灯箱、导向标志、休息椅、电话亭、售检票机等固定服务设施的材料，应采用不低于 B1 级难燃材料。装修材料不得采用石棉、玻璃纤维、塑料类等制品。 GB 50490—2009　7.3.13 车站内的顶棚、墙面、地坪的装饰应采用 A 级材料；当使用架空地板时，不应低于 B1 级材料；车站公共区内的广告灯箱、休息椅、电话亭、售（检）票机等固定服务设施的材料应采用低烟、无卤的阻燃材料。地面材料应防滑耐磨；当使用玻璃材料时，应采用安全玻璃。
6.3.2	疏散指示标志设置位置	GB 50157—2013　28.6.6 下列部位应设置疏散指示标志： 1　车站站厅、站台、自动扶梯、自动人行道及楼梯口； 2　车站附属用房内走道等疏散通道及安全出口； 3　区间隧道； 4　车辆基地内单体建筑物及控制中心大楼的疏散楼梯间、疏散通道及安全出口。
6.3.3	疏散指示标志设置要求	GB 50157—2013　28.6.8 疏散指示标志的设置应符合下列要求： 1　疏散通道拐弯处、交叉口、沿通道长向每隔不大于 10m 处，应设置灯光疏散指示标志，指示标志距地面应小于 1m； 2　疏散门、安全出口应设置灯光疏散指示标志，并宜设置在门洞正上方； 3　车站公共区的站台、站厅乘客疏散路线和疏散通道等人员密集部位的地面上，以及疏散楼梯台阶侧立面，应设蓄光疏散指示标志，并应保持视觉连续。 GB 50098—2009　8.2.4 消防疏散指示标志的设置位置应符合下列规定： 2　设置在疏散走道上方的疏散标志灯的方向指示应与疏散通道垂直，其大小应与建筑空间相协调；标志灯下边缘距室内地面不应大于 2.5m，且应设置在风管等设备管道的下部； 3　沿地面设置的灯光型疏散方向标志的间距不宜大于 3m，蓄光型发光标志的间距不宜大于 2m。

编号	审查点	执行设计规范（标准）情况的审查内容

6.4 环境保护

编号	审查点	执行设计规范（标准）情况的审查内容
6.4.1	风井与冷却塔噪声限值	GB 50157—2013　29.3.4 地上风亭、冷却塔与敏感建筑之间的噪声防护距离应符合表 29.3.4 的规定。当防护距离不能满足要求时，应在常规消声、降噪设计的基础上强化噪声防护措施。

表 29.3.4　风亭、冷却塔距敏感建筑物的噪声防护距离

声环境功能区类别	各环境功能区敏感点	风亭、冷却塔边界与敏感建筑物的水平距离（m）	噪声限值（dBA）	
			昼间	夜间
1 类	居住、医疗、文教、科研区的敏感点	≥30	55	45
2 类	居住、商业、工业混合区的敏感点	≥20	60	50
3 类	工业区的敏感点	≥10	65	55
4a 类	城市轨道交通两侧区域的敏感点	≥10 *	70	55

注：* 在有条件的新区，宜不小于 15m。

编号	审查点	执行设计规范（标准）情况的审查内容
6.4.2	防护措施	GB 50157—2013　29.4.9-2、3 风亭、冷却塔噪声防治应符合下列规定： 2　当风亭噪声防护距离不能满足要求时，应采取加长消声器等措施； 3　当冷却塔噪声防护距离不能满足要求时，应采取消声、隔声等综合降噪措施。

6.5 民用建筑防火及安全疏散

编号	审查点	执行设计规范（标准）情况的审查内容
6.5.1	耐火等级	GB 50016—2014　5.1.3 民用建筑的耐火等级应根据其建筑高度、使用功能、重要性和火灾扑救难度等确定，并应符合下列规定： 1　地下或半地下建筑（室）和一类高层建筑的耐火等级不应低于一级； 2　单、多层重要公共建筑和二类高层建筑的耐火等级不应低于二级。
6.5.2	建筑防火间距	GB 50016—2014　5.2.2 民用建筑之间的防火间距不应小于表 5.2.2 的规定，与其他建筑的防火间距，除应符合本节规定外，尚应符合本规范其他章的有关规定。
6.5.3	加油站、加气站	GB 50156—2012　表 4.0.4 注：3 3　与重要公共建筑物的主要出入口（包括铁路、地铁和二级以上公路的隧道出入口）尚不应小于 50m。

编号	审查点	执行设计规范（标准）情况的审查内容
6.5.4	防火分区	GB 50016—2014　5.3.1 　　除本规范另有规定外，不同耐火等级建筑的允许建筑高度或层数、防火分区最大允许建筑面积应符合表 5.3.1 的规定。 GB 50016—2014　5.3.2 　　建筑内设置自动扶梯、敞开楼梯等上、下层相连通的开口时，其防火分区的建筑面积应按上、下层相连通的建筑面积叠加计算；当叠加计算后的建筑面积大于本规范第 5.3.1 条的规定时，应划分防火分区。 GB 50016—2014　5.3.4 　　一、二级耐火等级建筑内的商店营业厅、展览厅，当设置自动灭火系统和火灾自动报警系统并采用不燃或难燃装修材料时，其每个防火分区的最大允许建筑面积应符合下列规定： 　　1　设置在高层建筑内时，不应大于 4000m²； 　　2　设置在单层建筑或仅设置在多层建筑的首层内时，不应大于 10000m²； 　　3　设置在地下或半地下时，不应大于 2000m²。
6.5.5	安全疏散	GB 50016—2014　5.5.2 　　建筑内的安全出口和疏散门应分散布置，且建筑内每个防火分区或一个防火分区的每个楼层、每个住宅单元每层相邻两个安全出口以及每个房间相邻两个疏散门最近边缘之间的水平距离不应小于 5m。 GB 50016—2014　5.5.8 　　**公共建筑内每个防火分区或一个防火分区内的每个楼层，其安全出口的数量应经计算确定，且不应少于 2 个。** GB 50016—2014　5.5.9-1、2 　　一、二级耐火等级公共建筑内的安全出口全部直通室外确有困难的防火分区，可利用通向相邻防火分区的甲级防火门作为安全出口，但应符合下列要求： 　　1　利用通向相邻防火分区的甲级防火门作为安全出口时，应采用防火墙与相邻防火分区进行分隔； 　　2　建筑面积大于 1000m² 的防火分区，直通室外的安全出口不应少于 2 个；建筑面积不大于 1000m² 的防火分区，直通室外的安全出口不应少于 1 个；
6.5.6	公共建筑防烟楼梯间	GB 50016—2014　5.5.12 　　**一类高层公共建筑和建筑高度大于 32m 的二类高层公共建筑，其疏散楼梯应采用防烟楼梯间。** 　　**裙房和建筑高度不大于 32m 的二类高层公共建筑，其疏散楼梯应采用封闭楼梯间。**

编号	审查点	执行设计规范（标准）情况的审查内容
6.5.7	公共建筑封闭楼梯间	GB 50016—2014　5.5.13-4 下列多层公共建筑的疏散楼梯，除与敞开式外廊直接相连的楼梯间外，均应采用封闭楼梯间： 4　6 层及以上的其他建筑。
6.5.8	安全疏散距离	GB 50016—2014　5.5.15 公共建筑内房间的疏散门数量应经计算确定且不应少于 2 个，除托儿所，幼儿园、老年人建筑、医疗建筑、教学建筑内位于走道尽端的房间外，符合下列条件之一的房间可设置 1 个疏散门： 1　位于两个安全出口之间或袋形走道两侧的房间，对于托儿所、幼儿园、老年人建筑，建筑面积不大于 50m²；对于医疗建筑、教学建筑，建筑面积不大于 75m²；对于其他建筑或场所建筑面积不大于 120m²； 2　位于走道尽端的房间，建筑面积小于 50m² 且疏散门的净宽度不小于 0.90m，或由房间内任一点至疏散门的直线距离不大于 15m、建筑面积不大于 200m² 且疏数门的净宽度不小于 1.40m。 GB 50016—2014　5.5.17-1.2 公共建筑的安全疏散距离应符合下列规定： 1　直通疏散走道的房间疏散门至最近安全出口的直线距离不应大于表 5.5.17 的规定。 2　楼梯间应在首层直通室外，确有困难时，可在首层采用扩大的封闭楼梯间或防烟楼梯间前室。当层数不超过 4 层且未采用扩大的封闭楼梯间或防烟楼梯间前室时，可将直通室外的门设置在离楼梯间不大于 15m 处。 GB 50016—2014　5.5.18 除本规范另有规定外，公共建筑内疏散门和安全出口的净宽度不应小于 0.9m，疏散走道和疏散楼梯的净宽度不应小于 1.10m。
6.5.9	公共建筑出入口	GB 50016—2014　5.5.19 人员密集的公共场所、观众厅的疏散门不应设置门槛，其净宽度不应小于 1.40m，且紧靠门口内外各 1.4m 范围内不应设置踏步。
6.5.10	防火墙	GB 50016—2014　6.1.3 紧靠防火墙两侧的门、窗、洞口之间最近边缘的水平距离不应小于 2.0m；采取设置乙级防火窗等防止火灾水平蔓延的措施时，该距离不限。 GB 50016—2014　6.1.4 建筑内的防火墙不宜设置在转角处，确需设置时，内转角两侧墙上的门、窗、洞口之间最近边缘的水平距离不应小于 4.0m；采取设置乙级防火窗等防止火灾水平蔓延的措施时，该距离不限。 GB 50016—2014　6.1.5 防火墙上不应开设门、窗、洞口，确需开设时，应设置不可开启或火灾时能自动关闭的甲级防火门、窗。

编号	审查点	执行设计规范（标准）情况的审查内容
6.5.11	建筑构件	GB 50016—2014　6.2.3-1、2、3、5 建筑内的下列部位应采用耐火极限不低于2.00h的防火隔墙与其他部位分隔，墙上的门、窗应采用乙级防火门、窗，确有困难时，可采用防火卷帘，但应符合本规范第6.5.3条的规定： 　　1　甲、乙类生产部位和建筑内使用丙类液体的部位； 　　2　厂房内有明火和高温的部位； 　　3　甲、乙、丙类厂房（仓库）内布置有不同火灾危险性类别的房间； 　　5　除居住建筑中套内的厨房外，宿舍、公寓建筑中的公共厨房和其他建筑内的厨房； GB 50016—2014　6.2.5 　　除本规范另有规定外，建筑外墙上、下层开口之间应设置高度不小于1.2m的实体墙或挑出宽度不小于1.0m、长度不小于开口宽度的防火挑檐；当室内设置自动喷水灭火系统时，上、下层开口之间的实体墙高度不应小于0.8m。当上、下层开口之间设置实体墙确有困难时，可设置防火玻璃墙，但高层建筑的防火玻璃墙的耐火完整性不应低于1.00h，多层建筑的防火玻璃墙的耐火完整性不应低于0.50h。外窗的耐火完整性不应低于防火玻璃墙的耐火完整性要求。 GB 50016—2014　6.2.7 　　通风、空气调节机房和变配电室开向建筑内的门应采用甲级防火门，消防控制室和其他设备房开向建筑内的门应采用乙级防火门。
6.5.12	疏散楼梯间	GB 50016—2014　6.4.1-1、3、4 疏散楼梯间应符合下列规定： 　　1　楼梯间应能天然采光和自然通风，并宜靠外墙设置。靠外墙设置时，楼梯间、前室及合用前室外墙上的窗口与两侧门、窗、洞口最近边缘的水平距离不应小于1.0m。 　　3　楼梯间内不应有影响疏散的凸出物或其他障碍物。 　　4　封闭楼梯间、防烟楼梯间及其前室，不应设置卷帘。
6.5.13	封闭楼梯间	GB 50016—2014　6.4.2 封闭楼梯间除应符合本规范第6.4.1条的规定外，尚应符合下列规定： 　　1　不能自然通风或自然通风不能满足要求时，应设置机械加压送风系统或采用防烟楼梯间； 　　2　除楼梯间的出入口和外窗外，楼梯间的墙上不应开设其他门、窗、洞口； 　　3　高层建筑、人员密集的公共建筑、人员密集的多层丙类厂房、甲、乙类厂房，其封闭楼梯间的门应采用乙级防火门，并应向疏散方向开启；其他建筑，可采用双向弹簧门； 　　4　楼梯间的首层可将走道和门厅等包括在楼梯间内形成扩大的封闭楼梯间，但应采用乙级防火门等与其他走道和房间分隔。

编号	审查点	执行设计规范（标准）情况的审查内容
6.5.14	防烟楼梯间	GB 50016—2014　6.4.3-3、4、5、6 防烟楼梯间除应符合本规范第6.4.1条的规定外，尚应符合下列规定： 　3　前室的使用面积：公共建筑、高层厂房（仓库），不应小于6.0m²；住宅建筑，不应小于4.5m²； 　与消防电梯间前室合用时，合用前室的使用面积：公共建筑、高层厂房（仓库），不应小于10.0m²；住宅建筑，不应小于6.0m²； 　4　疏散走道通向前室以及前室通向楼梯间的门应采用乙级防火门； 　5　除住宅建筑的楼梯间前室外，防烟楼梯间和前室内的墙上不应开设除疏散门和送风口外的其他门、窗、洞口； 　6　楼梯间的首层可将走道和门厅等包括在楼梯间前室内形成扩大的前室，但应采用乙级防火门等与其他走道和房间分隔。
6.5.15	地下疏散楼梯间	GB 50016—2014　6.4.4 除通向避难层错位的疏散楼梯外，建筑内的疏散楼梯间在各层的平面位置不应改变。 除住宅建筑套内的自用楼梯外，地下或半地下建筑（室）的疏散楼梯间，应符合下列规定： 　1　室内地面与室外出入口地坪高差大于10m或3层及以上的地下、半地下建筑（室），其疏散楼梯应采用防烟楼梯间；其他地下或半地下建筑（室），其疏散楼梯应采用封闭楼梯间； 　2　应在首层采用耐火极限不低于2.00h的防火隔墙与其他部位分隔并应直通室外，确需在隔墙上开门时，应采用乙级防火门； 　3　建筑的地下或半地下部分与地上部分不应共用楼梯间，确需共用楼梯间时，应在首层采用耐火极限不低于2.00h的防火隔墙和乙级防火门将地下或半地下部分与地上部分的连通部位完全分隔，并应设置明显的标志。
6.5.16	室外疏散楼梯	GB 50016—2014　6.4.5-4、5 　4　通向室外楼梯的门应采用乙级防火门，并应向外开启。 　5　除疏散门外，楼梯周围2m内的墙面上不应设置门、窗、洞口。疏散门不应正对梯段。
6.5.17	建筑内的疏散门	GB 50016—2014　6.4.11-1.2.3 建筑内的疏散门应符合下列规定： 　1　民用建筑和厂房的疏散门，应采用向疏散方向开启的平开门，不应采用推拉门、卷帘门、吊门、转门和折叠门。除甲、乙类生产车间外，人数不超过60人且每樘门的平均疏散人数不超过30人的房间，其疏散门的开启方向不限； 　2　仓库的疏散门应采用向疏散方向开启的平开门，但丙、丁、戊类仓库首层靠墙的外侧可采用推拉门或卷帘门。

编号	审查点	执行设计规范（标准）情况的审查内容
6.5.18	下沉式广场	GB 50016—2014　6.4.12-1、2 用于防火分隔的下沉式广场等室外开敞空间，应符合下列规定： 　1　分隔后的不同区域通向下沉式广场等室外开敞空间的开口最近边缘之间的水平距离不应小于 13m。室外开敞空间除用于人员疏散外不得用于其他商业或可能导致火灾蔓延的用途，其中用于疏散的净面积不应小于 169m²。 　2　下沉式广场等室外开敞空间内应设置不少于 1 部直通地面的疏散楼梯。当连接下沉广场的防火分区需利用下沉广场进行疏散时，疏散楼梯的总净宽度不应小于任一防火分区通向室外开敞空间的设计疏散总净宽度。
6.5.19	防火隔间	GB 50016—2014　6.4.13-1、2、3 防火隔间的设置应符合下列规定： 　1　防火隔间的建筑面积不应小于 6.0m²； 　2　防火隔间的门应采用甲级防火门； 　3　不同防火分区通向防火隔间的门不应计入安全出口，门的最小间距不应小于 4m；
6.5.20	避难走道	GB 50016—2014　6.4.14-2、3、4、5 　2　避难走道直通地面的出口不应少于 2 个，并应设置在不同方向；当避难走道仅与一个防火分区相通且该防火分区至少有 1 个直通室外的安全出口时，可设置 1 个直通地面的出口。任一防火分区通向避难走道的门至该避难走道最近直通地面的出口的距离不应大于 60m。 　3　避难走道的净宽度不应小于任一防火分区通向该避难走道的设计疏散总净宽度。 　4　避难走道内部装修材料的燃烧性能应为 A 级。 　5　防火分区至避难走道入口处应设置防烟前室，前室的使用面积不应小于 6.0m²，开向前室的门应采用甲级防火门，前室开向避难走道的门应采用乙级防火门。
6.5.21	防火门	GB 50016—2014　6.5.1-5 防火门的设置应符合下列规定： 　5　设置在建筑变形缝附近时，防火门应设置在楼层较多的一侧，并应保证防火门开启时门扇不跨越变形缝。 GB 50098—2009　4.4.2-1 防火门的设置应符合下列规定： 　**1　位于防火分区分隔处安全出口的门应为甲级防火门；当使用功能上确实需要采用防火卷帘分隔时，应在其旁设置与相邻防火分区的疏散走道相通的甲级防火门；**

编号	审查点	执行设计规范（标准）情况的审查内容
6.5.22	防火卷帘门	GB 50016—2014 6.5.3-1 防火分隔部位设置防火卷帘时应符合下列规定： 1　除中庭外，当防火分隔部位的宽度不大于 30m 时，防火卷帘的宽度不应大于 10m；当防火分隔部位的宽度大于 30m 时，防火卷帘的宽度不应大于该部位宽度的 1/3，且不应大于 20m。
6.5.23	消防车道	GB 50016—2014 7.1.3 工厂、仓库区内应设置消防车道。 高层厂房，占地面积大于 3000m² 的甲、乙、丙类厂房和占地面积大于 1500m² 的乙、丙类仓库，应设置环形消防车道，确有困难时，应沿建筑物的两个长边设置消防车道。 GB 50016—2014 7.1.8-1、2、3 消防车道应符合下列要求： 1　车道的净宽度和净空高度均不应小于 4.0m； 2　转弯半径应满足消防车转弯的要求； 3　消防车道与建筑之间不应设置妨碍消防车操作的树木、架空管线等障碍物。
6.5.24	救援场地和入口	GB 50016—2014 7.2.2-1、2、3 消防车登高操作场地应符合下列规定： 1　场地与厂房、仓库、民用建筑之间不应设置妨碍消防车操作的树木、架空管线等障碍物和车库出入口。 2　场地的长度和宽度分别不应小于 15m 和 10m。对于建筑高度大于 50m 的建筑，场地的长度和宽度分别不应小于 20m 和 10m。 3　场地及其下面的建筑结构、管道和暗沟等，应能承受重型消防车的压力。 GB 50016—2014 7.2.3 建筑物与消防车登高操作场地相对应的范围内，应设置直通室外的楼梯或直通楼梯间的入口。 GB 50016—2014 7.2.4 厂房、仓库、公共建筑的外墙应在每层的适当位置设置可供消防救援人员进入的窗口。
6.5.25	消防电梯及前室	GB 50016—2014 7.3.1-2、3 下列建筑应设置消防电梯： 2　一类高层公共建筑和建筑高度大于 32m 的二类高层公共建筑； 3　设置消防电梯的建筑的地下或半地下室，埋深大于 10m 且总建筑面积大于 3000m² 的其他地下或半地下建筑（室）。

编号	审查点	执行设计规范（标准）情况的审查内容
6.5.25	消防电梯及前室	GB 50016—2014　7.3.2 消防电梯应分别设置在不同防火分区内，且每个防火分区不应少于1台。 GB 50016—2014　7.3.5-2、4 **2**　前室的使用面积不应小于6.0m²，与防烟楼梯间合用的前室，应符合本规范第5.5.28条和第6.4.3条的规定； **4**　前室或合用前室的门应采用乙级防火门，不应设置卷帘。 GB 50016—2014　7.3.6 消防电梯井、机房与相邻电梯井、机房之间应设置耐火极限不低于2.00h的防火隔墙，隔墙上的门应采用甲级防火门。
6.5.26	消防水泵房	GB 50016—2014　8.1.6 消防水泵房的设置应符合下列规定： **1**　单独建造的消防水泵房，其耐火极限不应低于二级； **2**　附设在建筑内的消防水泵房，不应设置在地下三层及以下或室内地面与室外出入口地坪高差大于10m的地下楼层； **3**　疏散门应直通室外或安全出口。
6.5.27	消防控制室	GB 50016—2014　8.1.7-2、4 **2**　附设在建筑内的消防控制室，宜设置在建筑内首层或地下一层，并宜布置在靠外墙部位； **4**　疏散门应直通室外或安全出口。
6.5.28	防护栏杆	GB 50352—2005　6.6.3-1、2 阳台、外廊、室内回廊、内天井、上人屋面及室外楼梯等临空处应设置防护栏杆，并应符合下列规定： **1**　栏杆应以坚固、耐久的材料制作，并能承受荷载规范规定的水平荷载； **2**　临空高度在24m以下时，栏杆高度不应低于1.05m，临空高度在24m及24m以上（包括中高层住宅）时，栏杆高度不应低于1.10m。
6.6　车辆段基地		
6.6.1	厂房安全疏散	GB 50016—2014　3.7.1 厂房的安全出口应分散布置。每个防火分区或一个防火分区的每个楼层，其相邻2个安全出口最近边缘之间的水平距离不应小于5m。 GB 50016—2014　3.7.2 厂房内每个防火分区或一个防火分区内的每个楼层，其安全出口的数量应经计算确定，且不应少于2个。 GB 50016—2014　3.7.4 厂房内任一点至最近安全出口的直线距离不应大于表3.7.4的规定。

编号	审查点	执行设计规范（标准）情况的审查内容
6.6.2	仓库的安全疏散	GB 50016—2014　3.8.2 每座仓库的安全出口不应少于 2 个，当一座仓库的占地面积不大于 300m² 时，可设置 1 个安全出口。仓库内每个防火分区通向疏散走道、楼梯或室外的出口不宜少于 2 个，当防火分区的建筑面积不大于 100m² 时，可设置 1 个出口。通向疏散走道或楼梯的门应为乙级防火门。
6.6.3	员工宿舍、办公室、休息室	GB 50016—2014　3.3.5 员工宿舍严禁设置在厂房内。 办公室、休息室等不应设置在甲、乙类厂房内，确需贴邻本厂房时，其耐火等级不应低于二级，并应采用耐火极限不低于 3.00h 的防爆墙与厂房分隔，且应设置独立的安全出口。 办公室、休息室设置在丙类厂房内时，应采用耐火极限不低于 2.50h 的防火隔墙和 1.00h 的楼板与其他部位分隔，并应至少设置 1 个独立的安全出口。如隔墙上需开设相互连通的门时，应采用乙级防火门。 GB 50016—2014　3.3.9 员工宿舍严禁设置在仓库内。 办公室、休息室等严禁设置在甲、乙类仓库内，也不应贴邻。 办公室、休息室设置在丙、丁类仓库内时，应采用耐火极限不低于 2.50h 的防火隔墙和 1.00h 的楼板与其他部位分隔，并应设置独立的安全出口。隔墙上需开设相互连通的门时，应采用乙级防火门。

7 高 架 结 构

编号	审查点	执行设计规范（标准）情况的审查内容
7.1 一般规定		
7.1.1	设计使用年限	GB 50157—2013　1.0.12 地铁的主体结构工程，以及因结构损坏或大修对地铁运营安全有严重影响的其他结构工程，设计使用年限不应低于 100 年。 GB 50157—2013　10.1.3 区间桥梁应按 100 年设计使用年限设计。
7.1.2	基本要求	GB 50157—2013　10.2.1-1 桥跨结构竖向挠度的限值应符合下列规定： 1 在列车静活载作用下，桥跨结构梁体竖向挠度不应大于表 10.2.1 的规定。 **表 10.2.1　梁体竖向挠度的限值** 见下表 GB 50157—2013　10.2.3 在列车横向摇摆力、离心力、风力和温度力作用下，桥跨结构梁体水平挠度应小于等于计算跨度的 1/4000。
7.1.3	设计原则	TB 10002.1—2005　1.0.5 桥涵结构在设计、制造、运输、安装和运营过程中，应具有规定的强度、刚度、稳定性和耐久性。 结构设计应力求技术先进、经济合理，构件应力求标准化，便于制造和机械化施工，并应满足养护、抢修、检测、维修要求，配备必要的设施设备。

表 10.2.1　梁体竖向挠度的限值

跨度 L（m）	竖向挠度容许值
$L \leqslant 30$	$L/2000$
$30 < L \leqslant 60$	$L/1500$
$60 < L \leqslant 80$	$L/1200$
$L > 80$	$L/1000$

编号	审查点	执行设计规范（标准）情况的审查内容
7.1.4	布置原则与要求	GB 50157—2013　10.1.7 区间桥梁墩位布置应符合城市规划要求。跨越铁路、道路时桥下净空应满足铁路、道路限界要求，并应预留结构可能产生的沉降量、铁路抬道量或公路路面翻修高度；跨越排洪河流时，应按 1/100 洪水频率标准进行设计，技术复杂、修复困难的大桥、特大桥应按 1/300 洪水频率标准进行验算；跨越通航河流时，其桥下净空应根据航道等级，满足现行国家标准《内河通航标准》GB 50139 的有关规定。
7.2　荷载		
7.2.1	列车活载	GB 50157—2013　10.3.3 列车竖向静活载确定应符合下列规定： 　　1　列车竖向静活载图式应按本线列车的最大轴重、轴距及近、远期中最长的编组确定； 　　2　单线和双线高架结构，应按列车活载作用于每一条线路确定； 　　3　多于两线的高架结构，应按下列最不利情况确定： 　　1）按两条线路在最不利位置承受列车活载，其余线路不承受列车活载； 　　2）所有线路在最不利位置承受 75% 的活载。 　　4　影响线加载时，活载图式不得任意截取，但对影响线异符号区段，轴重应按空车重计，还应计及本线初、近、远期中最不利的编组长度。
7.2.2	冲击力、制动力、离心力、横向摇摆力	GB 50157—2013　10.3.4 列车竖向活载应包括列车竖向静活载及列车动力作用，应为列车竖向静活载乘以动力系数（$1+\mu$）。μ 应按现行行业标准《铁路桥涵设计基本规范》TB 10002.1 规定的值乘以 0.8。 GB 50157—2013　10.3.5 位于曲线上的桥梁应计入列车产生的离心力，离心力应作用于车辆重心处。 GB 50157—2013　10.3.6 列车横向摇摆力应按相邻两节车四个轴轴重的 15% 计，并应以横桥向集中力形式取最不利位置作用于轨顶面。 GB 50157—2013　10.3.7 列车制动力或牵引力应按列车竖向静活载的 15% 计算，当与离心力同时计算时，可按竖向静活载 10% 计算。 区间双线桥应采用一条线的制动力或牵引力；三线或三线以上的桥应采用两条线的制动力或牵引力。

编号	审查点	执行设计规范（标准）情况的审查内容
7.2.2	冲击力、制动力、离心力、横向摇摆力	高架车站及与车站相邻两侧 100m 范围内的区间双线桥应按双线制动力或牵引力计，每条线制动力或牵引力值应为竖向静活载的 10%。 制动力或牵引力作用于轨顶以上车辆重心处，但计算墩台时应移至支座中心处，计算刚架结构应移至横梁中线处，均不应计移动作用点所产生的力矩。
7.2.3	无缝线路纵向水平力、活载土压力、挡板荷载温度力、撞击力和脱轨力	GB 50157—2013　10.3.8 列车竖向静活载在桥台后破坏棱体上引起的侧向土压力，应将活载换算成当量均布土层厚度计算。 GB 50157—2013　10.3.9 无缝线路的纵向水平力（伸缩力、挠曲力）和无缝线路的断轨力，应根据轨道结构及梁、轨共同作用的原理计算确定，并应符合下列规定： 　1　单线及多线桥应只计算一根钢轨的断轨力； 　2　伸缩力、挠曲力、断轨力作用于墩台上的支座中心处，不计其实际作用点至支座中心的弯矩影响。需要计算对梁的影响时应做专门研究； 　3　同一根钢轨作用于墩台顶的伸缩力、挠曲力、断轨力不应叠加。 GB 50157—2013　10.3.17 桥梁挡板结构，除应计算其自重及风荷载外，还应计算 0.75kN/m 的水平推力和 0.36kN/m 的竖向压力，该项荷载作为附加力应与风力组合。水平推力作用在桥面以上 1.2m 高度处。 GB 50157—2013　10.3.11 温度变化的作用及混凝土收缩的影响，可按现行行业标准《铁路桥涵设计基本规范》TB 10002.1 和《铁路桥涵钢筋混凝土和预应力混凝土结构设计规范》TB 10002.3 的有关规定执行。 GB 50157—2013　10.3.14 桥墩有可能受汽车撞击时，应设防撞保护设施。当无法设置防护设施时，应计入汽车对桥墩的撞击力。撞击力顺行车方向可采用 1000kN，横行车方向可采用 500kN，作用在路面以上 1.20m 高度处。 GB 50157—2013　10.3.20 不设护轮轨或防脱轨装置的区间桥梁应计算列车脱轨荷载作用，可按下列情形进行结构强度和稳定性检算： 　1　车辆集中力直接作用于线路中线两侧 2.1m 以内的桥面板最不利位置处，应检算桥面板强度。检算时，集中力值为本线列车实际轴重的 1/2，不计列车动力系数，应力提高系数宜采用 1.4。

编号	审查点	执行设计规范（标准）情况的审查内容
7.2.3	无缝线路纵向水平力、活载土压力、挡板荷载温度力、撞击力和脱轨力	2 列车位于轨道外侧但未坠落桥下时，应检算结构的横向稳定性。检算时，可采用长度为20m、位于线路中线外侧1.4m、平行于线路的线荷载，其值应为本线列车一节车轴重之和除以20m，不应计列车动力系数、离心力和另一线竖向荷载。倾覆稳定系数不得小于1.3。 注：断轨力为特殊荷载，单线及多线只计算一根钢轨的断轨力。同一根钢轨作用于墩顶的伸缩力、挠曲力、断轨力不应叠加。

7.3 浅基础

编号	审查点	执行设计规范（标准）情况的审查内容
7.3.1	桥涵地基和基础设计	TB 10002.5—2005　1.0.4 **桥涵地基基础的设计，应保证具有足够的强度、刚度、稳定性、耐久性和符合规定的沉降控制，并按满足100年设计使用的年限设计。** TB 10002.5—2005　5.1.2 **基底压应力不得大于地基的容许承载力。** TB 10002.5—2005　3.1.2 墩台基础的滑动稳定性检算应符合3.1.2条规定。 GB 50157—2013　10.1.11 跨度小于等于40m的简支梁和跨度小于等于40m的连续梁相邻桥墩，其工后沉降量之差应符合下列规定： 1 有砟桥面不应超过20mm，无砟桥面不应超过10mm。 2 对于外静不定结构，其相邻墩台不均匀沉降量之差的容许值还应根据沉降对结构产生的附加影响确定。
7.3.2	地基承载力一般规定	浅基础地基承载力，应符合现行《铁路桥涵地基和基础设计规范》TB 10002.5—2005的4.1.2～4.1.4条规定。地基的物理力学指标应与现行《铁路桥涵地基和基础设计规范》中的规定相符。
7.3.3	基底埋深	TB 10002.5—2005　1.0.9 **墩台明挖基础和沉井基础的基底埋置深度应符合下列规定：** 1 除不冻胀土外，对于冻胀、强冻胀和特强冻胀土应在冻结线以下不小于**0.25m**；对于弱冻胀土，不应小于冻结深度。 2 在无冲刷处或设有铺砌防冲时，不应小于地面以下**2.0m**，对于特殊困难情况下不小于**1m**。 3 在有冲刷处，基底应在墩台附近最大冲刷线下不小于下列安全值；对于一般桥梁，安全值为**2.0m**加冲刷总深度的**10%**；对于特大桥（或大桥）属于技术复杂、修复困难或重要者，安全值为**3.0m**加冲刷总深度的**10%**，如表1.0.9所示。

编号	审查点	执行设计规范（标准）情况的审查内容
7.3.3	基底埋深	**表 1.0.9 表　基底埋置安全值** | 冲刷总深度（m）			0	5	10	15	20
---	---	---	---	---	---	---	---
安全值（m）	一般桥梁		2.0	2.5	3.0	3.5	4.0
	特大桥（或大桥）属于技术复杂、修复困难或重要者	设计频率流量	3.0	3.5	4.0	4.5	5.0
		验算频率流量	1.5	1.8	2.0	2.3	2.5	 注：冲刷总深度为自河床面算起的一般冲刷深度与局部冲刷深度之和。 　　建于抗冲刷性能强的岩石上的基础，可不考虑上述规定，对于抗冲刷性能较差的岩石，应根据冲刷的具体情况确定基底埋置深度。 　　4　处于天然河道上的特大、大排洪桥不宜采用明挖基础。
7.3.4	软弱下卧层与基底偏心检算	TB 10002.5—2005　5.2.2 **外力对基底截面重心的偏心检算按 5.2.2 条规定执行。** TB 10002.5—2005　5.2.1 基底软弱下卧层压应力检算应按 5.2.1 条规定执行。

7.4　桩基础

编号	审查点	执行设计规范（标准）情况的审查内容
7.4.1	承台底标高	TB 10002.5—2005　6.1.3 桩基础承台板底面的高程，应根据受力情况以及地质、水流、施工等条件确定： 承台板底面在土中时，应位于冻结线以下不少于 0.25m（不冻胀土层不受此限）； 承台板底面在水中时，应位于最低冰层底面以下不少于 0.25m； 在通航或筏运河流中，承台板底面应适当降低。
7.4.2	桩身的钢筋与混凝土	TB 10002.5—2005　6.3.3 桩身的钢筋和混凝土应符合以下规定： 1　现场制造的钢筋混凝土矩形桩，混凝土强度等级不得低于 C30。管桩填心混凝土的强度等级不得低于 C15。 2　钻（挖）孔灌注桩可按桩身内力要求分段配筋。主筋宜采用光钢筋（挖孔灌注桩不考虑此项要求），必要时也可用带肋钢筋。采用束筋时每束不宜多于两根钢筋。主筋直径不宜小于 16mm，净距不宜小于 120mm，且不得小于 80mm。主筋的净保护层不应小于 60mm。箍筋的直径可采用 8mm，

编号	审查点	执行设计规范（标准）情况的审查内容
7.4.2	桩身的钢筋与混凝土	其间距采用200mm，摩擦桩下部可增大至400mm。顺钢筋笼长度每隔2.0～2.5m加一道直径为16～22mm骨架箍筋，以增大钢筋笼的刚度。桩身混凝土强度等级不得低于C30。 按计算桩身混凝土不需配筋的桩，应在桩顶部4～6m范围内设置构造联接钢筋，并伸入承台板内。钢筋直径可采用16mm，间距250～350mm。 GB 50111—2006　7.5.17-3 　　3　承台与桩的连接：钻（挖）孔桩桩头2.5～3.0倍桩径长度范围内应加密箍筋，其间距不应大于10cm，直径不应小于10mm，桩身纵向钢筋的配筋率不宜小于0.5%。
7.4.3	承台厚度和配筋	TB 10002.5—2005　6.3.5 　　承台板的厚度和配筋应根据受力情况决定。厚度不宜小于1.5m，混凝土强度等级不得低于C30。承台板的底部应布置一层钢筋网，当桩顶主筋伸入承台板联结时，钢筋网在越过桩顶处不得截断。 　　当桩顶直接埋入承台板内，且桩顶作用于承台板的压应力超过承台板混凝土的容许局部承压应力时（计算此项应力时不考虑桩身与承台板混凝土间的黏着力），应在每一根桩的顶面以上设置1～2层直径不小于12mm的钢筋网，钢筋网的每边长度不得小于桩径的2.5倍，其网孔为100mm×100mm～150mm×150mm。
7.4.4	桩与承台的连接	TB 10002.5—2005　6.3.6 　　当基桩桩顶主筋伸入承台板联结时，一般桩的桩身伸入承台板内的长度为100mm，管柱伸入承台板内的长度为150～200mm（不包括水下封底混凝土厚度）。此时桩顶伸入承台板内的主筋长度（算至弯钩切点）对于光钢筋不得小于45倍主筋的直径，对于带肋钢筋不得小于35倍主筋的直径。其箍筋的直径不应小于8mm，箍筋的间距可采150～200mm。 钢筋混凝土桩桩顶直接埋入承台板联结时，埋入长度应满足下列规定： 　　1　当桩径小于0.6m时，不得小于2倍桩径； 　　2　当桩径为0.6～1.2m时，不得小于1.2m； 　　3　当桩径大于1.2m时，不得小于桩径。 承受拉力的桩与承台板的联结必须满足受拉强度要求。
7.4.5	桩的嵌岩深度	TB 10002.5—2005　6.3.7 　　嵌入新鲜岩面以下的钻（挖）孔灌注桩，其嵌入深度应根据计算确定，但不得小于0.5m。

编号	审查点	执行设计规范（标准）情况的审查内容
7.4.6	岩层有冲刷时桩的嵌入深度	TB 10002.5—2005　6.2.3 桩下端锚固在岩石内时，可假定弯矩由锚固侧壁岩石承受，锚固需要深度可不考虑水平剪力影响，并按下列公式近似计算： 1　圆形桩 $$h_1=\sqrt{\dfrac{M}{0.066K\cdot R\cdot d}}\qquad(6.2.3\text{-}1)$$ 2　矩形桩 $$h_1=\sqrt{\dfrac{M}{0.083K\cdot R\cdot d}}\qquad(6.2.3\text{-}2)$$ TB 10002.5—2005　6.3.8 河床岩层有冲刷时，支于岩层上的管柱基础必须采用钻岩支承。管柱下端的位置应考虑岩层最低冲刷高程。
7.4.7	桩基地基承载力	桩基地基承载力检算执行《铁路桥涵地基和基础设计规范》TB 10002.5—2005 第6.2.2条和6.2.6条规定。
7.5　墩台		
7.5.1	墩顶的弹性水平位移	GB 50157—2013　10.2.6 区间桥梁墩顶弹性水平位移应符合下列规定： 顺桥方向：$\Delta\leqslant5\sqrt{L}$　　　　　　　　　　　　　　　　　(10.2.6-1) 横桥方向：$\Delta\leqslant4\sqrt{L}$　　　　　　　　　　　　　　　　　(10.2.6-2) 式中：L——桥梁跨度（m），当为不等跨时采用相邻跨中的较小跨度，当 $L<25$m 时，L 按 25m 计； Δ——墩顶顺桥或横桥方向水平位移（mm），包括由于墩身和基础的弹性变形及地基弹性变形的影响。
7.5.2	钢筋混凝土墩台的计算	TB 10002.3—2005　4.5.1 钢筋混凝土墩台的计算应符合现行《铁路桥涵设计基本规范》TB 10002.1—2005 中关于墩台的规定。计算时可不考虑截面合力偏心的要求。
7.6　钢筋混凝土结构和预应力混凝土结构一般规定		
7.6.1	强度与刚度	TB 10002.3—2005　1.0.5 **桥梁上部结构应有足够的强度及竖向、横向和抗扭刚度。采用T形梁时，必须对横隔板施加预应力将梁片连为整体，必要时桥面应连接。**

编号	审查点	执行设计规范（标准）情况的审查内容
7.6.2	设计使用年限	TB 10002.3—2005　1.0.7 **铁路桥涵钢筋混凝土和预应力混凝土结构应按 100 年设计使用年限进行设计。**
7.6.3	钢筋保护层厚度 mm	TB 10005—2010　7.2.1 桥涵混凝土结构钢筋的保护层厚度应符合表 7.2.1 的规定。

表 7.2.1　桥涵混凝土结构钢筋的混凝土保护层最小厚度（mm）

环境类别	作用等级	保护层最小厚度（mm）
碳化环境	T1	35
	T2	35
	T3	45
氯盐环境	L1	45
	L2	50
	L3	60
化学腐蚀	H1	40
	H2	45
	H3	50
	H4	60
盐类结晶破坏环境	Y1	40
	Y2	45
	Y3	50
	Y4	60
冻融环境	D1	40
	D2	45
	D3	50
	D4	60
磨蚀环境	M1	35
	M2	40
	M3	45

注：1　当设有防水层和防护层的顶面钢筋的混凝土保护层最小厚度可适当减小，但不得小于 30mm。

2　当条件许可时，盐类结晶破坏环境和严重腐蚀环境下，桥梁混凝土结构钢筋的混凝土保护层最小厚度应适当增加。

3　桩基础钢筋的混凝土保护层最小厚度应在表 7.2.1 的基础上增加 30mm。

4　先张法预应力筋的混凝土保护层最小厚度应比普通钢筋至少大 10mm。

5　具有连续密封套管的后张预应力钢筋的混凝土保护层最小厚度应与普通钢筋相同，且不应小于孔道直径的 1/2。无密封管（或导管、孔道管）的后张预应力钢筋的混凝土保护层最小厚度应比普通钢筋大 10mm。

6　后张预应力金属管外缘至混凝土表面的距离应不小于 1 倍管道直径（在结构的顶面和侧面）或 60mm（在结构底面）。

编号	审查点	执行设计规范（标准）情况的审查内容
7.6.4	混凝土强度等级	TB 10002.3—2005　3.1.2 　　钢筋混凝土桥跨结构的混凝土强度等级不得低于C30。预应力混凝土桥跨结构混凝土强度等级不得低于C40。钢筋混凝土墩台的混凝土强度等级不宜低于C30。其他钢筋混凝土结构混凝土强度等级不得低于C25。管道压浆用水泥浆强度等级不应低于M35，并掺入阻锈剂。
7.6.5	骨料、碱及氯离子含量	TB 10002.3—2005　3.1.3 　　混凝土骨料选择及碱含量应符合《铁路混凝土工程预防碱-骨料反应技术条件》TB/T 3054 的规定。混凝土中的氯离子含量不得大于0.06%，在有腐蚀环境下的桥涵结构尚应采取耐腐蚀措施。 　　腐蚀环境下的桥涵结构尚应符合 TB 10005—2010 5.2.10 及 5.2.11 的规定。
7.6.6	箱梁横截面计算及配筋	TB 10002.3—2005　4.3.9 　　箱形梁横截面，可按被支撑在主梁腹板中心线下缘的箱形框架计算。计算所需的钢筋的1/2可兼做主梁抗剪或抗扭箍筋。
7.6.7	箱梁结构温差	TB 10002.3—2005　4.3.10 　　箱形梁应考虑截面温差所引起的纵向和横向温差应力。温差荷载包括日照温差和降温温差荷载，需分别进行计算。温差荷载和温差应力可按附录B的规定计算。
7.6.8	计算连梁内力及反力的影响因素及二次力计算	TB 10002.3—2005　4.3.4 　　计算连续梁内力及反力时，应考虑温差、基础不均匀沉降、混凝土收缩及徐变等因素的影响。对于预应力混凝土连续梁，当计算应力时还应考虑预加力产生的二次力，在检算破坏阶段的截面强度时，可不计预加力产生的二次力的影响。

7.7　钢筋混凝土结构

编号	审查点	执行设计规范（标准）情况的审查内容
7.7.1	计算原则	TB 10002.3—2005　5.1.1 　　钢筋混凝土结构应按容许应力法设计。 　　计算强度时，不应考虑混凝土承受拉力（除主拉应力检算外），拉力应完全由钢筋承受。 　　计算结构变形时，截面刚度应按 $0.8E_cI$ 计算，E_c 为混凝土的受压弹性模量，应按本规范表3.1.5采用，I 分别按下列规定计算： 　　静定结构——不计混凝土受拉区，计入钢筋； 　　超静定结构——包括全部混凝土截面，不计钢筋。

编号	审查点	执行设计规范（标准）情况的审查内容
7.7.2	受弯及偏心受压构件的截面最小配筋率	TB 10002.3—2005　5.1.2 受弯及偏心受压构件的截面最小配筋率（仅计受拉区钢筋）不应低于表 5.1.2 所列数值。 **表 5.1.2　截面最小配筋率（%）**

表 5.1.2　截面最小配筋率（%）

钢 筋 种 类	混凝土强度等级		
	C20	C25～C45	C50～C60
HPB300	0.15	0.20	0.25
HRB335	0.10	0.15	0.20
HRB400	0.10	0.15	0.30

编号	审查点	执行设计规范（标准）情况的审查内容
7.7.3	钢筋混凝土结构裂缝计算宽度限值	TB 10005—2010　6.1.1 铁路钢筋混凝土结构表面裂缝计算宽度限值除应遵守现行铁路工程有关专业设计规范的相关要求外，还应符合表 6.1.1 的规定。 **表 6.1.1　钢筋混凝土结构表面裂缝计算宽度限值（mm）**

表 6.1.1　钢筋混凝土结构表面裂缝计算宽度限值（mm）

环境类别	环境等级	表面裂缝计算宽度最大限值
碳化环境	T1	0.2
	T2	0.2
	T3	0.2
氯盐环境	L1	0.2
	L2	0.2
	L3	0.15
化学腐蚀环境	H1	0.2
	H2	0.2
	H3	0.15
	H4	0.15
盐类结晶破坏环境	Y1	0.2
	Y2	0.2
	Y3	0.15
	Y4	0.15
冻融破坏环境	D1	0.2
	D2	0.2
	D3	0.15
	D4	0.15
磨蚀环境	M1	0.2
	M2	0.2
	M3	0.15

注：当钢筋保护层实际厚度超过 30mm 时，可将钢筋保护层厚度的计算值取为 30mm。

编号	审查点	执行设计规范（标准）情况的审查内容

<table>
<tr><td rowspan="2">7.7.4</td><td rowspan="2">混凝土的容许应力</td><td>

TB 10002.3—2005　5.2.1

混凝土的容许应力按表 5.2.1 采用。图 5.2.1 中

a——矩形局部承压面积 A_c 长边的 1/2；

b——A_c 短边的 1/2；

c——A_c 的外边缘至构件边缘的最小距离；

$d/2$——圆形局部承压面积 A_c 的圆心至构件边缘的最小距离。

$$\beta=\sqrt{\frac{A}{A_c}}$$

β 在 (a)、(b)、(c)、(d) 情况下不大于 3，在 (e) 情况下不大于 1.5。

表 5.2.1　混凝土的容许应力（MPa）

序号	应力种类	符号	混凝土强度等级								
			C20	C25	C30	C35	C40	C45	C50	C55	C60
1	中心受压	$[\sigma_c]$	5.4	6.8	8.0	9.4	10.8	12.0	13.4	14.8	16.0
2	弯曲受压及偏心受压	$[\sigma_b]$	6.8	8.5	10.0	11.8	13.5	15.0	16.8	18.5	20.0
3	有箍筋及斜筋时的主拉应力	$[\sigma_{tp-1}]$	1.53	1.80	1.98	2.25	2.43	2.61	2.79	2.97	3.15
4	无箍筋及斜筋时的主拉应力	$[\sigma_{tp-2}]$	0.57	0.67	0.73	0.83	0.90	0.97	1.03	1.10	1.17
5	梁部分长度中全由混凝土承受的主拉应力	$[\sigma_{tp-3}]$	0.28	0.33	0.37	0.42	0.45	0.48	0.52	0.55	0.58
6	纯剪应力	$[\tau_c]$	0.85	1.0	1.10	1.25	1.35	1.45	1.55	1.65	1.75
7	光钢筋与混凝土之间的粘结力	$[c]$	0.71	0.83	0.92	1.04	1.13	1.21	1.29	1.38	1.46
8	局部承压应力	$[\sigma_{c-1}]$	$\beta\times[\sigma_c]$								

注：1　计算主力加附加力时，第 1、2 及 8 项容许应力可提高 30%。

　　2　对厂制及工艺符合厂制条件的构件，第 1、2 及 8 项容许应力可提高 10%；

　　3　当检算安装荷载产生的应力时，第 1、2 及 8 项容许应力在主力加附加力的基础上可再提高 10%；

　　4　带肋钢筋与混凝土之间的粘结力按表列第 7 项数值的 1.5 倍采用；

　　5　第 8 项中的计算底面积 A 按图 5.2.1 计算，但该部分的计算厚度应大于底面积 A 的短边尺寸。

</td></tr>
</table>

编号	审查点	执行设计规范（标准）情况的审查内容
7.7.5	钢筋的容许应力	TB 10002.3—2005　5.2.2-1、2、4（根据铁总2013.52号、99号文修改） 钢筋的容许应力应按下列规定采用： 1　HPB300钢筋在主力或主力加附加力作用下，容许应力 $[\sigma_s]$ 分别为160MPa或210MPa。 2　HRB400钢筋 1）母材及纵向加工（打磨）的闪光对焊接头在主力或主力加附加力作用下，容许应力 $[\sigma_s]$ 分别为180MPa或230MPa。 2）未经纵向加工的闪光对焊接头在主力作用下，容许应力应按表5.2.2-1采用。

表5.2.2-1　HRB400钢筋主力作用下焊接接头容许应力 $[\sigma_s]$（MPa）

钢筋直径（mm）	应力比 ρ			
	0.2	0.3	0.4	≥0.5
$d \leqslant 16$	175	180	180	180
$16 < d \leqslant 25$	150	165	180	180
$d = 28$	140	155	170	180

注：钢筋最小与最大应力比 ρ 位于表中数值之间时，容许应力可按线性内插确定。

3）未经纵向加工的闪光对焊接头在主力加附加力作用下，容许应力按表5.2.2-2采用。

表5.2.2-2　HRB400钢筋主加附作用下焊接接头容许应力 $[\sigma_s]$（MPa）

钢筋直径（mm）	应力比 ρ			
	0.2	0.3	0.4	≥0.5
$d \leqslant 16$	230	230	230	230
$16 < d \leqslant 25$	195	215	230	230
$d = 28$	182	202	221	230

4　当检算安装荷载产生的应力时，钢筋的容许应力 $[\sigma_s]$：HPB300钢筋取230MPa，HRB400钢筋取297MPa。

编号	审查点	执行设计规范（标准）情况的审查内容
7.7.6	钢筋的最小弯曲半径	TB 10002.3—2005　5.3.3-2、3 **2　梁端部钢筋伸过支点的长度应不小于10倍的钢筋直径，并设置标准弯钩。** **3　钢筋的最小弯曲半径：HPB300钢筋的最小弯曲半径应为10倍钢筋直径，HRB400级钢筋的最小弯曲半径应为14倍钢筋直径。**

编号	审查点	执行设计规范（标准）情况的审查内容
7.7.7	轴心受压构造的配筋	TB 10002.3—2005 5.3.4 轴心受压构件的配筋构造应符合下列规定： 1 仅受轴心压力并配有纵筋及一般箍筋的构件： 1）纵筋截面积不应小于构件截面积的 0.5%，也不宜大于 3%； 2）纵筋的直径不宜小于 12mm； 3）箍筋的间距不应超过纵筋直径的 15 倍，也不应大于构件横截面的最小尺寸； 4）箍筋的直径不应小于纵筋直径的 1/4，也不应小于 6mm。 2 当采用螺旋筋时： 1）纵筋的截面积不应小于螺旋筋圈内核心截面积的 0.5%； 2）核心截面积不应小于构件截面积的 2/3； 3）螺旋筋的螺距不应大于核心直径的 1/5，也不应大于 80mm； 4）螺旋筋换算截面不应小于纵筋的截面积，也不应超过该截面积的 3 倍； 5）纵筋截面积与螺旋筋换算截面积之和不应小于核心截面积的 1.0%。
7.7.8	受拉区凹角处钢筋布置	TB 10002.3—2005 5.3.5 在杆件的受拉区域凹角处布置钢筋时，不得将钢筋按凹角弯曲，必须设置互相交叉形成凹角的单独钢筋，此外在该处尚应设置足以承受不小于所有纵向钢筋合力 35% 的横向钢筋。
7.7.9	钢筋接头的规定	TB 10002.3—2005 5.3.6 对直径大于 25mm 的光钢筋以及所有带肋钢筋的接头均不得采用搭接。直径较小的光钢筋可采用搭接，此时钢筋端部应弯成半圆形弯钩，两钩切点间的距离对受拉钢筋不得小于 30d，对受压钢筋不得小于 20d，在搭接范围内应有铁丝捆扎。 焊接接头的抗拉强度不应低于钢筋本身的强度。
7.7.10	板的构造规定	TB 10002.3—2005 5.3.7 板的一般构造可按表 5.3.7 采用。 表 5.3.7 板的一般构造 <table><tr><th rowspan="2">项目</th><th colspan="2">板的种类</th></tr><tr><th>道碴槽板</th><th>人行道板</th></tr><tr><td>板的最小厚度（mm）</td><td>120</td><td>80</td></tr><tr><td>板内受力钢筋最小直径（mm）</td><td>10</td><td>8</td></tr><tr><td>板内受力钢筋最大间距（mm）</td><td>200</td><td>200</td></tr><tr><td>板内受力钢筋伸入支点数量</td><td>不少于 3 根及跨度中间钢筋截面积的 1/4</td><td>—</td></tr><tr><td>板内分配钢筋最小直径（mm）</td><td>8</td><td>6</td></tr><tr><td>板内分配钢筋最大间距（mm）</td><td>300</td><td>—</td></tr></table>注：1 预制人行道板的最小厚度可用 70mm； 2 在所有受力钢筋转折处均应设置分配钢筋。

编号	审查点	执行设计规范（标准）情况的审查内容
7.7.11	板内的斜筋	TB 10002.3—2005　5.3.8 根据计算板内不需要斜筋时，也应采用弯起钢筋并采用适当的架立钢筋（人行道板除外）。
7.7.12	横隔板处的板的配筋	TB 10002.3—2005　5.3.9 梁式板如不仅支承于主梁上，同时也支承于横隔板上时，则在横隔板上方的板顶部，应设置垂直于横隔板的钢筋，其直径不应小于分配钢筋的直径，其间距不应大于200mm，也不应大于板厚的两倍。
7.7.13	梁的箍筋配置	TB 10002.3—2005　5.3.13 梁内应设置直径不小于8mm的箍筋，其间距当支撑受拉钢筋时不应大于梁高的3/4及300mm；当支撑受压钢筋时不应大于受力钢筋直径的15倍及300mm。支座中心两侧各相当梁高1/2的长度范围内，箍筋间距不应大于100mm。每一箍筋一行上所箍的受拉钢筋不应多于5根，受压钢筋不应多于3根。承受扭矩作用的梁，箍筋应制成封闭式。
7.7.14	伸入支座的钢筋	TB 10002.3—2005　5.3.15 梁内伸入支点的主钢筋不得少于跨中截面主钢筋数量的1/4，并且不少于2根，伸入支点的长度不得小于10倍的钢筋直径，并加设标准弯钩。
7.7.15	梁腹的纵向水平钢筋	TB 10002.3—2005　5.3.16 梁高大于1m时，在梁腹高度范围内应设置纵向水平钢筋，其间距为100～150mm，直径不应小于8mm。

7.8　预应力混凝土结构

编号	审查点	执行设计规范（标准）情况的审查内容
7.8.1	混凝土的极限强度	TB 10002.3—2005　3.1.4 混凝土的极限强度应按表3.1.4采用。 **表 3.1.4　混凝土的极限强度（MPa）**
7.8.2	计算一般规定	TB 10002.3—2005　6.1.5 预应力混凝土桥涵结构应按下列规定验算其强度、抗裂性、应力、裂缝宽度及变形： 1　按破坏阶段验算构件截面强度。构件在预加应力、运送、安装和运营阶段的破坏强度安全系数不应低于表6.1.5所列数值。

表 3.1.4　混凝土的极限强度（MPa）

强度种类	符号	混凝土强度等级								
		C20	C25	C30	C35	C40	C45	C50	C55	C60
轴心抗压	f_c	13.5	17.0	20.0	23.5	27.0	30.0	33.5	37.0	40.0
轴心抗拉	f_{ct}	1.70	2.00	2.20	2.50	2.70	2.90	3.10	3.3	3.50

编号	审查点	执行设计规范（标准）情况的审查内容
7.8.2	计算一般规定	表 6.1.5 安全系数 表格见下方

表 6.1.5 安全系数

安全系数类别		符号	安全系数		
			主力	主力+附加力	安装荷载
强度安全系数	纵向钢筋达到抗拉计算强度，受压区混凝土达到抗压极限强度	K	2.0	1.8	1.8
	非预应力箍筋达到计算强度	K_1	1.8	1.6	1.5
	混凝土主拉应力达到抗拉极限强度	K_2	2.0	1.8	1.8
抗裂安全系数		K_f	1.2	1.2	1.1

注：1 对于制造工艺不符合工厂制造条件的结构，表 6.1.5 所列主力及主力加附加力作用下的各项强度安全系数均应增大 10%；

2 关于架桥机通过时的截面检算应按本规范第 6.4.14 条办理。

2 对不容许出现拉应力的预应力混凝土结构，按弹性阶段检算截面抗裂性，但在运营阶段正截面抗裂性检算中，应计入混凝土受拉塑性变形影响。构件的抗裂安全系数不应低于表 6.1.5 所列数值。

3 按弹性阶段检算预加应力、运送、安装和运营等阶段构件内的应力；对允许开裂的预应力混凝凝土结构，检算运营阶段应力时，不应计入开裂截面受拉区混凝土的作用。

4 运营阶段正截面混凝土拉应力超过 $0.7f_{ct}$ 时，应按开裂截面计算；允许开裂的预应力混凝土结构，应检算其在运营阶段和架桥机通过时，开裂截面的裂缝宽度。

5 按弹性阶段计算梁的变形（挠角和转角）。

编号	审查点	执行设计规范（标准）情况的审查内容
7.8.3	不允许开裂的预应力混凝土结构	TB 10002.3—2005　6.1.6 在有少量酸、碱、盐的液体或大量含氧的水、侵蚀性气体、侵蚀性工业或海洋大气等严重环境侵蚀环境条件下，不得采用允许开裂的预应力混凝土结构。
7.8.4	钢筋抗拉强度标准值	TB 10002.3—2005　3.2.2-2 预应力钢丝抗拉强度标准值应按表 3.2.2-2 采用。预应力钢绞线抗拉强度标准值应按表 3.2.2-3 采用。

编号	审查点	执行设计规范（标准）情况的审查内容
7.8.4	钢筋抗拉强度标准值	**表 3.2.2-2　预应力钢丝抗拉强度标准值 f_{pk}（MPa）** 下表 注：按松弛率的不同可分为普通松弛（WNR）和低松弛（WLR）钢丝。 **表 3.2.2-3　预应力钢绞线抗拉强度标准值 f_{pk}（MPa）** 下表 注：1　均为低松弛； 　　2　公称直径为 12.7mm 及 15.2mm 都有 1960MPa 这一级，使用时需经疲劳试验确定疲劳应力后方能使用。
7.8.5	钢筋计算强度	TB 10002.3—2005　3.2.3 钢筋计算强度应按表 3.2.3 采用。 **表 3.2.3　钢筋计算强度（MPa）**

表 3.2.2-2　预应力钢丝抗拉强度标准值 f_{pk}（MPa）

公称直径（mm）	4～5	6～7
抗拉强度标准值	1470	1470
	1570	1570
	1670	1670
	1770	1770
	1860	—

注：按松弛率的不同可分为普通松弛（WNR）和低松弛（WLR）钢丝。

表 3.2.2-3　预应力钢绞线抗拉强度标准值 f_{pk}（MPa）

公称直径（mm）	12.7		15.2		15.7
	标准型 （1×7）	模拔型 （1×7）C	标准型 （1×7）	模拔型 （1×7）C	标准型 （1×7）
抗拉强度标准值	1770 1860	1860	1470 1570 1670 1720 1860	1820	1770 1860

注：1　均为低松弛；

　　2　公称直径为 12.7mm 及 15.2mm 都有 1960MPa 这一级，使用时需经疲劳试验确定疲劳应力后方能使用。

表 3.2.3　钢筋计算强度（MPa）

钢 筋 类 型		抗拉计算强度 f_p 或 f_s	抗压计算强度 f'_p 或 f'_s
预应力筋	钢丝、钢绞线、预应力混凝土用螺纹钢筋	$0.9f_{pk}$	380
普通钢筋	HPB300	300	300
	HRB335	335	335
	HR400	400	400

编号	审查点	执行设计规范（标准）情况的审查内容
7.8.6	管道灌浆的计算	TB 10002.3—2005　6.3.1 　　计算预应力混凝土结构截面应力时，对于后张法结构，在钢筋管道内压注水泥浆以前，应采用被管道削弱的净混凝土并计入非预应力钢筋后的换算截面（即净截面）。在建立了钢筋与混凝土间的粘结力后，则按全部换算截面（但对受拉构件、受弯及大偏心受压构件中运营荷载作用时的受拉区，不计管道部分）。对于先张法结构，应采用换算截面。 注：对于配筋较少非预应力筋的构件（一般指不容许出现拉应力的构件）计算换算截面时，可不考虑非预应力钢筋。
7.8.7	预应力钢筋或管道间的净距	TB 10002.3—2005　6.5.2 　　预应力钢筋或管道间的净距应按下列规定采用： 　　**1**　对于采用钢丝束及预应力混凝土用螺纹钢筋的后张法结构： 　　**1）**钢丝束及预应力混凝土用螺纹钢筋布置在梁体内，其管道间净距，当管道直径等于或小于 55mm 时，不应小于 40mm；当管道直径大于 55mm 时，不应小于管道外径； 　　**2）**布置在明槽内，钢丝束及预应力混凝土用螺纹钢筋净距不应小于钢束及钢筋直径或不小于： 　　水平方向——**30mm**； 　　垂直方向——**20mm**。 　　**2**　在先张法结构中，预应力钢绞线及预应力混凝土用螺纹钢筋之间的净距不应小于 1.5 倍直径，且不小于 30mm；预应力钢筋端部周围应采用局部加强措施（如设置钢筋网等）。
7.8.8	预应力钢筋或管道的净保护层	TB 10002.3—2005　6.5.3 　　**预应力钢筋或管道表面与结构表面之间的保护层厚度，在结构顶面与侧面均不应小于 1 倍管道直径，并不小于 50mm；在结构底面不应小于 60mm。**
7.8.9	锚下钢筋	TB 10002.3—2005　6.5.6 　　**在后张法结构中，除在端部锚下设置厚度不小于 16mm 的钢垫板外，并应在锚下设置分布钢筋网或螺旋筋。**
7.8.10	预应力筋的跨内截断	TB 10002.3—2005　6.5.8 　　如钢丝束在构件长度范围内截断时，其锚头无论采用埋入式或外露式，应布置在外载作用下构件截面的受压区域。如果布置在外载作用下的受拉区域，则位于同一截面上的埋入式锚头，其所占的总截面面积不应超过构件受拉翼缘原有截面面积的 1/3。

编号	审查点	执行设计规范（标准）情况的审查内容
7.8.11	非预应力箍筋	TB 10002.3—2005　6.5.12 　　在预应力混凝土结构中应根据计算设置箍筋。如采用非预应力箍筋时，应符合下列要求： 　　1　箍筋直径不应小于 8mm； 　　2　腹板箍筋间距不应大于 200mm，并宜采用 HRB400 级钢筋； 　　3　在布置有纵向预应力钢筋的翼缘中，应设置闭合形或螺旋形箍筋，其间距不大于 100mm，而在梁跨端部 500mm 范围翼缘内，其间距应为 80～100mm； 　　4　当梁翼缘宽度大于 500mm 时，箍筋不应少于 4 肢； 　　5　用于抗扭的箍筋须是闭合箍筋。
7.8.12	箍筋与最外层钢筋的净保护层厚度	TB 10002.3—2005　6.5.13 　　**距结构表面最近的箍筋等普通钢筋的净保护层厚度不得小于 35mm。** 　　**对于顶板有防水层及保护层的最外层钢筋其净保护层厚度不得小于 30mm。**
7.8.13	梁端的钢筋	TB 10002.3—2005　6.5.16 　　如预应力钢筋集中在构件端部上、下翼缘内，则在该处应设置足够的非预应力箍筋或预应力竖筋。
7.8.14	梗肋与腹板	TB 10002.3—2005　6.5.19 　　受弯构件的翼缘应在与腹板相交处设置梗肋。 　　上、下翼缘梗肋之间的腹板高度，当腹板内有预应力竖筋时，不应大于腹板厚度的 20 倍；当无预应力竖筋时，不应大于腹板厚度的 15 倍。
7.8.15	封锚	TB 10005—2010　7.2.7 　　预应力梁的封锚和封端内应设置足够的构造钢筋。封锚材料宜采用干硬性聚合物混凝土，封端材料应采用水胶比小、收缩小的塑性混凝土。封锚及封端混凝土的强度应不低于梁本体混凝土。封端混凝土表面应采用防水涂料进行涂装处理。
7.8.16	齿板锚固区与预应力筋弯折处的钢筋	TB 10002.3—2005　6.5.22 　　连续梁锯齿板锚固区及预应力钢筋弯折处应设置与顶、底板或腹板牢固连接的加强钢筋。
7.8.17	横隔板的开洞与腹板排气孔	TB 10002.3—2005　6.5.24-3、7 　　3　箱梁的端部必须设置横隔板； 　　7　腹板上应设置适当数量的直径约为 100mm 的通风孔。

编号	审查点	执行设计规范（标准）情况的审查内容
7.8.18	耐久性措施	GB 50157—2013　10.5.10 预应力混凝土梁的封锚及接缝处，应在构造上采取防水措施。对于结构有可能产生裂缝的部位，应增设普通钢筋防止裂缝的发生。

7.9　钢结构

编号	审查点	执行设计规范（标准）情况的审查内容
7.9.1	设计原则	TB10002.2—2005　1.0.3 铁路桥梁钢结构应具有规定的强度、刚度、稳定性和耐久性，应按100年设计使用年限设计。
7.9.2	横向倾覆稳定	TB 10002.2—2005　1.0.8 **桥跨结构在计算荷载可能的最不利组合作用下，横向倾覆稳定系数不应小于1.3。**
7.9.3	焊接性能	TB 10002.2—2005　3.1.3 **焊接性能应与基材相匹配，选用的焊接材料、焊接工艺，均应根据设计要求通过焊接工艺评定。**
7.9.4	钢桁梁联结系的布置	TB 10002.2—2005　7.2.1 **主桁（主梁）的纵向联结系，不应采用三角形桁架。其杆件宜采用工型截面。** TB 10002.2—2005　7.2.2 **下承式桁梁应设置加强的桥门架及加强的横向联结系，横向联结系的间距不应超过两个节间。** TB 10002.2—2005　7.2.9 跨度大于48m的钢梁，应在跨度的中部设制动联结系。为减小桥面系与主桁弦杆共同作用的影响，跨度大于80m的简支梁，宜在跨间设置可使纵梁纵向移动的活动支承，其间距不应大于80m。当纵梁连续长度大于48m时，还应在其中部设制动联结系。
7.9.5	钢桁梁的挠度	TB 10002.2—2005　9.0.1 钢桁梁由静活载引起的竖向挠度（按平面桁架计算）简支桁梁和连续桁梁的边跨不应大于 $L/900$，连续桁梁的中跨不应大于 $L/750$，L 为检算跨的跨长。 下承式简支桁梁及连续桁梁的边跨，其宽度与跨度之比不宜小于 $1/20$，连续梁中跨的宽跨比不宜小于 $1/25$。

编号	审查点	执行设计规范（标准）情况的审查内容
7.9.6	钢桁梁节点板和拼接板	TB 10002.2—2005　9.0.7 主桁受拉杆件的拼接板净面积，应较被拼接部分的净面积大 10%。 主桁受压杆件的拼接板有效面积（$\varphi_1 A_m$），应大于被拼接压杆的有效面积的 10%。当在节点内拼接时，拼接板的受压容许应力折减系数可采用 0.9；在节点外拼接时，可与该压杆的受压容许应力折减系数相同。 受压杆件接头采用磨光顶紧时，接头处拼接板的毛面积可按被拼接部分的毛面积 50% 计算。 TB 10002.2—2005　9.0.8 节点板任何连接截面的撕破强度，应较各被连接构件的强度至少大 10%。 主桁节点板除检算节点板的撕破强度外，还应在主力作用下检算其法向应力和剪应力，容许应力分别为 $[\sigma]$ 及 $0.75\,[\sigma]$。
7.9.7	钢材	TB 10002.2—2005　3.1.1 铁路钢桥的基本钢材应根据当地的最低设计温度，选取满足桥梁设计要求的化学成分、力学性能、工艺性能及焊接性能，并应符合表 3.1.1 的规定。

表 3.1.1　铁路钢桥的基本材料

名称		钢材牌号	质量等级	应符合的标准
钢梁主体结构		Q235q	D 级	《桥梁用结构钢》GB/T 714 实物交换技术条件见附录 A，Q420qD 仅用于受压非断裂控制部件
		Q345q	D、E 级	
		Q370q	D、E 级	
		Q420q	D、E 级	
钢梁辅助结构		Q235-B. Z		《碳素结构钢》GB/T 700
连接型钢		Q345$_c$		现行《低合金结构钢》GB 1951
铆钉		BL2（铆螺 2） BL3（铆螺 3）		现行《标准件用碳素热轧圆钢》GB 715
精制螺栓		BL2（铆螺 2） BL3（铆螺 3）		现行《标准件用碳素热轧圆钢》GB 715
粗制螺栓		BL2（铆螺 2） BL3（铆螺 3）		现行《标准件用碳素热轧圆钢》GB 715
高强度螺栓	螺栓	20MnTiB（20 锰钛硼）		现行《合金结构钢技术条件》GB 3077
		35VB（35 钒硼）		现行 GB/T 1231 中附录 A
	螺母及垫圈	35、45 15MnVB（15 锰钒硼）		现行《优质碳素结构钢钢号和一般技术条件》GB 699

编号	审查点	执行设计规范（标准）情况的审查内容

| 7.9.7 | 钢材 | 续表 3.1.1 |

续表 3.1.1

名称	钢材牌号	质量等级	应符合的标准
铸件（支座的上、下摆、摇轴、座板等）	ZG230-450Ⅱ（铸钢 230-450Ⅱ） ZG270-500Ⅱ（铸钢 270-500Ⅱ）		现行《碳素钢铸件分类及技术条件》GB 5676
销、铰、辊轴	35 号锻钢		现行《优质碳素结构钢钢号和一般技术条件》GB 669

注：经过试验取得充分依据也可以采用符合桥跨结构要求的其他钢材。

7.9.8　钢材的基本容许应力

TB 10002.2—2005　3.2.1

钢材的基本容许应力应按照表 3.2.1 的规定确定。

表 3.2.1　基本容许应力

序号	应力种类	单位	钢材钢号						
			Q235qD	Q345qD Q345qE	Q370qD Q370qE	Q420qD Q420qE	ZG230-450Ⅱ	ZG270-500Ⅱ	35 号锻钢
1	轴向应力 $[\sigma]$	MPa	135	200	210	230	—	—	—
2	弯曲应力 $[\sigma_w]$	MPa	140	210	220	240	125	150	220
3	剪应力 $[\tau]$	MPa	80	120	125	140	75	90	110
4	端部承压（磨光顶紧）应力	MPa	200	300	315	345	—	—	—
5	销孔承压应力	MPa	—	—	—	—	—	—	180
6	辊轴（摇轴）与平板自由接触的径向受压	kN/cm	—	—	—	—	0.55d	0.61d	0.60d
7	铰轴放置在铸钢铰轴颈上时的径向受压	kN/cm	—	—	—	—	—	—	8.4d

注：1　表列 Q235qD、Q345qD、Q345qE、Q370qD、Q370qE、Q420qD、Q420qE 容许应力是同 GB/T 714—2000 中板厚 $t \leqslant 16mm$ 的屈服强度及极限抗拉强度相对应，当 $t \geqslant 16mm$ 时，表列各类允许应力可按屈服点的比例于以调整。

　　2　辊轴（摇轴）与接触的平板用不同钢种时，径向受压容许应力应采用其较低者。

　　3　表中符号 d 为辊轴、摇轴或铰轴的直径，以厘米计。

　　4　序号 2 中直接搁置桥枕的桥面系纵梁的弯曲容许应力 $[\sigma_w]$ 采用 $[\sigma]$。

　　5　序号 7 系按接触圆弧中心角为 2×45°考虑；条件不符时可另行确定。

编号	审查点	执行设计规范（标准）情况的审查内容
7.9.9	强度与稳定的计算	TB 10002.2—2005　4.2.1 **结构构件的强度应按表 4.2.1 规定的公式计算；** TB 10002.2—2005　4.2.2 **结构构件的总稳定性按表 4.2.2 规定的公式计算。**
7.9.10	钢材的疲劳	TB 10002.2—2005　4.3.1 **凡承受动荷载的结构构件或连接，应进行疲劳检算。疲劳荷载组合包括设计荷载中的恒载加活载（包括冲击力、离心力，但不考虑本规范第 7.1.6 条与第 9.0.6 条活载发展系数）。** **列车竖向活载包括竖向动力作用时，应将列车竖向静活载乘以运营动力系数 $(1+\mu_f)$，其值按下式计算：** $$1+\mu_f = 1+18/(40+L) \qquad (4.3.1)$$ **式中　L——桥梁跨度（m），承受局部活载杆件为影响线加载长度；** **　　　μ_f——活载冲击力的动力系数。**
7.9.11	简支钢板梁的挠度与两主梁中心距	TB 10002.2—2005　8.0.2 **简支钢板梁由静活载（不计冲击力）所引起的竖向挠度，不应超过其跨径的 1/900，横向宽度（两主梁中心距）不应小于跨度的 1/15，且不小于 2.2m。**
7.9.12	焊接板梁的外层盖板中断	TB 10002.2—2005　8.0.4 **焊接板梁的外层盖板中断时，应伸出理论断点之外，其延伸部分的长度由计算确定。** **外层盖板中断后，应将板端沿板宽度方向加工成不陡于 1：4 的斜边，厚度方向加工成不陡于 1：8 的斜坡，末端宽度不宜小于 20mm，厚度定为焊脚高度加 2mm。**
7.9.13	机械连接	TB 10002.2—2005　6.1.1 **在抗滑型高强度螺栓连接中，每个高强度螺栓的容许抗滑承载力应按下式计算：** $$P=m\mu_0 N/K \qquad (6.1.1)$$ **式中：P——高强度螺栓的容许抗滑承载力；** **　　　m——高强度螺栓的连接处的抗滑面数；** **　　　μ_0——高强度螺栓连接的钢材表面抗滑移系数；** **　　　N——高强度螺栓的设计预拉力；** **　　　K——安全系数，取 1.7。**
7.9.14	焊接连接	TB 10002.2—2005　6.2.1 **对于主要构件，不得使用间断焊接、塞焊和槽焊。** TB 10002.2—2005　6.2.8 **不开坡口的角焊缝的最小焊脚尺寸不应小于表 6.2.8 的规定。**

编号	审查点	执行设计规范（标准）情况的审查内容
7.9.14	焊接连接	表 6.2.8 不开坡口的角焊缝的最小焊脚尺寸（mm） <table><tr><td rowspan="2">两焊接板中之较大厚度</td><td colspan="2">不开坡口角焊缝的最小焊脚尺寸</td></tr><tr><td>凸型角焊缝</td><td>凹型角焊缝</td></tr><tr><td>10 及其以下</td><td>6</td><td>5</td></tr><tr><td>12～16</td><td>8</td><td>6.5</td></tr><tr><td>17～25</td><td>10</td><td>8</td></tr><tr><td>26～40</td><td>12</td><td>10</td></tr></table> 不开坡口的角焊缝最小长度：自动焊与半自动焊不宜小于焊缝厚度的 15 倍，手工焊不宜小于 80mm。
7.9.15	板梁支座处的加劲	TB 10002.2—2005　8.0.6 板梁应在端支承和其他传递集中外力处设置成对的竖加劲肋。加劲肋的伸出肢与梁的支承翼缘磨光顶紧。设置加劲肋还应符合下列规定： 1　支承加劲肋的伸出肢宽厚比不应大于 12。 2　支承加劲肋按压杆设计，其截面为加劲肋加每侧不大于 15 倍腹板厚的腹板，计算长度为支承处横向联系上、下两节点间距之 0.7 倍。 3　支承加劲肋应检算其伸出肢与翼板顶紧部分的支承压力。
7.9.16	焊缝	TB 10002.2—2005　3.2.2 **工厂焊缝基本容许应力宜与基材相同，并不应大于基材的容许应力。**
7.9.17	涂装	TB 10002.2—2005　3.1.5 钢桥涂装材料应符合铁道部现行的《铁路钢桥保护涂装》TB/T 1527 的规定。 注：应对设计防腐年限，以及各部位涂装材料、涂膜厚度、钢材的表面洁净度与粗糙度、施工工艺等提出要求。

7.10　钢-混凝土组合结构

编号	审查点	执行设计规范（标准）情况的审查内容
7.10.1	材料	混凝土、钢材及剪力钉的选用是否满足相关规范规定。
7.10.2	受拉混凝板开裂的影响	TBJ 24-89　2.0.3 在计算连续梁内力时，除符合本规定 2.0.2 条要求外，还应计入中支点处受拉混凝土板开裂的影响。
7.10.3	二次力的影响	TBJ 24-89　2.0.4 在计算连续梁内力时，应计入混凝土收缩、基础不均匀沉降以及由于温度变化影响所引起的二次力。

编号	审查点	执行设计规范（标准）情况的审查内容
7.10.4	混凝土板受拉时的计算	TBJ 24-89　3.0.6 结合梁中的混凝土板当在外力组合作用下为受拉时，不得计入混凝土板抵抗外力的作用，否则按受拉杆设计，并按相关规范验算裂缝宽度。
7.10.5	剪力联接器设计	TBJ 24-89　4.0.8 设计联结器时应分别按下列三种情况检算： 一、在第二受力阶段的竖向恒载和活载作用下，每个联结器所受的纵向剪力 T 不得大于在主力作用下容许静力荷载（T）和容许疲劳荷载（T_L）； 二、在第二受力阶段的竖向恒载、活载和混凝土收缩影响的作用下，每个联结器所受的纵向剪力不得大于在主力作用下容许静力荷载（T）和容许疲劳荷载（T_L）； 三、在恒载、活载、混凝土收缩和温度变化影响作用下，每个连结器的纵向剪力不得大于在主力作用下的容许静力荷载乘以提高系数的 1.20。
7.10.6	钢梁上翼缘处理	TBJ 24-89　5.0.3 钢梁在工厂制造时，结合面上的钢梁翼缘表面可不涂油漆，但在工地灌注或安装混凝土板前表面应除锈，并应清除在结合面上的油污等妨碍钢和混凝土结合的物质。
7.10.7	预制板之间混凝土	TBJ 24-89　5.0.5 预制的混凝土板之间的横向接缝应用干硬性混凝土或无收缩水泥拌制的混凝土填注密实，所填混凝土的标号不得低于预制混凝土板的标号。
7.10.8	体系转换过程	施工过程：钢—混凝土结合过程、梁段的形成过程、混凝土的浇筑过程、支架（刚度、强度与稳定）以及拆除过程的合理性。
7.10.9	栓钉的容许承载力	容许抗剪承载力：$Q=0.12A_s\,(E_cF_c)^{0.5}k$ 且 $\leqslant 0.33f_uA_sk$。其中 $k=0.85/1000$。 疲劳容许抗剪承载力为其容许抗剪承载力之 50%。

7.11　支座

编号	审查点	执行设计规范（标准）情况的审查内容
7.11.1	支座的一般要求	TB 10002.3—2005　7.1.1 支座设计必须将梁的自重及梁上荷载有效地传递到下部结构，且应保证风荷载、地震荷载等横向荷载作用下其使用的安全性。

编号	审查点	执行设计规范（标准）情况的审查内容
7.11.2	支座的布置	TB 10002.1—2005　3.3.12-1、2 桥梁固定支座的布置应符合下列规定： 1　在坡道上，设在较低一端； 2　在车站附近，设在靠车站一端。
7.11.3	横移的限制	TB 10002.3—2005　7.4.1 **纵向活动支座的横桥向应设置可靠的横向限位装置，使支座横向位移不大于1mm。**
7.11.4	防落梁措施和限位装置	TB 10002.3—2005　7.4.3 地震区的防落梁措施可和梁端限位装置结合起来设计，但不应影响支座的正常移动。
7.11.5	垫石与平板、弧形、辊轴支座	TB 10002.3—2005　7.4.4 为使荷载反力均匀分布于支承垫石上，支座顺桥方向及横桥方向从铰平面起至支承垫石顶，反力的传布角度均不宜大于45°，同时活动支座底板厚不宜小于： 平板支座——采用热轧钢板时为20mm； 弧形支座——支承中心处为40mm； 辊轴及摇轴支座——40mm。 活动支座底板下支承面的计算有效尺寸：顺桥方向，弧形及摇轴支座不应大于底板厚度的4倍，辊轴支座不应大于两排最边辊轴中距加上板厚的4倍；横桥方向，任何支座均不应大于底板顶面压力接触线长度加上板厚的2倍。 平板滑动支座顺桥方向长度不得大于底板的厚度的4倍加200mm。 活动支座削边辊轴的宽度与其直径之比，可采用0.5，不得已时可采用0.4。 摇轴的构造当采用顶面为铰或圆柱面支承时，应使上下弧面圆心重合。摇轴的宽高比不宜小于0.7。 铸钢制成的支座中，铸件各部分厚度不应小于30mm。
7.11.6	支座与墩台	TB 10002.3—2005　7.4.7 支座底面应水平设置，并应可靠地固着于梁底及墩台上，同时必须保证梁与墩台间压力的均匀传递。

编号	审查点	执行设计规范（标准）情况的审查内容

7.12 抗震设计

编号	审查点	执行设计规范（标准）情况的审查内容
7.12.1	抗震设防专项论证	根据《市政公用设施抗震设防专项论证技术要点（城镇桥梁工程篇）》（建质〔2011〕30号）第一章第二条确定需要进行抗震设防专项论证的桥梁工程。
7.12.2	抗震设计水准	GB 50111—2006（2009年版）　1.0.5 铁路工程应按多遇地震、设计地震、罕遇地震三个地震动水准进行抗震设计。
7.12.3	应达到的抗震性能要求	GB 50111—2006（2009年版）　3.0.1 按本规范进行抗震设计的铁路工程，应达到的抗震性能要求如下： 性能要求Ⅰ：地震后不损坏或轻微损坏，能够保持其正常使用功能；结构处于弹性阶段； 性能要求Ⅱ：地震后可能破坏，经修补，短期内能恢复其正常使用功能；结构整体处于非弹性工作阶段； 性能要求Ⅲ：地震后可能产生较大破坏，但不出现整体倒塌，经抢修后可限速通车；结构处于弹塑性工作阶段。
7.12.4	抗震设计原则	GB 50111—2006（2009年版）　7.1.2 设防烈度为7、8、9度的桥梁和位于6度区的B类桥梁，以及Ⅲ、Ⅳ类场地的C类桥梁均应按下列要求进行抗震验算： 按多遇地震进行桥墩、基础的强度、偏心及稳定性验算；按设计地震验算上、下部结构的连结构造的强度；按罕遇地震对钢筋混凝土桥墩进行延性验算或最大位移分析。 不同结构桥梁的抗震设计内容应符合表7.1.2的规定。 表7.1.2　桥梁抗震设计验算内容

结构形式		多遇地震	设计地震	罕遇地震
简支梁桥	混凝土桥墩	墩身及基础：强度、偏心及稳定性验算。	验算连接构造	一般不验算，但应增设护面钢筋
	钢筋混凝土桥墩	墩身及基础：强度、偏心及稳定性验算。	验算连接构造	可按简化法进行延性验算
其他梁式桥及B类桥梁		墩身及基础：强度、偏心及稳定性验算。	验算连接构造	钢筋混凝土桥墩：按非线性时程分析法进行下部结构延性验算或最大位移分析

注：对于简支或连续梁桥的上部结构可不进行抗震强度和稳定性验算，但应采取抗震措施。

编号	审查点	执行设计规范（标准）情况的审查内容
7.12.5	水平地震基本加速度 α 与地震反应谱特征周期 T_g	GB 50111—2006（2009 年版） 7.2.4 **不同水准地震作用下，水平地震基本加速度 α 取值应按表 7.2.4-1 采用。地震动反应谱特征周期 T_g 应根据场地类别和地震动参数区划按表 7.2.4-2 取值。**

表 7.2.4-1 水平地震基本加速度 α 值

设防烈度	6 度	7 度		8 度		9 度
设计地震 A_g	0.05g	0.1g	0.15g	0.2g	0.3g	0.4g
多遇地震	0.02g	0.04g	0.05g	0.07g	0.1 g	0.14g
罕遇地震	0.11g	0.21g	0.32g	0.38g	0.57g	0.64g

表 7.2.4-2 地震动反应谱特征周期 T_g（s）

特征周期分区	场地类别			
	Ⅰ	Ⅱ	Ⅲ	Ⅳ
一区	0.25	0.35	0.45	0.65
二区	0.30	0.40	0.55	0.75
三区	0.35	0.45	0.65	0.90

编号	审查点	执行设计规范（标准）情况的审查内容
7.12.6	钢筋混凝土桥墩延性设计的构造规定	GB 50111—2006（2009 年版） 7.3.2 钢筋混凝土桥墩应进行延性设计，并应按下列要求采取构造措施： 1 墩身刚度变化均匀，避免出现突变。 2 墩身主筋全截面配筋率不应小于 0.5%，并不大于 4%。 3 桥墩塑性铰区域应加强箍筋配置，加强区高度不应小于弯曲方向高度的 2 倍，当塑性铰区位于桥墩底部时，加强区高度为截面高度；墩高与验算方向截面高度的比值小于 2.5 时，应对所有截面进行加强，并按最不利变形阶段进行抗剪强度验算，必要时设置抗剪钢筋。 4 箍筋直径不应小于 10mm，配箍率不应低于主筋配筋率的 1/4；且不应低于 0.3%。 5 设防烈度为 8 度及以下地区，加强区箍筋间距不应大于 10cm，其他部位不应大于 15cm；设防烈度大于 8 度地区，加强区箍筋间距不应大于 5cm，其他部位不应大于 10cm。 6 圆形截面，箍筋可沿截面周边布置；矩形截面，除在周边布置外，在加强区混凝土核心范围应按表 7.3.2 要求布置箍筋或横向钢筋（拉筋）。

编号	审查点	执行设计规范（标准）情况的审查内容
7.12.6	钢筋混凝土桥墩延性设计的构造规定	表7.3.2 矩形截面箍筋或横向钢筋布置 表格内容 注：圆端形截面中间矩形截面部分按表中要求布置，其他形状截面可按矩形截面的方式布置。 7 圆形箍筋的接头必须采用焊接，焊接长度不应小于10倍箍筋直径；矩形箍筋端部应有135度弯钩，弯钩的直段长度不应小于20cm。
7.12.7	延性设计	GB 50111—2006（2009年版） 7.3.3 钢筋混凝土桥墩在罕遇地震作用下的弹塑性变形分析，宜采用非线性时程反应分析法，延性验算应满足下式的要求： $$\mu_u = \Delta_{max}/\Delta_y \leqslant [\mu_u] \qquad (7.3.3)$$ 式中 μ_u——非线性位移延性比； $[\mu_u]$——允许位移延性比，取值为4.8； Δ_{max}——桥墩的非线性响应最大位移； Δ_y——桥墩的屈服位移。
7.12.8	刚度选取	JTG/T B02—01—2008 6.1.6 在进行桥梁抗震分析时，E1地震作用下，常规桥梁的所有构件抗弯刚度均按毛截面计算；E2地震作用下，延性构件的有效截面抗弯刚度应按式（6.1.6）计算，但其他构件抗弯刚度仍按毛截面计算。 $$E_c \times I_{eff} = M_y/\phi_y \qquad (6.1.6)$$ 式中：E_c——桥墩的弹性模量（kN/m²）； I_{eff}——桥墩有效截面抗弯惯性矩（m⁴）； M_y——屈服弯矩（kN·m）； ϕ_y——等效屈服曲率（1/m），可参见第7.4.4条。
7.12.9	能力保护构件计算	JTG/G B02—01—2008 7.1.2 梁桥基础、盖梁、梁体及墩柱的抗剪按能力保护原则设计，在E2地震作用下基本不发生损伤。 JTG/T B02—01—2008 7.1.3 在E2地震作用下，混凝土拱桥的主拱圈和基础基本不发生损伤；对系杆拱桥，其桥墩、支座和基础的抗震性能可按梁桥的要求进行抗震设计。

表7.3.2 矩形截面箍筋或横向钢筋布置

设防烈度	箍筋或横向钢筋（拉筋）间的主筋根数	箍筋肢距或横向钢筋（拉筋）间距
7	4	不大于40cm
8	3	不大于25cm
9	2	每根纵向钢筋均应提供纵、横向水平约束

编号	审查点	执行设计规范（标准）情况的审查内容
7.12.10	抗震措施	JTG/T B02—01—2008 11.3.3 （7度区）桥台胸墙应适当加强，并在梁与梁之间和梁与桥台胸墙之间加装橡胶垫或其他弹性衬垫，以缓和冲击作用和限制梁的位移。 JTG/T B02—01—2008 11.4.3 （8度区）应采用合理的限位装置，防止结构相邻构件产生过大的相对位移。 JTG/T B02—01—2008 11.4.5 （8度区）连续梁桥宜采取使上部构造所产生的水平地震荷载能由各个墩、台共同承担的措施，以免固定支座墩受力过大。 JTG/T B02—01—2008 11.2.1 简支梁梁端至墩、台帽或盖梁边缘应有一定的距离。其最小值 a（cm）按下式计算： $$a \geqslant 70 + 0.5L \tag{11.2-1}$$ 式中　L——梁的计算跨径（m）。 GB 50111—2006（2009 年版）　7.5.9 位于地震区的桥梁应按表 7.5.9 采取防落梁装置及抗震措施。防止落梁措施应满足下列要求： 1　具备适当的强度及变形能力。 2　不影响桥梁支座等其他构件的正常使用及维护。 3　正常使用时，对梁端转角及位移不产生附加约束。 4　构造简单，便于更换。 表 7.5.9　防落梁装置及抗震措施

表 7.5.9　防落梁装置及抗震措施

设防烈度	7 度	8 度	9 度
防落梁装置及抗震措施	1. 梁体应设置横向支挡。 2. 在支挡结构与梁体间宜设置缓冲材料。 3. 墩（台）与基础连接、截面突变、施工缝等部位应采取提高抗剪能力的措施。	除满足 7 度要求外，尚应满足下列要求： 1. 桥梁的墩台顶帽及支承垫石宜适当加宽。 2. 梁体应设置纵向支挡。 3. 加强梁与梁之间的横向连接。 4. 桥梁支座不宜采用摇摆、辊轴支座	除满足 8 度要求外，尚应满足下列要求： 1. 桥梁上部应采用横向连接可靠、整体性良好的结构形式。 2. 上部结构应采用竖向限位措施

注：抗震设防烈度为 6 度的 A 类、B 类和 C 类桥梁按 7 度采取防落梁装置及抗震措施。

采用铅芯橡胶支座时，顺桥向可不设连接或支挡，横桥向梁端处应设支挡结构，支挡与梁体间应填塞缓冲材料。其水平地震力应按本规范第 7.4.1 条计算。

编号	审查点	执行设计规范（标准）情况的审查内容
7.12.11	支座抗震要求	除满足《铁路桥涵设计基本规范》TB 10002.1-2005 外，如不采用减隔震支座，还应满足能力保护原则。

7.13 高架车站结构

编号	审查点	执行设计规范（标准）情况的审查内容
7.13.1	一般规定	1 设计使用年限不应低于 100 年； 2 安全等级为一级； 3 抗震设防类别为重点设防类。
7.13.2	"桥—建"分开	GB 50157—2013　10.6.1 当轨道梁与车站结构完全分开布置，形成独立轨道梁桥时，车站结构设计应按现行建筑结构设计规范进行；轨道梁桥的结构设计应与区间桥梁相同。
7.13.3	"桥-建"组合结构	GB 50157—2013　10.6.2 当轨道梁支承或刚接于车站结构、站台梁等车站结构构件支承或刚接于轨道梁桥上，形成"桥—建"组合结构体系时，轨道梁及其支承结构的内力计算应按本规范第10.3.1条荷载类型进行最不利组合，并应与区间桥梁相同的方法进行结构设计；轨道梁和支承结构的刚度限值应与区间桥梁相同。组合结构体系其余构件应按现行建筑结构设计规范进行结构设计。 GB 50157—2013　10.6.3 独柱式"桥—建"组合结构体系，应验算柱顶横向（垂直线路方向）的位移，并应符合本规范第10.2.6条的规定。 GB 50157—2013　10.6.4 独柱式带长悬臂"桥—建"组合结构体系，在恒载、列车活载、人群荷载、预应力效应及风荷载最不利组合下，悬臂端计算挠度的限值应为 $L_0/600$，L_0 为悬臂构件的计算跨度。 GB 50157—2013　10.6.7 轨道梁简支于车站结构横梁上时，应按本规范第10.4节的有关要求设置支座。
7.13.4	抗震设计	1 设防类别划分应符合 GB 50909—2014 中 3.1.2 的规定，高架车站主体结构一般属重点设防类； 2 抗震设防标准应符合 GB 50909—2014 中 3.1.4 的规定； 3 未进行工程场地地震安全性评价的，其地震作用应符合 GB 50909—2014 中 5.2～5.4 的规定； 4 抗震性能要求应符合 GB 50909—2014 中 3.2.4 的规定； 5 承受列车荷载的结构，抗震性能验算应符合 GB 50909—2014 中 8.3 的规定，抗震构造措施应符合 GB 50909—2014 中 8.4 的规定； 6 非承受列车荷载的结构，抗震性能验算应符合 GB 50909—2014 中 9.3 的规定，抗震构造措施应符合 GB 50909—2014 中 9.4 的规定。

8 地 下 结 构

编号	审查点	执行设计规范（标准）情况的审查内容
8.1　设计规定		

<table>
<tr><td rowspan="2">8.1.1</td><td rowspan="2">对安全等级的规定</td><td>GB 50153—2008　3.2.1

工程结构设计时，应根据结构破坏可能产生的后果（危及人的生命、造成经济损失、对社会或环境产生影响等）的严重性，采用不同的安全等级。工程结构安全等级的划分应符合表 3.2.1 的规定。</td></tr>
<tr><td>

表 3.2.1　工程结构的安全等级

安全等级	破坏后果
一级	很严重
二级	严重
三级	不严重

注：对重要的结构，其安全等级应取为一级；对一般的结构，其安全等级宜取为二级；对次要的结构，其安全等级可取为三级。
</td></tr>
</table>

8.1.2　对承载力极限状态及结构重要性系数的规定

GB 50010—2010　3.3.2

对持久设计状况、短暂设计状况和地震设计状况，当用内力的形式表达时，结构构件应采用下列承载能力极限状态设计表达式：

$$\gamma_0 S \leqslant R \tag{3.3.2-1}$$

$$R = R(f_c, f_s, a_k, \cdots)/\gamma_{Rd} \tag{3.3.2-2}$$

式中：γ_0——结构重要性系数：在持久设计状况和短暂设计状况下，对安全等级为一级的结构构件不应小于 1.1，对安全等级为二级的结构构件不应小于 1.0，对安全等级为三级的结构构件不应小于 0.9；对地震设计状况下应取 1.0；

S——承载能力极限状态下作用组合的效应设计值：对持久设计状况和短暂设计状况应按作用的基本组合计算；对地震设计状况应按作用的地震组合计算；

R——结构构件的抗力设计值；

$R(\cdot)$——结构构件的抗力函数；

γ_{Rd}——结构构件的抗力模型不定性系数：静力设计取 1.0，对不确定性较大的结构构件根据具体情况取大于 1.0 的数值；抗震设计应用承载力抗震调整系数 γ_{RE} 代替 γ_{Rd}；

编号	审查点	执行设计规范（标准）情况的审查内容
8.1.2	对承载力极限状态及结构重要性系数的规定	f_c、f_s——混凝土、钢筋的强度设计值，应根据本规范第 4.1.4 条及第 4.2.3 条的规定取值； a_k——几何参数的标准值，当几何参数的变异性对结构性能有明显的不利影响时，应增减一个附加值。 注：公式（3.3.2-1）中的 $\gamma_0 S$ 为内力设计值，在本规范各章中用 N、M、V、T 等表达。
8.1.3	对结构使用年限及耐久性设计的规定	GB 50153—2008　3.3.1 工程结构设计时，应规定结构的设计使用年限。 GB 50157—2013　1.0.12 地铁的主体结构工程，以及因结构损坏或大修对地铁运营安全有严重影响的其他结构工程，设计使用年限不应低于 100 年。 GB 50157—2013　11.1.6-1 地下结构的耐久性设计应符合下列规定： **1** 主体结构和使用期间不可更换的结构构件，应根据使用环境类别，按设计使用年限为 100 年的要求进行耐久性设计。
8.1.4	对结构所处环境类别的规定	GB/T 50476—2008　3.2.1 结构所处环境按其对钢筋和混凝土材料的腐蚀机理可分为 5 类，并应按表 3.2.1 确定。 表 3.2.1　环境类别 （见下表） 注：一般环境系指无冻融、氯化物和其他化学腐蚀物质作用。
8.1.5	对抗震设防类别和抗震等级的规定	GB 50909—2014　3.1.4 各抗震设防类别结构的抗震设防标准，应符合下列要求： **1** 标准设防类：抗震措施应按本地区抗震设防烈度确定；地震作用应按现行国家标准《中国地震动参数区划图》GB 18306 规定的本地区抗震设防要求确定； **2** 重点设防类：抗震措施应按本地区抗震设防烈度提高一度的要求确定；地震作用应按现行国家标准《中国地震动参数区划图》GB 18306 规定的本地区抗震设防要求确定；对进行过工程场地地震安全性评价的，应

表 3.2.1　环境类别

环境类别	名　称	腐蚀机理
Ⅰ	一般环境	保护层混凝土碳化引起钢筋锈蚀
Ⅱ	冻融环境	反复冻融导致混凝土损伤
Ⅲ	海洋氯化物环境	氯盐引起钢筋锈蚀
Ⅳ	除冰盐等其他氯化物环境	氯盐引起钢筋锈蚀
Ⅴ	化学腐蚀环境	硫酸盐等化学物质对混凝土的腐蚀

编号	审查点	执行设计规范（标准）情况的审查内容

采用经国务院地震工作主管部门批准的建设工程的抗震设防要求确定，但不应低于本地区抗震设防要求确定的地震作用；

3 特殊设防类： 抗震措施应按本地区抗震设防烈度提高一度的要求确定；地震作用应按国务院地震工作主管部门批准的建设工程的抗震设防要求且高于本地区抗震设防要求确定。

GB 50909—2014 3.2.4

城市轨道交通结构的抗震性能要求不应低于表 3.2.4 的规定。

表 3.2.4 城市轨道交通结构抗震设防目标

地震动水准		抗震设防类别	结构抗震性能要求	
等级	重现期(年)		地上结构	地下结构
E1 地震作用	100	特殊设防类	Ⅰ	Ⅰ
		重点设防类	Ⅰ	Ⅰ
		标准设防类	Ⅰ	Ⅰ
E2 地震作用	475	特殊设防类	Ⅰ	Ⅰ
		重点设防类	Ⅱ	Ⅰ
		标准设防类	Ⅱ	Ⅱ
E3 地震作用	2450	特殊设防类	Ⅱ	Ⅰ
		重点设防类	Ⅲ	Ⅱ
		标准设防类	Ⅲ	Ⅱ

GB 50909—2014 3.1.2

抗震设防类别的划分应符合下列规定：

1 标准设防类：除特殊设防类、重点设防类以外的其他轨道交通结构；

2 重点设防类：除特殊设防类以外的高架区间结构、高架车站主体结构、区间隧道结构和地下车站主体结构；

3 特殊设防类：在城市轨道交通网络中占据关键地位、承担交通量大的大跨度桥梁和车站的主体结构。

GB 50157—2010 11.8.1-2

2 应根据地下结构的特性、使用条件和重要性程度，确定结构的抗震等级。地下结构的抗震等级应符合表 11.8.1 的规定；当围岩中包含有可液化土层或基底处于可产生震陷的软黏土地层中时，应采取提高地层的抗液化能力，且保证地震作用下结构物的安全的措施；

表 11.8.1 地下结构的抗震等级

结构类别	设防烈度			
结构形式	6 度	7 度	8 度	9 度
明挖车站框架结构 矿山法车站隧道结构	四级	三级	二级	一级

编号 8.1.5　审查点：对抗震设防类别和抗震等级的规定

编号	审查点	执行设计规范（标准）情况的审查内容

<table>
<tr><td rowspan="3">8.1.5</td><td rowspan="3">对抗震设防类别和抗震等级的规定</td><td colspan="5" align="center">续表11.8.1</td></tr>
</table>

结构类别	设防烈度			
明挖区间隧道结构	四级	四级	三级	二级
盾构区间隧道结构				
车站出入口等附属结构	四级	四级	三级	二级

8.1.6 对地震作用的规定

GB 50909—2014　5.2.1

Ⅱ类场地设计地震动峰值加速度 $\alpha_{max\,Ⅱ}$ 应按现行国家标准《中国地震动参数区划图》GB 18306 中地震动峰值加速度分区值和表5.2.1-1采用；场地设计地震动加速度反应谱特征周期 T_g 应根据场地类别和现行国家标准《中国地震动参数区划图》GB 18306 中地震动反应谱特征周期分区按表5.2.1-2采用；场地设计地震加速度反应谱动力放大系数最大值 β_m 应取2.5。

表5.2.1-1　Ⅱ类场地设计地震动峰值加速度 $\alpha_{max\,Ⅱ}$

地震动峰值加速度分区（g）	0.05	0.10	0.15	0.20	0.30	0.40
E1 地震作用（g）	0.03	0.05	0.08	0.10	0.15	0.20
E2 地震作用（g）	0.05	0.10	0.15	0.20	0.30	0.40
E3 地震作用（g）	0.12	0.22	0.31	0.40	0.51	0.62

表5.2.1-2　设计地震动加速度反应谱特征周期 T_g（s）

反应谱特征周期分区	场地类别				
	Ⅰ₀	Ⅰ₁	Ⅱ	Ⅲ	Ⅳ
0.35s 区	0.20	0.25	0.35	0.45	0.65
0.40s 区	0.25	0.30	0.40	0.55	0.75
0.45s 区	0.30	0.35	0.45	0.65	0.90

GB 50157—2013　11.8.2

地下结构应计入下列地震作用：

1　地震时随地层变形而发生的结构整体变形；

2　地震时的土压力，包括地震时的水平方向和铅垂方向的土体压力；

3　地下结构本身和地层的惯性力；

4　地层液化的影响。

GB 50157—2013　11.8.3

地下结构应分析地震对隧道横向的影响，遇有下述情况时，还应在一定范围内分析地震对隧道纵向的影响：

1　隧道纵向的断面变化较大或隧道在横向有结构连接；

2　地质条件沿隧道纵向变化较大，软硬不均；

3　隧道线路存在小半径曲线；

编号	审查点	执行设计规范（标准）情况的审查内容
		4 遇有液化地层。
		GB 50909—2014 10.5.1
		隧道与地下车站结构的抗震构造措施应按现行国家标准《铁路抗震设计规范》GB 50111、《地铁设计规范》GB 50157、《混凝土结构设计规范》GB 50010 和《建筑抗震设计规范》GB 50011 中有关条文及本节规定执行。
		GB 50909—2014 10.5.4
		埋置于软弱土层或明显上软下硬土层中的隧道与地下车站结构的抗震构造措施，当遇到下列情况之一时，应进行加强处理：
		1 大断面的明挖地下结构；
		2 埋置于Ⅳ～Ⅵ级围岩中的矿山法地下结构；
8.1.7	对抗震构造措施的规定	3 多线隧道重叠段或交叉部位；
		4 结构局部外露时；
		5 隧道处于性质显著不同的土层中时；
		6 隧道下方的基岩变化很大时；
		7 隧道处于可能液化或软黏土层以及处于易发生位移的地形条件时；
		8 隧道断面急剧变化的部位。
		GB 50909—2014 10.5.7
		对埋入式隧道结构，应及时向其衬砌背后压注硬化性浆液，并应保证周围介质与隧道结构的共同作用。
		1 用盾构法施工的隧道，在软土层或需严格控制地面沉降的地段应进行同步注浆；
		2 用矿山法施工的不良地质地段或偏压地段的隧道，及处于Ⅲ～Ⅵ级围岩中的隧道拱部应及时注浆。
8.1.8	对抗震专项论证的规定	根据《市政公用设施抗灾设防管理规定》、《市政公用设施抗震设防专项论证技术要点（地下工程篇）》的规定审查设计文件。
		1 对应当进行而未进行抗灾设防专项论证、抗震专项论证、抗风专项论证的市政公用设施，施工图审查结论为不合格；
		2 进行了抗灾设防专项论证、抗震专项论证、抗风专项论证的市政公用设施，其设计图纸未执行专项论证意见的，施工图审查结论为不合格。
8.1.9	对结构裂缝宽度允许值的规定	GB 50157—2013 11.6.1-4
		4 处于一般环境中的结构，按荷载准永久组合并计及长期作用影响计算时，构件的最大计算裂缝宽度允许值，可按表11.6.1中的数值进行控制；处于冻融环境或侵蚀环境等不利条件下的结构，其最大计算裂缝宽度允许值应根据具体情况另行确定。

编号	审查点	执行设计规范（标准）情况的审查内容
8.1.9	对结构裂缝宽度允许值的规定	**表 11.6.1 钢筋混凝土构件的最大计算裂缝宽度允许值（mm）** 第二张表格 注：1 当设计采用的最大裂缝宽度的计算式中保护层的实际厚度超过 30mm 时，可将保护层厚度的计算值取为 30mm； 2 厚度不小于 300mm 的钢筋混凝土结构可不计干湿交替作用； 3 洞内潮湿环境指环境相对湿度为 45%～80%。
8.1.10	对抗浮验算及抗浮安全系数的规定	GB 50157—2013　11.6.1-6 6　结构设计应按最不利情况进行抗浮稳定性验算。抗浮安全系数当不计地层侧摩阻力时不应小于 1.05；当计及地层侧摩阻力时，根据不同地区的地质和水文地质条件，可采用 1.10～1.15 的抗浮安全系数。
8.1.11	对直接承受车辆荷载的结构构件验算的规定	GB 50157—2013　11.2.4 直接承受地铁车辆荷载的楼板等构件，应按地铁车辆的实际轴重和排列计算其产生的竖向荷载作用，并应计入车辆的动力作用，同时尚应按线路通过的重型设备运输车辆的荷载进行验算。 GB 50157—2013　11.6.1-7 7　直接承受列车荷载的楼板等构件，其计算及构造应符合现行行业标准《铁路桥涵钢筋混凝土和预应力混凝土结构设计规范》TB 10002.3 的有关规定。
8.1.12	对结构净空尺寸的规定	GB 50157—2013　11.1.10 **地下结构的净空尺寸必须符合地铁建筑限界要求，并应满足使用及施工工艺要求，同时应计入施工误差、结构变形和位移的影响等因素。**
8.1.13	对变形缝的规定	GB 50157—2013　11.7.1-5 变形缝的设置应符合下列规定： 5　应采取可靠措施，确保变形缝两边的结构不产生影响行车安全和正常使用的差异沉降。

8.2　计算规定

编号	审查点	执行设计规范（标准）情况的审查内容
8.2.1	计算、验算的规定	GB 50157—2013　11.6.1-2 2　地下结构应按施工阶段和正常使用阶段分别进行结构强度、刚度和稳定性计算。对于钢筋混凝土结构，尚应对使用阶段进行裂缝宽度验算；偶然荷载参与组合时，不验算结构的裂缝宽度。

其中 8.1.9 表格内容为：

结构类型		允许值（mm）
盾构隧道管片		0.2
其他结构	水中环境、土中缺氧环境	0.3
	洞内干燥环境或洞内潮湿环境	0.3
	干湿交替环境	0.2

编号	审查点	执行设计规范（标准）情况的审查内容
8.2.2	需要进行纵向强度和变形计算、验算的规定	GB 50157—2013　11.6.1-8 8　地下结构应进行横断面方向的受力计算，遇下列情况时，尚应进行纵向强度和变形计算： 1）覆土荷载沿其纵向有较大变化时； 2）结构直接承受建、构筑物等较大局部荷载时； 3）地基或基础有显著差异，沿纵向产生不均匀沉降时； 4）沉管隧道； 5）地震作用下的小曲线半径隧道、刚度突变的结构和液化对稳定有影响的结构。
8.2.3	对结构计算简图的规定	GB 50157—2013　11.6.1-5-1)、-2) 5　计算简图应符合结构的实际工作条件，反映围岩与结构的相互作用，并应符合下列规定： 1）采用双层衬砌时，应根据两层衬砌之间的构造型式和结合情况，选用与其传力特征相符的计算模型； 2）当受力过程中受力体系、荷载形式等有较大变化时，宜根据构件的施作顺序及受力条件，按结构的实际受载过程及结构体系变形的连续性进行结构分析。
8.2.4	水土压力计算规定	GB 50157—2013　11.2.3 作用在地下结构上的水压力，应根据施工阶段和长期使用过程中地下水位的变化，以及不同的围岩条件，分别按下列规定计算： 1　水压力可按静水压力计算，并应根据设防水位以及施工阶段和使用阶段可能发生的地下水最高水位和最低水位两种情况，计算水压力和浮力对结构的作用； 2　砂性土地层的侧向水、土压力应采用水土分算； 3　黏性土地层的侧向水、土压力，在施工阶段应采用水土合算，使用阶段应采用水土分算。
8.2.5	人防	RFJ 02—2009　5.7.3 对钢筋混凝土结构或构件，允许延性比［*β*］取值应按表 5.7.3 采用。 表 5.7.3　钢筋混凝土结构或构件的允许延性比［*β*］值

使用要求	动荷载类别	受力状态			
		受弯	大偏心受压	小偏心受压	轴心受压
密闭、防水要求高的结构或构件	核武器爆炸动荷载	1.0	1.0	1.0	1.0
	常规武器爆炸动荷载	2.0	1.5	1.2	1.0
密闭、防水要求一般的结构或构件	核武器爆炸动荷载	3.0	2.0	1.5	1.2
	常规武器爆炸动荷载	4.0	2.5	1.5	1.2
战时无人员掩蔽且无密闭和防水要求的结构或构件	核武器爆炸动荷载、常规武器爆炸动荷载	5.0	3.0	1.5	1.2

编号	审查点	执行设计规范（标准）情况的审查内容

8.3 设计荷载

编号	审查点	执行设计规范（标准）情况的审查内容
8.3.1	荷载分类、荷载数值、荷载组合	GB 50157—2013 11.2.1 作用在地下结构上的荷载，可按表11.2.1进行分类。在决定荷载的数值时，应根据现行国家标准《建筑结构荷载规范》GB 50009 等的有关规定，并应根据施工和使用阶段可能发生的变化，按可能出现的最不利情况，确定不同荷载组合时的组合系数。
8.3.2	人群荷载	GB 50157—2013 11.2.5 车站站台、楼板和楼梯等部位的人群均布荷载的标准值应采用 4.0kPa，并应计及消防荷载的作用。
8.3.3	设备区荷载	GB 50157—2013 11.2.6 设备区的计算荷载应根据设备安装、检修和正常使用的实际情况（包括动力效应）确定，可按标准值 8.0kPa 进行设计，重型设备尚应依据设备的实际重量、动力影响、安装运输途径等确定其荷载大小与范围。
8.3.4	施工荷载	GB 50157—2013 11.2.7 地下结构应按下列施工荷载之一或可能发生的组合设计： 1 设备运输及吊装荷载； 2 施工机具荷载，不宜超过 10kPa； 3 地面堆载，宜采用 20kPa，盾构井处不应小于 30kPa； 4 邻近隧道开挖的影响； 5 盾构法施工时千斤顶的推力； 6 注浆所引起的附加荷载； 7 盾构机及其配套设备的重量； 8 沉管拖运、沉放和水力压接等荷载。
8.3.5	道路、铁路下方隧道的作用荷载	GB 50157—2013 11.2.8 在道路下方的隧道，应按现行行业标准《公路桥涵设计通用规范》JTG D60 的有关规定确定地面车辆荷载及排列；铁路下方隧道的荷载，应按现行行业标准《铁路桥涵设计基本规范》TB 10002.1 的有关规定执行。
8.3.6	人防荷载	RFJ 02—2009 5.6.10 出入口的多跑式楼梯踏步和休息平台的荷载，应按构件正面和反面不同时受荷分别计算，作用方向与构件表面垂直，等效静荷载标准值可按表 5.6.10 采用。

表 5.6.10 楼梯踏步和休息平台的等效静荷载标准值（N/mm²）

荷载部位	工程防核武器的抗力级别	
	6	5
正面荷载	0.06	0.12
反面荷载	0.03	0.06

编号	审查点	执行设计规范（标准）情况的审查内容
8.4 基坑及支护结构		
8.4.1	对基坑设计内容的规定	GB 50007—2011　9.1.3-2、3、4、5、6、7 **基坑工程设计应包括下列内容：** **2** 基坑支护体系的稳定性验算； **3** 支护结构的承载力、稳定和变形计算； **4** 地下水控制设计； **5** 对周边环境影响的控制设计； **6** 基坑土方开挖方案； **7** 基坑工程的监测要求。
8.4.2	对基坑支护结构设计的规定	JGJ 120—2012　3.1.2 **基坑支护应满足下列功能要求：** **1** 保证基坑周边建（构）筑物、地下管线、道路的安全和正常使用； **2** 保证主体地下结构的施工空间。 JGJ 120—2012　3.1.3 基坑支护设计时，应综合考虑基坑周边环境和地质条件的复杂程度、基坑深度等因素，按表 3.1.3 采用支护结构的安全等级。对同一基坑的不同部位，可采用不同的安全等级。 **表 3.1.3　支护结构的安全等级** | 安全等级	破坏后果
---	---
一级	支护结构失效、土体过大变形对基坑周边环境或主体结构施工安全的影响很严重
二级	支护结构失效、土体过大变形对基坑周边环境或主体结构施工安全的影响严重
三级	支护结构失效、土体过大变形对基坑周边环境或主体结构施工安全的影响不严重	 JGJ 120—2012　3.1.5 支护结构、基坑周边建筑物和地面沉降、地下水控制的计算和验算应采用下列设计表达式： 1　承载能力极限状态 1）支护结构构件或连接因超过材料强度或过度变形的承载能力极限状态设计，应符合下式要求： $$\gamma_0 S_d \leqslant R_d \qquad (3.1.5\text{-}1)$$ 式中：γ_0——支护结构重要性系数，应按本规程第 3.1.6 条的规定采用； S_d——作用基本组合的效应（轴力、弯矩等）设计值； R_d——结构构件的抗力设计值。

编号	审查点	执行设计规范（标准）情况的审查内容

对临时性支护结构，作用基本组合的效应设计值应按下式确定：

$$S_d = \gamma_F S_K \qquad (3.1.5\text{-}2)$$

式中：γ_F——作用基本组合的综合分项系数，应按本规程第 3.1.6 条的规定采用；

$\quad\quad S_K$——作用标准组合的效应。

2）整体滑动、坑底隆起失稳、挡土构件嵌固段推移、锚杆与土钉拔动、支护结构倾覆与滑移、土体渗透破坏等稳定性计算和验算，均应符合下式要求：

$$\frac{R_k}{S_k} \geqslant K \qquad (3.1.5\text{-}3)$$

式中　R_k——抗滑力、抗滑力矩、抗倾覆力矩、锚杆和土钉的极限抗拔承载力等土的抗力标准值；

$\quad\quad S_k$——滑动力、滑动力矩、倾覆力矩、锚杆和土钉的拉力等作用标准值的效应；

$\quad\quad K$——安全系数。

2　正常使用极限状态

由支护结构水平位移、基坑周边建筑物和地面沉降等控制的正常使用极限状态设计，应符合下式要求：

$$S_d \leqslant C \qquad (3.1.5\text{-}4)$$

式中：S_d——作用标准组合的效应（位移、沉降等）设计值；

$\quad\quad C$——支护结构水平位移、基坑周边建筑物和地面沉降的限值。

JGJ 120—2012　3.1.6

支护结构构件按承载能力极限状态设计时，作用基本组合的综合分项系数不应小于 1.25。对安全等级为一级、二级、三级的支护结构，其结构重要性系数分别不应小于 1.1、1.0、0.9。各类稳定性安全系数应按本规程各章的规定取值。

JGJ 120—2012　3.1.8

基坑支护设计应按下列要求设定支护结构的水平位移控制值和基坑周边环境的沉降控制值：

1　当基坑开挖影响范围内有建筑物时，支护结构水平位移控制值、建筑物的沉降控制值应按不影响其正常使用的要求确定，并应符合现行国家标准《建筑地基基础设计规范》GB 50007 中对地基变形允许值的规定；当基坑开挖影响范围内有地下管线、地下构筑物、道路时，支护结构水平位移控制值、地面沉降控制值应按不影响其正常使用的要求确定，并应符合现行相关标准对其允许变形的规定；

（第二列左侧）8.4.2　对基坑支护结构设计的规定

编号	审查点	执行设计规范（标准）情况的审查内容
8.4.2	对基坑支护结构设计的规定	2　当支护结构构件同时用作主体地下结构构件时，支护结构水平位移控制值不应大于主体结构设计对其变形的限值； 3　当无本条第1款、第2款情况时，支护结构水平位移控制值应根据地区经验按工程的具体条件确定。 JGJ 120—2012　3.1.9 基坑支护应按实际的基坑周边建筑物、地下管线、道路和施工荷载等条件进行设计。设计中应提出明确的基坑周边荷载限值、地下水和地表水控制等基坑使用要求。
8.4.3	对作用于支护结构上的水平荷载的规定	JGJ 120—2012　3.4.1 计算作用在支护结构上的水平荷载时，应考虑下列因素： 1　基坑内外土的自重（包括地下水）； 2　基坑周边既有和在建的建（构）筑物荷载； 3　基坑周边施工材料和设备荷载； 4　基坑周边道路车辆荷载； 5　冻胀、温度变化及其他因素产生的作用。
8.4.4	基坑稳定性验算的规定	GB 50157—2013　11.6.2-3 3　基坑工程应进行抗滑移和倾覆的整体稳定性、基坑底部土体抗隆起和抗渗流稳定性及抗坑底以下承压水的稳定性检算。各类稳定性安全系数的取值应根据环境保护要求按地区经验确定。各类基坑支护工程应根据表11.6.2的规定进行检算。 表11.6.2　基坑工程稳定性检算内容 （表见下） GB 50157—2013　11.6.2-4 4　桩、墙式围护结构的设计应根据设定的开挖工况和施工顺序按竖向弹性地基梁模型逐阶段计算其内力及变形。当计入支撑作用时，应计及每层支撑设置时墙体已有的位移和支撑的弹性变形。

表11.6.2　基坑工程稳定性检算内容

支护类型	整体失稳	抗滑移	抗倾覆	内部失稳	抗隆起（一）	抗隆起（二）	抗管涌或渗流	抗承压水突涌
放坡	△	—	—	—	—	—	—	○
土钉支护	△	△	△	△	—	—	—	○
重力式围护结构	△	△	△	—	△	—	△	○
桩、墙式围护结构	○	—	△	—	△	△	△	○

注：1　△为应检算，○为必要时检算；

　　2　抗隆起（一）为围护墙以下土体上涌；

　　3　抗隆起（二）为坑底土体上涌。

编号	审查点	执行设计规范（标准）情况的审查内容
8.4.5	对地下水控制的规定	JGJ 120—2012　7.1.3 地下水控制设计应符合本规程第 3.1.8 条对基坑周边建（构）筑物、地下管线、道路等沉降控制值的要求。 JGJ 120—2012　7.1.4 当坑底以下有水头高于坑底的承压水时，各类支护结构均应按本规程第 C.0.1 条的规定进行承压水作用下的坑底突涌稳定性验算。当不满足突涌稳定性要求时，应对该承压水含水层采取截水、减压措施。 JGJ 120—2012　7.2.4 截水帷幕在平面布置上应沿基坑周边闭合。当采用沿基坑周边非闭合的平面布置形式时，应对地下水沿帷幕两端绕流引起的渗流破坏和地下水位下降进行分析。
8.4.6	内支撑的设计与施工	JGJ 120—2012　4.9.6 内支撑结构分析时，应同时考虑下列作用： 1　由挡土结构传至内支撑结构的水平荷载； 2　支撑结构自重；当支撑作为施工平台时，尚应考虑施工荷载； 3　当温度改变引起的支撑结构内力不可忽略不计时，应考虑温度应力； 4　当支撑立柱下沉或隆起量较大时，应考虑支撑立柱与挡土构件之间差异沉降产生的作用。 JGJ 120—2012　4.9.11-3 内支撑的平面布置应符合下列规定： 3　基坑形状有阳角时，阳角处的支撑应在两边同时设置。 JGJ 120—2012　4.10.1 内支撑结构的施工与拆除顺序，应与设计工况一致，必须遵循先支撑后开挖的原则。
8.4.7	围护结构兼做上部建筑物基础时	GB 50157—2013　11.6.2-10 10　当围护结构兼作上部建筑物的基础时，尚应进行垂直承载能力、地基变形和稳定性计算；盖挖法的围护桩（墙）应按路面活载验算竖向承载力和纵向制动时的水平力。

8.5　地下结构

编号	审查点	执行设计规范（标准）情况的审查内容
8.5.1	对明挖法施工结构设计计算的规定	GB 50157—2013　11.6.3 明挖法施工的结构设计应符合下列规定： 1　明挖法施工的结构宜按底板支承在弹性地基上的结构物计算，并计入立柱和楼板的压缩变形、斜托和支座宽度的影响； 2　明挖法施工的结构应根据工程地质、水文地质、埋深、施工方法等条件，进行抗浮、整体滑移及地基稳定性验算；

编号	审查点	执行设计规范（标准）情况的审查内容
8.5.1	对明挖法施工结构设计计算的规定	3 车站顶、底纵梁受净空限制时可采用十字梁或反梁，必须采用扁宽梁时，应根据各层板与梁的刚度比，计入板在纵向内力分配的不均匀性，同时应核算深受弯构件的抗弯抗剪承载力。反梁斜截面受剪承载能力的计算和箍筋的配置可按现行国家标准《人民防空工程设计规范》GB 50225 的有关规定执行。
8.5.2	对盖挖逆作法施工的结构设计计算的规定	GB 50157—2013 11.6.4-5、6、8 盖挖逆作法施工的结构设计除应符合本规范第11.6.3条的规定外，尚应符合下列要求： 5 桩基的垂直承载能力宜根据计算或现场原位静力试验结果按变形要求进行修正。桩基应按现行行业标准《建筑基桩检测技术规范》JGJ 106 的有关规定，对桩身完整性逐根进行检查； 6 作为永久结构使用的中间竖向支撑系统的设计，应控制支撑柱的就位精度，允许定位偏差不大于20mm，同时其垂直度偏差也不宜大于1/500。在柱的设计中应根据施工允许偏差计入偏心对承载能力的影响； 8 应采取控制施工过程中围护结构与中间桩的相对升沉的措施。施作结构底板前，相对升沉的累计值不得大于0.003L（L为边墙和立柱轴线间的距离），且不宜大于20mm，并应在结构分析中计入其影响。
8.5.3	对盾构法施工的结构设计的规定	GB 50157—2013 11.6.5-4-7、8，11.6.5-7、8、9 盾构法施工的隧道结构设计应符合下列规定： 4 装配式衬砌的构造应符合下列要求： 7）在管片手孔周围应设置加强筋。 8）在管片中心预留二次注浆孔，二次注浆孔周围应设置螺旋加强筋。 7 盾构进出洞口处，应设置洞口密封止水环，在管片与竖井井壁间应设置现浇钢筋混凝土环梁，在竖井井壁应预埋与后浇环梁连接的钢筋。 8 竖井结构设计应计及吊装盾构机的附加荷载，以及盾构出发时的反力对竖井内部构件或竖井壁的影响。 9 盾构竖井始发和到达端头的土体应进行加固，加固方法和加固参数应根据土质、地下水、盾构的形式、覆土、周围环境等条件确定。
8.5.4	对矿山法施工的结构设计的规定	GB 50157—2013 11.6.6-2、3 矿山法施工的结构设计应符合下列规定： 2 复合式衬砌的初期支护（含围岩的支护作用）应按主要承载结构设计，承担施工期间的全部荷载，其设计参数可采用工程类比法确定，施工中应通过监控量测进行修正；浅埋、大跨度、围岩或环境条件复杂、形式特殊的结构，应通过理论计算进行检算；同时应符合下列规定： 1）岩石隧道应利用围岩的自承载能力；

编号	审查点	执行设计规范（标准）情况的审查内容
8.5.4	对矿山法施工的结构设计的规定	2）土质隧道应采用较大的初期支护刚度，并注意及时施作二次衬砌。 3 复合式衬砌中的二次衬砌，应根据其施工时间、施工后荷载的变化情况、工程地质和水文地质条件、埋深和耐久性要求等因素，按下列原则设计： 1）第四纪土层中的浅埋结构及通过流变性或膨胀性围岩中的结构，初期支护应具有较大的刚度和强度，且宜提前施作二次衬砌，由初期支护和二次衬砌共同承受外部荷载； 2）应计及在长期使用过程中，外部荷载因初期支护材料性能退化和刚度下降向二次衬砌的转移； 3）作用在不排水型结构上的水压力由二次衬砌承担； 4）浅埋和Ⅴ～Ⅵ级围岩中的结构宜采用钢筋混凝土衬砌。 GB 50157—2013　11.5.5-5 5　衬砌形式的确定应符合下列规定： 1）矿山法隧道应采用复合式衬砌。在无水的Ⅰ～Ⅱ级围岩中的单线区间隧道和Ⅰ级围岩中的双线区间隧道，也可采用单层整体现浇的混凝土衬砌。 复合式衬砌的初期支护可根据围岩条件确定，主要类型和适用条件应符合表11.5.5的规定。 表 11.5.5　复合式衬砌初期支护类型和适用条件 | 初期支护类型	适用条件
---	---
锚杆＋喷射混凝土支护	具有自稳能力的岩石类地层
锚杆＋钢拱架＋喷射混凝土支护	不能长期自稳的岩石地层
超前支护＋钢拱架＋喷射混凝土支护	土质地层	 2）在围岩完整、稳定、无地下水和不受冻害影响的地段的非行车及乘客不使用的隧道，也可采用单层喷锚衬砌结构，喷锚衬砌的内部净空应满足后期施作结构的尺寸要求。 TB 10003—2005　11.1.3 对地质复杂、大跨度、多跨度和有特殊要求的隧道，除采用工程类比法外，还应结合数值解法或近似解法进行分析确定。 计算复合式衬砌时，初期支护应按主要承载结构计算。二次衬砌在Ⅰ～Ⅲ级围岩可作为安全储备，按构造要求设计；在Ⅳ～Ⅵ级围岩，应按承载结构计算。
8.5.5	衬砌背后注浆	GB 50157—2013　11.6.1-13 13　暗挖法施工的结构，应及时向其衬砌背后压注结硬性浆液。

编号	审查点	执行设计规范（标准）情况的审查内容
8.5.6	对沉管法施工的结构设计的规定	GB 50157—2013　11.6.7.-1、2、8 沉管法施工的隧道结构设计应符合下列规定： 1　沉管法施工的隧道应就其在预制、系泊、浮运、沉放、对接、基础处理等不同施工阶段和运营状态下可能出现的最不利荷载组合，并计及地基的不均匀性和基础处理的质量，分别对横断面和纵向的受力进行分析。纵向分析时应计及接头刚度的影响。 2　水压力应分别按正常情况下的高水位和低水位两种工况计算，并应用历史最高水位进行受力检算，在含泥砂量较高的河道中应计入水重度的增高。 8　沉管隧道的顶部应设防锚层，并用粗颗粒的不易液化和透水性好的材料进行回填。
8.5.7	对顶进法施工的结构设计的规定	GB 50157—2013　11.6.8 顶进法施工的地铁结构的设计，可按现行行业标准《铁路桥涵设计基本规范》TB 10002.1 中有关顶进桥涵的规定执行。

8.6　材料及构造

编号	审查点	执行设计规范（标准）情况的审查内容
8.6.1	对钢筋混凝土结构中钢筋选用的规定	GB 50157—2013　11.3.4 普通钢筋混凝土和喷锚支护结构中的钢筋应按下列规定选用： 1　梁、柱纵向受力钢筋应采用 HRB400、HRB500、HRBF400、HRBF500 钢筋，其他纵向受力钢筋也可采用 HPB300、RRB400 钢筋； 2　箍筋宜采用 HRB400、HRBF400、HRB300、HRB500、HRBF500 钢筋。
8.6.2	对一般环境条件下混凝土最低设计强度等级的规定	GB 50157—2013　11.3.2 混凝土的原材料和配比、最低强度等级、最大水胶比和单方混凝土的胶凝材料最小用量等，应符合耐久性要求，满足抗裂、抗渗、抗冻和抗侵蚀的需要。一般环境条件下的混凝土设计强度等级不得低于表 11.3.2 的规定。

表 11.3.2　一般环境条件下混凝土的最低设计强度等级

明挖法	整体式钢筋混凝土结构	C35
	装配式钢筋混凝土结构	C35
	作为永久结构的地下连续墙和灌注桩	C35
盾构法	装配式钢筋混凝土管片	C50
	整体式钢筋混凝土衬砌	C35
矿山法	喷射混凝土衬砌	C25
	现浇混凝土或钢筋混凝土衬砌	C35
沉管法	钢筋混凝土结构	C35
	预应力混凝土结构	C40
顶进法	钢筋混凝土结构	C35

编号	审查点	执行设计规范（标准）情况的审查内容
8.6.3	对一般环境条件下钢筋保护层厚度的规定	GB 50157—2013　11.7.4 钢筋的混凝土保护层厚度应根据结构类别、环境条件和耐久性要求等确定，一般环境作用下混凝土结构构件钢筋净保护层最小厚度应符合表11.7.4的规定。

表 11.7.4　一般环境作用下混凝土结构构件钢筋净保护层最小厚度（mm）

结构类别	地下连续墙		灌注桩	明挖结构					钢筋混凝土管片		矿山法施工的结构		
				顶板		楼板	底板				初期支护或喷锚衬砌		二次衬砌
	外侧	内侧		外侧	内侧		外侧	内侧	外侧	内侧	外侧	内侧	
保护层厚度	70	70	70	45	35	30	45	35	35	25	35	35	35

注：1　顶进法和沉管法施工的隧道钢筋的保护层厚度可采用明挖结构的数值；
　　2　矿山法施工的结构当二次衬砌的厚度大于500mm时，钢筋的保护层厚度应采用40mm；
　　3　当地下连续墙与内衬组成叠合墙时，其内侧钢筋的保护层厚度可采用50mm。

编号	审查点	执行设计规范（标准）情况的审查内容
8.6.4	其他环境条件下混凝土材料与钢筋的保护层厚度	GB/T 50476—2008　5.3.2 冻融环境中的配筋混凝土结构构件，其普通钢筋的混凝土保护层最小厚度与相应的混凝土强度等级、最大水胶比应符合表5.3.2的规定。其中，有盐冻融环境中钢筋的混凝土保护层最小厚度，应按氯化物环境的有关规定执行。

表 5.3.2　冻融环境中混凝土材料与钢筋的保护层最小厚度 c（mm）

环境作用等级		设计使用年限								
		100 年			50 年			30 年		
		混凝土强度等级	最大水胶比	c	混凝土强度等级	最大水胶比	c	混凝土强度等级	最大水胶比	c
板、墙等面形构件	Ⅱ-C 无盐	C45	0.40	35	C45	0.40	30	C40	0.45	30
		≥C50	0.36	30	≥C50	0.36	25	≥C45	0.40	25
		C_a35	0.50	35	C_a30	0.55	30	C_a30	0.55	25
	Ⅱ-D 无盐			35	C_a35	0.50	35	C_a35	0.50	30
	有盐	C_a40	0.45							
	Ⅱ-E 有盐	C_a45	0.40		C_a40	0.45		C_a40	0.45	

编号	审查点	执行设计规范（标准）情况的审查内容

续表 5.3.2

环境作用等级		100年			50年			30年		
		混凝土强度等级	最大水胶比	c	混凝土强度等级	最大水胶比	c	混凝土强度等级	最大水胶比	c
梁、柱等条形构件	Ⅱ-C 无盐	C45	0.40	40	C45	0.40	35	C40	0.45	35
		≥C50	0.36	35	≥C50	0.36	30	≥C45	0.40	30
		C_a35	0.50	35	C_a30	0.55	35	C_a30	0.55	30
	Ⅱ-D 无盐 / 有盐	C_a40	0.45	40	C_a35	0.50	40	C_a35	0.50	35
	Ⅱ-E 有盐	C_a45	0.40		C_a40	0.45		C_a40	0.45	

注：1 如采取表面防水处理的附加措施，可降低大体积混凝土对最低强度等级和最大水胶比的抗冻要求；

　　2 预制构件的保护层厚度可比表中规定减少5mm；

　　3 预应力钢筋的保护层厚度按照本规范第3.5.2条的规定执行。

GB/T 50476—2008　6.3.2

氯化物环境中的配筋混凝土结构构件，其普通钢筋的保护层最小厚度及其相应的混凝土强度等级、最大水胶比应符合表6.3.2的规定。

表6.3.2　氯化物环境中混凝土材料与钢筋的保护层最小厚度 c（mm）

环境作用等级		100年			50年			30年		
		混凝土强度等级	最大水胶比	c	混凝土强度等级	最大水胶比	c	混凝土强度等级	最大水胶比	c
板、墙等面形构件	Ⅲ-C，Ⅳ-C	C45	0.40	45	C40	0.42	40	C40	0.42	35
	Ⅲ-D，Ⅳ-D	C45	0.40	55	C40	0.42	50	C40	0.42	45
		≥C50	0.36	50	≥C45	0.40	45	≥C50	0.40	40
	Ⅲ-E，Ⅳ-E	C50	0.36	60	C45	0.40	55	C45	0.40	45
		≥C55	0.36	55	≥C50	0.36	50	C45	0.36	40
	Ⅲ-F	≥C55	0.36	65	C50	0.36	60	C50	0.36	55
					≥C55	0.36	55			

编号	审查点	执行设计规范（标准）情况的审查内容

续表 6.3.2

环境作用等级	设计使用年限	100年			50年			30年		
		混凝土强度等级	最大水胶比	c	混凝土强度等级	最大水胶比	c	混凝土强度等级	最大水胶比	c
梁、柱等条形构件	Ⅲ-C，Ⅳ-C	C45	0.40	50	C40	0.42	45	C40	0.42	40
	Ⅲ-D，Ⅳ-D	C45	0.40	60	C40	0.42	55	C40	0.42	50
		≥C50	0.36	55	≥C45	0.40	50	≥C45	0.40	40
	Ⅲ-E，Ⅳ-E	C50	0.36	65	C45	0.40	60	C45	0.40	50
		≥C55	0.36	60	≥C50	0.36	55	≥C50	0.36	45
	Ⅲ-F	C55	0.36	70	C50	0.36	65	C50	0.36	55
					≥C55	0.36	60			

注：1 可能出现海水冰冻环境与除冰盐环境时，宜采用引气混凝土；当采用引气混凝土时，表中混凝土强度等级可降低一个等级，相应的最大水胶比可提高0.05，但引气混凝土的强度等级和最大水胶比仍应满足本规范表5.3.2的规定；

2 处于流动海水中或同时受水中泥沙冲刷腐蚀的混凝土构件，其钢筋的混凝土保护层厚度应增加10～20mm；

3 预制构件的保护层厚度可比表中规定减少5mm；

4 当满足本规范表6.3.6中规定的扩散系数时，C50和C55混凝土所对应的最大水胶比可分别提高到0.40和0.38；

5 预应力钢筋的保护层厚度按照本规范第3.5.2条的规定执行。

GB/T 50476—2008 7.3.2

水、土中的化学腐蚀环境、大气污染环境和含盐大气环境中的配筋混凝土结构构件，其普通钢筋的混凝土保护层最小厚度及相应的混凝土强度等级、最大水胶比应按表7.3.2确定。

表 7.3.2 化学腐蚀环境下混凝土材料与钢筋的保护层最小厚度 c（mm）

环境作用等级	设计使用年限	100年			50年		
		混凝土强度等级	最大水胶比	c	混凝土强度等级	最大水胶比	c
板、墙等面形构件	V-C	C45	0.40	40	C40	0.45	35
	V-D	C50	0.36	45	C45	0.40	40
		≥C55	0.36	40	≥C50	0.36	35
	V-E	C55	0.36	45	C50	0.36	40

（8.6.4 其他环境条件下混凝土材料与钢筋的保护层厚度）

编号	审查点	执行设计规范（标准）情况的审查内容
8.6.4	其他环境条件下混凝土材料与钢筋的保护层厚度	见下方内容
8.6.5	对杂散电流防护措施的规定	见下方内容
8.6.6	钢筋的连接	见下方内容

8.6.4

续表 7.3.2

设计使用年限		100 年			50 年		
环境作用等级		混凝土强度等级	最大水胶比	c	混凝土强度等级	最大水胶比	c
梁、柱等条形构件	V-C	C45	0.40	45	C40	0.45	40
		≥C50	0.36	40	≥C45	0.40	35
	V-D	C50	0.36	50	C45	0.40	45
		≥C55	0.36	45	≥C50	0.36	40
	V-E	C55	0.36	50	C50	0.36	45
		≥C60	0.33	45	≥C55	0.36	40

注：1 预制构件的保护层厚度可比表中规定减少 5mm；

2 预应力钢筋的保护层厚度按照本规范第 3.5.2 条的规定执行。

8.6.5

GB 50157—2013　11.1.11

地下结构应根据现行行业标准《地铁杂散电流腐蚀防护技术规程》CJJ 49 的有关规定采取防止杂散电流腐蚀的措施。

8.6.6

GB 50010—2010　8.4.2

轴心受拉及小偏心受拉杆件的纵向受力钢筋不得采用绑扎搭接；其他构件中的钢筋采用绑扎搭接时，受拉钢筋直径不宜大于 25mm，受压钢筋直径不宜大于 28mm。

GB 50010—2010　8.4.4

纵向受拉钢筋绑扎搭接接头的搭接长度，应根据位于同一连接区段内的钢筋搭接接头面积百分率按下列公式计算，且不应小于 300mm。

$$l_l = \zeta_l l_a \tag{8.4.4}$$

式中：l_l——纵向受拉钢筋的搭接长度；

ζ_l——纵向受拉钢筋的搭接长度修正系数，按表 8.4.4 取用。当纵向搭接钢筋接头面积百分率为表的中间值时，修正系数可按内插取值。

表 8.4.4　纵向受拉钢筋搭接长度修正系数

纵向搭接钢筋接头面积百分率（%）	≤25	50	100
ζ_l	1.2	1.4	1.6

JGJ 107—2010　4.0.3

钢筋机械连接的连接区段长度应按 35d 计算。应符合下列规定：

4　对直接承受动力荷载的结构构件，接头百分率不应大于 50%。

编号	审查点	执行设计规范（标准）情况的审查内容
8.6.7	纵向受力钢筋的最小配筋率	GB 50010—2010 8.5.1 钢筋混凝土结构构件中纵向受力钢筋的配筋百分率 ρ_{min} 不应小于表8.5.1规定的数值。

表 8.5.1 纵向受力钢筋的最小配筋百分率 ρ_{min}（%）

受 力 类 型			最小配筋百分率
受压构件	全部纵向钢筋	强度等级 500MPa	0.50
		强度等级 400MPa	0.55
		强度等级 300MPa、335MPa	0.60
	一侧纵向钢筋		0.20
受弯构件、偏心受拉、轴心受拉构件一侧的受拉钢筋			0.20 和 $45f_t/f_y$ 中的较大值

注：1　受压构件全部纵向钢筋最小配筋百分率，当采用 C60 以上强度等级的混凝土时，应按表中规定增加 0.10；

　　2　板类受弯构件（不包括悬臂板）的受拉钢筋，当采用强度等级 400MPa、500MPa 的钢筋时，其最小配筋百分率应允许采用 0.15 和 $45f_t/f_y$ 中的较大值；

　　3　偏心受拉构件中的受压钢筋，应按受压构件一侧纵向钢筋考虑；

　　4　受压构件的全部纵向钢筋和一侧纵向钢筋的配筋率以及轴心受拉构件和小偏心受拉构件一侧受拉钢筋的配筋率均应按构件的全截面面积计算；

　　5　受弯构件、大偏心受拉构件一侧受拉钢筋的配筋率应按全截面面积扣除受压翼缘面积 $(b_f'-b)h_f'$ 后的截面面积计算；

　　6　当钢筋沿构件截面周边布置时，"一侧纵向钢筋"系指沿受力方向两个对边中一边布置的纵向钢筋。

GB 50010—2010 8.5.2

卧置于地基上的混凝土板，板中受拉钢筋的最小配筋率可适当降低，但不应小于 0.15%。

编号	审查点	执行设计规范（标准）情况的审查内容
8.6.8	承载力抗震调整系数	GB 50011—2010 5.4.2 结构构件的截面抗震验算，应采用下列设计表达式： $$S \leqslant R/\gamma_{RE} \qquad (5.4.2)$$ 式中：γ_{RE}——承载力抗震调整系数，除另有规定外，应按表5.4.2采用； 　　　R——结构构件承载力设计值。

表 5.4.2 承载力抗震调整系数

材料	结构构件	受力状态	γ_{RE}
钢	柱，梁，支撑，节点板件，螺栓，焊缝	强度	0.75
	柱，支撑	稳定	0.80
砌体	两端均有构造柱、芯柱的抗震墙	受剪	0.9
	其他抗震墙	受剪	1.0

编号	审查点	执行设计规范（标准）情况的审查内容
8.6.8	承载力抗震调整系数	续表 5.4.2 | 材料	结构构件	受力状态	γ_{RE} | |------|----------|----------|------| | 混凝土 | 梁 | 受弯 | 0.75 | | | 轴压比小于 0.15 的柱 | 偏压 | 0.75 | | | 轴压比不小于 0.15 的柱 | 偏压 | 0.80 | | | 抗震墙 | 偏压 | 0.85 | | | 各类构件 | 受剪、偏拉 | 0.85 | GB 50011—2010　5.4.3 **当仅计算竖向地震作用时，各类结构构件承载力抗震调整系数均应采用 1.0。**
8.6.9	钢筋抗震锚固和抗震连接	GB 50010—2010　11.1.7 混凝土结构构件的纵向受力钢筋的锚固和连接除应符合本规范第 8.3 节和第 8.4 节的有关规定外，尚应符合下列要求： 1　纵向受拉钢筋的抗震锚固长度 l_{aE} 应按下式计算： $$l_{aE} = \zeta_{aE} l_a \qquad (11.1.7\text{-}1)$$ 式中：ζ_{aE}——纵向受拉钢筋抗震锚固长度修正系数，对一、二级抗震等级取 1.15，对三级抗震等级取 1.05，对四级抗震等级取 1.00； l_a——纵向受拉钢筋的锚固长度，按本规范第 8.3.1 条确定。 2　当采用搭接连接时，纵向受拉钢筋的抗震搭接长度 l_{lE} 应按下列公式计算： $$l_{lE} = \zeta_l l_{aE} \qquad (11.1.7\text{-}2)$$ 式中：ζ_l——纵向受拉钢筋搭接长度修正系数，按本规范第 8.4.4 条确定。 3　纵向受力钢筋的连接可采用绑扎搭接、机械连接或焊接。 4　纵向受力钢筋连接的位置宜避开梁端、柱端箍筋加密区；如必须在此连接时，应采用机械连接或焊接。 5　混凝土构件位于同一连接区段内的纵向受力钢筋接头面积百分率不宜超过 50%。 JGJ 107—2010　4.0.3 钢筋机械连接的连接区段长度应按 35d 计算。应符合下列规定： 2　接头宜避开有抗震设防要求的框架的梁端、柱端箍筋加密区；当无法避开时，应采用 Ⅱ 级接头或 Ⅰ 级接头，且接头百分率不应大于 50%。
8.6.10	抗震结构的材料	GB 50011—2010　3.9.1 **抗震结构对材料和施工质量的特别要求，应在设计文件上注明。** GB 50011—2010　3.9.2 **结构材料性能指标，应符合下列最低要求：**

编号	审查点	执行设计规范（标准）情况的审查内容
8.6.10	抗震结构的材料	**1** 砌体结构材料应符合下列规定： 1）普通砖和多孔砖的强度等级不应低于 MU10，其砌筑砂浆强度等级不应低于 M5； 2）混凝土小型空心砌块的强度等级不应低于 MU7.5，其砌筑砂浆强度等级不应低于 Mb7.5。 **2** 混凝土结构材料应符合下列规定： 1）混凝土的强度等级，框支梁、框支柱及抗震等级为一级的框架梁、柱、节点核芯区，不应低于 C30；构造柱、芯柱、圈梁及其他各类构件不应低于 C20； 2）抗震等级为一、二、三级的框架和斜撑构件（含梯段），其纵向受力钢筋采用普通钢筋时，钢筋的抗拉强度实测值与屈服强度实测值的比值不应小于 1.25；钢筋的屈服强度实测值与屈服强度标准值的比值不应大于 1.3，且钢筋在最大拉力下的总伸长率实测值不应小于 9%。 **3** 钢结构的钢材应符合下列规定： 1）钢材的屈服强度实测值与抗拉强度实测值的比值不应大于 0.85； 2）钢材应有明显的屈服台阶，且伸长率不应小于 20%； 3）钢材应有良好的焊接性和合格的冲击韧性。
8.6.11	框架梁纵向受拉钢筋的最小配筋百分率	GB 50010—2010 11.3.6-1 框架梁的钢筋配置应符合下列规定： **1** 纵向受拉钢筋的配筋率不应小于表 11.3.6-1 规定的数值。 表 11.3.6-1 框架梁纵向受拉钢筋的最小配筋百分率（%）
8.6.12	框架梁配筋	GB 50011—2010 6.3.3 梁的钢筋配置，应符合下列各项要求： **1** 梁端计入受压钢筋的混凝土受压区高度和有效高度之比，一级不应大于 0.25，二、三级不应大于 0.35。 **2** 梁端截面的底面和顶面纵向受力钢筋配筋量的比值，除按计算确定外，一级不应小于 0.5；二、三级不应小于 0.3。 **3** 梁端箍筋加密区的长度、箍筋最大间距和箍筋最小直径应按表 6.3.3 采用；当梁端纵向受拉钢筋配筋率大于 2% 时，表中箍筋最小直径数值应增大 2mm。

表 11.3.6-1 框架梁纵向受拉钢筋的最小配筋百分率（%）

抗震等级	梁中位置	
	支座	跨中
一级	0.40 和 $80f_t/f_y$ 中的较大值	0.30 和 $65f_t/f_y$ 中的较大值
二级	0.30 和 $65f_t/f_y$ 中的较大值	0.25 和 $55f_t/f_y$ 中的较大值
三、四级	0.25 和 $55f_t/f_y$ 中的较大值	0.20 和 $45f_t/f_y$ 中的较大值

编号	审查点	执行设计规范（标准）情况的审查内容

表 6.3.3　梁端箍筋加密区的长度、箍筋的最大间距和最小直径

抗震等级	加密区长度（采用较大值）(mm)	箍筋最大间距（采用最小值）(mm)	箍筋最小直径(mm)
一	$2h_b$, 500	$h_b/4$, $6d$, 100	10
二	$1.5h_b$, 500	$h_b/4$, $8d$, 100	8
三	$1.5h_b$, 500	$h_b/4$, $8d$, 150	8
四	$1.5h_b$, 500	$h_b/4$, $8d$, 150	6

8.6.12　框架梁配筋

注：1　d 为纵向钢筋直径，h_b 为梁截面高度；

　　2　箍筋直径大于 12mm、数量不少于 4 肢且肢距不大于 150mm 时，一、二级的最大间距应允许适当放宽，但不得大于 150mm。

8.6.13　框架柱、框支柱配筋构造

GB 50011—2010　6.3.7

柱的钢筋配置，应符合下列各项要求：

1　柱纵向受力钢筋的最小总配筋率应表 6.3.7-1 采用，同时每一侧配筋率不应小于 0.2%；对建造于Ⅳ类场地且较高的高层建筑，最小总配筋率应增加 0.1%。

表 6.3.7-1　柱截面纵向钢筋的最小总配筋率（百分率）

类　别	抗　震　等　级			
	一	二	三	四
中柱和边柱	0.9(1.0)	0.7(0.8)	0.6(0.7)	0.5(0.6)
角柱、框支柱	1.1	0.9	0.8	0.7

注：1　表中括号内数值用于框架结构的柱；

　　2　钢筋强度标准值小于 400MPa 时，表中数值应增加 0.1，钢筋强度标准值为 400MPa 时，表中数值应增加 0.05；

　　3　混凝土强度等级高于 C60 时，上述数值应相应增加 0.1。

2　柱箍筋在规定的范围内应加密，加密区的箍筋间距和直径，应符合下列要求：

1）一般情况下，箍筋的最大间距和最小直径，应按表 6.3.7-2 采用。

表 6.3.7-2　柱箍筋加密区的箍筋最大间距和最小直径

抗震等级	箍筋最大间距（采用较小值，mm）	箍筋最小直径（mm）
一	$6d$, 100	10
二	$8d$, 100	8
三	$8d$, 150（柱根 100）	8
四	$8d$, 150（柱根 100）	6（柱根 8）

注：1　d 为柱纵筋最小直径；

　　2　柱根指底层柱下端箍筋加密区。

编号	审查点	执行设计规范（标准）情况的审查内容
8.6.13	框架柱、框支柱配筋构造	2）一级框架柱的箍筋直径大于 12mm 且箍筋肢距不大于 150mm 及二级框架柱的箍筋直径不小于 10mm 且箍筋肢距不大于 200mm 时，除底层柱下端外，最大间距应允许采用 150mm；三级框架柱的截面尺寸不大于 400mm 时，箍筋最小直径应允许采用 6mm；四级框架柱剪跨比不大于 2 时，箍筋直径不应小于 8mm。 3）框支柱和剪跨比不大于 2 的框架柱，箍筋间距不应大于 100mm。 GB 50011—2010 6.3.8 柱的纵向钢筋配置，尚应符合下列规定： 1 柱的纵向钢筋宜对称配置。 2 截面边长大于 400mm 的柱，纵向钢筋的间距不宜大于 200mm。 3 柱总配筋率不应大于 5%；剪跨比不大于 2 的一级框架的柱，每侧纵向钢筋配筋率不宜大于 1.2%。 4 边柱、角柱及抗震墙端柱在小偏心受拉时，柱内纵筋总截面面积应比计算值增加 25%。 5 柱纵向钢筋的绑扎接头应避开柱端的箍筋加密区。 GB 50011—2010 6.3.9-1、2 柱的箍筋配置，尚应符合下列要求： 1 柱的箍筋加密范围，应按下列规定采用： 1）柱端，取截面高度（圆柱直径）、柱净高的 1/6 和 500mm 三者的最大值； 2）底层柱的下端不小于柱净高的 1/3； 3）刚性地面上下各 500mm； 4）剪跨比不大于 2 的柱、因设置填充墙等形成的柱净高与柱截面高度之比不大于 4 的柱、框支柱、一级和二级框架的角柱，取全高。 2 柱箍筋加密区内的箍筋肢距，一级不宜大于 200mm，二、三级不宜大于 250mm，四级不宜大于 300mm。至少每隔一根纵向钢筋宜在两个方向有箍筋或拉筋约束；采用拉筋复合箍时，拉筋宜紧靠纵向钢筋并钩住箍筋。
8.6.14	柱轴压比	GB 50011—2010 6.3.6 柱轴压比不宜超过表 6.3.6 的规定；建造于 Ⅳ 类场地且较高的高层建筑，柱轴压比限值应适当减小。

编号	审查点	执行设计规范（标准）情况的审查内容
8.6.14	柱轴压比	表 6.3.6　柱轴压比限值 （见下表） 注：1　轴压比指柱组合的轴压力设计值与柱的全截面面积和混凝土轴心抗压强度设计值乘积之比值；对本规范规定不进行地震作用计算的结构，可取无地震作用组合的轴力设计值计算； 2　表内限值适用于剪跨比大于2、混凝土强度等级不高于C60的柱；剪跨比不大于2的柱，轴压比限值应降低0.05；剪跨比小于1.5的柱，轴压比限值应专门研究并采取特殊构造措施； 3　沿柱全高采用井字复合箍且箍筋肢距不大于200mm、间距不大于100mm、直径不小于12mm，或沿柱全高采用复合螺旋箍、螺旋间距不大于100mm、箍筋肢距不大于200mm、直径不小于12mm，或沿柱全高采用连续复合矩形螺旋箍，螺旋净距不大于80mm、箍筋肢距不大于200mm、直径不小于10mm，轴压比限值均可增加0.10；上述三种箍筋的最小配箍特征值均应按增大的轴压比由本规范表6.3.9确定； 4　在柱的截面中部附加芯柱，其中另加的纵向钢筋的总面积不少于柱截面面积的0.8%，轴压比限值可增加0.05；此项措施与注3的措施共同采用时，轴压比限值可增加0.15，但箍筋的体积配箍率仍可按轴压比增加0.10的要求确定； 5　柱轴压比不应大于1.05。

表 6.3.6　柱轴压比限值

结构类型	抗震等级			
	一	二	三	四
框架结构	0.65	0.75	0.85	0.90
框架-抗震墙，板柱-抗震墙、框架-核心筒及筒中筒	0.75	0.85	0.90	0.95
部分框支抗震墙	0.60	0.70	—	—

编号	审查点	执行设计规范（标准）情况的审查内容
8.6.15	柱体积配箍率	GB 50011—2010　6.3.9-3 柱的箍筋配置，尚应符合下列要求： 3　柱箍筋加密区的体积配箍率，应按下列规定采用： 1）柱箍筋加密区的体积配箍率应符合下式要求： $$\rho_v \geqslant \lambda_v \frac{f_c}{f_{yv}} \qquad (6.3.9)$$ 式中：ρ_v——柱箍筋加密区的体积配箍率，一级不应小于0.8%，二级不应小于0.6%，三、四级不应小于0.4%；计算复合螺旋箍的体积配箍率时，其非螺旋箍的箍筋体积应乘以折减系数0.80； f_c——混凝土轴心抗压强度设计值；当强度等级低于C35时，应按C35计算； f_{yv}——箍筋或拉筋抗拉强度设计值； λ_v——最小配箍特征值，宜按表6.3.9采用。

编号	审查点	执行设计规范（标准）情况的审查内容
8.6.15	柱体积配箍率	表6.3.9 柱箍筋加密区的箍筋最小配箍特征值

表6.3.9 柱箍筋加密区的箍筋最小配箍特征值

抗震等级	箍筋形式	柱轴压比								
		≤0.3	0.4	0.5	0.6	0.7	0.8	0.9	1.0	1.05
一	普通箍、复合箍	0.10	0.11	0.13	0.15	0.17	0.20	0.23	—	—
	螺旋箍、复合或连续复合矩形螺旋箍	0.08	0.09	0.11	0.13	0.15	0.18	0.21	—	—
二	普通箍、复合箍	0.08	0.09	0.11	0.13	0.15	0.17	0.19	0.22	0.24
	螺旋箍、复合或连续复合矩形螺旋箍	0.06	0.07	0.09	0.11	0.13	0.15	0.17	0.20	0.22
三、四	普通箍、复合箍	0.06	0.07	0.09	0.11	0.13	0.15	0.17	0.20	0.22
	螺旋箍、复合或连续复合矩形螺旋箍	0.05	0.06	0.07	0.09	0.11	0.13	0.15	0.18	0.20

注：普通箍指单个矩形箍和单个圆形箍，复合箍指由矩形、多边形、圆形箍或拉筋组成的箍筋；复合螺旋箍指由螺旋箍与矩形、多边形、圆形箍或拉筋组成的箍筋；连续复合矩形螺旋箍指用一根通长钢筋加工而成的箍筋。

2）框支柱宜采用复合螺旋箍或井字复合箍，其最小配箍特征值应比表6.3.9内数值增加0.02，且体积配筋率不应小于1.5%。

3）剪跨比入不大于2的柱宜采用复合螺旋箍或井字复合箍，其体积配箍率不应小于1.2%；9度一级时不应小于1.5%。

8.6.16	对钢结构构件构造的规定	GB 50017—2003 1.0.5

GB 50017—2003 1.0.5

在钢结构设计文件中，应注明建筑结构的设计使用年限、钢材牌号、连接材料的型号（或钢号）和对钢材所要求的力学性能、化学成分及其他的附加保证项目。此外，还应注明所要求的焊缝形式、焊缝质量等级、端面刨平顶紧部位及对施工的要求。

GB 50017—2003 3.1.2

承重结构应按下列承载能力极限状态和正常使用极限状态进行设计：

1 承载能力极限状态包括：构件和连接的强度破坏、疲劳破坏和因过度变形而不适于继续承载，结构和构件丧失稳定，结构转变为机动体系和结构倾覆。

2 正常使用极限状态包括：影响结构、构件或非结构构件正常使用或外观的变形，影响正常使用的振动，影响正常使用或耐久性能的局部损坏（包括混凝土裂缝）。

编号	审查点	执行设计规范（标准）情况的审查内容
8.6.16	对钢结构构件构造的规定	GB 50017—2003　3.1.4 **按承载能力极限状态设计钢结构时，应考虑荷载效应的基本组合，必要时尚应考虑荷载效应的偶然组合。** **按正常使用极限状态设计钢结构时，应考虑荷载效应的标准组合，对钢与混凝土组合梁，尚应考虑准永久组合。** GB 50017—2003　3.1.5 **计算结构或构件的强度、稳定性以及连接的强度时，应采用荷载设计值（荷载标准值乘以荷载分项系数）；计算疲劳时，应采用荷载标准值。**GB 50017—2003　3.1.6 对于直接承受动力荷载的结构：在计算强度和稳定性时，动力荷载设计值应乘以动力系数；在计算疲劳和变形时，动力荷载标准值不乘动力系数。 计算吊车梁或吊车桁架及其制动结构的疲劳和挠度时，吊车荷载应按作用在跨间内荷载效应最大的一台吊车确定。

8.7　风险控制与监测

编号	审查点	执行设计规范（标准）情况的审查内容
8.7.1	对地下结构的风险控制的规定	GB 50652—2011　7.5.3 结合现场调查资料开展施工图设计风险管理，包括： 1　对环境风险因素进行现状调查、检测和评估。 2　编制工程建设风险和风险等级清单。 3　对重大环境影响风险开展工程建设风险专项设计。 4　地下结构自身的风险控制措施。 5　其他施工影响分析。 GB 50157—2013　11.9.2 地下结构设计应结合所处的工程地质水文地质条件、风险源的种类、风险的性质及接近程度等具体情况，采取相应的技术措施，对工程自身风险和环境风险进行控制。
8.7.2	监测要求	GB 50911—2013　3.1.1 **城市轨道交通地下工程应在施工阶段对支护结构、周围岩土体及周边环境进行监测。** GB 50911—2013　4.1.2 工程监测项目应根据监测对象的特点、工程监测等级、工程影响分区、设计及施工的要求合理确定，并应反映监测对象的变化特征和安全状态。

编号	审查点	执行设计规范（标准）情况的审查内容
8.7.2	监测要求	GB 50911—2013　5.1.1 支护结构和周围岩土体监测点的布设位置和数量应根据施工工法、工程监测等级、地质条件及监测方法的要求等综合确定，并应满足反映监测对象实际状态、位移和内力变化规律，及分析监测对象安全状态的要求。 GB 50911—2013　5.1.2 支护结构监测应在支护结构设计计算的位移与内力最大部位、位移与内力变化最大部位及反映工程安全状态的关键部位等布设监测点。 GB 50911—2013　6.1.1 周边环境监测点的布设位置和数量应根据环境对象的类型和特征、环境风险等级、所处工程影响分区、监测项目及监测方法的要求等综合确定，并应满足反映环境对象变化规律和分析环境对象安全状态的要求。 GB 50911—2013　6.1.2 周边环境监测点应布设在反映环境对象变形特征的关键部位和受施工影响敏感的部位。
8.7.3	监测项目控制值制定原则	GB 50911—2013　9.1.1 **城市轨道交通工程监测应根据工程特点、监测项目控制值、当地施工经验等制定监测预警等级和预警标准。** GB 50911—2013　9.1.2-1～5 城市轨道交通地下工程施工图设计文件应明确监测项目的控制值，并应符合下列规定： 1　监测项目控制值应根据不同施工方法特点、周围岩土体特征、周边环境保护要求并结合当地工程经验进行确定，并应满足监测对象的安全状态得到合理、有效控制的要求； 2　支护结构监测项目控制值应根据工程监测等级、支护结构特点及设计计算结果等进行确定； 3　周边环境监测项目控制值应根据环境对象的类型与特点、结构形式、变形特征、已有变形、正常使用条件及国家现行有关标准的规定，并结合环境对象的重要性、易损性及相关单位的要求等进行确定； 4　对重要的、特殊的或风险等级较高的环境对象的监测项目控制值，应在现状调查与检测的基础上，通过分析计算或专项评估进行确定； 5　周围地表沉降等岩土体变形控制值应根据岩土体的特性，结合支护结构工程自身风险等级和周边环境安全风险等级等进行确定。

8.8　地基处理

编号	审查点	执行设计规范（标准）情况的审查内容
8.8.1	对地基处理的基本规定	JGJ 79—2012　3.0.5 **处理后的地基应满足建筑物地基承载力、变形和稳定性要求，地基处理**的设计尚应符合下列规定：

编号	审查点	执行设计规范（标准）情况的审查内容
8.8.1	对地基处理的基本规定	**1** 经处理后的地基，当在受力层范围内仍存在软弱下卧层时，应进行软弱下卧层地基承载力验算； **2** 按地基变形设计或应作变形验算且需进行地基处理的建筑物或构筑物，应对处理后的地基进行变形验算； **3** 对建造在处理后的地基上受较大水平荷载或位于斜坡上的建筑物及构筑物，应进行地基稳定性验算。 JGJ 79—2012 3.0.4 经处理后的地基，当按地基承载力确定基础底面积及埋深而需要对本规范确定的地基承载力特征值进行修正时，应符合下列规定： 1 大面积压实填土地基，基础宽度的地基承载力修正系数应取零；基础埋深的地基承载力修正系数，对于压实系数大于 0.95、黏粒含量 $\rho_c \geqslant 10\%$ 的粉土，可取 1.5，对于干密度大于 2.1t/m³ 的级配砂石可取 2.0； 2 其他处理地基，基础宽度的地基承载力修正系数应取零，基础埋深的地基承载力修正系数应取 1.0。 JGJ 79—2012 3.0.6 处理后地基的承载力验算，应同时满足轴心荷载作用和偏心荷载作用的要求。 JGJ 79—2012 3.0.9 处理后的地基应进行地基承载力和变形评价、处理范围和有效加固深度内地基均匀性评价，以及复合地基增强体的成桩质量和承载力评价。
8.8.2	对换填垫层地基的规定	JGJ 79—2012 4.4.2 **换填垫层的施工质量检验应分层进行，并应在每层的压实系数符合设计要求后铺填上层。** JGJ 79—2012 4.2.2 垫层厚度的确定应符合下列规定： 1 应根据需置换软弱土（层）的深度或下卧土层的承载力确定，并应符合下式要求： $$p_z + p_{cz} \leqslant f_{az} \qquad (4.2.2\text{-}1)$$ 式中：p_z——相应于作用的标准组合时，垫层底面处的附加压力值（kPa）； p_{cz}——垫层底面处土的自重压力值（kPa）； f_{az}——垫层底面处经深度修正后的地基承载力特征值（kPa）。

编号	审查点	执行设计规范（标准）情况的审查内容

8.8.2	对换填垫层地基的规定	2 垫层底面处的附加压力值 p_z 可分别按式（4.2.2-2）和式（4.2.2-3）计算：
		
		1）条形基础： $p_z = \dfrac{b(p_k - p_c)}{b + 2z\tan\theta}$ （4.2.2-2）
		
		2）矩形基础： $p_z = \dfrac{bl(p_k - p_c)}{(b + 2z\tan\theta)(l + 2z\tan\theta)}$ （4.2.2-3）
		
		式中： b——矩形基础或条形基础底面的宽度（m）；
		    l——矩形基础底面的长度（m）；
		    p_k——相应于作用的标准组合时，基础底面处的平均压力值（kPa）；
		    p_c——基础底面处土的自重压力值（kPa）；
		    z——基础底面下垫层的厚度（m）；
		    θ——垫层（材料）的压力扩散角（°），宜通过试验确定。无试验资料时，可按表4.2.2采用。

表 4.2.2　土和砂石材料压力扩散角 θ （°）

换填材料 z/b	中砂、粗砂、砾砂、圆砾、角砾、石屑、卵石、碎石、矿渣	粉质黏土、粉煤灰	灰土
0.25	20	6	28
≥0.50	30	23	

注：1 当 $z/b < 0.25$ 时，除灰土取 $\theta = 28°$ 外，其他材料均取 $\theta = 0°$，必要时宜由试验确定；

  2 当 $0.25 < z/b < 0.5$ 时，θ 值可以内插；

  3 土工合成材料加筋垫层其压力扩散角宜由现场静载荷试验确定。

JGJ 79—2012　4.2.3

垫层底面的宽度应符合下列规定：

1 垫层底面宽度应满足基础底面应力扩散的要求，可按下式确定：

$$b' \geqslant b + 2z\tan\theta \qquad (4.2.3)$$

式中： b'——垫层底面宽度（m）；

    θ——压力扩散角，按本规范表4.2.2取值；当 $z/b < 0.25$ 时，按表4.2.2中 $z/b = 0.25$ 取值。

2 垫层顶面每边超出基础底边缘不应小于300mm，且从垫层底面两侧向上，按当地坑开挖的经验及要求放坡。

3 整片垫层底面的宽度可根据施工的要求适当加宽。

编号	审查点	执行设计规范（标准）情况的审查内容
8.8.3	复合地基—般规定	JGJ 79—2012 7.1.2 对散体材料复合地基增强体应进行密实度检验；对有粘结强度复合地基增强体应进行强度及桩身完整性检验。 JGJ 79—2012 7.1.3 复合地基承载力的验收检验应采用复合地基静载荷试验，对有粘结强度的复合地基增强体尚应进行单桩静载荷试验。
8.8.4	复合地基—搅拌法	JGJ 79—2012 7.3.2 水泥土搅拌桩用于处理泥炭土、有机质土、pH 值小于 4 的酸性土、塑性指数大于 25 的黏土，或在腐蚀性环境中以及无工程经验的地区使用时，必须通过现场和室内试验确定其适用性。 JGJ 79—2012 7.3.3-1、2、3 水泥土搅拌桩复合地基设计应符合下列规定： 1 搅拌桩的长度，应根据上部结构对地基承载力和变形的要求确定，并应穿透软弱土层到达地基承载力相对较高的土层；当设置的搅拌桩同时为提高地基稳定性时，其桩长应超过危险滑弧以下不少于 2.0m；干法的加固深度不宜大于 15m，湿法加固深度不宜大于 20m。 2 复合地基的承载力特征值，应通过现场单桩或多桩复合地基静载荷试验确定。 3 单桩承载力特征值，应通过现场静载荷试验确定。
8.8.5	复合地基—旋喷法	JGJ 79—2012 7.4.2 旋喷桩加固体强度和直径，应通过现场试验确定。 JGJ 79—2012 7.4.3 旋喷桩复合地基承载力特征值和单桩竖向承载力特征值应通过现场静载荷试验确定。
8.8.6	复合地基—挤密法	JGJ 79—2012 7.5.2-1、2、7、8 灰土挤密桩、土挤密桩复合地基设计应符合下列规定： 1 地基处理的面积：当采用整片处理时，应大于基础或建筑物底层平面的面积，超出建筑物外墙基础底面外缘的宽度，每边不宜小于处理土层厚度的 1/2，且不应小于 2m；当采用局部处理时，对非自重湿陷性黄土、素填土和杂填土等地基，每边不小于基础底面宽度的 25%，且不应小于 0.5m；对自重湿陷性黄土地基，每边不应小于基础底面宽度的 75%，且不应小于 1.0m。 2 处理地基的深度，应根据建筑场地的土质情况、工程要求和成孔及夯实设备等综合因素确定。对湿陷性黄土地基，应符合现行国家标准《湿陷性黄土地区建筑规范》GB 50025 的有关规定。

编号	审查点	执行设计规范（标准）情况的审查内容
8.8.6	复合地基—挤密法	7 孔内填料应分层回填夯实，填料的平均压实系数 λ_c 不应低于 0.97，其中压实系数最小值不应低于 0.93。 8 桩顶标高以上应设置 300mm～600mm 厚的褥垫层。垫层材料可根据工程要求采用 2∶8 或 3∶7 灰土、水泥土等。其压实系数均不应低于 0.95。
8.8.7	复合地基-水泥粉煤灰碎石桩	JGJ 79—2012 7.7.2-1、4、5 水泥粉煤灰碎石桩复合地基设计应符合下列规定： 　1 水泥粉煤灰碎石桩，应选择承载力和压缩模量相对较高的土层作为桩端持力层； 　4 桩顶和基础之间应设置褥垫层，褥垫层厚度宜为桩径的 40％～60％。褥垫材料宜采用中砂、粗砂、级配砂石和碎石等，最大粒径不宜大于 30mm； 　5 水泥粉煤灰碎石桩可只在基础范围内布桩，并可根据建筑物荷载分布、基础形式和地基土性状，合理确定布桩参数： 　　1）内筒外框结构内筒部位可采用减小桩距、增大桩长或桩径布桩； 　　2）对相邻柱荷载水平相差较大的独立基础，应按变形控制确定桩长和桩距； 　　3）筏板厚度与跨距之比小于 1/6 的平板式筏基、梁的高跨比大于 1/6 且板的厚跨比（筏板厚度与梁的中心距之比）小于 1/6 的梁板式筏基，应在柱（平板式筏基）和梁（梁板式筏基）边缘每边外扩 2.5 倍板厚的面积范围内布桩； 　　4）对荷载水平不高的墙下条形基础可采用墙下单排布桩。
8.8.8	对注浆处理地基的规定	JGJ 79—2012 8.4.4 **注浆加固处理后地基的承载力应进行静载荷试验检验。** JGJ 79—2012 8.1.3 注浆加固应保证加固地基在平面和深度连成一体，满足土体渗透性、地基土的强度和变形的设计要求。 JGJ 79—2012 8.2.1-1、4、6 水泥为主剂的注浆加固设计应符合下列规定： 　1 对软弱地基土处理，可选用以水泥为主剂的浆液及水泥和水玻璃的双液型混合浆液；对有地下水流动的软弱地基，不应采用单液水泥浆液。 　4 注浆量和注浆有效范围，应通过现场注浆试验确定；在黏性土地基中，浆液注入率宜为 15％～20％；注浆点上覆土层厚度应大于 2m。 　6 对人工填土地基，应采用多次注浆，间隔时间应按浆液的初凝试验结果确定，且不应大于 4h。

编号	审查点	执行设计规范（标准）情况的审查内容
8.8.8	对注浆处理地基的规定	JGJ 79—2012　8.4.1 水泥为主剂的注浆加固质量检验应符合下列规定： 1　注浆检验应在注浆结束 28d 后进行。可选用标准贯入、轻型动力触探、静力触探或面波等方法进行加固地层均匀性检测。 2　按加固土体深度范围每间隔 1m 取样进行室内试验，测定土体压缩性、强度或渗透性。 3　注浆检验点不应少于注浆孔数的 2％～5％。检验点合格率小于 80％时，应对不合格的注浆区实施重复注浆。 JGJ 79—2012　8.4.2 硅化注浆加固质量检验应符合下列规定： 1　硅酸钠溶液灌注完毕，应在 7d～10d 后，对加固的地基土进行检验； 2　应采用动力触探或其他原位测试检验加固地基的均匀性； 3　工程设计对土的压缩性和湿陷性有要求时，尚应在加固土的全部深度内，每隔 1m 取土样进行室内试验，测定其压缩性和湿陷性； 4　检验数量不应少于注浆孔数的 2％～5％。 JGJ 79—2012　8.4.5 静载荷试验应按附录 A 的规定进行，每个单体建筑的检验数量不应少于 3 点。

9 工 程 防 水

编号	审查点	执行设计规范（标准）情况的审查内容

9.1 地下结构防水与防水等级

编号	审查点	执行设计规范（标准）情况的审查内容
9.1.1	结构防水	GB 50490—2009　7.4.11 地下结构的防水措施应根据气候条件、工程地质和水文地质状况、结构特点、施工方法、使用要求等因素确定，应保证结构的安全性、耐久性和正常使用要求。
9.1.2	防水等级	GB 50490—2009　7.4.12 地下结构防水等级应符合下列规定： 1　地下车站、机电设备集中区段的结构防水等级应为一级。 2　区间隧道、连接通道等附属隧道结构防水等级应为二级。

9.2 防水混凝土设计规定

编号	审查点	执行设计规范（标准）情况的审查内容
9.2.1	防水混凝土结构抗渗等级	GB 50157—2013　12.2.1 地下工程防水混凝土的设计抗渗等级应符合表12.2.1的规定。

表 12.2.1　防水混凝土的设计抗渗等级

结构埋置深度 （m）	设计抗渗等级	
	现浇混凝土结构	装配式钢筋混凝土结构
$h<20$	P8	P10
$20{\leqslant}h<30$	P10	P10
$40>h{\geqslant}30$	P12	P12

9.3 防水层设计

编号	审查点	执行设计规范（标准）情况的审查内容
9.3.1	新材料、新技术、新工艺的应用	GB 50157—2013　12.3.3 新材料、新技术、新工艺，应经过试验、检测和鉴定，并应具有工程应用实际效果后再采用，防水材料的厚度应根据其物理力学性能结合施工工艺等因素确定。

编号	审查点	执行设计规范（标准）情况的审查内容

9.4 高架结构防水

编号	审查点	执行设计规范（标准）情况的审查内容
9.4.1	高架桥面防水层	GB 50157—2013　12.4.1 高架桥面应设置连续、整体密封、耐久的防水层。防水层材料可根据环境条件和不同的工程部位选定。
9.4.2	伸缩缝防水	GB 50157—2013　12.4.3 伸缩缝应根据构造型式设置桥梁专用变形缝止水带及其金属固定装置，并宜嵌填密封材料形成多道防线。
9.4.3	地漏、落水管密封防水	GB 50157—2013　12.4.4 地漏、落水管等疏排水装置与桥面混凝土结构的接口应加强密封防水，并应便于检查、修复。

9.5 明挖法结构防水

编号	审查点	执行设计规范（标准）情况的审查内容
9.5.1	明挖结构防水措施	GB 50157—2013　12.5.2 明挖法施工的地下结构防水措施应符合表 12.5.2 的规定。

表 12.5.2　明挖法施工的地下结构防水措施

工程部位	主体				施工缝					后浇带						变形缝							
防水措施	防水混凝土	防水砂浆	防水卷材	防水涂料	膨润土防水材料（胶）	遇水膨胀止水条（胶）	中埋式止水带	外贴式止水带	水泥基渗透结晶型防水材料	补偿收缩防水混凝土	预埋注浆管	外贴式止水带	预埋式止水带	防水涂料	遇水膨胀止水条（胶）	防水密封材料	中埋式止水带	外贴式止水带	可卸式止水带	防水密封材料	外贴防水卷材	外涂防水涂料	预埋注浆管
防水等级 一级	必选	应选一至二种			应选二种					必选	应选二种					必选	应选二至三种						
防水等级 二级	必选	应选一种			应选一至二种					必选	应选一至二种					必选	应选一至二种						

编号	审查点	执行设计规范（标准）情况的审查内容
9.5.2	地下连续墙单墙结构防水	GB 50157—2013　12.5.4 地下连续墙作为单层墙主体结构时，应符合下列规定： 　1　连续墙墙体幅间接缝应采用经实践检验行之有效的防水接头； 　2　车站顶板迎水面应设置柔性防水层，并应处理好刚、柔连接过渡区的密封； 　3　墙体幅间接缝渗漏时，应采用注浆、嵌填弹性密封材料等进行堵漏； 　4　连续墙表面应设置防水层，防水层材料宜采用水泥基渗透结晶型防水涂料、高渗透性改性环氧涂料或聚合物水泥防水砂浆等；

编号	审查点	执行设计规范（标准）情况的审查内容
9.5.2	地下连续墙单墙结构防水	5 连续墙墙板连接的施工缝，应采用水泥基渗透结晶型防水材料或高渗透改性环氧涂料等加强密封； 6 地下连续墙施工时宜采用高分子泥浆护壁和水下抗分散混凝土浇筑。
9.5.3	叠合墙结构防水	GB 50157—2013　12.5.5 叠合墙结构防水应符合下列规定： 1 围护结构为地下连续墙时，其支撑部位及墙体的裂缝、空洞等缺陷应采用防水砂浆或细石混凝土进行修补。墙体幅间接缝的渗漏，应采用注浆、嵌填聚合物防水砂浆等进行防水处理； 2 车站顶板迎水面应设置柔性防水层，并应处理好刚、柔连接过渡区的密封； 3 连续墙墙面应清洗干净并进行防水处理后，再浇筑内衬混凝土。
9.5.4	复合墙结构防水	GB 50157—2013　12.5.6 复合墙结构防水应符合下列规定。 1 结构顶、底板迎水面防水层与侧墙防水层宜形成整体密封防水层，并应根据不同部位设置与其相适应的保护层； 2 车站主体结构与人行通道、通风道以及区间隧道等结合部位，应根据结构构造型式选择相匹配的防水措施； 3 车站与区间隧道所用的不同防水层应能相互过渡粘结或焊接，应使其形成连续整体密封的防水体系。

9.6　矿山法结构防水

编号	审查点	执行设计规范（标准）情况的审查内容
9.6.1	矿山法结构防水措施	GB 50157—2013　12.6.1 矿山法施工的隧道防水措施应符合表12.6.1的规定。

表 12.6.1　矿山法施工的隧道防水措施

工程部位		主体				内衬砌施工缝					内衬变形缝				
防水措施		防水混凝土	塑料防水板	防水卷材	膨润土防水材料	遇水膨胀止水条（胶）	外贴式止水带	中埋式止水带	水泥基渗透结晶型防水材料	防水涂料	预埋注浆管	中埋式止水带	外贴式止水带	可卸式止水带	防水嵌缝材料	预埋注浆管
防水等级	一级	必选	应选一至二种			应选二种						必选	应选二种			
	二级	必选	应选一种			应选一至二种						必选	应选一至二种			

编号	审查点	执行设计规范（标准）情况的审查内容
9.6.2	塑料防水板分区注浆防水	GB 50157—2013　12.6.5 防水板注浆系统的设置应符合下列规定： 1　注浆系统的环、纵向设置间距，一级设防要求时宜为 3m～4m，二级设防要求时宜为 4m～5m，顶部宜适当加密； 2　注浆系统宜靠近施工缝和变形缝等特殊部位设置； 3　注浆材料宜采用添加适量膨胀剂的水泥浆。

9.7　盾构法隧道防水

编号	审查点	执行设计规范（标准）情况的审查内容
9.7.1	钢筋混凝土管片	GB 50157—2013　12.8.1 盾构法施工的隧道，宜采用钢筋混凝土管片、复合管片等装配式衬砌或现浇混凝土衬砌。衬砌管片应采用防水混凝土制作，其抗渗等级不得小于 P10。当隧道处于侵蚀性介质的地层时，应采用耐侵蚀混凝土或在衬砌结构外表面涂刷耐侵蚀的防水涂层。
9.7.2	隧道衬砌结构防水措施	GB 50157—2013　12.8.2 隧道衬砌结构防水措施应符合表 12.8.2 的规定。

表 12.8.2　隧道衬砌结构防水措施

措施选择 防水等级	高精度管片	密封垫	嵌缝	注入密封剂	螺孔密封圈	混凝土内衬或其他内衬	外防水涂料
			接缝防水				
一级	必选	必选	全隧道或部分区段应选	可选	必选	宜选	宜选
二级	必选	必选	部分区段宜选	可选	必选	局部宜选	对混凝土有中等以上腐蚀的地层宜选

编号	审查点	执行设计规范（标准）情况的审查内容
9.7.3	盾构隧道与竖井接头防水	GB 50157—2013　12.8.11 竖井与隧道结合处，可采用刚性接头，但接缝宜采用柔性材料密封处理，并宜加固竖井洞圈周围土体。在软土地层距竖井结合处一定范围内的衬砌段，宜增设变形缝。变形缝环面应粘贴垫片，同时应采用适应变形量大的弹性密封垫。

编号	审查点	执行设计规范（标准）情况的审查内容
9.8 沉管法隧道防水		
9.8.1	管段接头防水	GB 50157—2013 12.9.1 沉管法施工的隧道应采用抗裂性和耐久性好的防水混凝土，并宜设置外防水层及相适应的保护层。外防水层应具有与基面混凝土结合力强、耐久、抗腐蚀等性能。防水混凝土的抗渗等级不得小于 P10，氯离子扩散系数不宜大于 3×10^{-12} m^2/s。当结构处于侵蚀性介质中时，应采取相适应的防腐措施。
9.8.2	管段外防水	GB 50157—2013 12.9.2 沉管隧道管段接头宜采用吉那和欧米茄止水带组成双道防水。止水带应满足埋深水压及各种位移最不利组合条件下的长期密封止水要求。
9.8.3	管段施工缝防水	GB 50157—2013 12.9.3 隧道管段施工缝中应预埋注浆管和设置遇水膨胀止水条（胶）。

10 通风、空调与供暖

编号	审查点	执行设计规范（标准）情况的审查内容
10.1 一般规定		
10.1.1	一般规定	GB 50157—2013 13.1.4 地铁通风、空调与供暖系统应具有下列功能： **1** 当列车在正常运行时，应保证地铁内部空气环境在规定标准范围内； **2** 当列车阻塞在区间隧道内时，应保证对阻塞区间进行有效通风； **3** 当列车在区间隧道发生火灾事故时，应具备排烟、通风功能； **4** 当车站内发生火灾事故时，应具备排烟、通风功能。 GB 50157—2013 13.1.1 地铁内部空气环境应采用通风、空调与供暖系统进行控制。 GB 50157—2013 13.1.3 地铁的通风、空调与供暖系统应保证地铁内部空气环境的空气质量、温度、湿度、气流组织、气流速度、压力变化和噪声等均能满足人员的生理及心理条件要求和设备正常运转的需要。 GB 50157—2013 13.1.5 地铁通风与空调系统的确定应符合下列规定： **1** 通风与空调系统应分为列车活塞通风、自然通风和机械通风的通风系统和空调系统； **2** 地铁应设置通风系统； **3** 在夏季当地最热月的平均温度超过25℃，且地铁高峰时间内每小时的行车对数和每列车车辆数的乘积不小于180时，应采用空调系统； **4** 在夏季当地最热月的平均温度超过25℃，全年平均温度超过15℃，且地铁高峰时间内每小时的行车对数和每列车车辆数的乘积不小于120时，应采用空调系统。
10.2 地下线段的通风空调与供暖		
10.2.1	区间隧道通风系统	GB 50490—2009 8.4.3 隧道内夏季的空气计算温度应符合下列规定： **1** 当列车车厢不设置空调时，不应高于33℃。 **2** 当列车车厢设置空调、车站不设置全封闭站台屏蔽门时，不应高于35℃。

编号	审查点	执行设计规范（标准）情况的审查内容
10.2.1	区间隧道通风系统	**3** 当列车车厢设置空调、车站设置全封闭站台屏蔽门时，不应高于 **40℃**。 GB 50490—2009　8.4.4 隧道内冬季的最低空气温度不应低于 **5℃**。 GB 50490—2009　8.4.9 隧道和地下车站的进风应直接采自大气，排风应直接排出地面。 GB 50490—2009　8.4.21 列车阻塞在隧道时的送风量，应保证隧道断面的气流速度不小于 **2m/s**，且不应高于 **11 m/s**，并应控制列车顶部最不利点的隧道空气温度不超过 **45℃**。 GB 50157—2013　28.4.1 地下车站及区间隧道内必须设置防烟、排烟和事故通风系统。 GB 50157—2013　13.2.1 区间隧道正常通风应采用活塞通风，当活塞通风不能满足排除余热要求或布置活塞通风道有困难时，应设置机械通风系统。 GB 50157—2013　13.2.10 当需要设置区间通风道时，通风道应设于区间隧道长度的 1/2 处，在困难情况下，其距车站站台端部的距离可移至不小于该区间隧道长度的 1/3 处，但不宜小于 400m。
10.2.2	地下车站公共区通风与空调系统	GB 50490—2009　8.4.10 当采用通风方式，系统为开式运行时，每个乘客每小时需供应的新鲜空气量不应少于 **30m³**；当系统为闭式运行时，每个乘客每小时需供应的新鲜空气量不应少于 **12.6m³**，且所供应的新鲜空气量均不应少于总送风量的 **10%**。 GB 50157—2013　13.2.11 地下车站公共区应设置通风系统，当条件符合本规范第 13.1.5 条第 3 和第 4 款规定时，应采用空调系统。 GB 50157—2013　13.2.16 地下车站公共区冬季室外空气计算温度应采用当地近 20 年最冷月月平均温度的平均值。 GB 50157—2013　13.2.19 地下车站公共区内的二氧化碳（CO_2）日平均浓度应小于 1.5‰。 GB 50157—2013　13.2.20 地下车站公共区空气中可吸入颗粒物的日平均浓度应小于 $0.25mg/m^3$。 GB 50157—2013　13.2.23 地铁的通风与空调系统设备运转传至站厅、站台的噪声不得超过 70dBA。

编号	审查点	执行设计规范（标准）情况的审查内容
10.2.3	地下车站设备与管理用房通风、空调系统	GB 50157—2013　13.2.31 **设置气体灭火的房间应设置机械通风系统，所排除的气体必须直接排出地面。** GB 50157—2013　13.2.29 地下牵引变电所、降压变电所应设置机械通风系统，排风宜直接排至地面。通风量应按排除余热量计算。当余热量很大，采用机械通风系统技术经济性不合理时，可设置冷风系统。 GB 50157—2013　13.2.30 厕所应设置独立的机械排风、自然进风系统，所排出的气体应直接排出地面。 GB 50157—2013　13.2.33 地下车站设备与管理用房内每个工作人员每小时需供应的新鲜空气量不应少于30m³，且空调系统新风量不应少于总风量的10%。
10.2.4	空调冷源及水系统	GB 50157—2013　13.2.42-1、7 冷冻机房设计应符合下列规定： 1　冷冻机房应设置在靠近空调负荷中心的位置，宜与空调机房综合布置，但应避免设置在变电所的正上方； 7　水冷、风冷式冷水机组的选型，应选用制冷性能系数高的产品，冷水机组制冷性能系数选择与台数的配置应计及地铁负荷的变化规律。 GB 50157—2013　13.2.43-1、4 冷冻水系统设计应符合下列规定： 1　冷冻水系统应采用闭式水系统； 4　冷冻水泵宜与冷水机组匹配设置，可不设置备用泵。 GB 50157—2013　13.2.44-1、2、5 冷却水系统设计应符合下列规定： 1　冷却水应循环使用； 2　冷却水的水质应符合现行国家标准《工业循环冷却水处理设计规范》GB 50050 的有关规定； 5　冷却水泵宜与冷水机组匹配设置，可不设置备用泵。 GB 50157—2013　13.2.45-1 冷却塔的设置应符合下列规定： 1　冷却塔应设置在通风良好的地方，并应与周围环境相协调，其噪声应符合现行国家标准《声环境质量标准》GB 3096 的有关规定。 GB 50157—2013　13.2.46-2 空调水系统附件设置应符合下列规定： 2　冷水机组、水泵等设备的入口处，应安装过滤器或除污器。

编号	审查点	执行设计规范（标准）情况的审查内容
10.2.5	通道、风亭、风道和风井	GB 50157—2013　13.2.47 　　地下车站的出入口通道和长通道连续长度大于 60m 时，应采取通风或其他降温措施。 GB 50157—2013　13.2.52 　　风亭出口的噪声应符合现行国家标准《声环境质量标准》GB 3096 的有关规定。
10.2.6	地下车站供暖	GB 50490—2009　8.4.6 　　地下车站冬季站内最低空气温度不应低于 12℃。

10.3　高架、地面线段的通风、空调与供暖

编号	审查点	执行设计规范（标准）情况的审查内容
10.3.1	通风与空调	GB 50490—2009　8.4.12 　　高架线和地面线站厅内的空气计算温度应符合下列规定： 　　1　当采用通风方式时，夏季计算温度不应超过室外计算温度 3℃，且不应超过 35℃。 　　2　当采用空调时，夏季计算温度应为 29～30℃，相对湿度不应大于 65%。 GB 50490—2009　8.4.15 　　高架线和地面线车站设备用房应根据工艺要求设置通风、空调与采暖，设计温度按工艺要求确定。 GB 50157—2013　13.3.8 　　高架和地面区间设置全封闭声屏障时，应采取措施实现自然通风。
10.3.2	采暖	GB 50490—2009　8.4.13 　　当高架线和地面线站厅设置采暖时，站厅内的空气设计温度应为 12℃。 GB 50157—2013　13.3.12 　　站厅设置供暖系统和站台不设供暖装置时，站厅的出入口和站厅通向站台的楼梯口、扶梯口应设热风幕。 GB 50157—2013　13.3.13 　　供暖地区的车站管理用房应设供暖装置，室内设计温度宜为 18℃。 GB 50157—2013　13.3.15 　　供暖室外计算温度及其他规定，应符合现行国家标准《民用建筑供暖通风与空气调节设计规范》GB 50736 的有关规定。

10.4　防灾

编号	审查点	执行设计规范（标准）情况的审查内容
10.4.1	防烟、排烟与事故通风	GB 50157—2013　28.4.1 　　地下车站及区间隧道内必须设置防烟、排烟和事故通风系统。

编号	审查点	执行设计规范（标准）情况的审查内容
10.4.1	防烟、排烟与事故通风	**GB 50157—2013 28.4.2** 下列场所应设置机械防烟、排烟设施： 1 地下车站的站厅和站台； 2 连续长度大于300m的区间隧道和全封闭车道； 3 防烟楼梯间和前室。 **GB 50157—2013 28.4.7** 防烟、排烟系统与事故通风应具有下列功能： 1 当区间隧道发生火灾时，应背着乘客主要疏散方向排烟，迎着乘客疏散方向送新风； 2 当地下车站的站厅、站台发生火灾时，应具备防烟、排烟、通风功能； 3 当列车阻塞在区间隧道时，应对阻塞区间进行有效通风； 4 当地面或高架车站发生火灾时，应具备排烟功能； 5 当设备与管理用房发生火灾时，应具备防烟、排烟、通风功能。 **GB 50157—2013 28.4.22** 通风空调系统下列部位应设置防火阀： 1 风管穿越防火分区的防火墙及楼板处； 2 每层水平干管与垂直总管的交接处； 3 穿越变形缝且有隔墙处。 **GB 50490—2009 8.4.17** 地下车站站厅、站台公共区和设备及管理用房应划分防烟分区，且防烟分区不应跨越防火分区。站厅、站台公共区每个防烟分区的建筑面积不应超过2000m²，设备及管理用房每个防烟分区的建筑面积不应超过750m²。 **GB 50490—2009 8.4.19** 当地下车站设备及管理用房、内走道、地下长通道和出入口通道需设置机械排烟时，其排烟量应根据一个防烟分区的建筑面积按$1m^3/(m^2 \cdot min)$计算，排烟区域的补风量不应小于排烟量的50%。当排烟设备负担两个或两个以上防烟分区时，其设备能力应根据最大的防烟分区的建筑面积按$2m^3/(m^2 \cdot min)$计算的排烟量配置。 **GB 50490—2009 8.4.20** 隧道火灾排烟时的气流速度应高于计算的临界风速，最低气流速度不应小于2m/s，且不应高于11m/s。 **GB 50490—2009 8.4.22** 隧道的排烟设备应保证在150℃时能连续有效工作1h；地下车站公共区和设备及管理用房的排烟设备应保证在250℃时能连续有效工作1h；地面

编号	审查点	执行设计规范（标准）情况的审查内容
10.4.1	防烟、排烟与事故通风	及高架车站公共区和设备及管理用房的排烟风机应保证在280℃时能连续有效工作0.5h。烟气流经的辅助设备应与风机耐高温等级相同。 GB 50116—2013　3.4.6 **消防控制室内严禁穿过与消防设施无关的电气线路及管路。** GB 50157—2013　28.4.3 下列场所应设置机械排烟设施： 1　同一个防火分区内的地下车站设备与管理用房的总面积超过200m²，或面积超过50m²且经常有人停留的单个房间； 2　最远点到车站公共区的直线距离超过20m的内走道；连续长度大于60m的地下通道和出入口通道。 GB 50157—2013　28.4.15 列车阻塞在区间隧道时的送排风量，应按区间隧道断面风速不小于2m/s计算，并应按控制列车顶部最不利点的隧道温度低于45℃校核确定，但风速不得大于11m/s。 GB 50157—2013　28.4.21 当排烟干管采用金属管道时，管道内的风速不应大于20m/s，采用非金属管道时不应大于15m/s。 GB 50157—2013　28.4.10 地下车站站台、站厅火灾时的排烟量，应根据一个防烟分区的建筑面积按$1m^3/(m^2 \cdot min)$计算。当排烟设备需要同时排除两个或两个以上防烟分区的烟量时，其设备能力应按排除所负责的防烟分区中最大的两个防烟分区的烟量配置。当车站站台发生火灾时，应保证站厅到站台的楼梯和扶梯口处具有能够有效阻止烟气向上蔓延的气流，且向下气流速度不应小于1.5m/s。 GB 50116—2013　3.4.5 消防控制室送、回风管的穿墙处应设防火阀。 GB 50016—2014　9.1.4 **民用建筑内空气中含有容易起火或爆炸危险物质的房间，应设置自然通风或独立的机械通风设施，且其空气不应循环使用。** GB 50016—2014　9.3.2 **厂房内有爆炸危险场所的排风管道，严禁穿过防火墙和有爆炸危险的房间隔墙。** GB 50016—2014　9.3.4 **空气中含有易燃、易爆危险物质的房间，其送、排风系统应采用防爆型的通风设备。**

编号	审查点	执行设计规范（标准）情况的审查内容
10.4.1	防烟、排烟与事故通风	GB 50016—2014　9.3.11 **通风、空气调节系统的风管在下列部位应设置公称动作温度为70℃的防火阀：** **1　穿越防火分区处；** **2　穿越通风、空气调节机房的房间隔墙和楼板处；** **3　穿越重要或火灾危险性大的场所的房间隔墙和楼板处；** **4　穿越防火分隔处的变形缝两侧；** **5　竖向风管与每层水平风管交接处的水平管段上。** GB 50016—2014　9.3.12 公共建筑的浴室、卫生间和厨房的竖向排风管，应采取防止回流措施并宜在支管上设置公称动作温度为70℃的防火阀。 公共建筑内厨房的排油烟管道宜按防火分区设置，且在与竖向排风管连接的支管处应设置公称动作温度为150℃的防火阀。 GB 50016—2014　9.3.13 防火阀的设置应符合下列规定： 1　防火阀宜靠近防火分隔处设置； 2　防火阀暗装时，应在安装部位设置方便维护的检修口； 3　在防火阀两侧各2.0m范围内的风管及其绝热材料应采用不燃材料； 4　防火阀应符合现行国家标准《建筑通风和排烟系统用防火阀门》GB 15930的规定。 GB 50016—2014　9.3.15 风管内设置电加热器时，电加热器的开关应与风机的启停联锁控制。电加热器前后各0.8m范围内风管和穿过有高温、火源等容易起火房间的风管，均应采用不燃材料。 GB 50016—2014　12.3.1 **通行机动车的一、二、三类隧道应设置排烟设施。** GB 50016—2014　12.3.2 隧道内机械排烟系统的设置应符合下列规定： 1　长度大于3000m的隧道，宜采用纵向分段排烟方式或重点排烟方式； 2　长度不大于3000m的单洞单向交通隧道，宜采用纵向排烟方式； 3　单洞双向交通隧道，宜采用重点排烟方式。 GB 50016—2014　12.3.4 隧道内设置的机械排烟系统应符合下列规定： 1　采用全横向和半横向通风方式时，可通过排风管道排烟。

编号	审查点	执行设计规范（标准）情况的审查内容
10.4.1	防烟、排烟与事故通风	2 采用纵向排烟方式时，应能迅速组织气流、有效排烟，其排烟风速应根据隧道内的最不利火灾规模确定，且纵向气流的速度不应小于2m/s，并应大于临界风速。 3 排烟风机和烟气流经的风阀、消声器、软接等辅助设备，应能承受设计的隧道火灾烟气排放温度，并应能在250℃下连续正常运行不小于1.0h。排烟管道的耐火极限不应低于1.00h。 GB 50016—2014 12.3.5 隧道的避难设施内应设置独立的机械加压送风系统，其送风的余压值应为30Pa～50Pa。 GB 50016—2014 12.3.6 隧道内用于火灾排烟的射流风机，应至少备用一组。
10.4.2	建筑防排烟	GB 50016—2014 8.5.1 建筑的下列场所或部位应设置防烟设施： 1 防烟楼梯间及其前室； 2 消防电梯间前室或合用前室； 3 避难走道的前室、避难层（间）。 建筑高度不大于50m的公共建筑、厂房、仓库和建筑高度不大于100m的住宅建筑，当其防烟楼梯间的前室或合用前室符合下列条件之一时，楼梯间可不设置防烟系统： 1 前室或合用前室采用敞开的阳台、凹廊； 2 前室或合用前室具有不同朝向的可开启外窗，且可开启外窗的面积满足自然排烟口的面积要求。 GB 50016—2014 8.5.2 厂房或仓库的下列场所或部位应设置排烟设施： 1 人员或可燃物较多的丙类生产场所，丙类厂房内建筑面积大于300m² 且经常有人停留或可燃物较多的地上房间； 2 建筑面积大于5000m² 的丁类生产车间； 3 占地面积大于1000m² 的丙类仓库； 4 高度大于32m的高层厂房（仓库）内长度大于20m的疏散走道，其他厂房（仓库）内长度大于40m的疏散走道。 GB 50016—2014 8.5.3 民用建筑的下列场所或部位应设置排烟设施： 1 设置在一、二、三层且房间建筑面积大于100m² 的歌舞娱乐放映游艺场所，设置在四层及以上楼层、地下或半地下的歌舞娱乐放映游艺场所；

编号	审查点	执行设计规范（标准）情况的审查内容
10.4.2	建筑防排烟	**2** 中庭； **3** 公共建筑内建筑面积大于 100m² 且经常有人停留的地上房间； **4** 公共建筑内建筑面积大于 300m² 且可燃物较多的地上房间； **5** 建筑内长度大于 20m 的疏散走道。 GB 50016—2014　8.5.4 地下或半地下建筑（室）、地上建筑内的无窗房间，当总建筑面积大于 200m² 或一个房间建筑面积大于 50m²，且经常有人停留或可燃物较多时，应设置排烟设施。
10.4.3	人防工程防排烟	GB 50098—2009　6.1.1 人防工程下列部位应设置机械加压送风防烟设施： **1** 防烟楼梯间及其前室或合用前室； **2** 避难走道的前室。 GB 50098—2009　6.3.1-1.2 机械排烟时，排烟风机和风管的风量计算应符合下列规定： **1** 担负一个或两个防烟分区排烟时，应按该部分面积每平方米不小于 60m³/h 计算，但排烟风机的最小排烟风量不应小于 7200m³/h； **2** 担负三个或三个以上防烟分区排烟时，应按其中最大防烟分区面积每平方米不小于 120 m³/h 计算。 GB 50098—2009　6.3.2 排烟区应有补风措施，并应符合下列要求： **1** 当补风通路的空气阻力不大于 50 Pa 时，可采用自然补风； **2** 当补风通路的空气阻力大于 50 Pa 时，应设置火灾时可转换成补风的机械送风系统或单独的机械补风系统，补风量不应小于排烟风量的 50%。 GB 50098—2009　6.5.4 机械加压送风防烟管道和排烟管道不宜穿过防火墙。当需要穿过时，过墙处应符合下列规定： **1** 防烟管道应设置温度大于 70℃时能自动关闭的防火阀； **2** 排烟管道应设置温度大于 280℃时能自动关闭的防火阀。

10.5　车辆基地及运营控制中心

| 10.5.1 | 运营控制中心 | GB 50157—2013　24.8.1

控制中心应设置火灾自动报警、环境与设备监控、火灾事故广播、自动灭火、水消防、防排烟等系统。多线路中央控制室应设置自动灭火系统。 |

编号	审查点	执行设计规范（标准）情况的审查内容
10.5.1	运营控制中心	GB 50157—2013 24.6.3 中央控制室及设备房应维持正压。 GB 50157—2013 24.6.4 中央控制室、运营管理区、设备区的空调系统应分开设置。
10.5.2	车辆基地	GB 50157—2013 27.4.14 **油漆库应设置通风设备，并应采取消防和环保措施。库内电气设备均应符合防爆要求。**
10.6 环境保护		
10.6.1	一般规定	GB 50157—2013 29.1.1 地铁工程设计应达到国家和地方污染物排放标准的规定，并应符合城市环境功能区划及相关环境质量标准的要求。 GB 50157—2013 29.1.5-3 车辆基地及停车场废水、废气排放应符合下列规定： 3 车辆基地废气排放应符合现行国家标准《锅炉大气污染物排放标准》GB 13271 的有关规定。
10.6.2	环境保护措施（声环境、振动环境、水环境）	GB 50157—2013 29.4.7 地铁噪声防护措施除车辆、轨道等应采取的降噪措施外，尚应包括对地面及高架线列车运行噪声影响采取声屏障降噪，以及对地下车站风机、冷却塔采取消声等措施。 GB 50157—2013 29.4.9 风亭、冷却塔噪声防治应符合下列规定： 1 设备选型应选用符合国家现行标准《工业通风机 噪声限值》JB/T8690 和《玻璃纤维增强塑料冷却塔》GB 7190 的有关噪声限值的风机和冷却塔的规定； 2 当风亭噪声防护距离不能满足要求时，应采取加长消声器等措施； 3 当冷却塔噪声防护距离不能满足要求时，应采取消声、隔声等综合降噪措施。
10.7 节能		
10.7.1	节能要求	GB 50490—2009 8.4.8 通风、空调与采暖方式的设置和设备配置应充分考虑节能要求，并应充分利用自然冷源和热源。 GB 50189—2005 5.1.1 施工图设计阶段，必须进行热负荷和逐项逐时的冷负荷计算。

编号	审查点	执行设计规范（标准）情况的审查内容
10.7.1	节能要求	**GB 50189—2005 5.4.3** 锅炉的额定热效率，应符合表 5.4.3 的规定。 表 5.4.3 锅炉额定热效率

GB 50189—2005 5.4.3

锅炉的额定热效率，应符合表 5.4.3 的规定。

表 5.4.3 锅炉额定热效率

锅 炉 类 型	热效率（%）
燃煤（Ⅱ类烟煤）蒸汽、热水锅炉	78
燃油、燃气蒸汽、热水锅炉	89

GB 50189—2005 5.4.5

电机驱动压缩机的蒸汽压缩循环冷水（热泵）机组，在额定制冷工况和规定条件下，性能系数（COP）不应低于表 5.4.5 的规定。

GB 50189—2005 5.4.8

名义制冷量大于 7100W、采用电机驱动压缩机的单元式空气调节机、风管送风式和屋顶式空气调节机组时，在名义制冷工况和规定条件下，其能效比（EER）不应低于表 5.4.8 的规定。

表 5.4.8 单元式机组能效比

类　　型		能效比（W/W）
风冷式	不接风管	2.60
	接风管	2.30
水冷式	不接风管	3.00
	接风管	2.70

GB 50189—2005 5.2.8

集中热水采暖系统热水循环水泵的耗电输热比（EHR），应符合下列要求：

$$EHR = N/Q\eta \qquad (5.2.8\text{-}1)$$

$$EHR \leqslant 0.0056(14 + \alpha \Sigma L)/\Delta t \qquad (5.2.8\text{-}2)$$

GB 50189—2005 5.3.20

空气调节冷却水系统设计应符合下列要求：

1 具有过滤、缓蚀、阻垢、杀菌、灭藻等水处理功能；

2 冷却塔应设置在空气流通条件好的场所；

3 冷却塔补水总管上设置水流量计量装置。

GB 50189—2005 5.3.27

空气调节冷热水系统的输送能效比（ER）应按下式计算，且不应大于表 5.3.27 中的规定值。

$$ER = 0.002342H/(\Delta T \cdot \eta) \qquad (5.3.27)$$

编号	审查点	执行设计规范（标准）情况的审查内容
10.7.1	节能要求	(见下方内容)

表5.3.27 空气调节冷热水系统的最大输送能效比（ER）

管道类型	两管制热水管道			四管制热水管道	空调冷水管道
	严寒地区	寒冷地区/夏热冬冷地区	夏热冬暖地区		
ER	0.00577	0.00433	0.00865	0.00673	0.0241

注：两管制热水管道系统中的输送能效比值，不适用于采用直燃式冷热水机组作为热源的空气调节热水系统。

GB 50189—2005 5.3.28

空气调节冷热水管的绝热厚度，应按现行国家标准《设备及管道保冷设计导则》GB/T 15586 的经济厚度和防表面结露厚度的方法计算，建筑物内空气调节冷热水管亦可按本标准附录C的规定选用。

GB 50189—2005 5.3.29

空气调节风管绝热层的最小热阻应符合表5.3.29的规定。

表5.3.29 空气调节风管绝热层的最小热阻

风管类型	最小热阻（$m^2 \cdot K/W$）
一般空调风管	0.74
低温空调风管	1.08

JGJ/T 229—2010 9.1.5-1

空调设备数量和容量的确定，应符合下列规定：

1 应以热负荷、逐时冷负荷和相关水力计算结果为依据，确定暖通空调冷热源、空气处理设备、风水输送设备的容量。

10.8 供暖通风与空气调节系统

编号	审查点	执行设计规范（标准）情况的审查内容
10.8.1	供暖系统	(见下方内容)

GB 50736—2012 5.2.1

集中供暖系统的施工图设计，必须对每个房间进行热负荷计算。

GB 50736—2012 5.3.5

管道有冻结危险的场所，散热器的供暖立管或支管应单独设置。

GB 50736—2012 5.5.8

安装于距地面高度180cm以下的电供暖元器件，必须采取接地及剩余电流保护措施。

GB 50736—2012 5.9.5

当供暖管道利用自然补偿不能满足要求时，应设置补偿器。

GB 50736—2012 5.10.1

集中供暖的新建建筑和既有建筑节能改造必须设置热量计量装置，并具备室温调控功能。用于热量结算的热量计量装置必须采用热量表。

编号	审查点	执行设计规范（标准）情况的审查内容
10.8.1	供暖系统	GB 50736—2012 5.9.11 室内热水供暖系统的设计应进行水力平衡计算，并应采取措施使设计工况时各并联环路之间（不包括共同段）的压力损失相对差额不大于15％。
10.8.2	通风与空气调节系统	GB 50736—2012 7.2.1 除在方案设计或初步设计阶段可使用热、冷负荷指标进行必要的估算外，施工图设计阶段应对空调区的冬季热负荷和夏季逐时冷负荷进行计算。 GB 50736—2012 7.2.10 空调区的夏季冷负荷，应按空调区各项逐时冷负荷的综合最大值确定。 GB 50736—2012 8.2.2 电动压缩式冷水机组的总装机容量，应根据计算的空调系统冷负荷值直接选定，不另作附加；在设计条件下，当机组的规格不能符合计算冷负荷的要求时，所选择机组的总装机容量与计算冷负荷的比值不得超过1.1。 GB 50736—2012 8.3.5-4 地下水地源热泵系统设计时，应符合下列规定： 4 应对地下水采取可靠的回灌措施，确保全部回灌到同一含水层，且不得对地下水资源造成污染。 GB 50736—2012 9.4.9 空调系统的电加热器应与送风机连锁，并应设无风断电、超温断电保护装置；电加热器必须采取接地及剩余电流保护措施。 GB 50736—2012 8.2.3 冷水机组的选型应采用名义工况制冷性能系数（COP）较高的产品，并同时考虑满负荷和部分负荷因素，其性能系数应符合现行国家标准《公共建筑节能设计标准》GB 50189 的有关规定。 GB 50736—2012 8.5.12 在选配空调冷热水系统的循环水泵时，应计算循环水泵的耗电输冷（热）比 $EC(H)R$，并应标注在施工图的设计说明中。 GB 50736—2012 8.5.22 冷水机组或换热器、循环水泵、补水泵等设备的入口管道上，应根据需要设置过滤器或除污器。 GB 50736—2012 8.10.1-3 制冷机房设计时，应符合下列规定： 3 机房内应有良好的通风设施；地下机房应设置机械通风，必要时设置事故通风；值班室或控制室的室内设计参数应满足工作要求。

编号	审查点	执行设计规范（标准）情况的审查内容
10.8.3	设备安装及材料	GB 50242—2002　8.2.1 管道安装坡度，当设计未注明时，应符合下列规定： 1　气、水同向流动的热水采暖管道和汽、水同向流动的蒸汽管道及凝结水管道，坡度应为3‰，不得小于2‰； 2　气、水逆向流动的热水采暖管道和汽、水逆向流动的蒸汽管道，坡度不应小于5‰； 3　散热器支管的坡度应为1%，坡向应利于排气和泄水。 检验方法：观察，水平尺、拉线、尺量检查。 GB 50243—2002　5.2.7 防排烟系统柔性短管的制作材料必须为不燃材料。 GB 50243—2002　11.2.4 防排烟系统联合试运行与调试的结果（风量及正压），必须符合设计与消防的规定。 GB 50243—2002　5.2.3 防火阀和排烟阀（排烟口）必须符合有关消防产品标准的规定，并具有相应的产品合格证明文件。 GB 50243—2002　5.3.10-1 消声器的制作应符合下列规定： 1　所选用的材料，应符合设计的规定，如防火、防腐、防潮和卫生性能等要求。

10.9　锅炉房

编号	审查点	执行设计规范（标准）情况的审查内容
10.9.1	锅炉房通风	GB 50041—2008　15.3.7 设在其他建筑物内的燃油、燃气锅炉房的锅炉间，应设置独立的送排风系统，其通风装置应防爆，新风量必须符合下列要求： 1　锅炉房设置在首层时，对采用燃油作燃料的，其正常换气次数每小时不应少于3次，事故换气次数每小时不应少于6次；对采用燃气作燃料的，其正常换气次数每小时不应少于6次，事故换气次数每小时不应少于12次； 2　锅炉房设置在半地下或半地下室时，其正常换气次数每小时不应少于6次，事故换气次数每小时不应少于12次； 3　锅炉房设置在地下或地下室时，其换气次数每小时不应少于12次； 4　送入锅炉房的新风总量，必须大于锅炉房3次的换气量； 5　送入控制室的新风量，应按最大班操作人员计算。 GB 50736—2012　8.11.14 锅炉房及换热机房，应设置供热量控制装置。

编号	审查点	执行设计规范（标准）情况的审查内容
10.9.1	锅炉房通风	GB 50041—2008　15.3.8 　　燃气调压间等有爆炸危险的房间，应有每小时不少于 3 次的换气量。当自然通风不能满足此要求时，应设置机械通风装置，并应设每小时换气不少于 12 次的事故通风装置。通风装置应防爆。 GB 50041—2008　15.3.9 　　燃油泵房和贮存闪点小于或等于 45℃ 的易燃油品的地下油库，除采用自然通风外，燃油泵应有每小时换气 12 次的机械通风装置，油库应有每小时换气 6 次的机械通风装置。 　　计算换气量时，房间高度可按 4m 计算。 　　设置在地面上的易燃油泵房，当建筑物外墙下部设有百叶窗、花隔墙等对外常开孔口时，可不设置机械通风装置。 　　易燃油泵房和易燃油库的通风装置应防爆。

10.10　室外供热管网

编号	审查点	执行设计规范（标准）情况的审查内容
10.10.1	室外供热管网设计规定	CJJ 34—2010　7.4.1 　　**热水热力网供水管道任何一点的压力不应低于供热介质的汽化压力，并应留有 30kPa～50kPa 的富裕压力。** CJJ 34—2010　8.2.20 　　**热力网管沟内不得穿过燃气管道。** CJJ 34—2010　8.2.17 　　地下敷设供热管道和管沟坡度不应小于 0.002。进入建筑物的管道宜坡向干管。地上敷设的管道可不设坡度。 CJJ 34—2010　8.3.1 　　城镇供热管网管道应采用无缝钢管、电弧焊或高频焊焊接钢管。管道及钢制管件的钢材钢号不应低于表 8.3.1 的规定。管道和钢材的规格及质量应符合国家现行相关标准的规定。
10.10.2	热力网保温、补偿器及阀门安装	CJJ 34—2010　8.5.1 　　热力网管道干线、支干线、支线的起点应安装关断阀门。 CJJ 34—2010　10.3.13 　　热力网供、回水总管上应设阀门。当供热系统采用质调节时宜在热力网供水或回水总管上装设自动流量调节阀；当供热系统采用变流量调节时宜装设自力式压差调节阀。 　　热力站内各分支管路的供、回水管道上应设阀门。在各分支管路没有自动调节装置时宜装设手动调节阀。 CJJ 34—2010　10.3.16 　　热力站内软化水、采暖、通风、空调、生活热水系统的设计，应按现行国家标准《锅炉房设计规范》GB 50041、《采暖通风与空气调节设计规范》GB 50019、《建筑给水排水设计规范》GB 50015 的规定执行。 CJJ 34—2010　11.1.1 　　供热管道及设备的保温结构设计，除应符合本规范的规定外，还应符合现行国家标准《设备及管道绝热技术通则》GB/T 4272、《设备及管道绝热设计导则》GB/T 8175、《工业设备及管道绝热工程设计规范》GB 50264 的有关规定。

编号	审查点	执行设计规范（标准）情况的审查内容

10.11 油烟排放

编号	审查点	执行设计规范（标准）情况的审查内容
10.11.1	饮食业油烟排放规定	GB 18483—2004 4.2 饮食业单位油烟的最高允许排放浓度和油烟净化设施最低去除效率，按表2的规定执行。 **表2 饮食业单位的油烟最高允许排放浓度和油烟净化设施最低去除效率** GB 18483—2004 5.1 排放油烟的饮食业单位必须安装油烟净化设施，并保证操作期间按要求运行。油烟无组织排放视同超标。

表2 饮食业单位的油烟最高允许排放浓度和油烟净化设施最低去除效率

规　模	小　型	中　型	大　型
最高允许排放浓度（mg/m³）	2.0		
净化设施最低去除效率（%）	60	75	85

11 给 水 与 排 水

编号	审查点	执行设计规范（标准）情况的审查内容
11.1 室内给水		
11.1.1	水箱、水池补水管与溢流管的净距	GB 50015—2003（2009 年版）　3.2.4 C 从生活饮用水管网向消防、中水和雨水回用水等其他用水的贮水池（箱）补水时，其进水管口最低点高出溢流边缘的空气间隙不应小于 150mm。
11.1.2	倒流防止器的设置	GB 50015—2003（2009 年版）　3.2.5 从生活饮用水管道上直接供下列用水管道时，应在这些用水管道的下列部位设置倒流防止器： 　1　从城镇给水管网的不同管段接出两路及两路以上的引入管，且与城镇给水管形成环状管网的小区或建筑物，在其引入管上； 　2　从城镇给水管网直接抽水的水泵的吸水管上； 　3　利用城镇给水管网水压且小区引入管无防回流设施时，向商用的锅炉、热水机组、水加热器、气压水罐等有压容器或密闭容器注水的进水管上。 GB 50015—2003（2009 年版）　3.2.5 A 从小区或建筑物内生活饮用水管道系统上接至下列用水管道或设备时，应设置倒流防止器： 　1　单独接出消防用水管道时，在消防用水管道的起端； 　2　从生活饮用水贮水池抽水的消防水泵出水管上。 GB 50015—2003（2009 年版）　3.2.5 B-1 生活饮用水管道系统上接至下列含有对健康有危害物质等有毒有害场所或设备时，应设置倒流防止设施： 　1　贮存池（罐）、装置、设备连接管上；
11.1.3	真空破坏器的设置	GB 50015—2003（2009 年版）3.2.5 C-1 从小区或建筑物内生活饮用水管道上直接接出下列用水管道时，应在这些用水管道上设置真空破坏器： 　1　当游泳池、水上游乐池、按摩池、水景池、循环冷却水集水池等的充水或补水管道出口与溢流水位之间的空气间隙小于出口管径 2.5 倍时，在其充（补）水管上。

编号	审查点	执行设计规范（标准）情况的审查内容
11.1.4	防饮用水污染设备的选择	GB 50015—2003（2009 年版）　3.2.5 D 空气间隙、倒流防止器和真空破坏器的选择，应根据回流性质、回流污染的危害程度按本规范附录 A 确定。 　注：在给水管道防回流设施的设置点，不应重复设置。
11.1.5	阀门的设置	GB 50015—2003（2009 年版）　3.4.5-4、5 给水管道的下列部位应设置阀门： 4　入户管、水表前和各分支立管； 5　室内给水管道向住户、公用卫生间等接出的配水管起端；
11.1.6	给水管道不应穿过的房间	GB 50157—2013　14.2.5-5 管道布置和敷设应符合下列规定： **5　给水管不应穿过变电所、通信信号机房、控制室、配电室等电气房间。** GB 50015—2003（2009 年版）　3.5.7 室内给水管道不应穿越变配电房、电梯机房、通信机房、大中型计算机房、计算机网络中心、音像库房等遇水会损坏设备和引发事故的房间，并应避免在生产设备、配电柜上方通过。
11.1.7	水表的设置	GB 50015—2003（2009 年版）　3.4.16 建筑物的引入管，住宅的入户管及公用建筑物内需计量水量的水管上均应设置水表。 GB 50015—2003（2009 年版）　3.10.11 A 冷却塔补充水总管上应设置水表等计量装置。

11.2　消火栓给水

编号	审查点	执行设计规范（标准）情况的审查内容
11.2.1	消防水池的设置	GB 50974—2014　4.3.1 符合下列规定之一时，应设置消防水池： 1　当生产、生活用水量达到最大时，市政给水管网或入户引入管不能满足室内、室外消防给水设计流量； 2　当采用一路消防供水或只有一条入户引入管，且室外消火栓设计流量大于 20L/s 或建筑高度大于 50m； 3　市政消防给水设计流量小于建筑室内外消防给水设计流量。
11.2.2	消防水池的容积	GB 50157—2013　28.3.12 当车站设消防泵和消防水池时，消防水池的有效容积应满足消防用水量的要求。消火栓系统的用水量火灾延续时间应按 2h 计算，当补水有保证时可减去火灾延续时间内连续补充的水量。

编号	审查点	执行设计规范（标准）情况的审查内容
11.2.3	消防水池的技术要求	GB 50974—2014　4.3.8 消防用水与其他用水共用的水池，应采取确保消防用水量不作他用的技术措施。 GB 50974—2014　4.3.9-1、2 消防水池的出水、排水和水位应符合下列规定： **1** 消防水池的出水管应保证消防水池的有效容积能被全部利用； **2** 消防水池应设置就地水位显示装置，并应在消防控制中心或值班室等地点设置显示消防水池水位的装置，同时应有最高和最低报警水位。 GB 50974—2014　4.3.6 消防水池的总蓄水有效容积大于500m³时，宜设两格能独立使用的消防水池；当大于1000m³时，应设置能独立使用的两座消防水池。每格（或座）消防水池应设置独立的出水管，并应设置满足最低有效水位的连通管，且其管径应能满足消防给水设计流量的要求。 GB 50974—2014　4.3.7-1、2 储存室外消防用水的消防水池或供消防车取水的消防水池，应符合下列规定： **1** 消防水池应设置取水口（井），且吸水高度不应大于6.0m； **2** 取水口（井）与建筑物（水泵房除外）的距离不宜小于15m； GB 50974—2014　4.3.10-2 消防水池的通气管和呼吸管等应符合下列规定： **2** 消防水池的通气管、呼吸管和溢流水管等应采取防止虫鼠等进入消防水池的技术措施。
11.2.4	地铁消火栓用水量	GB 50157—2013　28.3.3 消火栓给水系统用水量定额应符合下列规定： **1** 地下车站（含换乘站）应为20L/s； **2** 地下车站出入口通道、折返线及地下区间隧道应为10L/s； **3** 地面和高架车站应符合现行国家标准《建筑设计防火规范》GB 50016的有关规定。 GB 50974—2014　3.3.2 建筑物室外消火栓设计流量不应小于表3.3.2的规定。 表3.3.2　建筑物室外消火栓设计流量（L/s）【摘录】

表3.3.2的内容：

耐火等级	建筑物名称及类别	建筑体积（m³）					
		$V\leqslant1500$	$1500<V\leqslant3000$	$3000<V\leqslant5000$	$5000<V\leqslant20000$	$20000<V\leqslant50000$	$V>50000$
一、二级	地下建筑（包括地铁）、平战结合的人防工程		15		20	25	30

编号	审查点	执行设计规范（标准）情况的审查内容
11.2.5	室内消防给水阀门的设置	GB 50974—2014　8.1.6 室内消火栓环状给水管道检修时应符合下列规定： 1　室内消火栓竖管应保证检修管道时关闭停用的竖管不超过 1 根，当竖管超过 4 根时，可关闭不相邻的 2 根； 2　每根竖管与供水横干管相接处应设置阀门。
11.2.6	水泵接合器的设置	GB 50974—2014，5.4.1-2 **下列场所的室内消火栓给水系统应设置消防水泵接合器：** **2　设有消防给水的住宅、超过五层的其他多层民用建筑；** GB 50974—2014　5.4.2 **自动喷水灭火系统、水喷雾灭火系统、泡沫灭火系统和固定消防炮灭火系统等水灭火系统，均应设置消防水泵接合器。** GB 50974—2014　5.4.7 水泵接合器应设在室外便于消防车使用的地点，且距室外消火栓或消防水池的距离不宜小于 15m，并不宜大于 40m。 GB 50157—2013　28.3.11 在地下车站出入口或新风亭的口部等处明显位置应设水泵接合器，并应在距水泵接合器 15m～40m 范围内设置室外消火栓或消防水池取水口。
11.2.7	室外消火栓的布置	GB 50974—2014　7.3.4 人防工程、地下工程等建筑应在出入口附近设置室外消火栓，且距出入口的距离不宜小于 5m，并不宜大于 40m。
11.2.8	室外金属管道的覆土要求	GB 50974—2014　8.2.6-2、3 埋地金属管道的管顶覆土应符合下列规定： 2　管道最小管顶覆土不应小于 0.70m；但当在机动车道下时管道最小管顶覆土应经计算确定，并不宜小于 0.90m； 3　管道最小管顶覆土应至少在冰冻线以下 0.30m。
11.2.9	地面建筑室内消火栓的布置	GB 50974—2014　7.4.3 **设置室内消火栓的建筑，包括设备层在内的各层均应设置消火栓。** GB 50974—2014　7.4.5 消防电梯间前室内应设置室内消火栓，并应计入消火栓使用数量。 GB 50974—2014　7.4.6 室内消火栓的布置应满足同一平面有 2 支消防水枪的 2 股充实水柱同时到达任何部位的要求。

编号	审查点	执行设计规范（标准）情况的审查内容
11.2.9	地面建筑室内消火栓的布置	GB 50974—2014　7.4.7-1、3、4 建筑室内消火栓的设置位置应满足火灾扑救要求，并应符合下列规定： 　1　室内消火栓应设置在楼梯间及其休息平台和前室、走道等明显易于取用，以及便于火灾扑救的位置； 　3　汽车库内消火栓的设置不应影响汽车的通行和车位的设置，并应确保消火栓的开启； 　4　同一楼梯间及其附近不同层设置的消火栓，其平面位置宜相同。 GB 50974—2014　7.4.9 设有室内消火栓的建筑应设置带有压力表的试验消火栓，其设置位置应符合下列规定： 　1　多层和高层建筑应在其屋顶设置，严寒、寒冷等冬季结冰地区可设置在顶层出口处或水箱间内等便于操作和防冻的位置； 　2　单层建筑宜设置在水力最不利处，且应靠近出入口。 GB 50974—2014　7.4.10 室内消火栓宜按直线距离计算其布置间距，并应符合下列规定： 　1　消火栓按2支消防水枪的2股充实水柱布置的建筑物，消火栓的布置间距不应大于30.0m； 　2　消火栓按1支消防水枪的1股充实水柱布置的建筑物，消火栓的布置间距不应大于50.0m。 GB 50974—2014　10.2.1 室内消火栓的保护半径可按下式计算： $$R_0 = k_3 L_d + L_s \qquad (10.2.1)$$ 式中：R_0——消火栓保护半径（m）； 　　　k_3——消防水带弯曲折减系数，宜根据消防水带转弯数量取0.8～0.9； 　　　L_d——消防水带长度（m）； 　　　L_s——水枪充实水柱长度在平面上的投影长度。按水枪倾角为45°时计算，取$0.71S_k$（m）； 　　　S_k——水枪充实水柱长度，按本规范第7.4.12条第2款和第7.4.16条第2款的规定取值（m）。
11.2.10	消防泵房设置规定	GB 50974—2014　5.5.12 **消防水泵房应符合下列规定：** 　**1　独立建造的消防水泵房耐火等级不应低于二级；** 　**2　附设在建筑物内的消防水泵房，不应设置在地下三层及以下，或室内地面与室外出入口地坪高差大于10m的地下楼层；** 　**3　附设在建筑物内的消防水泵房，应采用耐火极限不低于2.0h的隔墙和1.50h的楼板与其他部位隔开，其疏散门应直通安全出口，且开向疏散走道的门应采用甲级防火门。**

编号	审查点	执行设计规范（标准）情况的审查内容
11.2.10	消防泵房设置规定	GB 50974—2014 5.1.13-2、3 离心式消防水泵吸水管、出水管和阀门等，应符合下列规定： **2 消防水泵吸水管布置应避免形成气囊；** **3 一组消防水泵应设不少于两条的输水干管与消防给水环状管网连接，当其中一条输水管检修时，其余输水管应仍能供应全部消防给水设计流量。** GB 50974—2014 5.1.11-4 4 每台消防水泵出水管上应设置 DN65 的试水管，并应采取排水措施。 GB 50974—2014 5.1.13-5、6、11 离心式消防水泵吸水管、出水管和阀门等，应符合下列规定： 5 消防水泵的吸水管上应设置明杆闸阀或带自锁装置的蝶阀，但当设置暗杆阀门时应设有开启刻度和标志；当管径超过 DN300 时，宜设置电动阀门； 6 消防水泵的出水管上应设止回阀、明杆闸阀；当采用蝶阀时，应带有自锁装置；当管径大于 DN300 时，宜设置电动阀门； 11 消防水泵的吸水管穿越消防水池时，应采用柔性套管；采用刚性防水套管时应在水泵吸水管上设置柔性接头，且管径不应大于 DN150。 GB 50974—2014 5.1.17 消防水泵吸水管和出水管上应设置压力表，并应符合下列规定： 1 消防水泵出水管压力表的最大量程不应低于其设计工作压力的 2 倍，且不应低于 1.60MPa； 2 消防水泵吸水管宜设置真空表、压力表或真空压力表，压力表的最大量程应根据工程具体情况确定，但不应低于 0.70MPa，真空表的最大量程宜为 −0.10MPa； 3 压力表的直径不应小于 100mm，应采用直径不小于 6mm 的管道与消防水泵进出口管相接，并应设置关断阀门。 GB 50974—2014 5.3.5 稳压泵吸水管应设置明杆闸阀，稳压泵出水管应设置消声止回阀和明杆闸阀。
11.2.11	高位水箱的设置要求	GB 50974—2014,6.1.9-1、2 室内采用临时高压消防给水系统时，高位消防水箱的设置应符合下列规定： **1 高层民用建筑、总建筑面积大于 10000㎡ 且层数超过 2 层的公共建筑和其他重要建筑，必须设高位消防水箱；** 2 其他建筑应设置高位消防水箱，但当设置高位消防水箱确有困难，且采用安全可靠的消防给水形式时，可不设高位消防水箱，但应设稳压泵。

编号	审查点	执行设计规范（标准）情况的审查内容
11.2.12	高位水箱的容积	GB 50974—2014　5.2.1-2、5 临时高压消防给水系统的高位消防水箱的有效容积应满足初期火灾消防用水量的要求，并应符合下列规定： 　2　多层公共建筑、二类高层公共建筑和一类高层住宅，不应小于18m³； 　5　工业建筑室内消防给水设计流量当小于或等于25L/s时，不应小于12m³，大于25L/s时，不应小于18m³。
11.2.13	高位水箱的水压要求	GB 50974—2014　5.2.2-2、3、4、5 高位消防水箱的设置位置应高于其所服务的水灭火设施，且最低有效水位应满足水灭火设施最不利点处的静水压力，并应按下列规定确定： 　2　高层住宅、二类高层公共建筑、多层公共建筑，不应低于0.07MPa； 　3　工业建筑不应低于0.10MPa，当建筑体积小于20000m³时，不宜低于0.07MPa； 　4　自动喷水灭火系统等自动水灭火系统应根据喷头灭火需求压力确定，但最小不应小于0.10MPa； 　5　当高位消防水箱不能满足本条第1款～第4款的静压要求时，应设稳压泵。
11.2.14	高位水箱的技术要求	GB 50974—2014　5.2.6-1 高位消防水箱应符合下列规定： 　**1　高位消防水箱的有效容积、出水、排水和水位等，应符合本规范第4.3.8条和第4.3.9条的规定。** GB 50974—2014　5.2.6-3、8、9、10、11 高位消防水箱应符合下列规定： 　3　高位消防水箱的通气管、呼吸管应符合本规范第4.3.10条的规定； 　8　溢流管的直径不应小于进水管直径的2倍，且不应小于DN100，溢流管的喇叭口直径不应小于溢流管直径的1.5倍～2.5倍； 　9　高位消防水箱出水管管径应满足消防给水设计流量的出水要求，且不应小于DN100； 　10　高位消防水箱出水管应位于高位消防水箱最低水位以下，并应设置防止消防用水进入高位消防水箱的止回阀； 　11　高位消防水箱的进、出水管应设置带有指示启闭装置的阀门。

编号	审查点	执行设计规范（标准）情况的审查内容
11.2.15	地铁消防管网的设置	GB 50157—2013　28.3.7 消防给水管道的设置应符合下列要求： 　　1　地下车站和地下区间的室内消火栓给水系统应设计为环状管网；地下区间上下行线应各设置1根消防给水管，在地下车站端部和车站环状管网应相接； 　　2　地下区间两条给水干管之间是否设置连通管应经过技术经济比较确定； 　　3　地面和高架车站室内消火栓超过10个，且室外消防用水量大于15L/s时，应设计为环状管网； 　　4　车站室内消火栓环状管网应有2根进水管与城市自来水环状管网或消防水泵连接； 　　5　消防枝状管道上设置的消火栓数量不应超过4个。
11.2.16	地铁消火栓设置范围	GB 50157—2013　28.3.5 　　地下车站及其相连的地下区间、长度大于20m的出入口通道、长度大于500m的独立地下区间，应设室内消火栓给水系统。
11.2.17	地铁消火栓的布置	GB 50157—2013　28.3.8-4、6 　　4　消火栓的布置应保证每个防火分区同层有两只水枪的充实水柱同时到达室内任何部位； 　　6　消火栓的间距应按计算确定，但单口单阀消火栓不应超过30m，双口双阀消火栓不应超过50m。地下区间隧道（单洞）内消火栓的间距不应超过50m。人行通道内消火栓间距不应超过30m。

11.3　灭火器

编号	审查点	执行设计规范（标准）情况的审查内容
11.3.1	灭火器的设置位置	GB 50140—2005　5.1.1 **灭火器应设置在位置明显和便于取用的地点，且不得影响安全疏散。**
11.3.2	灭火器设置的温度要求	GB 50140—2005　5.1.5 **灭火器不得设置在超出其使用温度范围的地点。**

编号	审查点	执行设计规范（标准）情况的审查内容
11.3.3	灭火器的保护距离	GB 50140—2005　5.2.1 设置在 A 类火灾场所的灭火器，其最大保护距离应符合表 5.2.1 的规定。 表5.2.1　A类火灾场所的灭火器最大保护距离（m） GB 50140—2005　5.2.2 设置在 B、C 类火灾场所的灭火器、其最大保护距离应符合表 5.2.2 的规定。 表5.2.2　B、C类火灾场所的灭火器最大保护距离（m）
11.3.4	灭火器配置的数量要求	GB 50140—2005　6.1.1 一个计算单元内配置的灭火器数量不得少于 2 具。
11.3.5	灭火器的最低配置基准	GB 50140—2005　6.2.1 A 类火灾场所灭火器的最低配置基准应符合表 6.2.1 的规定。 表6.2.1　A类火灾场所灭火器的最低配置基准 GB 50140—2005　6.2.2 B、C 类火灾场所灭火器的最低配置基准应符合表 6.2.2 的规定。 表6.2.2　B、C类火灾场所灭火器的最低配置基准

表5.2.1　A类火灾场所的灭火器最大保护距离（m）

灭火器型式 危险等级	手提式灭火器	推车式灭火器
严重危险级	15	30
中危险级	20	40
轻危险级	25	50

表5.2.2　B、C类火灾场所的灭火器最大保护距离（m）

灭火器型式 危险等级	手提式灭火器	推车式灭火器
严重危险级	9	18
中危险级	12	24
轻危险级	15	30

表6.2.1　A类火灾场所灭火器的最低配置基准

危险等级	严重危险级	中危险级	轻危险级
单具灭火器最小配置灭火级别	3A	2A	1A
单位灭火级别最大保护面积（m²/ A）	50	75	100

表6.2.2　B、C类火灾场所灭火器的最低配置基准

危险等级	严重危险级	中危险级	轻危险级
单具灭火器最小配置灭火级别	89B	55B	21B
单位灭火级别最大保护面积（m²/ B）	0.5	1.0	1.5

编号	审查点	执行设计规范（标准）情况的审查内容
11.4 气体灭火		
11.4.1	组合分配系统防护区数量的规定	GB 50370—2005 3.1.4 两个或两个以上的防护区采用组合分配系统时，一个组合分配系统所保护的防护区不应超过 8 个。
11.4.2	组合分配系统灭火剂储量的规定	GB 50370—2005 3.1.5 组合分配系统的灭火剂储存量，应按储存量最大的防护区确定。
11.4.3	预制灭火系统的启动规定	GB 50370—2005 3.1.15 同一防护区内的预制灭火系统装置多于 1 台时，必须能同时启动，其动作响应时差不得大于 2s。
11.4.4	泄压口设置规定	GB 50370—2005 3.2.7 防护区应设置泄压口，七氟丙烷灭火系统的泄压口应位于防护区净高的 2/3 以上。
11.4.5	七氟丙烷设计喷放时间规定	GB 50370—2005 3.3.7 在通讯机房和电子计算机房等防护区，设计喷放时间不应大于 8s，在其他防护区，设计喷放时间不应大于 10s。
11.4.6	IG541 设计浓度规定	GB 50370—2005 3.4.1 IG541 混合气体灭火系统的灭火设计浓度不应小于灭火浓度的 1.3 倍，惰化设计浓度不应小于灭火浓度的 1.1 倍。
11.4.7	IG541 设计喷放时间规定	GB 50370—2005 3.4.3 当 IG541 混合气体灭火剂喷放至设计用量的 95% 时，其喷放时间不应大于 60s，且不应小于 48s。
11.4.8	安全泄压装置的设置规定	GB 50370—2005 4.1.4 在储存容器或容器阀上，应设安全泄压装置和压力表。组合分配系统的集流管，应设安全泄压装置。安全泄压装置的动作压力，应符合相应气体灭火系统的设计规定。
11.4.9	喷头的布置规定	GB 50370—2005 4.1.8 喷头的布置应满足喷放后气体灭火剂在防护区内均匀分布的要求。当防护对象属可燃液体时，喷头射流方向不应朝向液体表面。

编号	审查点	执行设计规范（标准）情况的审查内容
11.4.10	操作与控制规定	GB 50370—2005　5.0.2 　管网灭火系统应设自动控制、手动控制和机械应急操作三种启动方式。预制灭火系统应设自动控制和手动控制两种启动方式。 GB 50370—2005　5.0.4 　灭火设计浓度或实际使用浓度大于无毒性反应浓度（NOAEL 浓度）的防护区和采用热气溶胶预制灭火系统的防护区，应设手动与自动控制的转换装置。当人员进入防护区时，应能将灭火系统转换为手动控制方式；当人员离开时，应能恢复为自动控制方式。防护区内外应设手动、自动控制状态的显示装置。
11.4.11	防护区的安全要求	GB 50370—2005　6.0.1 　防护区应有保证人员在 30s 内疏散完毕的通道和出口。 GB 50370—2005　6.0.3 　防护区的门应向疏散方向开启，并能自行关闭；用于疏散的门必须能从防护区内打开。
11.4.12	防护区的通风要求	GB 50370—2005　6.0.4 　灭火后的防护区应通风换气，地下防护区和无窗或设固定窗扇的地上防护区，应设置机械排风装置，排风口宜设在防护区的下部并应直通室外。通信机房、电子计算机房等场所的通风换气次数应不小于每小时 5 次。
11.4.13	储瓶间的安全要求	GB 50370—2005　6.0.5 　储瓶间的门应向外开启，储瓶间应设应急照明；储瓶间应有良好的通风条件，地下储瓶间应设机械排风装置，排风口应设在下部，可通过排风管排出室外。
11.4.14	防静电接地要求	GB 50370—2005　6.0.6 　经过有爆炸危险和变电、配电场所的管网，以及布设在以上场所的金属箱体等，应设防静电接地。
11.4.15	有人工作防护区的灭火剂浓度要求	GB 50370—2005　6.0.7 　有人工作防护区的灭火设计浓度或实际使用浓度，不应大于有毒性反应浓度（LOAEL 浓度），该值应符合本规范附录 G 的规定。

编号	审查点	执行设计规范（标准）情况的审查内容
11.5 自动喷水灭火		
11.5.1	公建内自动喷水灭火系统的设置规定	GB 50016—2014　8.3.3-2 除本规范另有规定和不宜用水保护或灭火的场所外，下列高层民用建筑或场所应设置自动灭火系统，并宜采用自动喷水灭火系统： 　2　二类高层公共建筑及其地下、半地下室的公共活动用房、走道、办公室和旅馆的客房、可燃物品库房、自动扶梯底部。 GB 50016—2014　8.3.4-2、3、6 除本规范另有规定和不宜用水保护或灭火的场所外，下列单、多层民用建筑或场所应设置自动灭火系统，并宜采用自动喷水灭火系统： 　2　任一层建筑面积大于 1500m² 或总建筑面积大于 3000m² 的展览、商店、餐饮和旅馆建筑； 　3　设置有送回风道（管）的集中空气调节系统且总建筑面积大于 3000m² 的办公建筑等； 　6　总建筑面积大于 500m² 的地下或半地下商店。
11.5.2	汽车库自动喷水灭火系统设置规定	GB 50067—97　7.2.1 Ⅰ、Ⅱ、Ⅲ类地上汽车库、停车数超过 10 辆的地下汽车库、机械式立体汽车库或复式汽车库以及采用垂直升降梯作汽车疏散出口的汽车库、Ⅰ类修车库，均应设置自动喷水灭火系统。 GB 50067—97　7.2.2 汽车库、修车库自动喷水灭火系统的危险等级可按中危险级确定。
11.5.3	地铁自动喷水灭火系统的设置规定	GB 50157—2013　28.3.6 地下车站设置的商铺总面积超过 500m² 时，应按现行国家标准《自动喷水灭火系统设计规范》GB 50084 的有关规定设置自动喷水灭火系统。
11.5.4	报警阀组设计要求	GB 50084—2001（2005 年版）　6.2.7 连接报警阀进出口的控制阀应采用信号阀。当不采用信号阀时，控制阀应设锁定阀位的锁具。
11.5.5	末端试水装置的设置规定	GB 50084—2001（2005 年版）　6.5.1 每个报警阀组控制的最不利点喷头处，应设末端试水装置，其他防火分区、楼层均应设直径为 25mm 的试水阀。末端试水装置和试水阀应便于操作，且应有足够排水能力的排水设施。

编号	审查点	执行设计规范（标准）情况的审查内容
11.5.6	管材要求	GB 50084—2001（2005 年版）8.0.2 配水管道应采用内外壁热镀锌钢管或符合现行国家或行业标准，并同时符合本规范1.0.4条规定的涂覆其他防腐材料的钢管，以及铜管、不锈钢管。当报警阀入口前管道采用不防腐的钢管时，应在该段管道的末端设过滤器。
11.5.7	气压供水设备	GB 50084—2001（2005 年版）10.3.2 不设高位消防水箱的建筑，系统应设气压供水设备。气压供水设备的有效容积，应按系统最不利处4只喷头在最低工作压力下的10min 用水量确定。 干式系统、预作用系统设置的气压供水设备，应同时满足配水管道的充水要求。
11.5.8	局部应用系统的适用范围和设计要求	GB 50084—2001（2005 年版）12.0.1 局部应用系统适用于室内最大净空高度不超过8m 的民用建筑中，局部设置且保护区域总建筑面积不超过1000m² 的湿式系统。 除本章规定外，局部应用系统尚应符合本规范其他章节的有关规定。
11.5.9	局部应用系统的喷头选用规定	GB 50084—2001（2005 年版）12.0.2 局部应用系统应采用快速响应喷头，喷水强度不应低于 6L/min · m²，持续喷水时间不应低于 0.5h。

11.6 中水

编号	审查点	执行设计规范（标准）情况的审查内容
11.6.1	中水安全防护规定	GB 50336—2002 8.1.1 中水管道严禁与生活饮用水给水管道连接。 GB 50336—2002 8.1.3 中水池（箱）内的自来水补水管应采取自来水防污染措施，补水管出水口应高于中水贮存池（箱）内溢流水位，其间距不得小于 2.5 倍管径。严禁采用淹没式浮球阀补水。 GB 50336—2002 8.1.6 中水管道应采取下列防止误接、误用、误饮的措施： 1 中水管道外壁应按有关标准的规定涂色和标志； 2 水池（箱）、阀门、水表及给水栓、取水口均应有明显的"中水"标志； 3 公共场所及绿化的中水取水口应设带锁装置； 4 工程验收时应逐段进行检查，防止误接。

编号	审查点	执行设计规范（标准）情况的审查内容
11.6.2	中水系统设置规定	GB 50336—2002　1.0.10 　　中水工程设计必须采取确保使用、维修的安全措施，严禁中水进入生活饮用水给水系统。 GB 50336—2002　5.4.1 　　中水供水系统必须独立设置。 GB 50336—2002　5.4.7 　　中水管道上不得装设取水龙头。当装有取水接口时，必须采取严格的防止误饮、误用的措施。
11.6.3	中水消毒规定	GB 50336—2002　6.2.18 　　中水处理必须设有消毒设施。

11.7　室内排水

编号	审查点	执行设计规范（标准）情况的审查内容
11.7.1	存水弯水封深度的要求	GB 50015—2003（2009 年版）　4.2.6 　　当构造内无存水弯的卫生器具与生活污水管道或其他可能产生有害气体的排水管道连接时，必须在排水口以下设存水弯。存水弯的水封深度不得小于 50mm。严禁采用活动机械密封替代水封。
11.7.2	地漏水封深度的要求	GB 50015—2003（2009 年版）　4.5.9 　　带水封的地漏水封深度不得不小于 50mm。
11.7.3	排水管不得敷设的地方	GB 50015—2003（2009 年版）　4.3.3-3 　3　排水管道不得敷设在对生产工艺或卫生有特殊要求的生产厂房内，以及食品和贵重商品仓库、通风小室、电气机房和电梯机房内。
11.7.4	排水管道遇特殊部位时的处理	GB 50015—2003（2009 年版）　4.3.3-4 　4　排水管道不得穿过沉降缝、伸缩缝、变形缝、烟道和风道；当排水管道必须穿过沉降缝、伸缩缝、变形缝时，应采取相应技术措施；
11.7.5	排水管不得穿越的地方	GB 50015—2003（2009 年版）　4.3.4 　　排水管道不得穿越生活饮用水池部位的上方。
11.7.6	排水管不得布置的地点	GB 50015—2003（2009 年版）　4.3.6 　　排水横管不得布置在食堂、饮食业厨房的主副食操作、烹调和备餐的上方。当受条件限制不能避免时，应采取防护措施。

编号	审查点	执行设计规范（标准）情况的审查内容
11.7.7	间接排水的规定	GB 50015—2003（2009 年版）　4.3.13 下列构筑物和设备的排水管不得与污废水管道系统直接连接，应采取间接排水的方式： 1　生活饮用水贮水箱（池）的泄水管和溢流管； 2　开水器、热水器排水； 3　医疗灭菌消毒设备的排水； 4　蒸发式冷却器、空调设备冷凝水的排水； 5　贮存食品或饮料的冷藏库房的地面排水和冷风机溶霜水盘的排水。
11.7.8	排水沟水封设置规定	GB 50015—2003（2009 年版）　4.3.19 室内排水沟与室外排水管道连接处，应设水封装置。
11.7.9	侧墙通气管的设置要求	GB 50015—2003（2009 年版）　4.6.1 A-1 <u>1　当设置侧墙通气时，通气管口应符合本规范第 4.6.10 条第 2 款的要求；</u>
11.7.10	雨水排放的设计计算规定	GB 50157—2013　14.3.1-5 5　高架区间、敞开出入口、敞开风井及隧道洞口的雨水泵站、排水沟及排水管渠的排水能力，应按当地 50 年一遇的暴雨强度计算，设计降雨历时应按计算确定。
11.7.11	污水处理、排放规定	GB 50157—2013　14.4.11 洗车库的废水应经过处理后重复利用；其他含油废水，不符合国家规定的排放标准时，应经过处理达到标准后排放。 GB 50157—2013　14.4.12 车辆基地附近无城市污水排水系统时，则其内部的生产废水、生活污水，应经过处理达到排放标准后再排放。

11.8　人防

编号	审查点	执行设计规范（标准）情况的审查内容
11.8.1	防护阀门的设置	RFJ 02—2009　8.0.2 平时和战时进、出工程的消防水管、空调冷却水管、排水出户管等给水排管道应按下列规定设置公称压力不小于 **1.0MPa** 的防护阀门： 1　穿越围护结构时应在工程内侧，靠近穿越处设置闸阀； 2　穿越防护段时应在靠近第一道防护门（防护密闭门）门框墙的内侧设置闸阀； 3　管道穿过防护单元隔墙时，应在墙两侧分别设置闸阀； 4　管道穿过密闭墙时，应在墙两侧分别设置闸阀。

编号	审查点	执行设计规范（标准）情况的审查内容
11.8.2	人防套管的设置	GB 50038—2005　6.1.2-1、2 穿过人防围护结构的给水引入管、排水出户管、通气管、供油管的防护密闭措施应符合下列要求： 1　符合以下条件之一的管道，在其穿墙（穿板）处应设置刚性防水套管： 1）管径不大于 DN150mm 的管道穿过防空地下室的顶板、外墙、密闭隔墙及防护单元之间的防护密闭隔墙时； 2）管径不大于 DN150mm 的管道穿过乙类防空地下室临空墙或穿过核 5 级、核 6 级和核 6B 级的甲类防空地下室临空墙时。 2　符合以下条件之一的管道，在其穿墙（穿板）处应设置外侧加防护挡板的刚性防水套管： 1）管径大于 DN150mm 的管道穿过人防围护结构时； 2）管径不大于 DN150mm 的管道穿过核 4 级、核 4B 级的甲类防空下室临空墙时。
11.8.3	防爆地漏的设置	GB 50038—2005　6.3.15 对于乙类防空地下室和核 5 级、核 6 级和核 6B 级的甲类防空地下室，当收集上一层地面废水的排水管道需引入防空地下室时，其地漏应采用防爆地漏。

11.9　室外给水排水

编号	审查点	执行设计规范（标准）情况的审查内容
11.9.1	室外给水管道敷设规定	GB 50013—2006　7.3.3 城镇给水管道与建（构）筑物、铁路以及和其他工程管道的最小水平净距，应根据建（构）筑物基础、路面种类、卫生安全、管道埋深、管径、管材、施工方法、管道设计压力、管道附属构筑物的大小等按本规范附录 A 的规定确定。 GB 50013—2006　7.3.4 给水管道与其他管线交叉时的最小垂直净距，应按本规范附录 B 规定确定。 GB 50013—2006　7.3.6 给水管道与污水管道或输送有毒液体管道交叉时，给水管道应敷设在上面，且不应有接口重叠；当给水管道敷设在下面时，应采用钢管或钢套管，钢套管伸出交叉管的长度，每端不得小于 3m，钢套管的两端应采用防水材料封闭。
11.9.2	室外消防管道的阀门设置	GB 50974—2014　8.1.4-3 室外消防给水管网应符合下列规定： 3　消防给水管道应采用阀门分成若干独立段，每段内室外消火栓的数量不宜超过 5 个。

12 供 电

编号	审查点	执行设计规范（标准）情况的审查内容
12.1 供电系统		
12.1.1	负荷分级	GB 50157—2013 15.1.5 牵引用电负荷应为一级负荷；动力照明等用电负荷按供电可靠性要求及失电影响程度分为一级负荷、二级负荷、三级负荷。
12.1.2	供电电源要求	GB 50157—2013 15.1.6 **一级负荷必须采用双电源双回路供电。** GB 50157—2013 15.1.7 **一级负荷中特别重要负荷，应增设应急电源，并严禁其他负荷接入。**
12.1.3	牵引网电压	GB 50157—2013 15.1.19 直流牵引供电系统的电压及其波动范围应符合表15.1.19的规定。 表 15.1.19　直流牵引供电系统电压及其波动范围（V） <table><tr><td>标称值</td><td>最高值</td><td>最低值</td></tr><tr><td>750</td><td>900</td><td>500</td></tr><tr><td>1500</td><td>1800</td><td>1000</td></tr></table>
12.1.4	谐波治理	GB 50157—2013 15.1.21 直流牵引系统及非线性用电设备所产生的谐波应符合现行国家标准《电能质量　公用电网谐波》GB/T 14549 的有关规定。
12.1.5	产品选用	GB 50157—2013 15.1.23 **在地下使用的主要材料应选用无卤、低烟的阻燃或耐火的产品。**
12.1.6	牵引机组容量	GB 50157—2013 15.2.5 牵引负荷应根据运营高峰小时行车密度、车辆编组、车辆类型及特性、线路资料等计算确定。牵引整流机组容量宜按远期负荷确定。
12.1.7	配电变压器容量	GB 50157—2013 15.2.10 当变电所设置两台配电变压器时，配电变压器的容量选择应满足一台配电变压器退出运行时另一台配电变压器能负担供电范围内的远期一、二级负荷。

编号	审查点	执行设计规范（标准）情况的审查内容
12.2　变电所		
12.2.1	变电所所址选择	GB 50157—2013　15.2.3 变电所选址应符合下列要求： 1　应靠近负荷中心； 2　应便于电缆线路引入、引出； 3　应便于设备运输； 4　不应设在冷冻机房等场所的经常积水区的正下方，且不宜与厕所、泵房等场所相贴邻； 5　独立设置的变电所，宜靠近地铁线路，并应和城市规划相协调。该变电所与地铁线路间应设置专用电缆通道。
12.2.2	变压器室布置	JGJ 16—2008　4.5.9 变压器外廓（防护外壳）与变压器室墙壁和门的净距不应小于表 4.5.9 的规定。 **表 4.5.9　变压器外廓（防护外壳）与变压器室墙壁和门的最小净距（m）** 注：表中各值不适用于制造厂的成套产品。 GB 50053—2013　4.2.5 设置在变电所内的非封闭式干式变压器，应装设高度不低于 1.8m 的固定围栏，围栏网孔不应大于 40mm×40mm。变压器的外廓与围栏的净距不应小于 0.6m，变压器之间的净距不应小于 1.0m。
12.2.3	配电装置室	JGJ 16—2008　4.9.11 长度大于 7m 的配电装置室应设两个出口，并宜布置在配电室的两端。
12.2.4	配电屏后的出口	JGJ 16—2008　4.7.3 **当成排布置的配电屏长度大于 6m 时，屏后的通道应设有两个出口。当两出口之间的距离大于 15m 时，应增加出口。**

表 4.5.9：

变压器容量（kVA） 项目	100～1000	1250～2500
油浸变压器外廓与后壁、侧壁净距	0.6	0.8
油浸变压器外廓与门净距	0.8	1.0
干式变压器带有 IP2X 及以上防护等级金属外壳与后壁、侧壁净距	0.6	0.8
干式变压器带有 IP2X 及以上防护等级金属外壳与门净距	0.8	1.0

编号	审查点	执行设计规范（标准）情况的审查内容
12.2.5	配电屏间的通道	JGJ 16—2008　4.7.4 成排布置的配电屏，其屏前和屏后的通道净宽不应小于表 4.7.4 的规定。 表 4.7.4　配电屏前后的通道净宽（m）

表 4.7.4　配电屏前后的通道净宽（m）

布置方式 装置种类	单排布置		双排对面布置		双排背对背布置	
	屏前	屏后	屏前	屏后	屏前	屏后
固定式	1.5	1.0	2.0	1.0	1.5	1.5
抽屉式	1.8	1.0	2.3	1.0	1.8	1.0
控制屏	1.5	0.8	2.0	0.8	—	—

注：1　当建筑物墙面遇有柱类局部凸出时，凸出部位的通道宽度可减少 0.2m；

　　2　各种布置方式，屏端通道不应小于 0.8m。

编号	审查点	执行设计规范（标准）情况的审查内容
12.2.6	综合自动化	GB 50157—2013　15.2.29 变电所综合自动化装置应具备下列基本功能： 1　保护、控制、信号、测量； 2　电源自动转接； 3　必要的安全联锁； 4　程序操作； 5　装置故障自检； 6　开放的通信协议及接口。
12.2.7	操作电源	GB 50157—2013　15.2.17 变电所交、直流电源屏的电源，应接自变电所的两段低压母线。

12.3　牵引网

编号	审查点	执行设计规范（标准）情况的审查内容
12.3.1	牵引网构成	GB 50157—2013　15.3.26 **接触网应满足限界要求。车辆基地内架空接触网应设置限界门。** GB 50157—2013　15.3.5 牵引变电所直流快速断路器至接触网间应设置电动隔离开关。 GB 50157—2013　15.3.6 当终端车站后面的折返线有停车检修作业时，其相应部分的接触网宜单独分段，并应设置手动隔离开关。 GB 50157—2013　15.3.7 设车辆检查坑并有夜间检修作业的折返线，其接触网应通过就地的手动隔离开关供电。接触网应有主备两路电源，主电源应直接来自邻近牵引变电所，备用电源应来自一条正线接触网。

编号	审查点	执行设计规范（标准）情况的审查内容
12.3.2	接触网坡度	GB 50157—2013 15.3.22 柔性接触线高度变化时，其最大坡度及变化率应符合表15.3.22的规定。 表15.3.22 柔性接触线最大坡度及变化率值 	列出速度 （km/h）	接触线最大坡度 （‰）	接触线最大坡度变化率 （‰）
10	40	20
30	20	10
60	10	5
90	6	3
100	5	2	
12.3.3	电分段	GB 50157—2013 15.3.4 接触网的电分段应设在下列位置： 1 对车站牵引变电所，设在列车进站端； 2 对区间牵引变电所，设在变电所直流电缆出口处； 3 配线与正线的衔接处； 4 车辆基地各电化库入口处。
12.3.4	接触网最小安全净距	GB 50157—2013 15.3.3 接触网带电部分和混凝土结构体、轨旁设备、车体之间的最小净距，应符合表15.3.3的规定。 表15.3.3 接触网带电部分和混凝土结构体、车体之间的最小净距（mm） | 标称电压	静态	动态	绝对最小动态
---	---	---	---
直流750V	25	25	25
直流1500V	150	100	60	
12.3.5	安全防护	GB 50157—2013 15.3.26 **接触网应满足限界要求。车辆基地内架空接触网应设置限界门。** GB 50157—2013 15.3.15 接触轨应设防护罩，其电气性能与物理性能应满足技术要求。 GB 50157—2013 15.3.30 固定支持架空接触网的非带电金属体，应与接触网架空地线相连接。接触网架空地线应接至牵引变电所接地装置。

编号	审查点	执行设计规范（标准）情况的审查内容
12.3.6	防雷	GB 50157—2013　15.3.27 地上区段架空接触网应设置避雷器，其间距不应大于300m。在隧道入口和为地上接触网供电的隔离开关处应设置避雷器。 GB 50157—2013　15.3.28 地上区段架空接触网的架空地线，应每隔200m设置火花间隙；在满足条件时，接触网架空地线也可兼作避雷线。 GB 50157—2013　15.3.29 避雷器与火花间隙的冲击接地电阻不应大于10Ω。

12.4　电缆工程

编号	审查点	执行设计规范（标准）情况的审查内容
12.4.1	电缆选型	GB 50157—2013　15.4.1-1 系统采用的电力电缆应符合下列规定： **1　地下线路应采用无卤、低烟的阻燃电线和电缆。** GB 50157—2013　15.4.2 **火灾时需要保证供电的配电线路应采用耐火铜芯电缆或矿物绝缘耐火铜芯电缆。** GB 50157—2013　15.4.1-2 系统采用的电力电缆应符合下列规定： **2　地上线路可采用低卤、低烟的阻燃电线和电缆。**

<table>
<tr><td>12.4.2</td><td>电缆敷设相关距离</td><td>

GB 50157—2013　15.4.3

电缆敷设应便于检修维护。电缆在区间及车站内敷设时，各相关尺寸及距离应符合表15.4.3的规定。

表15.4.3　电缆敷设的各相关尺寸及距离（mm）

名　　称		电缆通道		电缆沟	
		水平	垂直	水平	垂直
两侧设电缆支架的通道净宽		≥1000	—	≥300	—
一侧设电缆支架的通道净宽		≥900	—	≥300	—
电缆支架层间距离	电力电缆	—	≥200	—	≥250
	控制电缆	—	≥100	—	120
电缆支架之间的距离	电力电缆	1000	1500	100	
	控制电缆	800	1000	800	
车站站台板下电缆通道净高	地上车站	—	≥1900	—	
	地下车站	—	≥1300	—	
变电所内电缆夹层板下净高		—	≥1900	—	
电力电缆之间的净距		≥35	—	≥35	

注：电力电缆与控制电缆混敷时，电缆支架之间的距离宜采用控制电缆标准。

</td></tr>
</table>

编号	审查点	执行设计规范（标准）情况的审查内容
12.4.3	电缆在多层支架上的排列顺序	GB 50157—2013　15.4.5 电缆在同一通道中位于同侧的多层支架上敷设时，排列顺序全线应统一，并宜按电压等级由高到低的电力电缆、强电至弱电的控制电缆由上而下顺序排列。当条件受限时，1kV 及以下电力电缆可与控制电缆敷设在同一层电缆支架上。 GB 50157—2013　15.4.6 同一重要回路的工作与备用电缆，应配置在不同层的支架上。
12.4.4	防火封堵	GB 50157—2013　15.4.16 电缆构筑物中电缆引至电气柜、盘或控制屏的开孔部位，电缆贯穿隔墙、楼板的孔洞处，均应实施阻火封堵。
12.4.5	车辆段电缆工程	GB 50217—2007　5.5.1-3 电缆构筑物的尺寸应按容纳的全部电缆确定，电缆的配置应无碍安全运行，满足敷设施工作业与维护巡视活动所需空间，并应符合下列规定： 　　3　电缆夹层的净高不得小于 2000mm，但不宜大于 3000mm。

12.5　电力监控

编号	审查点	执行设计规范（标准）情况的审查内容
12.5.1	基本要求	GB 50157—2013　15.6.8 系统功能应包括遥控、遥信、遥测、遥调，并应具备数据传输及处理、报警处理及统计报表、用户画面、自检、维护和扩展、信息查询、安全管理、系统组态、在线检测、时钟同步、培训等功能。
12.5.2	主机配置	GB 50157—2013　15.6.14 主站设备应按双冗余系统的原则进行配置。
12.5.3	系统的主要技术指标	GB 50157—2013　15.6.18 电力监控系统的主要技术指标应符合下列规定： 　　1　遥控命令传送时间不应大于 3s； 　　2　遥信变位传送时间不应大于 3s； 　　3　遥控正确率不应低于 99.9%； 　　4　遥信正确率不应低于 99.9%； 　　5　遥信分辨率（子站）不应大于 10ms； 　　6　遥测综合误差不应大于 1.5%； 　　7　站间 SOE 分辨率不应大于 15ms； 　　8　双机自动切换时间不应大于 30s； 　　9　画面调用响应时间不应大于 3s； 　　10　数据传输通道通信传输速率不应低于 100Mbps； 　　11　设备平均无故障工作时间不应低于 20000h； 　　12　设备平均修复时间不应多于 1h。

编号	审查点	执行设计规范（标准）情况的审查内容
12.6　杂散电流防护		
12.6.1	排流及监测	GB 50157—2013　15.7.3 　　无砟道床中应设置排流钢筋网，并应与其他结构钢筋、金属管线、接地装置非电气连接。不应利用结构钢筋作为排流网。 GB 50157—2013　15.7.5 　　牵引变电所应设置杂散电流监测及排流设施，应根据杂散电流的监测情况，决定是否将排流设施投入使用。 GB 50157—2013　15.7.2 　　对杂散电流及防护对象应进行自动监测。
12.6.2	杂散电流限制措施	CJJ 49—92　4.1.5 　　牵引变电所的负回流线应使用电缆，其根数不应少于两根。 CJJ 49—92　4.1.7 　　牵引变电所的负极回流线应与主线路的走行轨相连接，并应保证在走行轨的任何线路区段实现牵引电流沿双方向回流。 CJJ 49—92　4.2.1 　　兼用作回流的地铁走行轨与隧洞主体结构（或大地）之间的过渡电阻值（按闭塞区间分段进行测量并换算为1km长的电阻值），对于新建线路不应小于 15Ω·km，对于运行线路不应小于 3Ω·km。 CJJ 49—92　4.2.3 　　地铁的隧洞衬砌结构和钢筋结构不应兼作他用。 CJJ 49—92　5.1.2 　　地铁主体结构的防水层，必须具有良好的防水性能和电气绝缘性能。防水材料的体积电阻率 ρ 不得小于 Ω·m。
12.6.3	直流设备安装	GB 50157—2013　15.7.15 　　**直流牵引供电系统应为不接地系统，牵引变电所中的直流牵引供电设备必须绝缘安装。**
12.6.4	走行轨电位	GB 50157—2013　15.7.16 　　正常双边供电运行时，**站台处走行轨对地电位不应大于 120V**，车辆基地库线走行轨对地电位不应大于 60V。当走行轨对地电压超标时，应采取短时接地措施。

编号	审查点	执行设计规范（标准）情况的审查内容

12.7 动力照明

12.7.1 负荷分级及配电要求

编号	审查点	执行设计规范（标准）情况的审查内容
12.7.1.1	负荷分级	GB 50157—2013 15.5.1 地铁用电设备的负荷分级应符合下列规定： 1 下列负荷应为一级负荷： 1) 火灾自动报警系统设备、消防水泵及消防水管电保温设备、防排烟风机及各类防火排烟阀、防火（卷帘）门、消防疏散用自动扶梯、消防电梯、应急照明、主排水泵、雨水泵、防淹门及火灾或其他灾害仍需使用的用电设备；通信系统设备、信号系统设备、综合监控系统设备、电力监控系统设备、环境与设备监控系统设备、门禁系统设备、安防设施；自动售检票设备、站台门设备、变电所操作电源、地下站厅站台等公共区照明、地下区间照明、供暖区的锅炉房设备等； 2) 火灾自动报警系统设备、环境与设备监控系统设备、专用通信系统设备、信号系统设备、变电所操作电源、地下车站及区间的应急照明为一级负荷中特别重要负荷； 2 乘客信息系统、变电所检修电源、地上站厅站台等公共区照明、附属房间照明、普通风机、排污泵、电梯、非消防疏散用自动扶梯和自动人行道，应为二级负荷； 3 区间检修设备、附属房间电源插座、车站空调制冷及水系统设备、广告照明、清洁设备、电热设备、培训及模拟系统设备，应为三级负荷； 4 车辆基地、控制中心大楼内建筑电气设备的负荷分级，应符合现行行业标准《民用建筑电气设计规范》JGJ 16 的有关规定。
12.7.1.2	配电要求	GB 50052—2009 3.0.2 一级负荷应由双重电源供电，当一电源发生故障时，另一电源不应同时受到损坏。 GB 50052—2009 3.0.3 一级负荷中特别重要的负荷供电，应符合下列要求： **1** 除应由双重电源供电外，尚应增设应急电源，并严禁将其他负荷接入应急供电系统。 **2** 设备的供电电源的切换时间，应满足设备允许中断供电的要求。 GB 50052—2009 3.0.9 **备用电源的负荷严禁接入应急供电系统。** GB 50157—2013 15.5.2-2、3、4、5、8、11 动力照明配电应符合下列规定： 2 配电变压器二次侧至用电设备之间的低压配电级数不宜超过三级。 3 各级配电开关设备宜预留备用回路。 4 动力照明配电设备宜集中布置。 5 负荷性质重要或用电负荷容量较大的集中设备应采用放射式配电。 8 电缆通道应设照明，其电压不应超过 36V。 11 区间和道岔附近应设置维修用移动电器的电源设备；车站站厅和站台宜设置清扫用移动电器的安全型电源插座。

编号	审查点	执行设计规范（标准）情况的审查内容
12.7.2	低压电器及导体选择	
12.7.2.1	低压电器选择	GB 50054—2011　3.1.4 **在 TN-C 系统中，不应将保护接地中性导体隔离，严禁将保护接地中性导体接入开关电器。** GB 50054—2011　3.1.7 **半导体开关电器，严禁作为隔离电器。** GB 50054—2011　3.1.10 **隔离器、熔断器和连接片，严禁作为功能性开关电器。** JGJ 16—2008　7.5.3-1、2、3 三相四线制系统中四极开关的选用，应符合下列规定： 1　保证电源转换的功能性开关电器应作用于所有带电导体，且不得使这些电源并联； 2　TN-C-S、TN-S 系统中的电源转换开关，应采用切断相导体和中性导体的四极开关； 3　正常供电电源与备用发电机之间，其电源转换开关应采用四极开关。
12.7.2.2	导体选择	GB 50157—2013　15.4.1-1 系统采用的电力电缆应符合下列规定： **1　地下线路应采用无卤、低烟的阻燃电线和电缆。** GB 50157—2013　15.4.2 **火灾时需要保证供电的配电线路应采用耐火铜芯电缆或矿物绝缘耐火铜芯电缆。** JGJ 16—2008　7.4.1 低压配电导体选择应符合下列规定： 1　电缆、电线可选用铜芯或铝芯，民用建筑宜选用铜芯电缆或电线；下列场所应选用铜芯电缆或电线： 1）易燃、易爆场所； 2）重要的公共建筑和居住建筑； 3）特别潮湿场所和对铝有腐蚀的场所； 4）人员聚集较多的场所。 5）重要的资料室、计算机房、重要的库房； 6）移动设备或有剧烈振动的场所； 7）有特殊规定的场所。 2　导体的绝缘类型应按敷设方式及环境条件选择，并应符合下列规定： 1）在一般工程中，在室内正常条件下，可选用聚氯乙烯绝缘聚氯乙烯护套的电缆或聚氯乙烯绝缘电线；有条件时，可选用交联聚乙烯绝缘电力电缆和电线； 2）消防设备供电线路的选用，应符合本规范第 13.10 节的规定； 3）对一类高层建筑以及重要的公共场所等防火要求高的建筑物，应采用阻燃低烟无卤交联聚乙烯绝缘电力电缆、电线或无烟无卤电力电缆、电线。 3　绝缘导体应符合工作电压的要求，室内敷设塑料绝缘电线不应低于 0.45/0.75kV，电力电缆不应低于 0.6/1kV。 GB 50157—2013　15.4.1-2 系统采用的电力电缆应符合下列规定： 2　地上线路可采用低卤、低烟的阻燃电线和电缆。

编号	审查点	执行设计规范（标准）情况的审查内容
12.7.2.3	导体截面选择	JGJ 16—2008　7.4.2 低压配电导体截面的选择应符合下列要求： 　1）按敷设方式、环境条件确定的导体截面，其导体载流量不应小于预期负荷的最大计算电流和按保护条件确定的电流； 　2）线路电压损失不应超过允许值； 　3）导体应满足动稳定与热稳定的要求； 　4）导体最小截面应满足机械强度的要求，配电线路每一相导体截面不应小于表 7.4.2 的规定。 表 7.4.2　导体最小允许截面
12.7.2.4	PEN 线选择	GB 50054—2011　3.2.13 装置外可导电部分严禁作为保护接地中性导体的一部分。 JGJ 16—2008　7.5.2 在 TN-C 系统中，严禁断开 PEN 导体，不得装设断开 PEN 导体的电器。
12.7.2.5	N 线、PE 线选择	JGJ 16—2008　7.4.5 中性导体和保护导体截面的选择应符合下列规定： 　1　具有下列情况时，中性导体应和相导体具有相同截面： 　1）任何截面的单相两线制电路； 　2）三相四线和单相三线电路中，相导体截面不大于 16mm² （铜）或 25mm² （铝）。 　2　三相四线制电路中，相导体截面大于 16mm² （铜）或 25mm² （铝）且满足下列全部条件时，中性导体截面可小于相导体截面： 　1）在正常工作时，中性导体预期最大电流不大于减小了的中性导体截面的允许载流量。

表 7.4.2 的内容：

布线系统形式	线路用途	最小截面 （mm²）	
		铜	铝
固定敷设的电缆和绝缘电线	电力和照明线路	1.5	2.5
	信号和控制线路	0.5	—
固定敷设的裸导体	电力（供电）线路	10	16
	信号和控制线路	4	—
用绝缘电线和电缆的柔性连接	任何用途	0.75	—
	特殊用途的特低压电路	0.75	—

编号	审查点	执行设计规范（标准）情况的审查内容
12.7.2.5	N 线、PE 线选择	2）对 TT 或 TN 系统，在中性导体截面小于相导体截面的地方，中性导体上需装设相应于该导体截面的过电流保护，该保护应使相导体断电但不必断开中性导体。 3）中性导体截面不小于 16mm²（铜）或 25mm²（铝）。 3　2）当保护导体与相导体使用相同材料时，保护导体截面不应小于表7.4.5-2 的规定。 表 7.4.5-2　保护导体的最小截面（mm²） 相关表格如下

表 7.4.5-2　保护导体的最小截面（mm²）

相导体截面 S	相应保护导体的最小截面 S
S≤16	S
16＜S≤35	16
S＞35	S/2

编号	审查点	执行设计规范（标准）情况的审查内容
12.7.2.6	等电位联络线	GB 50054—2011　3.2.15 总等电位联结用保护联结导体的截面积，不应小于配电线路的最大保护导体截面积的 1/2，保护联结导体截面积的最小值和最大值应符合表3.2.15 的规定。

表 3.2.15　保护联结导体截面积最小值和最大值（mm²）

导体材料	最小值	最大值
铜	6	25
铝	16	按载流量与 25mm² 铜导体的载流量相同确定
钢	50	

GB 50054—2011　3.2.17

局部等电位联结用保护联结导体截面积的选择，应符合下列规定：

1　保护联结导体的电导不应小于局部场所内最大保护导体截面积 1/2 的导体所具有的电导；

2　保护联结导体采用铜导体时，其截面积最大值为 25mm²。保护联结导体为其他金属导体时，其截面积最大值应按其与 25mm² 铜导体的载流量相同确定。

3　单独敷设的保护联结导体，其截面积应符合本规范第 3.2.14 条第 3款的规定。

12.7.3　配电保护

编号	审查点	执行设计规范（标准）情况的审查内容
12.7.3.1	线路保护原则	JGJ 16—2008　7.6.1-1、2 低压配电线路的保护应符合下列规定： 1　低压配电线路根据不同故障类别和具体工程要求装设短路保护、过负荷保护、接地故障保护、过电压及欠电压保护，作用于切断供电电源或发出报警信号； 2　配电线路采用的上下级保护电器，其动作应具有选择性，各级之间应能协调配合；对于非重要负荷的保护电器，可采用无选择性切断。

编号	审查点	执行设计规范（标准）情况的审查内容
12.7.3.2	短路保护	JGJ 16—2008 7.6.2 **配电线路的短路保护应在短路电流对导体和连接件产生的热效应和机械力造成危险之前切断短路电流。**
12.7.3.3	过负荷保护	JGJ 16—2008 7.6.4 **配电线路的过负荷保护，应在过负荷电流引起的导体温升对导体的绝缘、接头、端子或导体周围的物质造成损害前切断负荷电流。对于突然断电比过负荷造成的损失更大的线路，该线路的过负荷保护应作用于信号而不应切断电路。** JGJ 16—2008 7.6.5-2 配电线路的过负荷保护应符合下列规定： 2 过负荷保护电器的动作特性应同时满足下列条件： $$I_B \leqslant I_n \geqslant I_z \qquad (7.6.5\text{-}1)$$ $$I_2 \leqslant 1.45 I_z \qquad (7.6.5\text{-}2)$$ 式中 I_B——线路的计算负荷电流（A）； I_n——熔断器熔体额定电流或断路器额定电流或整定电流（A）； I_z——导体允许持续载流量（A）； I_2——保证保护电器在约定时间内可靠动作的电流（A）。 JGJ 16—2008 7.6.8-1 保护电器的装设位置应符合下列规定： 1 当配电线路的导线截面积减少或其特征、安装方式及结构改变时，应在分支或被改变的线路与电源线路的连接处装设短路保护和过负荷保护电器。
12.7.3.4	接地故障保护	JGJ 16—2008 7.7.5 **对于相导体对地标称电压为 220V 的 TN 系统配电线路的接地故障保护，其切断故障回路的时间应符合下列要求：** **1 对于配电线路或仅供给固定式电气设备用电的末端线路，不应大于 5s；** **2 对于供电给手持式电气设备和移动式电气设备末端线路或插座回路，不应大于 0.4s。** JGJ 16—2008 7.7.4-1～3 接地故障保护（间接接触防护）应符合下列规定： 1 接地故障保护的设置应防止人身间接电击以及电气火灾、线路损坏等事故；接地故障保护电器的选择，应根据配电系统的接地形式，移动式、手持式或固定式电气设备的区别以及导体截面等因素经技术经济比较确定；

编号	审查点	执行设计规范（标准）情况的审查内容
12.7.3.4	接地故障保护	2 本节接地故障保护措施只适用于防电击保护分类为Ⅰ类的电气设备，设备所在的环境为正常环境，人身电击安全电压阈值为50V； 3 采用接地故障保护时，建筑物内应作总等电位联结，并符合本规范第12.6节的规定。 JGJ 16—2008 12.6.2 **手持式电气设备应采用专用保护接地芯导体，且该芯导体严禁用来通过工作电流。**
12.7.3.5	电气火灾防护	GB 50054—2011 6.4.3 为减少接地故障引起的电气火灾危险而装设的剩余电流监测或保护电器，其动作电流不应大于300mA；当动作于切断电源时，应断开回路的所有带电导体。

12.7.4 消防电源及配电要求

编号	审查点	执行设计规范（标准）情况的审查内容
12.7.4.1	消防电源	GB 50016—2014 10.1.6 消防用电设备应采用专用的供电回路，当建筑内的生产、生活用电被切断时，应仍能保证消防用电。 备用消防电源的供电时间和容量，应满足该建筑火灾延续时间内各消防用电设备的要求。 GB 50016—2014 10.1.8 消防控制室、消防水泵房、防烟和排烟风机房的消防用电设备及消防电梯等的供电，应在其配电线路的最末一级配电箱处设置自动切换装置。 GB 50157—2013 15.5.5 当正常交流电源全部退出，地下线路应急照明连续供电时间不应小于60min；地上线路及建筑的应急照明供电时间，应符合现行国家标准《建筑防火设计规范》GB 50016 和《高层民用建筑设计防火规范》GB 50045 的有关规定。
12.7.4.2	线路敷设	GB 50016—2014 10.1.10-1、2 消防配电线路应满足火灾时连续供电的需要，其敷设应符合下列规定： 1 明敷时（包括敷设在吊顶内），应穿金属导管或采用封闭式金属槽盒保护，金属导管或封闭式金属槽盒应采取防火保护措施；当采用阻燃或耐火电缆并敷设在电缆井、沟内时，可不穿金属导管或采用封闭式金属槽盒保护；当采用矿物绝缘类不燃性电缆时，可直接明敷。 2 暗敷时，应穿管并应敷设在不燃性结构内且保护层厚度不应小于**30mm。**

编号	审查点	执行设计规范（标准）情况的审查内容
12.7.4.2	线路敷设	GB 50016—2014　10.2.2 　　电力电缆不应和输入送甲、乙、丙类液体管道、可燃气体管道、热力管道敷设在同一管沟内。 GB 50016—2014　10.2.3 　　配电线路不得穿越通风管道内腔或直接敷设在通风管道外壁上，穿金属导管保护的配电线路可紧贴通风管道外壁敷设。 　　配电线路敷设在有可燃物的闷顶、吊顶内时，应采取穿金属导管、采用封闭式金属槽盒等防火保护措施。
12.7.4.3	照明器安装	GB 50016—2014　10.2.4 　　**开关、插座和照明灯具靠近可燃物时，应采取隔热、散热等防火措施。** 　　**卤钨灯和额定功率不小于100W的白炽灯泡的吸顶灯、槽灯、嵌入式灯，其引入线应采用瓷管、矿棉等不燃材料作隔热保护。** 　　**额定功率不小于60W的白炽灯、卤钨灯、高压钠灯、金属卤化物灯、荧光高压汞灯（包括电感镇流器）等，不应直接安装在可燃物体上或采取其他防火措施。** GB 50016—2014　10.2.5 　　可燃材料仓库内宜使用低温照明灯具，并应对灯具的发热部件采取隔热等防火措施，不应使用卤钨灯等高温照明灯具。 　　配电箱及开关应设置在仓库外。
12.7.4.4	消防配电要求	GB 50157—2013　28.6.1 　　**消防用电设备应按一级负荷供电，并应在末级配电箱处设置自动切换装置。当发生火灾而切断生产、生活用电时，消防设备应能保证正常工作。** GB 50157—2013　15.4.2 　　**火灾时需要保证供电的配电线路应采用耐火铜芯电缆或矿物绝缘耐火铜芯电缆。** JGJ 16—2008　13.9.12-1、3、4 　　应急照明电源应符合下列规定： 　　1　当建筑物消防用电负荷为一级，且采用交流电源供电时，宜由主电源和应急电源提供双电源，并以树干式或放射式供电。应按防火分区设置末端双电源自动切换应急照明配电箱，提供该分区内的备用照明和疏散照明电源。 　　当采用集中蓄电池或灯具内附电池组时，宜由双电源中的应急电源提供专用回路采用树干式供电，并按防火分区设置应急照明配电箱。 　　3　高层建筑楼梯间的应急照明，宜由应急电源提供专用回路，采用树干式供电。 　　4　备用照明和疏散照明，不应由同一分支回路供电，严禁在应急照明电源输出回路中连接插座。 GB 17945—2010　6.2.1 　　主电源应采用220V（应急照明集中电源可采用380V），50Hz交流电源，主电源降压装置不应采用阻容降压方式；安装在地面的灯具主电源应采用安全电压。

编号	审查点	执行设计规范（标准）情况的审查内容
12.7.5	应急照明及疏散指示标志	
12.7.5.1	应急照明	GB 50157—2013　28.6.5 下列部位应设置应急疏散照明： **1** 车站站厅、站台、自动扶梯、自动人行道及楼梯； **2** 车站附属用房内走道等疏散通道； **3** 区间隧道； **4** 车辆基地内的单体建筑物及控制中心大楼的疏散楼梯间、疏散通道、消防电梯间（含前室）。 GB 50157—2013　28.6.6 下列部位应设置疏散指示标志： **1** 车站站厅、站台、自动扶梯、自动人行道及楼梯口； **2** 车站附属用房内走道等疏散通道及安全出口； **3** 区间隧道； **4** 车辆基地内的单体建筑物及控制中心大楼的疏散楼梯间、疏散通道及安全出口。 GB 50016—2014　10.3.5 公共建筑、建筑高度大于 54m 的住宅建筑、高层厂房（库房）和甲、乙、丙类单、多层厂房，应设置灯光疏散指示标志，并应符合下列规定： 1 应设置在安全出口和人员密集场所的疏散门的正上方； 2 应设置在疏散走道及其转角处距地面高度 1.0m 以下的墙面或地面上。灯光疏散指示标志的间距不应大于 20m；对于袋形走道，不应大于 10m；在走道转角区，不应大于 1.0m。
12.7.5.2	应急照度	GB 50016—2014　10.3.2 **建筑内疏散照明的地面最低水平照度应符合下列规定：** **1 对于疏散走道，不应低于 1.0lx；** **2 对于人员密集场所、避难层（间），不应低于 3.0lx；对于病房楼或手术部的避难间，不应低于 10.0lx。** **3 对于楼梯间、前室或合用前室、避难走道，不应低于 5.0lx。** GB 50016—2014　10.3.3 **消防控制室、消防水泵房、自备发电机房、配电室、防排烟机房以及发生火灾时仍需正常工作的消防设备房应设置备用照明，其作业面的最低照度不应低于正常照明的照度。** GB/T 16275—2008　6.1.1 疏散照明照度应符合下列规定： a) 车站疏散照明照度不小于 5.0lx； b) 区间线路疏散照明照度不小于 3.0lx； c) 控制中心、车辆段地面水平照度值不小于 1.0lx。 建议：车站站台的应急照明按备用照明，其应急照度按照正常照明的10%设计，区间线路的疏散照明按 5.0lx 设计。 GB/T 16275—2008　6.1.4 一般工作场所备用照明照度值不应小于正常照明照度值的 10%，切换时间不应大于 5.0s。 GB/T 16275—2008　6.1.5 中央控制室、车站综合控制室、站长室、消防泵房、变配电房等应急指挥和应急设备应用场所的备用照明照度不应小于正常照明照度的 50%，切换时间不应大于 0.5s。

编号	审查点	执行设计规范（标准）情况的审查内容
12.7.5.3	应急灯具	GB 17945—2010 6.2.5 使用荧光灯为光源的灯具不应将启辉器接入应急回路，不应使用有内置启辉器的光源。 GB 17945—2010 6.3.3 集中电源型灯具（地面安装的灯具和集中控制型灯具除外）应设主电和应急电源状态指示灯，主电状态用绿色，应急状态用红色。主电和应急电源共用供电线路的灯具可只用红色指示灯。

12.8 人防配电

12.8.1 线路敷设

编号	审查点	执行设计规范（标准）情况的审查内容
12.8.1.1	线路敷设	RFJ02—2009 9.0.7 线路敷设应符合下列规定： **1** 所有穿过防护密闭墙的电气管线均应预埋防护密闭穿墙套管，并应有防护密闭措施。 **2** 电缆桥架不得直接穿过临空墙、防护密闭隔墙、密闭隔墙。当必须通过时应改为穿管敷设，并应符合防护密闭要求。 **3** 从防护区引到非防护区的照明回路，应在防护区内设置短路保护措施，或单独设置照明回路。

12.8.2 防雷措施

编号	审查点	执行设计规范（标准）情况的审查内容
12.8.2.1	一类防雷	GB 50057—2010 3.0.2 在可能发生对地闪击的地区，遇下列情况之一时，应划为第一类防雷建筑物： **1** 凡制造、使用或贮存火炸药及其制品的危险建筑物，因电火花而引起爆炸、爆轰，会造成巨大破坏和人身伤亡者。 **2** 具有 0 区或 20 区爆炸危险场所的建筑物。 **3** 具有 1 区或 21 区爆炸危险场所的建筑物，因电火花而引起爆炸，会造成巨大破坏和人身伤亡者。
12.8.2.2	二类防雷	GB 50057—2010 3.0.3 在可能发生对地闪击的地区，遇下列情况之一时，应划为第二类防雷建筑物： **1** 国家级重点文物保护的建筑物。 **2** 国家级的会堂、办公建筑物、大型展览和博览建筑物、大型火车站和飞机场、国宾馆，国家级档案馆、大型城市的重要给水泵房等特别重要的建筑物。 注：飞机场不含停放飞机的露天场所和跑道。

编号	审查点	执行设计规范（标准）情况的审查内容
12.8.2.2	二类防雷	**3** 国家级计算中心、国际通信枢纽等对国民经济有重要意义的建筑物。 **4** 国家特级和甲级大型体育馆。 **5** 制造、使用或贮存火炸药及其制品的危险建筑物，且电火花不易引起爆炸或不致造成巨大破坏和人身伤亡者。 **6** 具有1区或21区爆炸危险场所的建筑物，且电火花不易引起爆炸或不致造成巨大破坏和人身伤亡者。 **7** 具有2区或22区爆炸危险场所的建筑物。 **8** 有爆炸危险的露天钢质封闭气罐。 **9** 预计雷击次数大于0.05次/a的部、省级办公建筑物和其他重要或人员密集的公共建筑物以及火灾危险场所。 **10** 预计雷击次数大于0.25次/a的住宅、办公楼等一般性民用建筑物或一般性工业建筑物。
12.8.2.3	三类防雷	GB 50057—2010 3.0.4 在可能发生对地闪击的地区，遇下列情况之一时，应划为第三类防雷建筑物： **1** 省级重点文物保护的建筑物及省级档案馆。 **2** 预计雷击次数大于或等于0.01次/a，且小于或等于0.05次/a的部、省级办公建筑物和其他重要或人员密集的公共建筑物，以及火灾危险场所。 **3** 预计雷击次数大于或等于0.05次/a，且小于或等于0.25次/a的住宅、办公楼等一般性民用建筑物或一般性工业建筑物。 **4** 在平均雷暴日大于15d/a的地区，高度在15m及以上的烟囱、水塔等孤立的高耸建筑物；在平均雷暴日小于或等于15d/a的地区，高度在20m及以上的烟囱、水塔等孤立的高耸建筑物。
12.8.2.4	防雷措施	GB 50057—2010 4.1.1 各类防雷建筑物应设防直击雷的外部防雷装置，并应采取防闪电电涌侵入的措施。 第一类防雷建筑物和本规范第3.0.3第5～7款所规定的第二类防雷建筑物，尚应采取防闪电感应的措施。 GB 50057—2010 4.1.2-1 各类防雷建筑物应设内部防雷装置，并应符合下列规定： **1** 在建筑物的地下室或地面层处，下列物体应与防雷装置做防雷等电位连接：1）建筑物金属体。2）金属装置。3）建筑物内系统。4）进出建筑物的金属管线。 GB 50057—2010 4.3.9 第二类防雷建筑物高度超过45m的建筑物，除屋顶的外部防雷装置应符合本规范4.3.1条的规定外，尚应符合下列规定：（条文略）。

编号	审查点	执行设计规范（标准）情况的审查内容
12.8.2.5	防雷措施	**GB 50057—2010 4.4.3** 专设引下线不应少于 2 根，并应沿建筑物四周和内庭院四周均匀对称布置，其间距沿周长计算不应大于 25m。当建筑物的跨度较大，无法在跨距中间设引下线时，应在跨距两端设引下线并减小其他引下线的间距，专设引下线的平均间距不应大于 25m。 **GB 50057—2010 4.5.6-1** 在建筑物引下线附近保护人身安全需采取的防接触电压和跨步电压的措施，应符合下列规定： 1 防接触电压应符合下列规定之一： 1）利用建筑物金属构架和建筑物互相连接的钢筋在电气上是贯通且不少于 10 根柱子组成的自然引下线，作为自然引下线的柱子包括位于建筑物四周和建筑物内的。 2）引下线 3m 范围内地表层的电阻率不小于 50kΩm，或敷设 5cm 厚沥青层或 15cm 厚砾石层。 3）外露引下线，其距地面 2.7m 以下的导体用耐 1.2/50μs 冲击电压 100kV 的绝缘层隔离，或用至少 3mm 厚的交联聚乙烯层隔离。 4）用护栏、警告牌使接触引下线的可能性降至最低限度。
12.8.2.6	防雷装置	**GB 50169—2006 3.2.4** 人工接地网的敷设应符合以下规定： 1 人工接地网的外缘应闭合，外缘各角应做成圆弧形，圆弧的半径不宜小于均压带间距的一半； 2 接地网内应敷设水平均压带，按等间距或不等间距布置； 3 35kV 及以上变电站接地网边缘经常有人出入的走道处，应铺设碎石、沥青路面或在地下装设 2 条与接地网相连的均压带。 **GB 50169—2006 3.2.5** 除临时接地装置外，接地装置应采用热镀锌钢材，水平敷设的可采用圆钢和扁钢，垂直敷设的可采用角钢和钢管。腐蚀比较严重地区的接地装置，应适当加大截面，或采用阴极保护等措施。 不得采用铝导体作为接地体或接地线。当采用扁铜带、铜绞线、铜棒、铜包钢绞线、钢镀铜、铅包铜等材料作接地装置时，其连接应符合本规范的规定。 **GB 50057—2010 5.2.11** 专门敷设的接闪器应由下列的一种或多种方式组成： 1 独立接闪杆。

编号	审查点	执行设计规范（标准）情况的审查内容
12.8.2.6	防雷装置	2 架空接闪线或架空接闪网。 3 直接装设在建筑物上的接闪针、接闪带或接闪网。 GB 50057—2010 5.2.12 专门敷设的接闪器，其布置应符合表5.2.12的规定。布置接闪器时，可单独或任意组合采用接闪杆、接闪带、接闪网。 **表 5.2.12 接闪器布置** 表格如下
12.8.2.7	防雷击脉冲	GB 50057—2010 6.1.2 **当电源采用 TN 系统时，从建筑物总配电箱起供电给本建筑物内的配电线路和分支线路必须采用 TN-S 系统。**

表 5.2.12 接闪器布置

建筑物防雷类别	滚球半径 h（m）	接闪网网格尺寸（m）
第一类防雷建筑物	30	≤5×5 或≤6×4
第二类防雷建筑物	45	≤10×10 或≤12×8
第三类防雷建筑物	60	≤20×20 或≤24×16

13 通　　信

编号	审查点	执行设计规范（标准）情况的审查内容
13.1　一般规定		
13.1.1	设备限界	GB 50157—2013　16.1.13 **隧道内托板托架、线缆的设置严禁侵入设备限界；车载台无线天线的设置严禁超出车辆限界。**
13.1.2	基本要求	GB 50157—2013　16.1.1 地铁通信系统应适应运输效率、保证行车安全、提高现代化管理水平和传递语音、数据、图像等各种信息的需要，并应做到系统可靠、功能合理、设备成熟、技术先进、经济实用。
13.1.3	专用通信系统组成	GB 50157—2013　16.1.6 专用通信系统应满足正常运营方式和灾害运营方式的通信需求。在正常运营方式时，应为运营管理提供信息；在灾害运营方式时，应为防灾、救援和事故处理的指挥提供保证。
13.1.4	民用通信系统组成	GB 50157—2013　16.1.7 民用通信引入系统应满足地铁公众通信服务，可将电信运营商移动通信系统覆盖至地铁地下空间，也可引入公用电话。
13.1.5	公安通信系统组成	GB 50157—2013　16.1.8 公安通信系统应满足公安部门在地铁范围内的通信需求，并应在突发事件发生时，为公安部门在地铁内的应急调度指挥提供保证。 注：不同城市的地铁建设应结合不同时期的通信技术发展、企业运营需要和当地的经济条件，选择设置不同水平的通信系统。

编号	审查点	执行设计规范（标准）情况的审查内容
13.1.6	防灾通信	GB 50157—2013　28.5.1 地铁公务电话交换机应具有火警时能自动转换到市话网"119"的功能；同时，地铁内应配备在发生灾害时供救援人员进行地上、地下联络的无线通信设施。 GB 50157—2013　28.5.5 地铁应设置消防专用调度电话，防灾调度电话系统应在控制中心设调度电话总机，并应在车站及车辆基地设分机。
13.2　传输系统		
13.2.1	光电缆敷设	GB 50157—2003　16.2.11 地下线路的通信主干电缆、光缆应采用无卤、低烟的阻燃材料，并应具有抗电气化干扰的防护层。
13.2.2	光缆容量	GB 50157—2013　16.2.5 干线光缆容量应满足地铁通信、信号、综合监控等系统对光纤容量的需求，并应结合远期发展预留余量。
13.2.3	光电缆敷设方式	GB 50157—2013　16.2.8 通信电缆、光缆应与强电电缆分开敷设。光缆与电力电缆同径路敷设时，宜采用非金属加强芯。
13.2.4	传输系统网络	GB 50157—2013　16.2.1 地铁应建立以光纤通信为主的专用通信传输系统，并应满足地铁专用通信各子系统和信号、综合监控、电力监控、防灾、环境与设备监控和自动售检票等系统信息传输的要求。
13.2.5	传输系统接口和容量要求	GB 50157—2013　16.2.2 传输系统应采用基于光同步数字传输制式或其他宽带光数字传输制式，并应满足各系统接口的需求。传输系统容量应根据各系统对传输通道的需求确定，并应留有余量。
13.3　公务电话系统		
13.3.1	电话交换设备功能	GB 50157—2013　16.4.1 公务电话系统应由公务电话交换设备、自动电话及其附属设备组成。公务电话交换设备宜设置在负荷集中、便于管理的地点。公务电话交换设备间可通过数字中继线或 IP 网络相连。
13.3.2	交换机容量的确定原则	GB 50157—2013　16.4.6 公务电话交换设备的容量应根据机构设置、新增定员、通信业务等因素确定，并应为发展预留余量。

编号	审查点	执行设计规范（标准）情况的审查内容
13.3.3	地区用户线的传输衰耗要求	GB 50157—2013　16.4.7 公务电话交换机至所管辖范围内的地区用户线传输衰耗不应大于7dB。
13.3.4	公务电话统一编号	GB 50157—2013　16.4.8 公务电话应采用统一用户编号，在交换网中宜采用下列方式： 1　"0"或"9"为呼叫公用网的首位号码； 2　"1"为特种业务、新业务首位号码； 3　"2～8"为地铁用户的首位号码。

13.4　专用电话系统

编号	审查点	执行设计规范（标准）情况的审查内容
13.4.1	防灾、环控调度分机设置地点	GB 50157—2013　16.5.7 防灾环控调度电话分机应设置防灾环控值班人员所在的处所。
13.4.2	专用电话系统组成	GB 50157—2013　16.5.2 专用电话系统应包括调度电话、站间行车电话、车站、车辆基地专用直通电话及区间电话。
13.4.3	调度电话系统组成	GB 50157—2013　16.5.3 专用电话系统应由中心交换设备、车站（车辆基地）交换设备、终端设备、录音装置及网管设备等组成。 GB 50157—2013　16.5.4 调度电话应为控制中心调度员与各车站（车辆基地）值班员，以及与办理行车业务直接有关的工作人员提供调度通信，主要应包括行车、电力、防灾环控、维修等调度电话组。
13.4.4	站间行车电话	GB 50157—2013　16.5.9 站间行车电话应提供相邻车站值班员间办理有关行车业务联系。站间行车电话终端应设在车站值班员所在的处所。

13.5　无线通信系统

编号	审查点	执行设计规范（标准）情况的审查内容
13.5.1	系统设置	GB 50157—2013　16.3.1 无线通信系统应提供地铁控制中心调度员、车辆基地调度员、车站值班员等固定用户与列车司机、防灾、维修等移动用户之间的通信手段。
13.5.2	系统功能	GB 50157—2013　16.3.6 无线通信系统应具有选呼、组呼、全呼、紧急呼叫、呼叫优先级权限等调度通信功能，并应具有语音存储、监测功能等。
13.5.3	系统的传输方式	GB 50157—2013　16.3.4 无线通信系统应采用有线、无线相结合的传输方式。中心无线设备通过光数字传输系统或光纤与车站、车辆基地的无线基站连接，各基站应通过天线空间波传播或经漏缆的辐射构成与移动台的通信。

编号	审查点	执行设计规范（标准）情况的审查内容
13.6	**闭路电视监视系统**	
13.6.1	视频监控系统的用途	GB 50157—2013　16.6.1 视频监视系统应为控制中心调度员、各车站值班员、列车司机等提供有关列车运行、防灾、救灾及乘客疏导等方面的视觉信息。
13.6.2	系统的组成	GB 50157—2013　16.6.2 视频监视系统应由中心控制设备、车站控制设备、图像摄取、图像显示、录像及视频信号传输等设备组成。
13.6.3	摄像机的设置场所	GB 50157—2013　16.6.4 视频监视系统应在售检票大厅、乘客集散厅、上下行站台、自动扶梯、换乘通道等公共场所设置监视摄像设备；在变电设备用房及票务室、售票处等场所也可设置。
13.6.4	控制、监视装置的设置地点	GB 50157—2013　16.6.3 视频监视系统可按运营需求分为中心级和车站级两级监视，并应符合下列规定： 　1　中心级监视应在控制中心行车调度员、电力调度员、防灾环控调度员等处所设置控制、监视装置。各调度员应能任意地选择全线摄像机的图像，并应切换至相应的监视终端上； 　2　车站级监视应在车站行车值班员、防灾环控值班员等处所设置控制、监视装置。车站值班员应能任意地选择本车站中任意一组或任一个摄像机的图像，并应切换至相应的监视终端。 　司机可利用站台或驾驶室内的监视终端监视乘客上下车。
13.6.5	系统的功能	GB 50157—2013　16.6.6 视频监视系统应具备监视、控制优先级、循环显示、任意定格与锁闭、图像选择、不间断实时录像、摄像范围控制、字符叠加、远程电源控制等功能。
13.7	**广播系统**	
13.7.1	行车和防灾广播设置	GB 50157—2013　16.7.4 正线运营广播系统行车和防灾广播的区域应统一设置。防灾广播应优先于行车广播。
13.7.2	系统组成及功能	GB 50157—2013　16.7.3 正线运营广播系统在控制中心和车站均应设置行车和防灾广播控制台，控制中心广播控制台可对全线选站、选路广播，车站广播控制台可对本站管区内选路广播。

编号	审查点	执行设计规范（标准）情况的审查内容
13.7.3	广播功放设备总容量的确定原则	GB 50157—2013 16.7.9 广播系统功放设备总容量应按所有广播负荷区额定功率总和及线路的衰耗确定。功率放大器应按 $N+1$ 的方式热备用，系统应有功放自动检测倒换功能。
13.7.4	车辆段广播系统的功能	GB 50157—2013 16.7.8 车辆基地广播系统应能提供车辆基地内行车调度指挥人员向与行车直接有关的生产人员发布作业命令及有关安全信息等。车辆基地广播系统可接入运营广播系统。
13.8 时钟系统		
13.8.1	系统功能和组成	GB 50157—2013 16.8.1 时钟系统应为地铁运营提供统一的标准时间信息，并应为其他各系统提供统一的时间信号。时钟系统应由中心母钟（一级母钟）、车站和车辆基地母钟（二级母钟）、时间显示单元（子钟）组成。
13.8.2	系统设备的设置处所	GB 50157—2013 16.8.2 控制中心宜设置一级母钟，一级母钟的设置宜满足到多条线路的共享。各车站、车辆基地应设置二级母钟；中心调度室、车站综合控制室、牵引变电所值班室、站厅、站台层及其他与行车直接有关的办公室等处所应设置子钟。
13.8.3	走时精度要求	GB 50157—2013 16.8.4 一级母钟自走时精度应在 10^{-7} 以上，二级母钟自走时精度应在 10^{-6} 以上。
13.9 办公自动化系统		
13.9.1	办公自动化系统的功能	GB 50157—2013 16.9.1 办公自动化系统应为地铁运营和管理提供电子办公、信息发布、日常运作和管理、资源管理、人员交流的信息平台。
13.9.2	终端设置地点	GB 50157—2013 16.9.3 办公自动化系统可在各线路控制中心、车站、车辆基地设置数据网络设备，在与地铁运营相关办公场所应设置用户终端设备。
13.9.3	网络安全	GB 50157—2013 16.9.5 办公自动化系统应设置完善的网络安全措施。

编号	审查点	执行设计规范（标准）情况的审查内容
13.10	**电源及接地系统**	
13.10.1	通信电源系统的功能	GB 50157—2013　16.10.1 电源系统应保证对通信设备不间断、无瞬变地供电。通信电源设备应满足通信设备对电源的要求。
13.10.2	通信设备供电等级要求	GB 50157—2013　16.10.3 通信设备应按一级负荷供电。
13.10.3	通信设备接地	GB 50157—2013　16.10.7 通信设备的接地系统设计，应满足人身安全要求和通信设备的正常运行。
13.10.4	电源设备容量要求	GB 50157—2013　16.10.6 电源设备容量配置应符合下列要求： 1　直流、交流配电设备的容量应按远期负荷配置； 2　高频开关电源、不间断电源的容量应按近期配置； 3　蓄电池组的容量应按近期负荷配置，并应保证连续供电不少于2h； 4　直流供电设备蓄电池宜设置两组并联，每组容量应为总容量的1/2。交流不间断电源设备的蓄电池宜设一组。 GB 50157—2013　16.10.2 通信电源系统可按独立的电源设备设置，也可纳入综合电源系统。通信电源系统应具有集中监控管理功能。
13.10.5	通信设备接地要求	GB 50157—2013　16.10.8 地铁车站、控制中心与车辆基地宜采用综合接地方式，车辆基地也可采用分设接地方式。
13.11	**集中告警系统**	
13.11.1	集中告警系统的功能	GB 50157—2013　16.11.4 集中告警系统应利用通信各子系统具有的自诊断功能，采集通信各子系统的设备故障信息，并应进行记录和告警。
13.12	**民用通信引入系统**	
13.12.1	传输系统的功能	GB 50157—2013　16.12.2 传输系统应为移动通信引入、集中监测告警系统提供传输通道。当有条件时，民用传输系统可与专用通信传输系统合设。
13.12.2	移动通信引入系统功能	GB 50157—2013　16.12.3 移动通信引入系统应为多种民用无线信号合路及分配网络，可提供和预留不同制式的射频信号合路，并应通过天馈方式和漏缆方式将信号覆盖于地下车站和隧道空间。

编号	审查点	执行设计规范（标准）情况的审查内容
13.13	**公安通信引入系统**	
13.13.1	公安视频监视系统的功能	GB 50157—2013　16.13.2 公安视频监视系统应满足公安部门对车站范围监视的需要，可在地铁公安分局、地铁派出所及车站公安值班室进行监视。当有条件时，公安视频监视系统可与专用通信视频监视系统合设。
13.13.2	公安无线通信系统覆盖范围及功能	GB 50157—2013　16.13.3 公安无线通信引入系统应覆盖地铁范围内地下车站及隧道空间。 GB 50157—2013　16.13.4 公安无线通信引入系统应实现与既有城市公安无线通信系统的兼容及互连互通。
13.13.3	公安数据网络功能	GB 50157—2013　16.13.5 公安数据网络应能满足地铁公安分局、地铁派出所及车站公安值班室间的数据传输需求，并可接入城市公安数据网络。
13.13.4	公安电源系统功能	GB 50157—2013　16.13.6 公安电源系统应满足公安视频监视系统、公安无线通信引入系统、公安数据网络等设备的供电需求。
13.14	**通信用房要求**	
13.14.1	地铁通信用房位置安排	GB 50157—2013　16.14.4 地铁通信设备机房不应与电力变电所相邻。

14 信　号

编号	审查点	执行设计规范（标准）情况的审查内容
14.1	**信号系统的组成及功能要求**	
14.1.1	安全认证规定	GB 50157—2013　17.1.3 ATP 系统、设备及电路应符合故障导向安全的原则。采用的安全系统、设备应经过安全认证。
14.1.2	系统组成	GB 50157—2013　17.2.1 信号系统应包括 ATC 系统及车辆基地信号系统。ATC 系统应包括下列系统： 1　ATS 系统； 2　ATP 系统； 3　ATO 系统。
14.1.3	车辆及设备限界	GB 50157—2013 17.1.9 信号系统的车载设备严禁超出车辆限界，信号系统的地面设备严禁侵入设备限界。
14.2	**列车自动防护系统**	
14.2.1	ATP 及联锁设备站间通道的独立性和完整性	GB 50157—2003　17.4.5 ATP 系统站间通道，应采用独立的冗余通道。
14.2.2	ATP 系统的规定	GB 50157—2013　17.4.9-1、2 ATP 系统应符合下列要求： 1　地铁必须配置 ATP 系统，其系统安全完善度等级应满足安全完整性等级（SIL）4 级标准；ATP 系统内部设备之间的信息传输通道也应符合故障导向安全原则； 2　在安全防护预定停车地点的外方应设安全防护距离或防护区段，安全防护距离应通过计算确定。
14.2.3	ATP 系统导致列车停车应为最高安全准则	GB 50157—2013　17.4.11-1 ATP 车载设备应符合下列要求： 1　ATP 系统导致列车停车应为最高安全准则。车地连续通信中断、列车完整性电路断路、列车超速、列车的非预期移动、车载设备重要故障等均应导致列车强迫制动。

编号	审查点	执行设计规范（标准）情况的审查内容
14.2.4	连续式及点式车载设备功能	GB 50157—2013　17.4.11-5 ATP车载设备应符合下列要求： 5　列车处于停车且开门的状态下，车载设备应防止列车错误启动和非预期的移动。
14.2.5	联锁功能要求及安全性	GB 50157—2013　17.4.15-1、7 ATP设备应符合下列联锁功能要求： **1　ATP设备应确保进路上道岔、信号机和区段的连锁。连锁条件不符时，严禁进路开通。敌对进路应相互照查，不得同时开通；** **7　车站站台及车站控制室应设站台紧急关闭按钮。站台紧急关闭按钮电路应符合故障导向安全的原则。**
14.3　其他		
14.3.1	信号系统设备的供电等级，正线UPS供电范围。	GB 50157—2013　17.7.3-1 信号系统供电应符合下列要求： 1　供电负荷等级应为一级负荷，设两路独立电源。其供电品质应符合本规范第15章的有关规定。交流电源电压的波动超过交流用电设备正常工作范围时，应设稳压设备。

15 自动售检票系统

编号	审查点	执行设计规范（标准）情况的审查内容
15.1 设备配置		
15.1.1	设备配置	GB 50490—2009 8.8.10 **自动售票设备和进站检票设备的数量应满足最大预测客流量的需要；出站检票机应满足行车间隔内下车乘客全部出站的要求。** GB 50157—2013 18.1.4 自动售检票系统的设计能力应满足地铁超高峰客流量的需要。自动售检票设备的数量应按近期超高峰客流量计算确定，并应按远期超高峰客流量预留位置与安装条件。 GB 50157—2013 18.5.3 每个独立的付费区应至少设置一个双向宽通道自动检票机，宽通道自动检票机通道净距宜为 900mm。
15.2 设备布置		
15.2.1	设备布置	GB 50157—2013 18.5.4 自动售票机的设置应在满足乘客通行的基础上，保证乘客排队购票的空间。
15.3 紧急放行功能		
15.3.1	紧急放行功能	GB 50157—2013 18.1.9 **车站控制室应设置紧急控制按钮，并应与火灾自动报警系统实现联动；当车站处于紧急状态或设备失电时，自动检票机阻挡装置应处于释放状态。**
15.4 配电		
15.4.1	配电	GB 50157—2013 18.6.1 清分系统、灾备系统、线路中央计算机系统、车站计算机系统、车站终端设备的用电负荷应为一级负荷，维修测试系统的用电负荷宜为二级负荷。 GB 50054—2011 6.1.2 配电线路装设的上下级保护电器，其动作特性应具有选择性，且各级之间应能协调配合。非重要负荷的保护电器，可采用部分选择性或无选择性切断。

编号	审查点	执行设计规范（标准）情况的审查内容
15.5　其他		
15.5.1	接地	GB 50157—2013　18.6.5 车站终端设备、金属管、槽、接线盒、分线盒等应进行电气连接，并应可靠接地。 GB 50381—2010　12.2.4（GB 50303—2002　9.1.4） UPS输出端的中性线（N级），必须与由接地装置直接引来的接地干线相连接并重复接地。UPS装置的可接近裸露导体应接地可靠，且应有标识。 检验数量：抽查10%。 检验方法：观察检查。 JGJ 16—2008　6.3.6 UPS系统的交流输入电源应符合本规范第6.2.5条的规定。 在TN-S供电系统中，UPS装置的交流输入端宜设置隔离变压器或专用变压器；当UPS输出端的隔离变压器为TN-S、TT接地形式时，中性点应接地。 GB 50381—2010　12.4.2-4、5 接地安装应符合下列规定： 4　屏蔽接地要求数据电缆屏蔽层应单点接地。 5　接地连接绝缘铜芯导线截面面积不得小于16mm²。
15.5.2	防雷	GB 50311—2007　7.0.9 **当电缆从建筑物外面进入建筑物时，应选用适配的信号线路浪涌保护器，信号线路浪涌保护器应符合设计要求。**
15.5.3	电线、电缆要求	GB 50157—2013 15.4.1 系统采用的电力电缆应符合下列规定： **1　地下线路应采用无卤、低烟的阻燃电线和电缆；** 2　地上线路可采用低卤、低烟的阻燃电线和电缆。 GB 50157—2013　18.6.3 自动售检票系统采用的电线和电缆应符合本规范第15.4.1条的规定。
15.5.4	管线敷设	GB 50157—2013　18.6.6 通信电缆应与电源电缆分管或分槽敷设，预埋管、槽、盒应防水、防尘，并应避开围栏立柱设置的位置。

16 火灾自动报警系统

编号	审查点	执行设计规范（标准）情况的审查内容
16.1 一般规定		
16.1.1	一般规定	GB 50157—2013 19.1.1 车站、区间隧道、区间变电所及系统设备用房、主变电所、集中冷站、控制中心、车辆基地，应设置火灾自动报警系统（FAS）。 GB 50157—2013 19.1.2 火灾自动报警系统的保护对象分级应根据其使用性质、火灾危险性、疏散和扑救难度等确定，并应符合下列规定： 1 地下车站、区间隧道和控制中心，保护等级应为一级； 2 设有集中空调系统或每层封闭的建筑面积超过 2000m² ，但面积不超过 3000m² 的地面车站、高架车站，保护等级应为二级，面积超过 3000m² 的保护等级应为一级。
16.2 系统组成及功能		
16.2.1	系统组成及功能	GB 50157—2013 19.2.3 火灾自动报警系统的中央级监控管理系统宜由操作员工作站、打印机、通信网络、不间断电源和显示屏等设备组成，并应具备下列功能： 1 接收全线火灾灾情信息，对线路消防系统、设施监控管理； 2 发布火灾涉及有关车站消防设备的控制命令； 3 接收并储存全线消防报警设备主要的运行状态； 4 与各车站及车辆基地等火灾自动报警系统进行通信联络； 5 火灾事件历史资料存档管理。 GB 50157—2013 19.2.4 火灾自动报警系统的车站级应由火灾报警控制器、消防控制室图形显示装置、打印机、不间断电源和消防联动控制器手动控制盘等组成，并应具备下列功能： 1 与火灾自动报警系统中央级管理系统及本车站现场级监控系统间进行通信联络； 2 管辖范围内实时火灾的报警，监视车站管辖内火灾灾情； 3 采集、记录火灾信息，并报送火灾自动报警系统中央监控管理级； 4 显示火灾报警点，防、救灾设施运行状态及所在位置画面；

编号	审查点	执行设计规范（标准）情况的审查内容
16.2.1	系统组成及功能	5　控制地铁消防救灾设备的启、停，并显示运行状态； 6　接受中央级火灾自动报警系统指令或独立组织、管理、指挥管辖范围内的救灾； 7　发布火灾联动控制指令。 GB 50157—2013　19.2.5 火灾自动报警系统现场控制级应由输入输出模块、火灾探测器、手动报警按钮、消防电话及现场网络等组成，并应具备下列功能： 1　监视车站管辖范围内灾情，采集火灾信息； 2　消防泵的低频巡检信号、运行状态、设备故障、管压力信号； 3　监视消防电源的运行状态； 4　监视车站所有消防救灾设备的工作状态。

16.3　消防联动控制

16.3.1	消防联动控制	GB 50157—2013　19.3.1 **消防联动控制系统应实现包括消火栓系统、自动灭火系统、防烟排烟系统，以及消防电源及应急照明、疏散指示、防火卷帘、电动挡烟垂帘、消防广播、售检票机、站台门、门禁、自动扶梯等系统在火灾情况下的消防联动控制。** GB 50157—2013　19.3.2 消火栓系统的控制应符合下列要求： 1　应控制消防泵的启、停； 2　车站综控室（消防控制室）应能显示消防泵的工作、故障和手/自动开关状态、消火栓按钮工作位置，并应实现消火栓泵的直接手动启动、停止； 3　车站级火灾自动报警系统应控制消防给水干管电动阀门的开关，并应显示其工作状态； 4　设消防泵的消火栓处应设消火栓启泵按钮，并可向消防控制室发送启动消防泵的信号。 GB 50157—2013　19.3.3 车站火灾自动报警系统应显示自动灭火系统保护区的报警、喷气、风阀状态，以及手/自动转换开关所处状态。 GB 50157—2013　19.3.4 防烟、排烟系统的控制应符合下列规定： 1　应由火灾自动报警系统确认火灾，并应发布预定防烟、排烟模式指令； 2　应由火灾自动报警系统直接联动控制，也可由环境与设备监控系统或综合监控系统接收指令对参与防、排烟的非消防专用设备执行联动控制；

编号	审查点	执行设计规范（标准）情况的审查内容
16.3.1	消防联动控制	3 环境与设备监控系统或综合监控系统接受火灾控制指令后，应优先进行模式转换，并应反馈指令执行信号； 4 火灾自动报警系统直接联动的设备应在火灾报警显示器上显示运行模式状态。 GB 50157—2013 19.3.5 车站火灾自动报警系统对消防泵和专用防烟、排烟风机，除应设自动控制外，尚应设手动控制；对防烟、排烟设备还应设手动和自动的模式控制装置。 GB 50157—2013 19.3.6 消防电源、应急照明及疏散指示的控制，应符合下列规定： 1 火灾自动报警系统确认火灾后，消防控制设备应按消防分区在配电室或变电所切断相关区域的非消防电源； 2 火灾自动报警系统确认火灾后，应接通应急照明灯和疏散标志灯电源，并应监视工作状态的功能。 GB 50157—2013 19.3.7 消防联动对其他系统的控制应符合下列要求： 1 应自动或手动将广播转换为火灾应急广播状态； 2 闭路电视系统应自动或手动切换至相关画面； 3 应自动或手动打开检票机，并应显示其工作状态； 4 应根据火灾运行模式或工况自动或手动控制车站站台门开启或关闭，并应显示工作状态； 5 应自动解锁火灾区域门禁，并宜手动解锁全部门禁； 6 防火卷帘门、电动挡烟垂帘应自动降落，并应显示工作状态； 7 电梯应迫降至首层，并应接收电梯的状态反馈信息；在人员监视的状态下应控制站内自动扶梯的停运或疏散运行。

16.4 火灾探测器与报警装置的设置

| 16.4.1 | 探测区域划分 | GB 50157—2013 19.4.4
探测区域的划分应符合下列规定：
1 站厅、站台等大空间部位每个防烟分区应划分为独立的火灾探测区域。一个探测区域的面积不宜超过 1000m²；
2 其他部位探测区域的划分，应符合现行国家标准《火灾自动报警系统设计规范》GB 50116 的有关规定。
GB 50116—2013 3.3.3
下列场所应单独划分探测区域：
1 敞开或封闭楼梯间、防烟楼梯间。
2 防烟楼梯间前室、消防电梯前室、消防电梯与防烟楼梯间合用的前室、走道、坡道。
3 电气管道井、通信管道井、电缆隧道。
4 建筑物闷顶、夹层。 |

编号	审查点	执行设计规范（标准）情况的审查内容
16.4.2	火灾探测器及手动报警按钮	GB 50157—2013　19.4.5 **地下车站的站厅层公共区、站台层公共区、换乘公共区、各种设备机房、库房、值班室、办公室、走廊、配电室、电缆隧道或夹层，以及长度超过60m的出入口通道，应设置火灾探测器。** GB 50157—2013　19.4.6 　　地面及高架车站封闭式的站厅、各类设备用房、管理用房、配电室、电缆隧道或夹层，应设置火灾探测器。 GB 50157—2013　19.4.7 　　控制中心和车辆基地的车辆停放车间、维修车间、重要设备用房、可燃物品仓库、变配电室，以及火灾危险性较大的场所，应设置火灾探测器。 GB 50157—2013　19.4.10 　　地下区间隧道、长度超过30m的出入口通道应设置手动报警按钮。区间手动报警按钮设置位置宜与区间消火栓的位置结合设置。 GB 50116—2013　6.2.4 　　在宽度小于3m的内走道顶棚上设置点型探测器时，宜居中布置。感温火灾探测器的安装间距不应超过10m；感烟火灾探测器的安装间距不应超过15m；探测器至端墙的距离，不应大于探测器安装间距的1/2。 GB 50116—2013　6.2.5 　　点型探测器至墙壁、梁边的水平距离，不应小于0.5m。 GB 50116—2013　6.2.6 　　点型探测器周围0.5m内，不应有遮挡物。 GB 50116—2013　6.2.8 　　点型探测器至空调送风口边的水平距离不应小于1.5m，并宜接近回风口安装。探测器至多孔送风顶棚孔口的水平距离不应小于0.5m。 GB 50116—2013　6.2.15-2 　　线型光束感烟火灾探测器的设置应符合下列规定： 　　2　相邻两组探测器的水平距离不应大于14m，探测器至侧墙水平距离不应大于7m，且不应小于0.5m，探测器的发射器和接收器之间的距离不宜超过100m。 GB 50116—2013　6.3.1 　　每个防火分区应至少设置一只手动火灾报警按钮。从一个防火分区内的任何位置到最邻近的手动火灾报警按钮的步行距离不应大于30m。手动火灾报警按钮宜设置在疏散通道或出入口处。列车上设置的手动火灾报警按钮，应设置在每节车厢的出入口和中间部位。

编号	审查点	执行设计规范（标准）情况的审查内容
16.4.3	报警控制器	GB 50116—2013　3.1.5 任一台火灾报警控制器所连接的火灾探测器、手动火灾报警按钮和模块等设备总数和地址总数，均不应超过 3200 点，其中每一总线回路连结设备的总数不宜超过 200 点，且应留有不少于额定容量 10% 的余量；任一台消防联动控制器地址总数或火灾报警控制器（联动型）所控制的各类模块总数不应超过 1600 点，每一联动总线回路连结设备的总数不宜超过 100 点，且应留有不少于额定容量 10% 的余量。
16.4.4	短路隔离器	GB 50116—2013　3.1.6 **系统总线上应设置总线短路隔离器，每只总线短路隔离器保护的火灾探测器、手动火灾报警按钮和模块等消防设备的总数不应超过 32 点；总线穿越防火分区时，应在穿越处设置总线短路隔离器。**

16.5　消防控制室

编号	审查点	执行设计规范（标准）情况的审查内容
16.5.1	消防控制室	GB 50116—2013　3.4.6 **消防控制室内严禁穿过与消防设施无关的电气线路及管路。** GB 50116—2013　3.4.7 消防控制室不应设置在电磁场干扰较强及其他影响消防控制室设备工作的设备用房附近。 GB 50116—2013　3.4.8-1～4 消防控制室内设备的布置应符合下列规定： 1　设备面盘前的操作距离，单列布置时不应小于 1.5m；双列布置时不应小于 2m。 2　在值班人员经常工作的一面，设备面盘至墙的距离不应小于 3m。 3　设备面盘后的维修距离不宜小于 1m。 4　设备面盘的排列长度大于 4m 时，其两端应设置宽度不小于 1m 的通道。

16.6　供电、防雷与接地

编号	审查点	执行设计规范（标准）情况的审查内容
16.6.1	供电	GB 50157—2013　19.6.1 火灾自动报警系统应设有主电源和直流备用电源；主电源的负荷等级应为一级。 GB 50157—2013　19.6.2 火灾自动报警系统直流备用电源宜采用专用蓄电池或集中设置的蓄电池组供电，其容量应保证主电源断电后连续供电 1h。采用集中设置蓄电池时，火灾报警控制器供电回路应单独设置。 GB 50116—2013　10.1.4 火灾自动报警系统主电源不应设置剩余电流动作保护和过负荷保护装置。

编号	审查点	执行设计规范（标准）情况的审查内容
16.6.2	防雷与接地	GB 50157—2013　19.6.5-1 火灾自动报警系统接地装置的接地电阻值，应符合下列要求： 1　采用综合接地装置时，接地电阻值不应大于1Ω。 GB 50157—2013　19.6.6 火灾自动报警系统应设置等电位连接网络。

16.7　布线

编号	审查点	执行设计规范（标准）情况的审查内容
16.7.1	布线	GB 50116—2013　11.2.2 **火灾自动报警系统的供电线路、消防联动控制线路应采用耐火铜芯电线电缆，报警总线、消防应急广播和消防专用电话等传输线路应采用阻燃或阻燃耐火电线电缆。** GB 50157—2013　19.7.1 铜芯绝缘导线、铜芯电缆线芯的最小截面面积不应小于表19.7.1的规定。

表 19.7.1　铜芯绝缘导线和铜芯电缆线芯的最小截面面积（mm²）

序号	类别	线芯的最小截面面积
1	穿管敷设的绝缘导线	1.00
2	线槽内敷设的绝缘导线	0.75
3	多芯电缆	0.50

GB 50157—2013 19.7.3

水平敷设的火灾自动报警系统的传输线路，当采用穿管布线时，不同防火分区的线路不应穿入同一根管内。

17 综合监控系统

编号	审查点	执行设计规范（标准）情况的审查内容
17.0.1	一般规定及系统设置原则	GB 50157—2013　20.1.5 综合监控系统应为线网运营控制中心提供有关信息。 （实现线网运营管理协调功能）。 GB 50157—2013　20.2.3 中央级综合监控系统应设置冗余局域网，车站/车辆基地综合监控系统宜设置冗余局域网。 GB 50157—2013　20.2.4 车站控制室应设置综合监控系统综合后备盘；综合后备盘盘面的设置应根据设备故障或火灾等情况下功能的重要性及车站控制室工作人员位置由近及远设置。
17.0.2	系统基本功能	GB 50157—2013　20.3.1 综合监控系统应具备对被集成系统的监控和管理，以及对互联系统的监控和联动控制功能。 GB 50157—2013　20.3.3 综合监控系统应具备群组控制、模式控制和点动控制功能。 GB 50157—2013　20.3.4 综合监控系统应具备下列主要基本功能： 1　控制功能； 2　监视功能； 3　报警管理； 4　趋势分析； 5　报表生成； 6　权限管理； 7　系统组态； 8　档案管理； 9　系统维护和诊断。
17.0.3	系统其他功能	1　建立集成、互联子系统的共享信息平台，实现子系统之间的信息互通和联动功能（正常模式、灾害模式、阻塞模式、故障模式、维护模式）。 2　应满足各级调度员（控制中心、车站、车辆段、停车场等）、各类调度员（电力监控系统、FAS、BAS等）的监控需求。 3　应急管理功能：IBP盘（综合后备盘）的控制功能及控制范围。 4　系统应具备网管功能、设备维护功能及培训功能。 5　系统应具备可靠的信息存储功能。

编号	审查点	执行设计规范（标准）情况的审查内容
17.0.4	硬件配置	GB 50157—2013　20.4.1 综合监控系统设备应选择可靠、可维护、易扩展的工业级网络及控制产品。 GB 50157—2013　20.4.2 中央级硬件应按下列要求配置： 　　1　应配置冗余实时服务器； 　　2　应配置历史服务器及相关存储设备； 　　3　应配置调度员工作站； 　　4　可配置维护工作站； 　　5　应至少配置一台事件打印机及一台报表打印机； 　　6　应配置前端通信处理器及网络设备； 　　7　应配置在线式不间断电源； 　　8　可配置模拟屏或大屏幕显示系统。 GB 50157—2013　20.4.3 车站级硬件应按下列要求配置： 　　1　可根据运营管理需要，在每座车站配置一套冗余实时服务器，或几个车站合设一套冗余实时服务器； 　　2　宜配置操作员工作站； 　　3　应配置一台打印机兼作事件和报表打印功能； 　　4　宜配置前端通信处理器及网络设备； 　　5　应配置一套综合后备盘（IBP）； 　　6　宜配置在线式不间断电源，也可设置弱电系统集中在线式不间断电源。
17.0.5	软件基本要求	GB 50157—2013　20.5.1 综合监控软件应符合下列要求： 　　1　应采用分层分布式软件架构； 　　2　应采用模块化结构； 　　3　应是一个开放系统，采用标准的编程语言和编译器，并应支持多种硬件构成，应具有对不同制造商产品的集成能力（包括接口协议、数据、工作模式等）； 　　4　应提供优良的实时处理能力，并应通过采用关键数据主动上传、订阅/发布、事件驱动等机制，提供合理的数据流结构框架和优良的远动能力； 　　5　可充分利用和发挥硬件系统的能力，支持多任务多用户并发访问，支持内存数据库和动态缓存技术，支持数据的存储、转发；

编号	审查点	执行设计规范（标准）情况的审查内容
17.0.5	软件基本要求	6 应提供有效的冗余设计；单个模块/部件故障甚至部分交叉故障不应引起数据的丢失和系统的瘫痪； 7 应具有标准化、实用化、可复用和易扩展的特征，并应支持综合监控系统多专业集成和互联，以及支持综合监控项目分专业、分包和分期实施； 8 应满足集成子系统特殊进程的要求； 9 应具备方便的用户组态、监控设备类增减及人机界面修改等功能。 GB 50157—2013 20.5.2 综合监控系统软件应便于增减接口及车站数量；并应具备接入上层信息管理系统功能。
17.0.6	线路	GB 50157—2013 20.7.1-2 综合监控系统电线和电缆应符合下列规定： 2 管线敷设应采取抗电磁干扰措施。信号线与电源线不应共用一条电缆，也不应敷设在同一根金属管内。采用屏蔽线缆时，应保持屏蔽层的连续性，屏蔽层宜一点接地。
17.0.7	电源	GB 50157—2013 20.7.2 综合监控系统供电应符合下列规定： 1 供电负荷等级应为一级负荷； 2 综合监控系统宜选用不间断电源系统（UPS）设备和免维护蓄电池设备。控制中心，车站综合监控设备的 UPS 电池后备时间应相同，其供电时间不宜小于 1h。
17.0.8	保护措施	GB 50157—2013 20.7.3 综合监控系统设备的接地系统应符合下列规定： 1 综合监控系统设备室内应设综合接地箱；综合监控系统应接入综合接地系统弱电母排，接地电阻不应大于 1Ω； 2 计算机设备宜根据相应产品或系统的要求一点接地或浮空，现场机柜应接地。
17.0.9	防雷	有雷电干扰的场所，应按《建筑物电子信息系统防雷技术规范》GB 50343—2012 的要求采取防护措施。

18　环境与设备监控系统

编号	审查点	执行设计规范（标准）情况的审查内容
18.0.1	一般规定及系统设置原则	GB 50157—2013　21.2.4 　　环境与设备监控系统和火灾自动报警系统之间应设置通信接口；火灾工况应由火灾自动报警系统发布火灾模式指令，环境与设备监控系统应优先执行相应的控制程序。 GB 50157—2013　21.1.1 　　环境与设备的监控应针对地铁系统的特点、线路敷设方式和所属地域的气候条件设置相应的环境与设备监控系统（BAS）。 GB 50157—2013　21.1.3 　　环境与设备的监控系统的设置应遵循分散控制、集中管理、资源共享的基本原则。 GB 50157—2013　21.2.2 　　环境与设备监控系统应采用分层、分布式计算机控制系统，并应由中央监控管理级、车站监控级、现场控制级及相关通信网络组成。
18.0.2	基本系统功能	GB 50157—2013　21.3.1 　　环境与设备监控系统应具备下列功能： 　　1　车站及区间机电设备监控； 　　2　执行防灾及阻塞模式； 　　3　车站环境监测； 　　4　车站环境和设备的管理； 　　5　系统用能计量； 　　6　设备节能运行管理与控制； 　　7　系统维护。
18.0.3	基本功能	GB 50157—2013　21.3.3 　　执行防灾和阻塞模式应具备下列功能： 　　1　接收车站自动或手动火灾模式指令，执行车站防烟、排烟模式； 　　2　接收列车区间停车位置、火灾部位信息，执行隧道防排烟模式； 　　3　接收列车区间阻塞信息，执行阻塞通风模式； 　　4　监控车站乘客导向标识系统和应急照明系统； 　　5　监视各排水泵房危险水位。

编号	审查点	执行设计规范（标准）情况的审查内容
18.0.3	基本功能	GB 50157—2013　21.3.2 车站及区间机电设备的监控应具备下列功能： 1　中央和车站两级监控管理； 当集成于综合监控系统时，车站级、中央级功能由综合监控系统实现。 2　环境与设备监控系统控制指令应能分别从中央工作站、车站工作站和车站综合后备盘人工发布或由程序自动判定执行，并具有越级控制功能； 3　用户权限管理。 注：对于设备操作的优先级遵循人工高于自动的原则；具备注册和权限设定功能。
18.0.4	优化控制	GB 50490—2013　8.7.4 **环境监控与节能运行管理应具备下列功能：** **1　通过对环境参数的检测，对能耗进行统计分析。** **2　控制通风、空调设备优化运行，提高整体环境的舒适度及降低能源消耗。**
18.0.5	硬件配置	GB 50157—2013　21.4.3-1、2、4、5 车站级硬件设备应按下列要求配置： 1　应配置工业控制计算机作为车站级操作工作站； 2　应配置在线式不间断电源，后备时间不应小于 1h； 4　应在车站控制室配置综合后备控制盘，作为环境与设备监控系统火灾工况自动控制的后备措施，其操作权限应高于车站和中央操作工作站，盘面应以火灾工况操作为主，操作程序应力求简便、直接； 5　当环境与设备监控系统被综合监控系统集成时，车站级硬件设备及综合后备盘应由综合监控系统设置。 GB 50157—2013　21.4.2-1～5、7、8 中央级硬件设备应按下列要求配置： 1　应配置两台操作工作站，并列运行或采用冗余热备技术； 2　可配置一台维护工作站，应能监视全线环境与设备监控系统运行情况； 3　可配置两台冗余服务器； 4　应至少配置一台事件信息打印机及一台报表打印机； 5　应配置在线式不间断电源，后备时间不应小于 1h； 7　应与通信系统母钟时间同步； 8　当环境与设备监控系统被综合监控系统集成时，中央级硬件设备应由综合监控系统设置。

编号	审查点	执行设计规范（标准）情况的审查内容
18.0.6	系统网络	GB 50157—2013　21.6.1 网络结构应符合下列规定： 1　中央级与车站级之间的传输网络可由通信传输系统提供，或独立组建工业以太网； 2　应满足中央级和车站级监控的实时性要求； 3　应具备减少故障波及面，单点故障不应影响网络正常通信的功能； 4　系统应具有良好的可靠性、开放性和可扩展性。 注：设置综合监控系统时，BAS中央至车站网络由综合监控系统实现。 GB 50157—2013　21.6.5-1、4 车站级网络应具有下列功能： 1　车站级局域网连接控制器、操作工作站和通信设备，应保证数据传输实时可靠，并应具备良好的开放性、扩展性并采用标准通信协议； 4　应具备抗电磁干扰能力。
18.0.7	布线	GB 50157—2013　21.7.6 **环境与设备监控系统的信号线与电源线不应共用电缆，也不应敷设在同一根金属套管内。** GB 50157—2013　21.7.2 环境与设备监控系统管线布置应具有安全可靠性、开放性、灵活性及可扩展性。 GB 50157—2013　21.7.5 环境与设备监控系统布线应避免周围环境电磁干扰的影响。
18.0.8	接地	GB 50157—2013　21.7.7 采用屏蔽布线系统时，应保持系统中屏蔽层的连续性。 GB 50157—2013　21.7.9 环境与设备监控系统现场机柜均应可靠接地。 GB 50157—2013　21.7.11 接地电阻不应大于1Ω。
18.0.9	防雷	GB 50343—2012 高架站（地面站）、车辆段、停车场、主变电所、控制中心大楼等地面建筑应采取对雷电的防护措施。

19 乘客信息系统

编号	审查点	执行设计规范（标准）情况的审查内容
19.0.1	终端设备布置	GB 50157—2013　22.3.3-1、2 车站子系统宜配备数据服务器、操作员工作站及各类终端显示设备。终端显示设备配置应符合下列规定： 1　车站站台应配置终端显示设备，每侧站台终端显示设备数量不宜少于 6 块； 2　车站站厅宜配置终端显示设备，终端显示设备数量不宜少于 4 块。
19.0.2	系统图及配线图	GB 50157—2013　22.6.1 乘客信息系统的数据线与电源线不应共用电缆，并不应敷设在同一根金属套管内。 GB 50157—2013　22.6.3 数据线应采用无卤、低烟的阻燃屏蔽电缆。

20　门　　禁

编号	审查点	执行设计规范（标准）情况的审查内容
20.0.1	系统原则	GB 50157—2013　23.1.7 　　设有门禁装置的通道门、设备及管理用房门的电子锁，应满足防冲撞和消防疏散的要求。电子锁应具备断电自动释放功能，设备及管理用房门电子锁还应具备手动机械解锁功能。 GB 50157—2013　23.1.8 　　门禁系统应实现与火灾自动报警系统的联动控制。车站控制室综合后备控制盘（IBP）上应设置门禁紧急开门控制按钮，并应具备手动、自动切换功能。
20.0.2	系统功能	GB 50157—2013　23.4.1 　　线网中央级系统功能应符合下列要求： 　　1　应具有门禁授权管理、数据库管理、黑名单管理、设备监视与控制功能； 　　2　应向线路中央级系统下达系统工作参数、授权参数、黑名单等信息； 　　3　应接收线路中央级系统上传的线路数据，并应实现数据的统计、报表、分类存储和打印； 　　4　应查询线网系统信息； 　　5　应统一管理线网内合法持卡人的访问权限； 　　6　应具有换乘车站的跨线授权管理功能； 　　7　系统应具有登录、修改、操作、报警等信息的系统日志功能。 GB 50157—2013　23.4.2 　　线路中央级系统功能应符合下列要求： 　　1　应具有门禁授权管理、数据库管理、设备监视与控制功能； 　　2　应接收线网中央级系统下达的工作参数、授权参数、黑名单等信息； 　　3　应向线网中央级系统上传线路系统的数据和系统状态信息； 　　4　应向车站级系统下达系统工作参数、授权参数、黑名单等信息； 　　5　应接收车站级系统上传的数据，并应实现数据的统计、报表、分类存储和打印； 　　6　应查询线路系统信息； 　　7　应统一管理线路内合法持卡人的访问权限； 　　8　系统应具有登录、修改、操作、报警等信息的系统日志功能。

编号	审查点	执行设计规范（标准）情况的审查内容
20.0.2	系统功能	GB 50157—2013　23.4.3 车站级系统功能应符合下列要求： 1　应接收线路中央级系统下载的系统参数、授权参数、黑名单等信息，并应下传至现场级系统和终端设备； 2　应监控现场级系统和终端设备的运行状态，并应将数据上传至线路中央级系统； 3　应进行实时状态监控、报警及打印； 4　授权人员可通过系统设定，应临时设置本车站管理区域内的进出权限，并应实现人员权限、区域管理、时间控制和联动控制及人工控制等功能； 5　线路中央级系统发生故障或传输网络中断时，车站级系统应能独立运行。 GB 50157—2013　23.4.4 现场级系统和终端设备功能应符合下列要求： 1　车站控制器应接收车站级系统下载的系统参数、授权参数、黑名单等信息，并应下传至本地控制器； 2　车站控制器应监控本地控制器、读卡器等的运行状态，应向车站级系统上传卡识别、控制动作、设备运行及门开闭状态等信息； 3　车站控制器应具备在线、离线、灾害及维修等运行模式； 4　车站控制器应具有本地数据存储和保护功能； 5　本地控制器应接收车站控制器下载的系统参数、授权参数、黑名单等信息，并应下传至读卡器； 6　本地控制器应监控读卡器等的运行状态，应向车站控制器上传卡识别、控制动作、设备运行及门开闭状态等信息； 7　本地控制器应根据指令或权限向读卡器发出动作信号，读卡器应向电子锁发出动作信号，应控制电子锁执行门的开启和锁闭操作； 8　本地控制器应具备在线、离线、灾害及维修等运行模式； 9　本地控制器应具有本地数据存储和保护功能。 GB 50157—2013　23.4.6 电子锁应具有断电释放的功能。
20.0.3	系统配置	GB 50157—2013　23.1.9 车站级以下系统和设备应按工业级标准进行设计，并应满足地铁车站环境的要求。

编号	审查点	执行设计规范（标准）情况的审查内容
20.0.4	系统接口	GB 50157—2013　23.6.1 门禁系统应具有与通信、综合监控（或安防）、火灾自动报警、低压配电等系统及建筑专业的接口等功能。
20.0.5	其他	GB 50157—2013　23.5.1 系统设备及管线应安装和敷设在安全区域。 GB 50157—2013　23.5.3 读卡器在公共区可根据需要明装或暗装，安装方式应与建筑装修协调配合；控制按钮的安装应便于识别和操作。

21 站内客运设备

编号	审查点	执行设计规范（标准）情况的审查内容
21.1	**自动扶梯和自动人行道**	
21.1.1	选型要求	GB 50157—2013　25.1.1 　地铁应采用公共交通型自动扶梯和自动人行道。 GB 50157—2013　25.1.3 　设置于室外的自动扶梯应选用室外型产品，上下平台应配有防滑措施；严寒地区应配有防止冰雪积聚设施。 GB 50157—2013　25.1.6 　事故疏散用自动扶梯，应按一级负荷供电。 GB 50157—2013　25.1.7 　自动扶梯和自动人行道机坑内应采用重力流排水。无重力流排水条件时，应在机坑外设集水坑和配备排水设施。自动扶梯应配置油水分离设备。
21.1.2	主要技术参数	GB 50157—2013　25.1.10 　**自动扶梯和自动人行道的传输设备应采用阻燃材料。** GB 50157—2013　25.1.15 　**当自动扶梯额定速度为 0.5m/s，且提升高度不大于 6m 时，上、下水平梯级数量不得少于 2 块；当额定速度为 0.5m/s，且提升高度大于 6m 时，上、下水平梯级数量不得少于 3 块；当额定速度等于 0.65m/s 时，上、下水平梯级数量不得少于 3 块；当额定速度大于 0.65m/s 时，上、下水平梯级数量不得少于 4 块。**
21.1.3	自动扶梯和自动人行道的各支点预埋	GB 50157—2013　25.1.18 　自动扶梯和自动人行道的各支点应按产品要求设置预埋件和预留吊装条件。
21.2	**电梯**	
21.2.1	选型要求	GB 50157—2013　25.2.8 　**当电梯兼做消防梯时，其设施应符合消防电梯的功能，供电应采用一级负荷。**

编号	审查点	执行设计规范（标准）情况的审查内容
21.2.2	主要技术参数	GB 50157—2013　25.2.10 电梯额定载重不应小于 800kg。 GB 50157—2013　25.2.11 电梯的额定速度不应小于 0.63m/s 。
21.2.3	电梯井道预埋要求	GB 50157—2013　25.2.16 电梯井道应根据产品要求在土建工程中设置预埋件、预留孔、预留槽和起重吊环。
21.2.4	电梯的安装位置	GB 50157—2013　25.2.17 电梯的安装位置应避开土建结构的诱导缝和变形缝。

21.3　轮椅升降机

编号	审查点	执行设计规范（标准）情况的审查内容
21.3.1	选型要求	GB 50157—2013　25.3.1 露天出入口应选用室外型轮椅升降机。
21.3.2	主要技术参数	GB 50157—2013　25.3.5 轮椅升降机平台面应采用防滑材料，平台四周应设护栏。

22 站 台 门

编号	审查点	执行设计规范（标准）情况的审查内容
22.1　一般规定		
22.1.1	基本要求	GB 50157—2013　26.1.7 **站台门不得作为防火隔离装置。** GB 50157—2013　26.1.8 **地下车站站台门系统的绝缘材料、密封材料和电线电缆等应采用无卤、低烟的阻燃材料；地面和高架车站站台门系统的绝缘材料、密封材料和电线电缆等应采用低卤、低烟的阻燃材料。**
22.1.2	相关接口要求	GB 50157—2013　26.1.14 站台门系统应具备与信号、综合监控（或环境与设备监控）、车辆、低压配电等系统的接口条件。
22.2　主要技术指标		
22.2.1	主要技术指标	应满足 GB 50157—2013 第 26.2 小节的要求
22.3　布置与结构		
22.3.1	平面图中安全门的布置及尺寸	GB 50157—2013　26.3.2 站台门的滑动门与列车客室门在位置、数量上均应对应。 GB 50157—2013　26.3.3 每樘滑动门净开度应计算信号系统的停车精度，且不应小于列车门的净开度。单扇端门的最小开度不应小于 0.9m，单扇应急门净开度不应小于 1.1m。 GB 50157—2013　26.3.4 高站台门中的滑动门、应急门的净高度不应低于 2m；低站台门门体的高度不应低于 1.2m。 GB 50157—2013　26.3.5 在站台门范围内的适当位置应设置应急门，站台每侧应急门的数量宜为远期列车编组数。 GB 50157—2013　26.3.9 在正常的列车停车精度范围内，站台门在开、关门状态下不应影响列车司机出入。

编号	审查点	执行设计规范（标准）情况的审查内容
22.4 运行与控制		
22.4.1	运行与控制系统的组成及相关要求	GB 50157—2013 26.4.7 站台门应具有障碍物探测功能，应探测到厚度为 5mm～10mm，且最小宽度为 40mm 的硬障碍物。
22.5 供电与接地		
22.5.1	供电要求	GB 50157—2013 26.5.1 站台门系统应按一级负荷供电。驱动电源和控制电源供电回路宜相互独立。 GB 50157—2013 26.5.2 站台门驱动后备电源储能，应能满足在 30min 内至少完成开、关滑动门三次循环的需要。 GB 50157—2013 26.5.4 驱动电源、控制电源与外电源的隔离阻抗不应小于 5MΩ。
22.5.2	接地要求	GB 50157—2013 26.5.6 站台门设备室设备应采用综合接地，接地电阻不应大于 1Ω。 GB 50157—2013 26.5.7 站台门与列车车厢宜保持等电位，当与钢轨有联接需求时，等电位要求应符合下列规定： 1 站台门与钢轨应采用单点等电位连接，门体与钢轨连接等电位电阻值不应大于 0.4Ω； 2 正常情况下人体可触及的站台门金属构件应与车站结构绝缘，门体与车站结构之间的绝缘电阻不应小于 0.5MΩ。每侧站台门应保持整体等电位。 GB 50157—2013 26.5.8 当站台门与列车车厢无等电位要求时，站台门应通过接地端子接地，接地电阻不应大于 1Ω。

23 车 辆 基 地

编号	审查点	执行设计规范（标准）情况的审查内容
23.1 工艺		
23.1.1 一般规定		
23.1.1.1	车辆段的工艺设计依据	GB 50157—2013　27.2.2 车辆段与停车场设计应以车辆的技术条件和参数为依据。
23.1.2 车辆段与停车场的功能、规模及总平面布置		
23.1.2.1	占地面积的经济性	应符合《城市轨道交通工程项目建设标准》（建标104—2008）的规定，功能用地不超出本工程初步设计审查核准用地范围。
23.1.2.2	公众安全性	GB 50157—2013　27.1.6 车辆基地设计应有完善的消防设施。总平面布置、房屋设计和材料、设备的选用等应符合现行国家标准《建筑设计防火规范》GB 50016 的有关规定。
23.1.2.3	环境保护措施的设置	GB 50157—2013　29.4.17 **车辆基地与停车场含油废水必须进行厂区内污水处理，并应达到国家和地方污水排放标准后排放。** GB 50157—2013　27.1.7 车辆基地设计应对所产生的废气、废液、废渣和噪声等进行综合治理，并应符合国家现行相关标准的规定。 环境保护设施应与主体工程同时设计、同时施工、同时投产。
23.1.3 车辆运用整备设施		
23.1.3.1	列检列位数	GB 50157—2013　27.3.4 停车列检库设计的总列位数，应按本段（场）配属列车数扣除在修车列数和双周/三月检列位数计算确定；列检列位数设计不应大于停车列检库总列位数的 50%。

188

编号	审查点	执行设计规范（标准）情况的审查内容
23.1.3.2	运用库内的安全保护措施	GB 50157—2013　27.3.8 地面接触轨应分段设置并加装安全防护罩。停车、列检库和双周/三月检库线采用架空接触网时，每线列位之间和库前均应设置隔离开关或分段器，并应设置送电时的信号显示或音响设施。
23.1.3.3	洗车库安全设施布置	GB 50157—2013　27.3.12-4 车辆段应设机械洗车设施，配属车超过12列的停车场也可设置机械洗车设施。 机械洗车设施应包括洗车机、洗车线路和生产房屋，其设计应符合下列要求： 4　采用接触网供电时，洗车线宜按接触网供电设计，洗车库两端应设接触网隔离开关；采用接触轨供电时，洗车库内线路应为不设接触轨的无电区。
23.1.4　车辆检修设施		
23.1.4.1	联合检修库的安全措施	GB 50157—2013　27.4.2 车辆段的定修库、大架修库和临修库均不应设置接触网或接触轨供电。定修段需在定修库内进行升弓调试作业时，应在库端设移动接触网。
23.1.4.2	静调库的安全措施	GB 50157—2013　27.4.5 静调库设计应符合下列规定： 1　静调库的长度、宽度和检查坑的设计可按定修库设计； 2　库内应设调试用的外接电源设备； 3　采用接触网供电系统的静调线应设接触网供电，库前应设隔离开关； 4　静调库应设局部单侧车顶作业平台及安全防护设施； 5　宜在静调线上设车辆轮廓检测装置。线路应为零轨。
23.1.4.3	油漆库的安全和环保措施	GB 50157—2013　27.4.14 油漆库应设置通风设备，并应采取消防和环保措施。库内电气设备均应符合防爆要求。
23.1.5　车辆段设备维修与动力设施		
23.1.5.1	空压机站	GB 50157—2013　27.5.4 空压机房间的空压机应选择低噪声、节能型产品，其压力和容量应根据用风设备的要求确定。 注：并应满足现行国家标准规范《压缩空气站设计规范》GB 50029 的要求。

编号	审查点	执行设计规范（标准）情况的审查内容
23.1.5.2	锅炉房	GB 50157—2013　27.5.5 车辆段应根据工艺的要求和当地的具体情况设置供暖、通风和空调设施。供暖地区宜利用城市集中供热系统。独立设计锅炉房时，应符合现行国家标准《锅炉房设计规范》GB 50041 的有关规定。
23.1.6　综合维修中心		
23.1.6.1	综合维修中心功能定位及设备配备	其功能定位及设计应满足 GB 50157—2013 第 27.6 小节的要求。
23.1.7　物质总库		
23.1.7.1	物资总库及易燃品仓库	GB 50157—2013　27.7.5 不同性质的材料和设备宜按分库存放设计；存放易燃品的仓库宜单独设置，并应符合现行国家标准《建筑设计防火规范》GB 50016 及《高层民用建筑设计防火规范》GB 50045 的有关规定。
23.1.8　培训中心		
23.1.8.1	培训中心	其功能定位及设计应满足 GB 50157—2013 第 27.8 小节的要求
23.1.9　救援设施		
23.1.9.1	救援设施	其功能定位及设计应满足 GB 50157—2013 第 27.9 小节的要求

23.2　站场线路

23.2.1　线路

编号	审查点	执行设计规范（标准）情况的审查内容
23.2.1.1	线路连接与作业流程	GB 50157—2013　27.2.7 车辆段与停车场出入线的设计，应符合下列要求： 　1　出入线应在车站接轨，并宜选在线路的终点站或折返站；必要时也可根据车辆基地的位置和接轨条件，按八字形两站接轨； 　2　出入线应按双线、双向运行设计，并应避免切割正线；困难条件下，规模等于或小于 12 列位的停车场出入线可按单线设计； 　3　出入线与正线间的接轨形式，应满足正线设计运能要求； 　4　出入线设计，应根据行车和信号的要求，留有必要的信号转换作业长度。 GB 50157—2013　27.2.10 车场线是车辆段、停车场内线路的统称，包括运用和检修库线、调机及工程车库线、试车线、洗车线、吹扫线、旋轮线、平板车停放线、待修车和修竣车存放线、走行线、牵出线，回转线及国铁专用线等、应根据作业需要设置。 车场线的配备和布置应满足功能需要、工艺要求，并应做到安全、方便、经济合理。 GB 50157—2013　27.3.15 车辆段、停车场运用库按贯通式库型设计时，应设联系车场两端咽喉区的走行线。

编号	审查点	执行设计规范（标准）情况的审查内容
23.2.1.2	线路平面曲线及纵坡设计	GB 50157—2013　6.2.1-1 平面曲线设计应符合下列规定： 1　线路平面圆曲线半径应根据车辆类型、地形条件、运行速度、环境要求等综合因素比选确定。最小曲线半径应符合表 6.2.1-1 的规定； **表 6.2.1-1　圆曲线最小曲线半径（m）** GB 50157—2013　6.3.1-2 线路坡度设计应符合下列规定： 2　联络线、出入线的最大坡度宜采用 40‰。 GB 50157—2013　27.2.11 车场线的线路平面及纵断面设计，应符合下列规定： 1　出入线及国铁专用线应符合下列要求： 1）最小曲线半径，A 型车不应小于 250m，B 型车不应小于 200m；困难时不应小于 150m； 2）最大坡度为 35‰； 3）竖曲线半径为 2000m。 2　试车线应为平直线路，困难时，在满足试车速度要求条件下可设适当曲线。 3　车场其他线路应符合下列要求： 1）最小曲线半径不应小于 150m，其中使用调机作业的牵出线最小曲线半径不宜小于 300； 2）曲线间夹直线最小长度可为 3m； 3）线路宜设于平道上，困难时库外线路的坡度可按不大于 1.5‰ 设计。

表 6.2.1-1　圆曲线最小曲线半径（m）

车型 线路	A 型车		B 型车	
	一般地段	困难地段	一般地段	困难地段
正线	350	300	300	250
出入线、联络线	250	150	200	150
车场线	150	—	150	—

编号	审查点	执行设计规范（标准）情况的审查内容
23.2.2	路基	
23.2.2.1	路基工后沉降量	GB 50157—2013　8.3.5 **路基的工后沉降量应符合下列要求：** **1　有砟轨道线路不应大于 200mm，路桥过渡段不应大于 100mm，沉降速率不应大于 50mm/年；** **2　无砟轨道线路路基工后不均匀沉降量，不应超过扣件允许的调高量，路桥或路隧交界处差异沉降不应大于 10mm，过渡段沉降造成的路基和桥梁或隧道的折角不应大于 1/1000。**

编号	审查点	执行设计规范（标准）情况的审查内容
23.2.2.2	路基路肩高程	GB 50157—2013　27.10.2 站场线路路肩高程应根据基地附近内涝水位和周边道路高程设计。沿海或江河附近地区车辆基地的车场线路路肩设计高程不应小于1/100洪水频率标准的潮水位、波浪爬高值和安全高之和。
23.2.2.3	路基横坡	GB 50091—2006　3.3.6 车场路基面应设有倾向排水系统的横向坡度。根据车场路基面宽度，排水要求和路基填挖情况，可设计为一面坡、两面坡或锯齿形坡。路基面的横向坡度不宜倾向正线，外包车场的正线应按单独路基设计。 GB 50091—2006　3.3.7 路基面横向坡度及一个坡面的最大线路数量，可按表3.3.7的规定确定。 表 3.3.7　路基面横向坡度及一个坡面的最大线路数量

表 3.3.7 内容：

序号	基床表层岩土种类	地区年平均降水量（mm）	横向坡度（%）	一个坡面的最大线路数量（条）
1	块石类、碎石类、砾石类、砂类土（粉砂除外）等	<600	2	4
		≥600	2	3
2	细粒土、粉沙、改良土等	<600	2	3
		≥600	2～3	2

编号	审查点	执行设计规范（标准）情况的审查内容
23.2.2.4	路基过渡段	GB 50157—2013　8.3.6 路堤与桥台及路堤与硬质岩石路堑连接处应设置过渡段，过渡段长度应根据桥台背后路堤填土高度计算确定。过渡段的基床表层填料及压实标准应与相邻基床表层相同，基床表层以下应选用A、B组填料，压实标准应符合表8.2.8的要求。当过渡段浸水时，浸水部分的填料应采用渗水材料。过渡段宜按现行行业标准《铁路路基设计规范》TB 10001的有关规定执行。
23.2.2.5	路肩高程、基床厚度及压实度	见"5路基"。

编号	审查点	执行设计规范（标准）情况的审查内容
23.2.3 路基排水		
23.2.3.1	排水系统布置	GB 50091—2006　3.3.11 　　站场排水系统的设计，应使纵向和横向排水设备紧密结合，水流径路短而顺直。 GB 50091—2006　3.3.14 　　站场内排水设备的横断面尺寸，应按 1/50 洪水频率的流量设计。当有充分依据时，可按当地采用的洪水频率进行设计。 　　纵、横向排水槽的底部宽度不应小于 0.4m，深度不宜大于 1.2m；当深度大于 1.2m 时，其底部宽度应适当加宽。 GB 50157—2013　27.10.3-7 　　路基排水系统应符合下列要求： 　　7　站场路基及排水设计应符合国家现行标准《铁路路基设计规范》TB 10001 和《室外排水设计规范》GB 50014 的有关规定。
23.2.3.2	路基排水坡度	GB 50157—2013　27.10.3-6 　　路基排水系统应符合下列要求： 　　6　纵向排水坡度不应小于 2‰，穿越股道时，横向排水槽的坡度不应小于 5‰。
23.2.3.3	流量计算	GB 50091—2006　3.3.14 　　站场内排水设备的横断面尺寸，应按 1/50 洪水频率的流量设计。
23.2.4 站场道路		
23.2.4.1	站场道路等级、标准	GBJ 22—1987　2.3.3 　　厂内道路的路面宽度：主干道 6.0～7.0m、次干道 4.5～3.5m、支道 1.5～3.0m。 TB 10066—2000　2.0.4 　　汽车道路技术标准应按表 2.0.4 选用。
23.2.4.2	道路曲线及纵坡	GBJ 22—1987　2.3.4 　　厂内道路交叉路面内边缘转弯半径不应小于表 2.3.4 的规定。 GBJ 22—1987　2.3.7 　　厂内道路的纵坡，不应大于表 2.3.7 的规定。

编号	审查点	执行设计规范（标准）情况的审查内容
23.2.4.2	道路曲线及纵坡	**表 2.3.7　厂内道路最大纵坡** | 厂内道路类别	主干道	次干道	支道、车间引道
---	---	---	---
最大纵坡（%）	6	8	9	 注：① 当场地条件困难时，次干道的最大纵坡可增加 1%，主干道、支道、车间引道的最大纵坡可增加 2%。但在海拔 2000m 以上地区，不得增加；在寒冷冰冻、积雪地区，不应大于 8%，交通运输较繁忙的车间引道的最大纵坡，不宜增加。 ② 经常运输易燃、易爆危险品专用道路的最大纵坡，不得大于 6%。 当主、次干道和支道纵坡变更处的两个坡度代数差大于 2% 时，应设置竖曲线。竖曲线半径不应小于 100m，竖曲线长度不应小于 15m。
23.2.4.3	路基压实标准	TB 10066—2000　4.1.3 路基压实度应符合表 4.1.3 的规定。
23.2.4.4	设计荷载	GBJ 22—1987　5.5.1 行驶一般载重汽车的厂内道路计算荷载划分汽车－10 级、汽车－15 级、汽车－20 级和汽车－超 20 级。

附录A 相关规范目录

1	《地铁设计规范》	GB 50157
2	《城市轨道交通技术规范》	GB 50490
3	《地铁限界标准》	CJJ 96
4	《铁路轨道设计规范》	TB 10082
5	《民用建筑设计通则》	GB 50352
6	《无障碍设计规范》	GB 50763
7	《建筑设计防火规范》	GB 50016
8	《汽车加油加气站设计与施工规范》	GB 50156
9	《人民防空工程设计防火规范》	GB 50098
10	《人民防空地下室设计规范》	GB 50038
11	《铁路桥涵设计基本规范》	TB 10002.1
12	《铁路桥梁钢结构设计规范》	TB 10002.2
13	《铁路桥涵钢筋混凝土和预应力混凝土结构设计规范》	TB 10002.3
14	《铁路桥涵地基和基础设计规范》	TB 10002.5
15	《铁路混凝土结构耐久性设计规范》	TB 10005
16	《铁路工程抗震设计规范》	GB 50111
17	《铁路结合梁设计规定》	TBJ 24
18	《公路桥梁抗震设计细则》	JTG/T B02-01
19	《公路工程抗震规范》	JTG B02
20	《工程结构可靠性设计统一标准》	GB 50153
21	《混凝土结构耐久性设计规范》	GB/T 50476
22	《建筑地基基础设计规范》	GB 50007
23	《混凝土结构设计规范》	GB 50010
24	《铁路隧道设计规范》	TB 10003
25	《轨道交通工程人民防空设计规范》	RFJ 02
26	《建筑抗震设计规范》	GB 50011
27	《钢结构设计规范》	GB 50017
28	《建筑基坑支护技术规程》	JGJ 120

29	《建筑地基处理技术规范》	JGJ 79
30	《城市轨道交通工程监测技术规范》	GB 50911
31	《城市轨道交通结构抗震设计规范》	GB 50909
32	《火灾自动报警系统设计规范》	GB 50116
33	《公共建筑节能设计标准》	GB 50189
34	《采暖通风与空气调节设计规范》	GB 50019
35	《民用建筑供暖通风与空气调节设计规范》	GB 50736
36	《建筑给水排水及采暖工程施工质量验收规范》	GB 50242
37	《通风与空调工程施工质量验收规范》	GB 50243
38	《民用建筑绿色设计规范》	JGJ/T 229
39	《锅炉房设计规范》	GB 50041
40	《城镇供热管网设计规范》	CJJ 34
41	《多联机空调系统工程技术规程》	JGJ 174
42	《饮食业油烟排放标准》	GB 18483
43	《建筑给水排水设计规范》	GB 50015
44	《消防给水及消火栓系统技术规范》	GB 50974
45	《建筑灭火器配置设计规范》	GB 50140
46	《气体灭火系统设计规范》	GB 50370
47	《自动喷水灭火系统设计规范》	GB 50084
48	《建筑中水设计规范》	GB 50336
49	《室外给水设计规范》	GB 50013
50	《铁路给水排水设计规范》	TB 10010
51	《电能质量 公用电网谐波》	GB/T 14549
52	《民用建筑电气设计规范》	JGJ 16
53	《20kV 及以下变电所设计规范》	GB 50053
54	《地铁杂散电流腐蚀防护技术规程》	CJJ 49
55	《电力工程电缆设计规范》	GB 50217
56	《供配电系统设计规范》	GB 50052
57	《低压配电设计规范》	GB 50054
58	《城市轨道交通照明》	GB/T 16275
59	《消防应急照明和疏散指示系统》	GB 17945
60	《建筑物防雷设计规范》	GB 50057
61	《电气装置安装工程接地装置施工及验收规范》	GB 50169
62	《综合布线系统工程设计规范》	GB 50311

63	《城市轨道交通自动售检票系统工程质量验收规范》	GB 50381
64	《火灾自动报警系统设计规范》	GB 50116
65	《建筑物电子信息系统防雷技术规范》	GB 50343
66	《铁路车站及枢纽设计规范》	GB 50091
67	《室外排水设计规范》	GB 50014
68	《厂矿道路设计规范》	GBJ 22
69	《工业企业总平面设计规范》	GB 50187
70	《钢筋机械连接技术规程》	JGJ 107
71	《城市轨道交通地下工程建设风险管理规范》	GB 50652
72	《汽车库、修车库、停车场设计防火规范》	GB 50067

附录 B 实施工程建设强制性标准监督规定

（中华人民共和国建设部令 第 81 号）

《实施工程建设强制性标准监督规定》已于 2000 年 8 月 21 日经第 27 次部常务会议通过，现予以发布，自发布之日起施行。

部长 俞正声

二〇〇〇年八月二十五日

实施工程建设强制性标准监督规定

第一条 为加强工程建设强制性标准实施的监督工作，保证建设工程质量，保障人民的生命、财产安全，维护社会公共利益，根据《中华人民共和国标准化法》、《中华人民共和国标准化法实施条例》和《建设工程质量管理条例》，制定本规定。

第二条 在中华人民共和国境内从事新建、扩建、改建等工程建设活动，必须执行工程建设强制性标准。

第三条 本规定所称工程建设强制性标准是指直接涉及工程质量、安全、卫生及环境保护等方面的工程建设标准强制性条文。

国家工程建设标准强制性条文由国务院建设行政主管部门会同国务院有关行政主管部门确定。

第四条 国务院建设行政主管部门负责全国实施工程建设强制性标准的监督管理工作。

国务院有关行政主管部门按照国务院的职能分工负责实施工程建设强制性标准的监督管理工作。

县级以上地方人民政府建设行政主管部门负责本行政区域内实施工程建设强制性标准的监督管理工作。

第五条 工程建设中拟采用的新技术、新工艺、新材料，不符合现行强制性标准规定的，应当由拟采用单位提请建设单位组织专题技术论证，报批准标准的建设行政主管部门或者国务院有关主管部门审定。

工程建设中采用国际标准或者国外标准，现行强制性标准未作规定的，建设单位应当向国务院建设行政主管部门或者国务院有关行政主管部门备案。

第六条 建设项目规划审查机构应当对工程建设规划阶段执行强制性标准的情况实施监督。

施工图设计文件审查单位应当对工程建设勘察、设计阶段执行强制性标准的情况实施监督。

建筑安全监督管理机构应当对工程建设施工阶段执行施工安全强制性标准的情况实施监督。

工程质量监督机构应当对工程建设施工、监理、验收等阶段执行强制性标准的情况实施监督。

第七条 建设项目规划审查机关、施工设计图设计文件审查单位、建筑安全监督管理机构、工程质量监督机构的技术人员必须熟悉、掌握工程建设强制性标准。

第八条 工程建设标准批准部门应当定期对建设项目规划审查机关、施工图设计文件审查单位、建筑安全监督管理机构、工程质量监督机构实施强制性标准的监督进行检查，对监督不力的单位和个人，给予通报批评，建议有关部门处理。

第九条 工程建设标准批准部门应当对工程项目执行强制性标准情况进行监督检查。监督检查可以采取重点检查、抽查和专项检查的方式。

第十条 强制性标准监督检查的内容包括：

（一）有关工程技术人员是否熟悉、掌握强制性标准；

（二）工程项目的规划、勘察、设计、施工、验收等是否符合强制性标准的规定；

（三）工程项目采用的材料、设备是否符合强制性标准的规定；

（四）工程项目的安全、质量是否符合强制性标准的规定；

（五）工程中采用的导则、指南、手册、计算机软件的内容是否符合强制性标准的规定。

第十一条 工程建设标准批准部门应当将强制性标准监督检查结果在一定范围内公告。

第十二条 工程建设强制性标准的解释由工程建设标准批准部门负责。

有关标准具体技术内容的解释，工程建设标准批准部门可以委托该标准的编制管理单位负责。

第十三条 工程技术人员应当参加有关工程建设强制性标准的培训，并可以计入继续教育学时。

第十四条 建设行政主管部门或者有关行政主管部门在处理重大工程事故时，应当有工程建设标准方面的专家参加；工程事故报告应当包括是否符合工程建设强制性标准的意见。

第十五条　任何单位和个人对违反工程建设强制性标准的行为有权向建设行政主管部门或者有关部门检举、控告、投诉。

第十六条　建设单位有下列行为之一的，责令改正，并处以20万元以上50万元以下的罚款：

（一）明示或者暗示施工单位使用不合格的建筑材料、建筑构配件和设备的；

（二）明示或者暗示设计单位或者施工单位违反工程建设强制性标准，降低工程质量的。

第十七条　勘察、设计单位违反工程建设强制性标准进行勘察、设计的，责令改正，并处以10万元以上30万元以下的罚款。

有前款行为，造成工程质量事故的，责令停业整顿，降低资质等级；情节严重的，吊销资质证书；造成损失的，依法承担赔偿责任。

第十八条　施工单位违反工程建设强制性标准的，责令改正，处工程合同价款2%以上4%以下的罚款；造成建设工程质量不符合规定的质量标准的，负责返工、修理，并赔偿因此造成的损失；情节严重的，责令停业整顿，降低资质等级或者吊销资质证书。

第十九条　工程监理单位违反强制性标准规定，将不合格的建设工程以及建筑材料、建筑构配件和设备按照合格签字的，责令改正，处50万元以上100万元以下的罚款，降低资质等级或者吊销资质证书；有违法所得的，予以没收；造成损失的，承担连带赔偿责任。

第二十条　违反工程建设强制性标准造成工程质量、安全隐患或者工程事故的，按照《建设工程质量管理条例》有关规定，对事故责任单位和责任人进行处罚。

第二十一条　有关责令停业整顿、降低资质等级和吊销资质证书的行政处罚，由颁发资质证书的机关决定；其他行政处罚，由建设行政主管部门或者有关部门依照法定职权决定。

第二十二条　建设行政主管部门和有关行政部门工作人员，玩忽职守、滥用职权、徇私舞弊的，给予行政处分；构成犯罪的，依法追究刑事责任。

第二十三条　本规定由国务院建设行政主管部门负责解释。

第二十四条　本规定自发布之日起施行。

附录 C　市政公用设施抗灾设防管理规定

（中华人民共和国住房和城乡建设部令　第 1 号）

《市政公用设施抗灾设防管理规定》已于 2008 年 9 月 18 日经住房城乡建设部第 20 次常务会议审议通过，现予发布，自 2008 年 12 月 1 日起施行。

住房城乡建设部部长　姜伟新

二〇〇八年十月七日

市政公用设施抗灾设防管理规定

第一条　为了加强对市政公用设施抗灾设防的监督管理，提高市政公用设施的抗灾能力，保障市政公用设施的运行安全，保护人民生命财产安全，根据《中华人民共和国城乡规划法》、《中华人民共和国防震减灾法》、《中华人民共和国突发事件应对法》、《建设工程质量管理条例》等法律、行政法规，制定本规定。

第二条　市政公用设施的抗灾设防，适用本规定。

本规定所称市政公用设施，是指规划区内的城市道路（含桥梁）、城市轨道交通、供水、排水、燃气、热力、园林绿化、环境卫生、道路照明等设施及附属设施。

本规定所称抗灾设防是指针对地震、台风、雨雪冰冻、暴雨、地质灾害等自然灾害所采取的工程和非工程措施。

第三条　市政公用设施抗灾设防实行预防为主、平灾结合的方针。

第四条　国务院住房和城乡建设主管部门（以下简称国务院住房城乡建设主管部门）依法负责全国市政公用设施抗灾设防的监督管理工作。

县级以上地方人民政府建设主管部门依法负责本行政区域内市政公用设施抗灾设防的具体管理工作。

第五条　国务院住房城乡建设主管部门和省、自治区、直辖市人民政府建设主管部门应当根据实际防灾要求，制定、修订有关工程建设标准，将市政公用设施的抗灾设防要求和先进、适用、成熟的技术措施纳入工程建设标准。

第六条　国家鼓励采用符合工程建设标准的先进技术方法和材料设备，进行市政公用设施的抗灾设计与施工。在工程设计和施工中采用可能影响市政公用设施抗灾能力，且无相应工程建设标准的新技术、新材料的，应当按照国家有关规定申请核准。

第七条 市政公用设施的建设单位、勘察单位、设计单位、施工单位、工程监理单位，市政公用设施的运营、养护单位以及从事市政公用设施抗灾抗震鉴定、工程检测活动的单位，应当遵守有关建设工程抗灾设防的法律、法规和技术标准，依法承担相应责任。

第八条 城乡规划中的防灾专项规划应当包括以下内容：

（一）在对规划区进行地质灾害危险性评估的基础上，对重大市政公用设施和可能发生严重次生灾害的市政公用设施，进行灾害及次生灾害风险、抗灾性能、功能失效影响和灾时保障能力评估，并制定相应的对策；

（二）根据各类灾害的发生概率、城镇规模以及市政公用设施的重要性、使用功能、修复难易程度、发生次生灾害的可能性等，提出市政公用设施布局、建设和改造的抗灾设防要求和主要措施；

（三）避开可能产生滑坡、塌陷、水淹危险或者周边有危险源的地带，充分考虑人们及时、就近避难的要求，利用广场、停车场、公园绿地等设立避难场所，配备应急供水、排水、供电、消防、通讯、交通等设施。

第九条 城乡规划中的市政公用设施专项规划应当满足下列要求：

（一）快速路、主干道以及对抗灾救灾有重要影响的道路应当与周边建筑和设施设置足够的间距，广场、停车场、公园绿地、城市轨道交通应当符合发生灾害时能尽快疏散人群和救灾的要求；

（二）水源、气源和热源设置，供水、燃气、热力干线的设计以及相应厂站的布置，应当满足抗灾和灾后迅速恢复供应的要求，符合防止和控制爆炸、火灾等次生灾害的要求，重要厂站应当配有自备电源和必要的应急储备；

（三）排水设施应当充分考虑下沉式立交桥下、地下工程和其他低洼地段的排水要求，防止次生洪涝灾害；

（四）生活垃圾集中处理和污水处理设施应当符合灾后恢复运营和预防二次污染的要求，环境卫生设施配置应当满足灾后垃圾清运的要求；

（五）法律、法规、规章规定的其他要求。

第十条 市政公用设施的选址和建设应当符合城乡规划以及防灾专项规划、市政公用设施各项专业规划和有关工程建设标准的要求。

位于抗震设防区、洪涝易发区或者地质灾害易发区内的市政公用设施的选址和建设还应当分别符合城市抗震防灾、洪涝防治和地质灾害防治等专项规划的要求。

第十一条 新建、改建和扩建市政公用设施应当按照有关工程建设标准进行抗灾设防。任何单位和个人不得擅自降低抗灾设防标准。

第十二条　新建、改建和扩建市政公用设施应当按照国家有关标准设置安全监测、健康监测、应急自动处置和防灾设施，并与主体工程同时设计、同时施工、同时投入使用。安全监测、健康监测、应急自动处置和防灾设施投资应当纳入建设项目预算。

第十三条　对重大市政公用设施和可能发生严重次生灾害的市政公用设施进行可行性研究时，建设单位应当组织专家对工程选址和设计方案进行抗灾设防专项论证。

第十四条　对抗震设防区的下列市政公用设施，建设单位应当在初步设计阶段组织专家进行抗震专项论证：

（一）属于《建筑工程抗震设防分类标准》中特殊设防类、重点设防类的市政公用设施；

（二）结构复杂或者采用隔震减震措施的大型城镇桥梁和城市轨道交通桥梁，直接作为地面建筑或者桥梁基础以及处于可能液化或者软黏土层的隧道；

（三）超过一万平方米的地下停车场等地下工程设施；

（四）震后可能发生严重次生灾害的共同沟工程、污水集中处理设施和生活垃圾集中处理设施；

（五）超出现行工程建设标准适用范围的市政公用设施。

国家或者地方对抗震设防区的市政公用设施还有其他规定的，还应当符合其规定。

第十五条　市政公用设施抗震专项论证的内容包括：市政公用设施的抗震设防类别、抗震设防烈度及设计地震动参数的采用、场地类型和场地抗震性能、抗震概念设计、抗震计算、抗震及防止次生灾害措施、基础抗震性能等。对有特殊要求的工程，还应当论证其地震应急处置方案和健康监测方案设计。

第十六条　建设单位组织抗震专项论证时，应当有三名以上国家或者工程所在地的省、自治区、直辖市市政公用设施抗震专项论证专家库成员参加。

国家或者省、自治区、直辖市的市政公用设施抗震专项论证专家库成员分别由国务院住房城乡建设主管部门和省、自治区、直辖市人民政府建设主管部门公布。

第十七条　对风荷载起控制作用的城镇桥梁和城市轨道交通桥梁等市政公用设施，建设单位应当在初步设计阶段组织专家进行抗风专项论证。

第十八条　施工图审查机构在进行施工图审查时，应当审查市政公用设施抗灾设防内容。

对应当进行抗灾设防专项论证、抗震专项论证、抗风专项论证的市政公用设施，建设单位应当在提交施工图的同时将专项论证意见送施工图审查机构。

对应当进行而未进行抗灾设防专项论证、抗震专项论证、抗风专项论证的市政公用设施，或者进行了抗灾设防专项论证、抗震专项论证、抗风专项论证的市政公用设施，其设计图纸未执行专项论证意见的，施工图审查结论为不合格。

第十九条　建设单位应当针对市政公用设施建设期间的防灾薄弱环节，组织制定技术措施和应急预案，并组织实施。

第二十条 市政公用设施的运营、养护单位应当定期对市政公用设施进行维护、检查和更新，确保市政公用设施的抗灾能力。

市政公用设施的运营、养护单位应当加强对重大市政公用设施、可能发生严重次生灾害的市政公用设施的关键部位和关键设备的安全监测、健康监测工作，定期对土建工程和运营设施的抗灾性能进行评价，并制定相应的技术措施。

市政公用设施的运营、养护单位应当保存有关市政公用设施抗灾设防资料和维护、检查、监测、评价、鉴定、修复、加固、更新、拆除等记录，建立信息系统，实行动态管理，并及时将有关资料报城建档案管理机构备案。

第二十一条 任何单位和个人不得擅自变动或者破坏市政公用设施的防灾设施、抗震抗风构件、隔震或者振动控制装置、安全监测系统、健康监测系统、应急自动处置系统以及地震反应观测系统等设施。

第二十二条 市政公用设施的运营、养护单位应当按照工程建设标准和应急措施，设置安全报警、监控电视、漏电报警、燃气等易燃易爆气体和有毒有害气体报警、防汛、消防、逃生、紧急疏散照明、应急发电、应急通讯、救援等器材和设备，定期维护、检查、更新，并保持正常运行。

第二十三条 市政公用设施超出合理使用年限，或者在合理使用年限内，但因环境、人为等各种因素抗灾能力受损的，市政公用设施的运营、养护单位应当委托具有相应资质的单位进行检测评估，需要进行修复或者加固的，应当委托具有相应资质的单位进行修复或者加固。

第二十四条 抗震设防区内已建成的下列市政公用设施，原设计未采取抗震设防措施且未列入近期改造、改建、拆除计划的，市政公用设施的产权单位应当委托具有相应设计资质的单位按照抗震鉴定标准进行抗震鉴定：

（一）属于《建筑工程抗震设防分类标准》中特殊设防类、重点设防类的城镇桥梁，城市轨道交通，燃气、供水、排水、热力设施；

（二）第（一）项之外的其他重大市政公用设施和可能发生严重次生灾害的市政公用设施；

（三）有重大文物价值和纪念意义的市政公用设施；

（四）地震重点监视防御区内的市政公用设施。

经鉴定不符合抗震要求的市政公用设施应当进行改造、改建，或者由具有相应资质的设计、施工单位按照有关工程建设标准依法进行抗震加固设计与施工；未进行改造、改建或者加固前，应当限制使用。

第二十五条 县级以上地方人民政府建设主管部门应当根据当地实际情况，制定自然灾害应急预案并组织实施。

市政公用设施的运营、养护单位应当根据市政公用设施的具体情况，制定自然灾害应急预案，建立应急抢险和救援队伍，配备抢险、救援器材设备，并定期组织演练。定期演练每年不得少于一次。

第二十六条　灾害发生时，县级以上地方人民政府建设主管部门以及市政公用设施的运营、养护单位应当按照相应的应急预案及时组织应对响应。

第二十七条　灾害发生后，县级以上地方人民政府建设主管部门应当组织工程技术人员对受灾的市政公用设施进行应急评估，并及时将市政公用设施因灾直接经济损失情况报上级建设主管部门以及同级人民政府民政主管部门。

经应急评估需进行抗灾鉴定的市政公用设施，其运营、养护单位应当委托具有相应资质的单位，按照国家有关工程建设标准进行鉴定。经鉴定需修复、加固或者重建的，应当按照工程建设标准进行修复、加固或者重建。

经应急评估可继续使用的市政公用设施，其运营、养护单位应当进行安全性检查，经检查合格后，方可恢复运营、使用。

第二十八条　自然灾害发生后，县级以上地方人民政府建设主管部门应当组织专家，对破坏程度超出工程建设标准允许范围的市政公用设施进行调查分析，对因违反工程建设强制性标准造成破坏的，依法追究有关责任人的责任。

第二十九条　灾区人民政府建设主管部门进行恢复重建时，应当坚持基础设施先行的原则。

需易地重建的市政公用设施，应当按照国家有关法律、法规的规定进行规划和建设。

地震后修复或者建设市政公用设施，应当以国家地震部门审定、发布的地震动参数复核结果，作为抗震设防的依据。

当发生超过当地设防标准的其他自然灾害时，灾后修复或者建设的市政公用设施，应当以国家相关灾害预测、预报部门公布的灾害发生概率，作为抗灾设防的依据。

第三十条　县级以上地方人民政府建设主管部门应当加强对市政公用设施抗灾设防质量的监督管理，并对本行政区域内市政公用设施执行抗灾设防的法律、法规和工程建设强制性标准情况，定期进行监督检查，并可以采取下列措施：

（一）要求被检查的单位提供有关市政公用设施抗灾设防的文件和资料；

（二）发现有影响市政公用设施抗灾设防质量的问题时，责令相关责任人委托具有资质的专业机构进行必要的检测、鉴定，并提出整改措施。

第三十一条　违反本规定，擅自采用没有工程建设标准又未经核准的新技术、新材料的，由县级以上地方人民政府建设主管部门责令限期改正，并处以 1 万元以上 3 万元以下罚款。

第三十二条　违反本规定，擅自变动或者破坏市政公用设施的防灾设施、抗震抗风构件、隔震或者振动控制装置、安全监测系统、健康监测系统、应急自动处置系统以及地震反应观测系统等设施的，由县级以上地方人民政府建设主管部门责令限期改正，并对个人处以1000元以下罚款，对单位处以1万元以上3万元以下罚款。

第三十三条　违反本规定，未对经鉴定不符合抗震要求的市政公用设施进行改造、改建或者抗震加固，又未限制使用的，由县级以上地方人民政府建设主管部门责令限期改正，逾期不改的，处以1万元以上3万元以下罚款。

第三十四条　本规定所称重大市政公用设施，包括快速路、主干道、对抗灾救灾有重要影响的城镇道路上的大型桥梁（含大型高架桥、立交桥）、隧道工程、城市广场、防灾公园绿地，公共地下停车场工程、城市轨道交通工程、城镇水源工程、水厂、供水排水主干管、高压和次高压城镇燃气热力枢纽工程、城镇燃气热力管道主干管、城镇排水工程、大型污水处理中心、大型垃圾处理设施等。

本规定所称可能发生严重次生灾害的市政公用设施，是指遭受破坏后可能引发强烈爆炸或者大面积的火灾、污染、水淹等情况的市政公用设施。

本规定所称抗震设防区，是指地震基本烈度六度及六度以上地区（地震动峰值加速度≥0.05g的地区）。

第三十五条　本规定自2008年12月1日起施行，建设部1994年11月10日发布的《建设工程抗御地震灾害管理规定》（建设部令第38号）同时废止。

附录 D 房屋建筑和市政基础设施工程
施工图设计文件审查管理办法

（中华人民共和国住房和城乡建设部令 第 13 号）

《房屋建筑和市政基础设施工程施工图设计文件审查管理办法》已经第 95 次部常务会议审议通过，现予发布，自 2013 年 8 月 1 日起施行。

住房城乡建设部部长 姜伟新
2013 年 4 月 27 日

房屋建筑和市政基础设施
工程施工图设计文件审查管理办法

第一条 为了加强对房屋建筑工程、市政基础设施工程施工图设计文件审查的管理，提高工程勘察设计质量，根据《建设工程质量管理条例》、《建设工程勘察设计管理条例》等行政法规，制定本办法。

第二条 在中华人民共和国境内从事房屋建筑工程、市政基础设施工程施工图设计文件审查和实施监督管理的，应当遵守本办法。

第三条 国家实施施工图设计文件（含勘察文件，以下简称施工图）审查制度。

本办法所称施工图审查，是指施工图审查机构（以下简称审查机构）按照有关法律、法规，对施工图涉及公共利益、公众安全和工程建设强制性标准的内容进行的审查。施工图审查应当坚持先勘察、后设计的原则。

施工图未经审查合格的，不得使用。从事房屋建筑工程、市政基础设施工程施工、监理等活动，以及实施对房屋建筑和市政基础设施工程质量安全监督管理，应当以审查合格的施工图为依据。

第四条 国务院住房城乡建设主管部门负责对全国的施工图审查工作实施指导、监督。

县级以上地方人民政府住房城乡建设主管部门负责对本行政区域内的施工图审查工作实施监督管理。

第五条 省、自治区、直辖市人民政府住房城乡建设主管部门应当按照本办法规定的审查机构条件，结合本行政区域内的建设规模，确定相应数量的审查机构。具体办法由国务院住房城乡建设主管部门另行规定。

审查机构是专门从事施工图审查业务，不以营利为目的的独立法人。

省、自治区、直辖市人民政府住房城乡建设主管部门应当将审查机构名录报国务院住房城乡建设主管部门备案，并向社会公布。

第六条 审查机构按承接业务范围分两类，一类机构承接房屋建筑、市政基础设施工程施工图审查业务范围不受限制；二类机构可以承接中型及以下房屋建筑、市政基础设施工程的施工图审查。

房屋建筑、市政基础设施工程的规模划分，按照国务院住房城乡建设主管部门的有关规定执行。

第七条 一类审查机构应当具备下列条件：

（一）有健全的技术管理和质量保证体系。

（二）审查人员应当有良好的职业道德；有 15 年以上所需专业勘察、设计工作经历；主持过不少于 5 项大型房屋建筑工程、市政基础设施工程相应专业的设计或者甲级工程勘察项目相应专业的勘察；已实行执业注册制度的专业，审查人员应当具有一级注册建筑师、一级注册结构工程师或者勘察设计注册工程师资格，并在本审查机构注册；未实行执业注册制度的专业，审查人员应当具有高级工程师职称；近 5 年内未因违反工程建设法律法规和强制性标准受到行政处罚。

（三）在本审查机构专职工作的审查人员数量：从事房屋建筑工程施工图审查的，结构专业审查人员不少于 7 人，建筑专业不少于 3 人，电气、暖通、给排水、勘察等专业审查人员各不少于 2 人；从事市政基础设施工程施工图审查的，所需专业的审查人员不少于 7 人，其他必须配套的专业审查人员各不少于 2 人；专门从事勘察文件审查的，勘察专业审查人员不少于 7 人。

承担超限高层建筑工程施工图审查的，还应当具有主持过超限高层建筑工程或者 100 米以上建筑工程结构专业设计的审查人员不少于 3 人。

（四）60 岁以上审查人员不超过该专业审查人员规定数的 1/2。

（五）注册资金不少于 300 万元。

第八条 二类审查机构应当具备下列条件：

（一）有健全的技术管理和质量保证体系。

（二）审查人员应当有良好的职业道德；有 10 年以上所需专业勘察、设计工作经历；主持过不少于 5 项中型以上房屋建筑工程、市政基础设施工程相应专业的设计或者乙级以上工程勘察项目相应专业的勘察；已实行执业注册制度的专业，审查人员应当具有一级注册建筑师、一级注册结构工程师或者勘察设计注册工程师资格，并在本审查机构注册；未实行执业注册制度的专业，审查人员应当具有高级工程师职称；近 5 年内未因违反工程建设法律法规和强制性标准受到行政处罚。

（三）在本审查机构专职工作的审查人员数量：从事房屋建筑工程施工图审查的，结构专业审查人员不少于 3 人，建筑、电气、暖通、给排水、勘察等专业审查人员各不少于 2 人；从事市政基础设施工程施工图审查的，所需专业的审查人员不少于 4 人，其他必须配套的专业审查人员各不少于 2 人；专门从事勘察文件审查的，勘察专业审查人员不少于 4 人。

（四）60 岁以上审查人员不超过该专业审查人员规定数的 1/2。

（五）注册资金不少于 100 万元。

第九条 建设单位应当将施工图送审查机构审查，但审查机构不得与所审查项目的建设单位、勘察设计企业有隶属关系或者其他利害关系。送审管理的具体办法由省、自治区、直辖市人民政府住房城乡建设主管部门按照"公开、公平、公正"的原则规定。

建设单位不得明示或者暗示审查机构违反法律法规和工程建设强制性标准进行施工图审查，不得压缩合理审查周期、压低合理审查费用。

第十条 建设单位应当向审查机构提供下列资料并对所提供资料的真实性负责：

（一）作为勘察、设计依据的政府有关部门的批准文件及附件；

（二）全套施工图；

（三）其他应当提交的材料。

第十一条 审查机构应当对施工图审查下列内容：

（一）是否符合工程建设强制性标准；

（二）地基基础和主体结构的安全性；

（三）是否符合民用建筑节能强制性标准，对执行绿色建筑标准的项目，还应当审查是否符合绿色建筑标准；

（四）勘察设计企业和注册执业人员以及相关人员是否按规定在施工图上加盖相应的图章和签字；

（五）法律、法规、规章规定必须审查的其他内容。

第十二条 施工图审查原则上不超过下列时限：

（一）大型房屋建筑工程、市政基础设施工程为 15 个工作日，中型及以下房屋建筑工程、市政基础设施工程为 10 个工作日。

（二）工程勘察文件，甲级项目为 7 个工作日，乙级及以下项目为 5 个工作日。

以上时限不包括施工图修改时间和审查机构的复审时间。

第十三条 审查机构对施工图进行审查后，应当根据下列情况分别作出处理：

（一）审查合格的，审查机构应当向建设单位出具审查合格书，并在全套施工图上加盖审查专用章。审查合格书应当有各专业的审查人员签字，经法定代表人签发，并加盖审查机构公章。审查机构应当在出具审查合格书后 5 个工作日内，将审查情况报工程所在地县级以上地方人民政府住房城乡建设主管部门备案。

（二）审查不合格的，审查机构应当将施工图退建设单位并出具审查意见告知书，说明不合格原因。同时，应当将审查意见告知书及审查中发现的建设单位、勘察设计企业和注册执业人员违反法律、法规和工程建设强制性标准的问题，报工程所在地县级以上地方人民政府住房城乡建设主管部门。

施工图退建设单位后，建设单位应当要求原勘察设计企业进行修改，并将修改后的施工图送原审查机构复审。

第十四条　任何单位或者个人不得擅自修改审查合格的施工图；确需修改的，凡涉及本办法第十一条规定内容的，建设单位应当将修改后的施工图送原审查机构审查。

第十五条　勘察设计企业应当依法进行建设工程勘察、设计，严格执行工程建设强制性标准，并对建设工程勘察、设计的质量负责。

审查机构对施工图审查工作负责，承担审查责任。施工图经审查合格后，仍有违反法律、法规和工程建设强制性标准的问题，给建设单位造成损失的，审查机构依法承担相应的赔偿责任。

第十六条　审查机构应当建立、健全内部管理制度。施工图审查应当有经各专业审查人员签字的审查记录。审查记录、审查合格书、审查意见告知书等有关资料应当归档保存。

第十七条　已实行执业注册制度的专业，审查人员应当按规定参加执业注册继续教育。

未实行执业注册制度的专业，审查人员应当参加省、自治区、直辖市人民政府住房城乡建设主管部门组织的有关法律、法规和技术标准的培训，每年培训时间不少于 40 学时。

第十八条　按规定应当进行审查的施工图，未经审查合格的，住房城乡建设主管部门不得颁发施工许可证。

第十九条　县级以上人民政府住房城乡建设主管部门应当加强对审查机构的监督检查，主要检查下列内容：

（一）是否符合规定的条件；

（二）是否超出范围从事施工图审查；

（三）是否使用不符合条件的审查人员；

（四）是否按规定的内容进行审查；

（五）是否按规定上报审查过程中发现的违法违规行为；

（六）是否按规定填写审查意见告知书；

（七）是否按规定在审查合格书和施工图上签字盖章；

（八）是否建立健全审查机构内部管理制度；

（九）审查人员是否按规定参加继续教育。

县级以上人民政府住房城乡建设主管部门实施监督检查时，有权要求被检查的审查机构提供有关施工图审查的文件和资料，并将监督检查结果向社会公布。

第二十条　审查机构应当向县级以上地方人民政府住房城乡建设主管部门报审查情况统计信息。

县级以上地方人民政府住房城乡建设主管部门应当定期对施工图审查情况进行统计，并将统计信息报上级住房城乡建设主管部门。

第二十一条　县级以上人民政府住房城乡建设主管部门应当及时受理对施工图审查工作中违法、违规行为的检举、控告和投诉。

第二十二条　县级以上人民政府住房城乡建设主管部门对审查机构报告的建设单位、勘察设计企业、注册执业人员的违法违规行为，应当依法进行查处。

第二十三条　审查机构列入名录后不再符合规定条件的，省、自治区、直辖市人民政府住房城乡建设主管部门应当责令其限期改正；逾期不改的，不再将其列入审查机构名录。

第二十四条　审查机构违反本办法规定，有下列行为之一的，由县级以上地方人民政府住房城乡建设主管部门责令改正，处3万元罚款，并记入信用档案；情节严重的，省、自治区、直辖市人民政府住房城乡建设主管部门不再将其列入审查机构名录：

（一）超出范围从事施工图审查的；

（二）使用不符合条件审查人员的；

（三）未按规定的内容进行审查的；

（四）未按规定上报审查过程中发现的违法违规行为的；

（五）未按规定填写审查意见告知书的；

（六）未按规定在审查合格书和施工图上签字盖章的；

（七）已出具审查合格书的施工图，仍有违反法律、法规和工程建设强制性标准的。

第二十五条　审查机构出具虚假审查合格书的，审查合格书无效，县级以上地方人民政府住房城乡建设主管部门处3万元罚款，省、自治区、直辖市人民政府住房城乡建设主管部门不再将其列入审查机构名录。

审查人员在虚假审查合格书上签字的，终身不得再担任审查人员；对于已实行执业注册制度的专业的审查人员，还应当依照《建设工程质量管理条例》第七十二条、《建设工程安全生产管理条例》第五十八条规定予以处罚。

第二十六条　建设单位违反本办法规定，有下列行为之一的，由县级以上地方人民政府住房城乡建设主管部门责令改正，处3万元罚款；情节严重的，予以通报：

（一）压缩合理审查周期的；

（二）提供不真实送审资料的；

（三）对审查机构提出不符合法律、法规和工程建设强制性标准要求的。

建设单位为房地产开发企业的，还应当依照《房地产开发企业资质管理规定》进行处理。

第二十七条　依照本办法规定，给予审查机构罚款处罚的，对机构的法定代表人和其他直接责任人员处机构罚款数额 5％以上 10％以下的罚款，并记入信用档案。

第二十八条　省、自治区、直辖市人民政府住房城乡建设主管部门未按照本办法规定确定审查机构的，国务院住房城乡建设主管部门责令改正。

第二十九条　国家机关工作人员在施工图审查监督管理工作中玩忽职守、滥用职权、徇私舞弊，构成犯罪的，依法追究刑事责任；尚不构成犯罪的，依法给予行政处分。

第三十条　省、自治区、直辖市人民政府住房城乡建设主管部门可以根据本办法，制定实施细则。

第三十一条　本办法自 2013 年 8 月 1 日起施行。原建设部 2004 年 8 月 23 日发布的《房屋建筑和市政基础设施工程施工图设计文件审查管理办法》（建设部令第 134 号）同时废止。

附录 E 住房城乡建设部办公厅关于加强城市轨道交通工程施工图设计文件审查管理工作的通知

建办质〔2012〕25 号

各省、自治区住房城乡建设厅，北京市住房城乡建设委、规划委，天津市、上海市城乡建设交通委，重庆市城乡建设委：

近年来，施工图设计文件审查（以下简称施工图审查）制度的实施，对保障城市轨道交通工程设计质量，促进我国城市轨道交通快速安全发展发挥了重要作用。但在制度执行过程中仍然存在一些问题：一是部分地区施工图审查业务的委托方式不合理，将设计咨询与施工图审查捆绑招标；二是部分地区施工图审查内容不全面，没有对重要设备系统的安全性进行审查；三是部分地区对施工图审查机构跨区备案规定不明确。为进一步加强城市轨道交通工程施工图审查管理，确保施工图审查质量，现就有关事项通知如下：

一、规范施工图审查机构的委托。施工图审查是工程勘察设计质量安全监管的重要手段，与设计咨询工作的性质、作用和内容不同。各地住房城乡建设主管部门要加强施工图审查管理，督促建设单位严格执行有关规定，不得将施工图审查业务委托与设计咨询招标工作捆绑进行，确保施工图审查工作的独立性和公正性。

二、规范施工图审查的实施。各地住房城乡建设主管部门要针对城市轨道交通工程特点，完善施工图审查内容，确保审查质量。除继续加强城市轨道交通工程土建工程的审查外，要将城市轨道交通工程设备系统纳入审查内容。

要加强对施工图审查机构审查结果备案和不良记录报送的管理，实时掌握城市轨道交通工程勘察设计质量状况。

三、规范审查机构的备案。各地住房城乡建设主管部门要按照我部关于实施房屋建筑和市政基础设施工程施工图设计文件审查管理的有关规定，结合本地区实际，制定完善省外城市轨道交通工程审查机构进入本省承接审查业务的备案管理办法，明确相关程序，规范备案管理。

中华人民共和国住房和城乡建设部办公厅
2012 年 7 月 2 日

附录 F　设计文件的审查点

为方便审查设计文件中的要点执行情况列出以下审查点。其中设计说明、设计图纸中的内容是设计文件中应表达清楚、完整的内容，当存在问题属本《要点》正文部分条文规定时，问题种类为强制性条文或一般；当属本附录中规范条文规定的内容或其他规范规定的内容时，问题种类为其他；其余的问题种类属深度。

2　限界

编号	审查点	设计文件审查内容
2.1　设计说明		
2.1.1	设计依据	1. 设计执行的主要现行设计标准、规范； 2. 重要的会议纪要等； 3. 其他相关资料等； 4. 外部输入条件，包括车辆技术参数、线路最小曲线半径、各类型道床轨道结构高度、不同地段接触网导线工作高度等； 5. 初步设计、评审意见及政府有关部门的批复意见，及对相关意见的执行情况。
2.1.2	设计标准	1. 区间及车站最高运营速度（包含瞬间最大速度）； 2. 站台门限界； 3. 车站站台限界； 4. 道岔区盾构管片起点至道岔岔心距离的限界； 5. 区间疏散平台的高度及宽度限界； 6. 建筑限界与设备限界的最小距离限界； 7. 最小线间距； 8. 车辆段库内高、低作业平台、车顶防护网安装限界。
2.1.3	设备及管线的布置细则及注意事项	1. 依据《地铁设计规范》GB 50157—2013 第 5.4.1 条规定审查设备限界与轨旁设备的间隙； 2. 依据《地铁设计规范》GB 50157—2013 第 5.4.4 条规定审查区间隧道内管线设备布置； 3. 依据《地铁设计规范》GB 50157—2013 第 5.4.5 条规定审查高架区间管线设备布置； 4. 依据《地铁设计规范》GB 50157—2013 第 5.4.6 条规定审查车站范围内管线设备布置； 5. 限界紧张地段，设备的特殊布置注意事项。

编号	审查点	设计文件审查内容
2.1.4	纵向疏散空间要求	1. 疏散平台上方净空应满足最小2m的净空要求； 2. 道床面及平台纵向疏散空间内无妨碍疏散的设备或管线。
2.1.5	建筑限界的制定	1. 明挖隧道建筑限界制定的安全、经济、合理性； 2. 圆形隧道轨道结构高度的合理性； 3. 马蹄型断面隧道限界制定的经济、安全性。
2.1.6	注意事项	1. 站台至轨道中心线距离及站台面至轨面高度的施工误差； 2. 建筑限界不含施工及变形等误差，结构轮廓不得侵入建筑限界； 3. 与限界有关的调线调坡技术要求； 4. 线路上运行的其他车辆均不应超出所运行线路的车辆限界。

2.2 设计图纸

编号	审查点	设计文件审查内容
2.2.1	限界坐标总图	审查直线段限界坐标值的正确性。
2.2.2	明挖隧道断面限界图	审查直、曲线段建筑限界的安全、经济、合理性。
2.2.3	暗挖马蹄形隧道断面限界图	1. 审查直、曲线段马蹄形隧道车辆肩部位置，设备限界与建筑限界的间隙是否满足管线设备布置空间要求；无管线设备时，困难条件下不得小于100mm； 2. 轨面至底板的轨道结构高度值的经济、合理性； 3. 曲线段隧道中心相对线路中心的偏移量的正确性。
2.2.4	圆形隧道断面限界图	1. 接触网授流车辆轨面至建筑限界圆顶部的高度：普通地段不得小于4460mm，特殊减振道床段不得小于4400mm； 2. 车辆设备限界至建筑限界间隙困难条件下不得小于100mm； 3. 管线设备与设备限界间隙不得小于50mm。
2.2.5	人防隔断门或防淹门限界图	审查直、曲线段人防隔断门（或防淹门）限界的安全、经济、合理性。
2.2.6	车站断面限界图	1. 站台至轨道中心线距离、站台至轨面高度有无规定施工误差，以及误差量的合理性； 2. 站台门至不同车门形式的车辆轮廓线的间距以及其顶箱至车辆限界的距离是否合理； 3. 非有效站台及栏杆限界距离设备限界间隙不得小于50mm； 4. 站台侧车顶侧部管线槽盒距设备限界间隙不得小于50mm； 5. 非有效站台端部下至道床面的步梯限界能否满足接触轨防护罩安装及检修限界； 6. 车站设备用房外墙限界。

编号	审查点	设计文件审查内容
2.2.7	高架桥面限界图	1. 直、曲线段疏散平台边缘、U梁翼缘距离设备限界间隙不得小于50mm； 2. 桥边护栏至轨道中心线限界，是否满足电缆支架等设备安装宽度要求； 3. 声屏障立柱、接触网支柱等与曲线段设备限界间隙不得小于100mm。
2.2.8	转辙机安装处限界	1. 转辙机安装处限界应满足转辙机安装空间要求； 2. 区间联络通道限界图底板与区间疏散模式匹配性。
2.2.9	隧道曲段	隧道曲线段限界处理方法示意图的安全、经济、合理性。尤其明挖隧道缓和曲线段加宽方法的经济、合理性。
2.2.10	曲线车站站台、站台门限界图	曲线车站站台、站台门限界图（含道岔影响的车站限界图）的安全、合理性。计算站台长度范围内曲线车站站台边缘至车辆轮廓线水平间隙不应大于180mm。
2.2.11	车辆段、存车线	车辆段、存车线限界图的安全、合理性。检修高平台、防护网与车辆轮廓线的间隙规范规定为80mm，考虑公差后不宜大于100mm。

2.3 规范条文

编号	审查点	设计文件审查内容
2.3.1	区间隧道内管线设备布置的规定	GB 50157—2013 5.4.4-1、3、4、5、6 区间隧道内管线设备布置应符合下列要求： 1 行车方向右侧宜布置弱电设备和管线，行车方向左侧宜布置强电设备和管线。当区间隧道设有疏散平台时，平台宜设在行车方向左侧，消防设备、排水管宜布置在行车方向右侧；不设置疏散平台时，消防设备、排水管以及维修插座箱，宜布置在行车方向左侧； 3 射流风机宜布置在隧道侧墙上部； 4 各种隔断门门框外应预埋套管，每侧套管埋设宽度不宜大于500mm； 5 采用集中供冷方式时，区间隧道内的冷冻水管宜布置在行车方向右侧； 6 当接触网（轨）隔离开关安装在轨道区时，隧道建筑限界必要时应予加宽，并应留出周边管线安装空间。
2.3.2	高架区间管线设备布置的规定	GB 50157—2013 5.4.5 高架区间管线设备布置应符合下列要求： 1 当采用车辆侧门疏散模式时，双线高架区间宜在两线间设置疏散平台。弱电和强电设备宜分开布置在两线之间和两线外侧； 2 信号机宜安装在两线外侧。

编号	审查点	设计文件审查内容
2.3.3	车站范围内管线设备布置的规定	GB 50157—2013 5.4.6 车站范围内管线设备布置应符合下列要求： 1 岛式车站的广告灯箱、信号机和弱电电缆宜布置在站台对侧，强电电缆宜布置在站台板下的结构墙上； 2 侧式车站的广告灯箱宜布置在两线之间，信号机宜布置在站台侧，弱电电缆宜布置在站台内电缆通道中，强电电缆宜布置在站台板下的结构墙体外侧。
2.3.4	过站最大速度的规定	GB 50157—2013 3.3.8 进站列车进入有效站台端部时的运行速度不宜大于 60km/h。故障或事故列车在正线上的推进的速度不宜大于 30km/h。
2.3.5	车辆基地限界的规定	GB 50157—2013 5.3.11 车辆基地限界应符合下列规定： 1 车辆基地库外限界应按区间限界规定执行； 2 车辆基地库内检修平台的高平台及安全栅栏与车辆轮廓线之间，应留有 80mm 安全间隙，低平台应采用车站站台建筑限界； 3 受电弓车辆升弓进库时，车库大门应按受电弓限界设计。 CJJ 96—2003 3.3.14 车辆段建筑限界应符合下列规定： 1 车辆段库外连续建筑物至设备限界间距不得小于 200mm；当设人行便道时宜为 1000mm； 2 车辆段库外非连续建筑物（其长度不大于 2m）至设备限界的净距不得小于 200mm；当设人行便道时宜为 600mm； 3 车辆段车库大门与设备限界的横向间隙不应小于 100mm； 4 车辆段车库大门最小高度应按车辆高度加不小于 200mm 安全间隙；当列车升弓进库时，应按受电弓设备限界确定； 5 库内检修平台不得侵入车辆限界。

3 线路

编号	审查点	设计文件审查内容
3.1 设计说明		
3.1.1	设计依据	1. 设计执行的主要现行设计标准和规范； 2. 经过审查合格的地形图、管线图、道路红线图、道路绿线图、河道蓝线图、建构筑物调查资料及详细勘察报告、其他工程配套专项报告。 3. 初步设计、评审意见及政府有关部门的批复意见，及对相关意见的执行情况； 4. 变更设计的变更方案及批准文件。

编号	审查点	设计文件审查内容
3.1.2	技术条件	1. 列车车型及编组、最高运行速度； 2. 最小平面曲线半径和最小圆曲线长度； 3. 车站站台最小平面曲线半径； 4. 最小缓和曲线长度； 5. 最小夹直线长度； 6. 道岔型号及基本尺寸； 7. 道岔缩短渡线曲线间夹直线最小长度； 8. 道岔中心至有效站台端部最小距离； 9. 道岔两端与平、竖曲线端部最小距离； 10. 最大坡度； 11. 最小坡段长度； 12. 最小竖曲线半径； 13. 相邻竖曲线间夹直线最小长度； 14. 停车线之间最大距离或最大相隔车站数； 15. 渡线与相邻配线之间最大距离或最大相隔车站数； 16. 折返线、停车线最小有效长度； 17. 安全线或安全距离最小长度。
3.1.3	工程概况	1. 线路走向； 2. 车站分布、车辆基地设置； 3. 线路全长及敷设方式； 4. 配线设置距离一览表或图。
3.1.4	方案说明	1. 平面方案调整及说明； 2. 纵断面方案调整及说明。

3.2 设计图纸

编号	审查点	设计文件审查内容
3.2.1	线路平、纵断面缩图	应反映线路走向、车站位置、车辆基地设置、敷设方式，并反映相交和换乘线路。
3.2.2	正线及辅助线平面图	是否符合设计规范和相关规定。
3.2.3	正线及辅助线纵断面图	是否符合设计规范和相关规定。
3.2.4	线路坐标表	内容是否齐全。

编号	审查点	设计文件审查内容
3.3　规范条文		
3.3.1	地铁选线规定	GB 50157—2013　6.1.2-5、6 地铁选线应符合下列规定： 　　5　地铁线路应符合运营效益原则，线路走向应符合城市客流走廊，应有全日客流效益、通勤客流规模、大型客流点的支撑； 　　6　地铁选线应符合工程实施安全原则，宜规避不良工程地质、水文地质地段，并宜减少房屋和管线拆迁，宜保护文物和重要建、构筑物，同时应保护地下资源。
3.3.2	线路起、终点选择的规定	GB 50157—2013　6.1.3-1、2 线路起、终点选择应符合下列规定： 　　1　线路起、终点车站宜与城市用地规划相结合，并宜预留公交等城市交通接驳配套条件； 　　2　线路起、终点不宜设在城区内客流大断面位置，也不宜设在高峰客流断面小于全线高峰小时单向最大断面客流量1/4的位置。
3.3.3	车站分布规定	GB 50157—2013　6.1.4 车站分布应符合下列规定： 　　1　车站分布应以规划线网的换乘节点、城市交通枢纽点为基本站点，结合城市道路布局和客流集散点分布确定。 　　2　车站间距在城市中心区和居民稠密地区宜为1km，在城市外围区宜为2km。超长线路的车站间距可适当加大； 　　3　地铁车站站位选择，应结合车站出入口、风亭设置条件确定，并应满足结构施工、用地规划、客流疏导、交通接驳和环境要求。
3.3.4	换乘车站线路设计规定	GB 50157—2013　6.1.5-1、2、3 换乘车站线路设计应符合下列规定： 　　1　换乘站的规划与设计，应按各线独立运营为原则，宜采用一点两线形式，并宜控制好换乘高差与距离；当采用一点三线换乘形式时，宜控制层数，并宜按两个站台层设置；一个站点多于三条线路时，其换乘形式应经技术经济论证确定； 　　2　换乘车站应结合换乘方式，拟定线位、线间距、线路坡度和轨面高程；相交线路邻近一站一区间宜同步设计； 　　3　当换乘站为两条线路采用同站台平行换乘方式时，车站线路设计应以主要换乘客流方向实现同站台换乘为原则。

编号	审查点	设计文件审查内容
3.3.5	线路敷设方式规定	GB 50157—2013　6.1.6-1、2 线路敷设方式应符合下列规定： 　1　线路敷设方式应根据城市总体规划和地理环境条件，因地制宜地选定。在城市中心地区宜采用地下线；在中心城区以外地段，宜采用高架线；有条件地段也可采用地面线； 　2　地下线路埋设深度，应结合工程地质和水文地质条件，以及隧道形式和施工方法确定；隧道顶部覆土厚度应满足地面绿化、地下管线布设和综合利用地下空间资源等要求。
3.3.6	平面曲线设计规定	GB 50157—2013　6.2.1-4 平面曲线设计应符合下列规定： 　4　折返线、停车线等宜设在直线上。困难情况下，除道岔区外，可设在曲线上，并可不设缓和曲线，超高应为 0mm～15mm。但在车挡前宜保持不少于 20m 的直线段。
3.3.7	线路坡度设计规定	GB 50157—2013　6.3.1-3 线路坡度设计应符合下列规定： 　3　区间隧道的线路最小坡度宜采用 3‰，困难条件下可采用 2‰；区间地面线和高架线，当具有有效排水措施时，可采用平坡。
3.3.8	车站及配线坡度设计规定	GB 50157—2013　6.3.2-4、5 车站及其配线坡度设计应符合下列规定： 　4　道岔宜设在不大于 5‰ 的坡道上。在困难地段应采用无砟道床，尖轨后端为固定接头的道岔，可设在不大于 10‰ 的坡道上； 　5　车场内的库（棚）线宜设在平坡道上，库外停放车的线路坡度不应大于 1.5‰，咽喉区道岔坡度不宜大于 3.0‰。
3.3.9	联络线设置规定	GB 50157—2013　6.4.1-1、2、4、5 联络线设置应符合下列规定： 　1　正线之间的联络线应根据线网规划、车辆基地分布位置和承担任务范围设置； 　2　凡设置在相邻线路间的联络线，承担车辆临时调度，运送大修、架修车辆，以及工程维修车辆、磨轨车等运行的线路，应设置单线； 　4　联络线与正线的接轨点宜靠近车站； 　5　在两线同站台平行换乘站，宜设置渡线。

编号	审查点	设计文件审查内容
3.3.10	折返线与停车线设置规定	GB 50157—2013　6.4.3-1、2 折返线与停车线设置应符合下列规定： 1　折返线应根据行车组织交路设计确定，起、终点站和中间折返站应设置列车折返线； 2　折返线布置应结合车站站台形式确定，可采用站前折返或站后折返形式，并应满足列车折返能力要求。
3.3.11	道岔铺设规定	GB 50157—2013　6.2.4 道岔铺设应符合下列规定： 1　正线道岔型号不应小于 9 号。单渡线和交叉渡线的线间距应符合表 6.2.4-1 的规定，特殊情况无法符合表 6.2.4-1 的规定时，应进行特殊设计； 表 6.2.4-1　单渡线和交叉渡线的线间距要求

道岔 线路类型	道岔型号	导曲线半径（m）	侧向限速（km/h）	线间距（m）	
				单渡线	交叉渡线
正线道岔	60kg/m-1/9	200	35	≥4.2	4.6 或 5.0

注：正线道岔为含折返线、出入线在正线接轨的道岔。

2　当 60kg/m-1/9 道岔侧向通过速度不能符合运行图设计速度时，可经过论证比较，选择大型号道岔，也可作特殊设计；

3　在车站端部接轨，宜采用 9 号道岔，其道岔前端，道岔中心至有效站台端部距离不宜小于 22m；其道岔后端，道岔警冲标或出站信号机至有效站台端部距离不应小于 5m。当采用大型号道岔时，其道岔位置应另行计算确定；

4　道岔应设在直线地段。道岔两端与平、竖曲线端部，应保持一定的直线距离，其值不应小于表 6.2.4-2 的规定；

表 6.2.4-2　道岔两端与平、竖曲线端部的最小距离

项目	至平面曲线端或竖曲线端	
	正线	车场线
道岔型号	60kg/m-1/9	50kg/m-1/7
道岔前端/后端	5/5（m）	3/3（m）

注：道岔后端至站台端位置应按道岔警冲标位置控制。

5　道岔附带曲线可不设缓和曲线和超高，但其曲线半径不应小于道岔导曲线半径；

编号	审查点	设计文件审查内容
3.3.11	道岔铺设规定	6 两组道岔之间应设置直线段钢轨连接，其钢轨长度不应小于表 6.2.4-3 的规定。 表 6.2.4-3 道岔间插入钢轨长度（m）
3.3.12	长大坡段设计规定	GB 50157—2013 6.3.4 正线坡度大于 24‰，连续高差达 16m 以上的长大陡坡地段，应根据线路平纵断面和气候条件，核查车辆编组及其牵引和制动的动力性能，以及故障运行能力。长大坡段不宜与平面小半径曲线重叠；同时应对道床排水沟断面进行校核。
3.3.13	排水泵站设置规定	GB 50157—2013 6.3.5 区间纵断面设计的最低点位置，应兼顾与区间排水泵房和区间联络通道位置结合，当排水管采用竖井引出方式时，地面应具有竖井实施条件。
3.3.14	出入线设置规定	GB 50157—2013 6.4.2 车辆基地出入线设置应符合下列规定： 1 出入线宜在车站端部接轨，并应具备一度停车再启动条件； 2 出入线应按双线双向运行设计，并应避免与正线平面交叉，也可根据车辆基地位置和接轨条件，设置八字形出入线。规模较小的停车场，其工程实施确因受条件限制时，在不影响功能前提下，可采用单线双向设计。贯通式车辆基地应在两端分别接入正线，主要方向端应为双线，另一端可为单线； 3 当出入线兼顾列车折返功能时，应对出入线与正线间的配线进行多方案比选，并应满足正线、折返线、出入线的运行功能要求。

编号	审查点	设计文件审查内容
3.3.15	渡线设置规定	GB 50157—2013　6.4.4 渡线设置应符合下列规定： 　1　单渡线应设在车站端部，一般中间站的单渡线道岔，宜按顺岔方向布置； 　2　单渡线与其他配线的道岔组合布置时，应按功能需要，可按逆向布置； 　3　在采用站后折返的尽端站，宜增设站前单渡线，并宜按逆向布置。

4　轨道

编号	审查点	设计文件的审查内容

4.1　设计说明

编号	审查点	设计文件的审查内容
4.1.1	设计依据	1. 以线路施工图或调线、调坡后施工图为依据； 2. 设计采用的规范、标准和设计中引用的其他标准（含标准图、通用图）应为有效版本； 3. 初步设计、评审意见及政府有关部门的批复意见，及对相关意见的执行情况，如有变更，应有充分依据和说明。
4.1.2	设计说明	1. 主要设计原则是否适宜、可行、能否确保轨道结构安全、满足环保要求； 2. 主要设计技术标准是否符合相关设计规范、设计标准、适宜、可行、适合本线情况； 3. 是否满足城市轨道交通工程施工图设计文件组成内容及深度的要求； 4. 轨道结构设计： 1）钢轨及材质：钢轨类型及材质是否适宜，能否满足运营使用的需要； 2）扣件及轨枕：扣件结构是否简单、适用，是否易于制造、施工、方便维修，刚度和轨距、水平调整量及绝缘性能是否满足使用要求，是否符合统一类型及标准化；轨枕结构是否简单、易于制造、适用、布筋合理、适合本线情况； 3）道床及排水：道床型式是否适用、易于施工、道床布筋与排流钢筋结合；道床伸缩缝布置是否适宜、符合设计规范；道床排水沟位置是否适宜，水沟断面能否满足排水要求，全线和泵房处排水是否通畅； 4）道床弹性过渡段：其结构型式能否达到弹性过渡要求，是否简单、便于施工； 5）道岔：道岔型号、结构及其扣件、道床型式能否满足使用需要；

编号	审查点	设计文件的审查内容
4.1.2	设计说明	6）钢轨伸缩调节器：钢轨伸缩调节器结构及其扣件、道床型式能否满足使用需要； 7）减振轨道结构：减振等级和地段是否符合环保评估的要求，所采用相应的减振轨道结构是否适宜、便于施工、维修，能否达到减振要求； 8）无缝线路：无缝线路的强度和稳定性、钢轨伸缩调节器、位移观测桩的设置是否合理、适宜； 9）线路标志及信号标志：标志是否齐全、适用、满足司机瞭望和工务维修的需要； 10）车挡及护轮设备：车挡及护轮设备的型式及安装位置是否符合设计规范、安全可靠、安装和维修方便； 11）车辆段轨道结构型式应满足工艺使用的需要；平交道口应牢固、稳定并应符合相关规定； 12）轨道主要工程量是否齐全、备品备料及数量是否适当； 5. 新产品、新设备的使用程序、安全性、可操作性； 6. 施工方法：所推荐的施工方法是否适宜、适合地铁施工条件和容易保证施工质量；该工程特殊施工环节是否描述清楚； 7. 施工验收标准：验收标准是否合理、可行，能否保证施工质量和运营安全。

4.2 设计图纸

编号	审查点	设计文件的审查内容
4.2.1	设计是否符合设计规范及初步设计	是否符合相关设计规范、设计标准，是否达到设计说明的技术要求，并核查初设评审意见的落实情况。
4.2.2	扣件图	1. 扣件静刚度、轨距及水平调整量、绝缘性能是否与设计说明一致、能否满足运营使用的需要； 2. 整体道床用扣件轨距调整量不宜小于＋8mm，—12mm； 3. 扣件安装及步骤是否合理、可行。
4.2.3	轨枕图	1. 轨枕型式、混凝土强度等级是否与设计说明一致，能否满足运营使用的需要； 2. 预埋套管位置是否与扣件尺寸一致。
4.2.4	道床图	1. 道床型式、混凝土强度等级是否与设计说明一致及达到设计年限要求； 2. 道床采用的钢筋及布设是否适宜、可行，是否满足排迷流要求； 3. 道床排水沟设置是否合理、适用及排水通畅，排水沟是否影响人员行走及紧急疏散。

编号	审查点	设计文件的审查内容
4.2.5	道岔图	1. 道岔结构及其扣件、道床是否与设计说明一致及满足运营使用的需要； 2. 道岔道床采用的钢筋及布设是否合理、可行，是否满足排迷流要求； 3. 道岔道床排水沟设置是否合理、可行及排水通畅。
4.2.6	减振轨道结构图	包括轨道减振扣件、弹性轨枕、先锋扣件、减振垫道床、钢弹簧浮置板道床等。 1. 审查内容与扣件、轨枕和道床的对应内容一致； 2. 是否满足环保减振的需要。
4.2.7	轨道弹性过渡段图	1. 轨道弹性过渡型式是否与设计说明一致； 2. 结构是否适宜、可行，能否满足弹性过渡的要求。
4.2.8	铺轨综合图	1. 内容是否齐全，包含设计线路纵坡、平面示意图、轨面标高、竖曲线改正值、曲线超高、道床及扣件类型、轨条布置、道岔； 2. 无缝线路锁定轨温及位移观测桩设置是否与设计说明一致，是否适宜、是否符合规定； 3. 曲线超高及顺坡率是否符合规范； 4. 抽查核算轨面标高是否准确。
4.2.9	线路及信号标志图	1. 线路及信号标志的材料、尺寸是否适用，能否满足运营使用的需要； 2. 线路及信号标志的安装位置是否合理可行、不得侵入限界。

4.3 规范条文

编号	审查点	设计文件的审查内容
4.3.1	轨道结构的统一性	GB 50157—2013　7.1.4 轨道结构部件选型应在满足使用功能的前提下，实现少维修、标准化、系列化，且宜统一全线轨道部件。
4.3.2	轨底坡	GB 50157—2013　7.2.1 钢轨轨底坡宜为 1/40～1/30。在无轨底坡的两道岔间不足 50m 地段，不宜设置轨底坡。
4.3.3	轨道结构高度	GB 50157—2013　7.2.5 轨道结构高度应根据结构型式确定，宜按表 7.2.5-1 取值，有砟道床最小厚度宜符合表 7.2.5-2 的规定。

表 7.2.5-1　轨道结构高度（mm）

结构型式	轨道结构高度	
	正线、配线	车场线
矩形隧道	560	—
单线马蹄形隧道	650	—
单线圆形隧道	740	—
高架桥无砟道床	500～520	—
有砟道床（木枕/混凝土枕）	700～950	580～625
车场库内	—	500～600

注：单线圆形隧道采用两侧排水沟时，轨道结构高度可适当加大。

225

<table>
<tr><th>编号</th><th>审查点</th><th>设计文件的审查内容</th></tr>
<tr><td>4.3.3</td><td>轨道结构高度</td><td>表 7.2.5-2　有砟道床最小厚度（mm）
<table>
<tr><td rowspan="2">下部结构类型</td><td colspan="3">道床厚度</td></tr>
<tr><td colspan="2">正线、配线</td><td>车场线</td></tr>
<tr><td rowspan="2">非渗水土路基</td><td rowspan="2">双层</td><td>道砟 250</td><td rowspan="3">单层 250</td></tr>
<tr><td>底砟 200</td></tr>
<tr><td>岩石、渗水土路基、混凝土结构</td><td colspan="2">单层道砟 300</td></tr>
</table></td></tr>
<tr><td>4.3.4</td><td>道床结构形式</td><td>GB 50157—2013　7.2.6-1、2
道床结构型式应符合下列规定：
1　地下线、高架线、地面车站宜采用无砟道床；地面线宜采用有砟道床；
2　正线及其配线上同一曲线地段宜采用一种道床结构型式。</td></tr>
<tr><td>4.3.5</td><td>钢轨选型与连接</td><td>GB 50157—2013　7.3.1-1
钢轨应符合下列规定：
1　正线及配线钢轨宜采用 60kg/m 钢轨，车场线宜采用 50kg/m 钢轨。</td></tr>
<tr><td>4.3.6</td><td>无砟道床结构</td><td>GB 50157—2013　7.4.1-4、5
无砟道床结构应符合下列规定：
4　地下线道床排水沟的纵向坡度宜与线路坡度一致。线路平坡地段，排水沟纵向坡度不宜小于 2‰；
5　道床面低于钢轨底面不宜小于 70mm，道床面横向排水坡不宜小于 2.5%，道岔道床横向排水坡宜为 1%～2%。</td></tr>
<tr><td>4.3.7</td><td>无缝线路铺设范围</td><td>GB 50157—2013　7.5.2
下列地段轨道宜按无缝线路设计，并宜扩大无缝线路的铺设范围：
1　地下线的直线和曲线半径不小于 300m 地段；
2　高架线和地面线无砟道床的直线和曲线半径不小于 400m 地段；
3　有砟道床的直线和曲线半径不小于 600m 地段；
4　试车线；
5　曲线半径小于第 1～3 款的限制值时，应进行特殊设计并采取加强措施。
GB 50157—2013　7.5.3
正线有砟道床地段宜按一次铺设无缝线路设计。</td></tr>
<tr><td>4.3.8</td><td>曲线超高的设置及顺坡率</td><td>GB 50157—2013　7.2.4-1
曲线超高设置应符合下列规定：
1　隧道内及 U 形结构的无砟道床地段曲线超高，宜采用外轨抬高超高值的 1/2、内轨降低超高值的 1/2 设置；高架线、地面线的轨道曲线超高，宜采取外轨抬高超高值设置。</td></tr>
</table>

编号	审查点	设计文件的审查内容
4.3.9	道床结构形式	GB 50157—2013 7.2.6-3 道床结构型式应符合下列规定： 　3　车场库内线应采用无砟道床。平过道应设置道口板。轮缘槽宽度应为 70mm～100mm，深度应为 50mm。
4.3.10	扣件	GB 50157—2013 7.3.2 钢轨应采用弹性扣件，扣件零部件的物理力学性能指标应符合扣件产品相关技术条件的规定。扣件结构应符合下列规定： 　1　无砟道床地段应采用弹性分开式扣件； 　2　无砟道床的节点垂直静刚度宜为 20kN/mm～40kN/mm，有砟道床用扣件的节点垂直静刚度宜为 40kN/mm～60kN/mm，动静比不应大于 1.4。
4.3.11	轨枕	GB 50157—2013 7.3.3 轨枕技术性能应符合轨枕产品有关技术条件的规定。无砟道床地段应采用预制钢筋混凝土轨枕；有砟道床地段宜采用预应力钢筋混凝土枕。
4.3.12	道岔扣件	GB 50157—2013 7.3.4-3 道岔结构应符合下列规定： 　3　应采用弹性分开式扣件扣压件形式宜与相邻区间的扣压件一致。
4.3.13	伸缩调节器铺设位置	GB 50157—2013 7.3.5-1 钢轨伸缩调节器技术性能应符合产品有关技术条件的规定。设置位置应符合下列规定： 　1　钢轨伸缩调节器的设置应根据桥上无缝线路计算确定，并宜设置在直线地段；当必须设置在曲线地段时，应按伸缩调节器的适用范围选用，且不应设置在与竖曲线重叠处。
4.3.14	伸缩调节器钢轨类型	GB 50157—2013 7.3.5-2 钢轨伸缩调节器技术性能应符合产品有关技术条件的规定。设置位置应符合下列规定： 　2　钢轨伸缩调节器基本轨应与相邻钢轨轨型和材质相同。
4.3.15	碎石道床的加强	GB 50157—2013 7.4.2-3、4 有砟道床应符合下列规定： 　3　正线无缝线路地段有砟道床的肩宽不应小于 400mm，有缝线路地段道床肩宽不应小于 300mm。无缝线路曲线半径小于 800m、有缝线路曲线半径小于 600m 的地段，曲线外侧道床肩宽应增加 100mm，砟肩堆高150mm。道床边坡均应采用 1∶1.75； 　4　车场线有砟道床的道床肩宽不应小于 200mm，曲线半径不大于 300m 的曲线地段，曲线外侧道床肩宽应加宽 100mm，道床边坡均应采用 1∶1.5。

编号	审查点	设计文件的审查内容
4.3.16	碎石道床轨枕位置	GB 50157—2013　7.4.2-5 有砟道床应符合下列规定： 　5　有砟道床顶面应与混凝土轨枕中部顶面平齐，应低于木枕顶面30mm。
4.3.17	无缝线路锁定轨温	TB 10082—2005，J 448—2005　11.4.1 无缝线路设计锁定轨温应根据当地气象资料，无缝线路的允许温升、允许温降，并考虑一定的修正量计算确定。
4.3.18	无缝道岔	GB 50157—2013　7.5.5 当轨道采用无缝道岔时，应根据无缝道岔的具体参数，确定道岔连入无缝线路的条件，并应进行无缝道岔中相对位移及部件强度等检算。
4.3.19	无缝线路位移观测桩布置	GB 50157—2013　7.5.6 无缝线路应设置位移观测桩，设置的基础应牢固稳定。钢轨伸缩调节器和道岔均应按一个单元轨节设置位移观测桩。
4.3.20	减振措施	GB 50157—2013　7.6.5 减振工程措施应根据项目环评报告和减振产品性能确定。 GB 50157—2013　7.6.6 高架线的振动控制，应结合桥梁型式、桥梁减振支座等选择减振产品。

5　路基

编号	审查点	设计文件的审查内容

5.1　设计说明

编号	审查点	设计文件的审查内容
5.1.1	设计依据	1. 应具有经过审查合格的详细勘察报告； 2. 应符合环评报告的要求（若环评报告有与路基相关的要求）； 3. 应列出设计执行的主要设计标准和规范，采用的规范应符合工程条件和技术标准，不得采用已废止的版本； 4. 标准图、通用图、参考图选用应正确，符合工程条件和技术标准； 5. 初步设计、评审意见及政府有关部门的批复意见，及对相关意见的执行情况，未执行的应给出依据和说明； 6. 若为变更设计，应符合变更程序（变更原因、变更方案及批准文件）。
5.1.2	设计标准	1. 应说明最高设计速度、轴重、正线数目、（无砟或有砟）轨道类型及对路基的强度和变形（工后沉降）技术要求； 2. 应说明路基结构的用途和使用年限；

编号	审查点	设计文件的审查内容
5.1.2	设计标准	3. 若为永久路基结构，应考虑合规的抗震技术标准，包括设防烈度和抗震等级； 4. 若为永久路基结构，应考虑合规的耐久性技术标准，包括所处环境类别和作用等级； 5. 路基标准横断面路基面宽度和形状、基床分层及厚度、路基边坡坡率、过渡段设置、沉降控制； 6. 支挡结构设置范围及选型应合理，支挡结构上方为建筑物及其他特殊结构时，应满足相关规范的规定及要求； 7. 特殊路基的设计标准是否合理。
5.1.3	构造及填筑材料	1. 应对路基构造加以详细说明，路基构造应满足标准要求； 2. 应对路基填筑材料加以详细说明，填筑材料应满足标准要求； 3. 应对路基压实标准加以详细说明，压实标准应满足标准要求； 4. 特殊路基、路基加固防护和支挡结构的构造及填筑材料应符合相应的设计规范标准要求。 上述方面应注意区分无砟轨道与有砟轨道的差异。
5.1.4	施工技术要求和注意事项	1. 关键环节的施工技术要求应完整、恰当，如地基处理、验槽隐检、基础处理、分层填筑、支挡结构施工、过渡段施工、边坡防护、排水施工、各类试验检验等； 2. 应针对易出现问题或易忽略的环节提出注意事项，如基底处理、填料种类、压实施工、支挡结构、沉降观测、排水、接口关系、管线防护等。
5.1.5	路基沉降监控量测	沉降监测方法应根据不同路基结构型式和沉降控制标准进行设置，能满足可靠观测的需要。
5.1.6	其他	1. 新技术、新材料、新工艺应通过正式技术鉴定，相关资料和依据性文件应齐全； 2. 涉及到路基安全稳定性的接口关系，如：排水、与其他构筑物（车站、桥梁、隧道、道路）的衔接过渡段、管线设备、绿化处理应妥当； 3. 既有文物、古树、既有管线等构筑物的防护措施应合理； 4. 主要工程数量应准确，若施工图与初步设计主要工程数量差异较大，应提供了原因说明及相关依据； 5. 路基工程应满足环评报告对绿化、环保的要求。

编号	审查点	设计文件的审查内容

5.2 设计图纸审查

编号	审查点	设计文件的审查内容
5.2.1	一般（有砟轨道、无砟轨道）路基设计图、个别路基设计图	1. 路基宽度、高程计算应准确； 2. 路基边坡坡度及断面形式应合理； 3. 地基处理方案应符合地形、地质条件，且经济合理； 4. 填料及压实标准应符合规范； 5. 支挡、防护形式及防排水设计应合理。
5.2.2	路基支挡结构设计图	1. 支挡结构设置范围及类型选择应合理； 2. 支挡结构应满足安全稳定性、耐久性和抗震要求； 3. 支挡结构几何尺寸及钢筋混凝土支挡结构中的配筋应合理； 4. 支挡结构与桥梁、隧道、涵洞衔接应可靠； 5. 支挡结构构造及各种附属设施预埋件埋设应安全可靠。
5.2.3	地基处理设计图	1. 地基处理方案（范围、深度、类型）应满足强度（地基承载力）、稳定性、工后沉降及特殊地质条件（如冻胀深度）等的要求； 2. 地基处理方案应合理、经济； 3. 地基处理方案应能适应工期要求； 4. 相关施工要求、试验检验要求应齐全合理。
5.2.4	路基过渡段设计图	1. 过渡段位置是否适当，过渡段长度应合理； 2. 过渡段型式及构造应合理。
5.2.5	路基排水设计图	1. 地表排水应通畅，排水出口应可靠； 2. 地下排水应可靠，是否会导致路基本体冻胀或积水。

5.3 计算书

编号	审查点	设计文件的审查内容
5.3.1	路基稳定性计算书	1. 计算原则、模型、程序、参数应合适； 2. 换算土柱高度、宽度及位置应准确。
5.3.2	路基工后沉降计算书	1. 计算原则、模型、程序、参数应合适； 2. 换算土柱高度、宽度及位置应准确。
5.3.3	路基支挡结构设计计算书	1. 计算原则、模型、程序、参数应合适； 2. 换算土柱高度、宽度及位置应准确； 3. 结构强度、稳定性检算应全面、可靠。
5.3.4	地基处理计算书	1. 计算原则、模型、程序、参数应合适； 2. 换算土柱高度、宽度及位置应准确； 3. 若采用复合地基，应提供桩基计算书（含桩径、桩距、桩长等）。

编号	审查点	设计文件的审查内容
5.4	规范条文	
5.4.1	对路基支挡结构设置的规定	GB 50157—2013 8.5.1 路基在下列情况应修筑支挡结构： 1 位于陡坡地段或风化的路堑边坡地段； 2 为避免大量挖方及降低边坡高度的路堑地段； 3 不良地质条件下加固山体、边坡或地基地段； 4 为少占农田和城市用地的地段； 5 为保护重要的既有建筑物及其他特殊条件和生态环境需要的地段。
5.4.2	对路基排水及防护设计的规定	GB 50157—2013 8.6.6 对受自然因素作用易产生损坏的路基边坡坡面，应根据边坡的土质、岩性、水文地质条件、边坡坡度与高度，以及周围景观等，选用适宜的防护措施。在适宜于植物生长的土质边坡上应采取植物防护措施。 GB 50157—2013 8.6.7 沿河地段路基应根据河流特性、水流性质、河道形状、地质条件等因素，结合路基位置，选用适宜的坡面防护、河水导流或改道等防护措施。
5.4.3	对路基面形状和路肩宽度的规定	GB 50157—2013 8.4.3 路堑边坡形式及坡率应根据工程地质和水文地质条件、边坡高度、防排水措施、施工方法，并结合自然稳定山坡和人工边坡的调查及力学分析等综合确定。
5.4.4	对路基填料的规定	GB 50157—2013 8.2.7 路堑基床表层土质不满足本规范第 8.2.6 条的规定时，应采取换填或土质改良等措施。 GB 50157—2013 8.3.3 基床以下部分的填料可选用 A、B、C 组填料。填料的最大粒径不得大于 300mm 或摊铺厚度的 2/3。当渗水土填在非渗水土上时，非渗水土层顶面应向两侧设 4% 的人字横坡。
5.4.5	对基底处理的规定	GB 50157—2013 8.3.4 路堤基底处理应符合下列要求： 1 地基表层为人工杂填土时，应清除换填。碾压后，其压实度应根据其不同部位分别满足表 8.2.8、表 8.3.3 的规定； 2 基底有地下水影响路堤稳定时，应采取拦截引排至基底范围以外并在路堤底部填筑渗水填料等措施；

编号	审查点	设计文件的审查内容
5.4.5	对基底处理的规定	3 若地基表层为软弱土层，其静力触探比贯入阻力 P_s 值小于 1MPa 时，应进行地基稳定性检算并采取排水疏干、清除淤泥、换填砂砾石或码填片石、采用土工合成材料等方法进行加固，加固后的地基承载力应满足其上部荷载的要求； 4 软土及其他类型厚层松软地基上的路基应进行路基稳定性、沉降检算。当稳定安全系数、工后沉降不符合规定时，应进行地基处理。地基处理可按现行行业标准《铁路特殊路基设计规范》TB 10035 和《铁路工程地基处理技术规程》TB 10106 的有关规定设计，采用不同加固措施地段应采取一定的过渡措施。

6 建筑

编号	审查点	设计文件的审查内容

6.1 设计说明

编号	审查点	设计文件的审查内容
6.1.1	设计依据	1. 当地政府部门批准的规划意见书； 2. 当地政府消防部门核准的消防审核意见书； 3. 设计执行的主要现行设计标准、规范； 4. 其他相关资料等； 5. 初步设计、评审意见及政府有关部门的批复意见，及对相关意见的执行情况； 6. 变更设计的变更程序（变更依据、变更内容及批准文件）。
6.1.2	耐火等级	1. 地下车站、区间、变电站等主体工程及出入口通道、风道等的耐火等级； 2. 地面出入口、风亭等附属建筑物、地面车站、高架车站及高架区间的建、构筑物的耐火等级； 3. 车辆段各建筑物耐火等级。
6.1.3	消防设计	1. 防火分区的划分原则、防火分区面积等； 2. 防烟分区的划分原则、防烟分区面积等； 3. 防火分区安全出口的设置位置及数量、疏散距离等； 4. 防火墙、防火门、防火卷帘门、挡烟垂壁、挡烟垂帘等的设置位置及耐火极限要求； 5. 消防性能化设计说明。

编号	审查点	设计文件的审查内容
6.1.4	无障碍设计	1. 无障碍设计部位、做法； 2. 楼梯、台阶及扶手等的设计要求； 3. 无障碍电梯、无障碍专用厕所等内部设施的设计要求； 4. 盲道的设计要求。
6.1.5	建筑材料及构造	1. 采用的建筑材料对环保、耐火极限等的设计要求； 2. 楼扶梯下房间及重要设备用房墙、地、顶的防火分隔措施； 3. 楼、扶梯挡板高度、强度的设计要求； 4. 扶梯开口处的防碰撞安全装置； 5. 装修设计时站台层地面装饰层下绝缘处理； 6. 地上车站幕墙工程及特殊屋面工程的安全及构造要求； 7. 穿墙（或楼板）管线的防火封堵措施。
6.1.6	节能环保	1. 地上车站、车辆段基地内办公及生活管理用房、控制中心等的维护结构节能设计依据及原则； 2. 节能设计的技术指标及措施； 3. 风亭、冷却塔等的减振、降噪、环保措施。

6.2 设计图纸

编号	审查点	设计文件的审查内容
6.2.1	总平面图	1. 地面出入口、风亭等附属建筑物、地面车站、高架车站及高架区间的建筑物与既有建筑的消防间距； 2. 车辆段各办公及管理用房、库房等的消防间距； 3. 风亭的防气流短路间距； 4. 风亭、冷却塔等环境噪声标准要求的间距； 5. 图纸深度，如室内外地面标高、建筑物外围定位尺寸、建筑层数、出入口台阶或坡道末端距车行道间距尺寸等； 6. 地面车站消防通道及进出口位置； 7. 各专业图纸会签。
6.2.2	平面图	1. 建筑物防火分区的划分、防火分区的建筑面积等； 2. 安全出口位置、数量、疏散距离等； 3. 防火分区间的防火分隔措施； 4. 换乘车站、商业开发与车站的防火分隔措施； 5. 防火分区间、重要设备用房、消防控制室、消防泵房、门厅、厨房等的防火门、防火卷帘门的设置； 6. 安全出口及通道的疏散宽度； 7. 疏散楼梯、封闭楼梯及防烟楼梯间的设置；

编号	审查点	设计文件审查内容
6.2.2	平面图	8. 防烟分区的划分、防烟分区建筑面积等； 9. 观光电梯井道耐火极限的设计说明； 10. 与车站相连接的商业开发防火设计； 11. 无障碍电梯、无障碍专用厕所、无障碍厕位、检票通道、入口坡道、楼梯栏杆扶手、盲道等的设置； 12. 装修设计时墙面及地面等的疏散指示标志的设置位置及间距。

6.3 计算书

编号	审查点	设计文件审查内容
6.3.1	节能计算书	1. 建筑物体型系数； 2. 窗墙比； 3. 屋面、外墙、挑空楼板、供暖与非供暖隔墙等构造； 4. 变形缝构造； 5. 外窗气密性； 6. 幕墙气密性； 7. 规定性指标及结论。

6.4 规范条文

编号	审查点	设计文件审查内容
6.4.1	车站总体布置	GB 50157—2013 9.2.4 车站出入口与风亭的位置，应根据周边环境及城市规划要求进行布置。出入口位置应有利于吸引和疏散客流；风亭位置应满足功能要求，并应满足规划、环保、消防和城市景观的要求。 GB 50157—2013 9.2.5 车站出入口附近，应根据需要与可能，设置非机动车和机动车的停放场地。 GB 50352—2005 4.2.4 属于公益上有需要而不影响交通及消防安全的建筑物、构筑物，包括公共电话亭、公共交通候车亭、治安岗等公共设施及临时性建筑物和构筑物，经当地城市规划行政主管部门的批准，可突入道路红线建造。
6.4.2	栅栏疏散门	GB 50157—2013 9.3.12 付费区与非付费区的分隔宜采用不低于1.1m的可透视栅栏，并应设置向疏散方向开启的平开栅栏门。

编号	审查点	设计文件的审查内容
6.4.3	站台、站厅环境噪声	GB 50157—2013　29.1.2-3 地铁噪声应符合下列规定： 3　车站在无列车的情况下，其站台、站厅环境噪声不得超过 70dBA。

7　高架结构

编号	审查点	设计文件的审查内容

7.1　设计说明

编号	审查点	设计文件的审查内容
7.1.1	设计依据	1. 采用的设计、施工、验收规范是否为现行版； 2. 地震安全性评价报告（已进行工程场地地震安全性评价的）； 3. 初步设计、评审意见及政府有关部门的批复意见，及对相关意见的执行情况； 4. 是否包含地质详勘报告的有关技术参数。
7.1.2	设计标准	1. 结构设计标准：设计使用年限（及检修、鉴定、更换等要求）、结构工程抗震类别； 2. 线路和车辆条件（线路最小曲线半径、最大纵坡、轨道型式、车辆类型、最大设计时速）； 3. 桥下净空和桥上限界标准； 4. 结构设计标准：环境类别和作用等级、钢筋混凝土结构裂缝宽度、变形和刚度要求； 5. 河流和航道要求：洪水频率、河流和航道要求等； 6. 结构体系、结构布置、抗震措施。
7.1.3	主要材料	1. 混凝土强度等级是否符合耐久性设计要求； 2. 钢筋规格、钢材牌号、预应力钢束规格是否符合规范规定； 3. 支座规格与支反力是否匹配。
7.1.4	注意事项	1. 选用的工法与工序是否合理； 2. 施工期间地下管线拆改、跨越路基防护措施是否完善； 3. 基础施工质量检测要求；临近既有构筑物如路基施工防护措施是否到位； 4. 预应力钢束张拉技术要求是否合理； 5. 施工临时措施是否到位。

编号	审查点	设计文件的审查内容
7.2 设计图纸		
7.2.1	桥址平面图、桥梁总布置图	1. 桥址平面图，桥梁总布置图； 2. 桥址平面图包括：桥梁平面布置，桥址地形、地貌，周边道路布置情况和地面构筑物、地下管线，河流沟渠分布，线位里程标，线位曲线参数，高程系统，坐标系统等； 3. 桥梁总布置图包含：桥梁平面、立面和横断面布置，桥跨布置，梁部、桥墩、承台和基础等主要结构尺寸、高程，桥址地质纵剖面，所跨越道路河流横断面、地下水位线、河流一般冲刷线、局部冲刷线等； 4. 梁上部建筑布置图，包含桥面各专业设备及其限界； 5. 区间预制标准梁平面布置图，包含曲线段各梁的偏角和特征点坐标等。
7.2.2	一般梁构造图、钢结构图、梁预应力束布置图、梁普通钢筋图	1. 一般梁构造图，应包括立面图、平面图和横断面图； 2. 钢结构图，应包含联结大样图、焊接方法和焊缝质量要求、涂装要求、制作安装要求和工程数量表； 3. 梁预应力束布置图，包括立面和平面布置图、含预应力钢束及相关材料表； 4. 梁普通钢筋图，包括钢筋数量表。
7.2.3	桥墩、桥台、承台和桩基构造图及钢筋图	1. 桥墩、桥台构造图，包括立面、侧面和横截面图； 2. 桥墩、桥台钢筋图，包括钢筋大样图和钢筋数量表； 3. 承台和基础结构及配筋图，包括钢筋大样图和钢筋数量表； 4. 支承垫石布置图，包含支承垫石尺寸、高程、坐标和工程数量表。
7.2.4	桥上附属结构图	1. 桥面防水、排水图，包含平面排水布置图、泄水管位置； 2. 附属结构图，桥梁栏杆图。（包含疏散通道结构、声屏障立柱基础及其预埋件、接触网立柱基础及其预埋件等）； 3. 支座布置图，包含支座的类型规格和对应桥墩位置； 4. 伸缩缝构造图； 5. 高架结构防雷接地图，区间高架结构防杂散电流图。
7.2.5	图纸要求	1. 配筋图应含钢筋大样、钢筋明细表； 2. 桥梁总平面图含各墩位布置、右线里程、墩中心坐标及方位角。包含：相交道路、铁路、河流名称，高架桥位沿线道路机动车道、非机动车道、人行道和分隔带布置，道路地下管线大致分布情况，轨道交通线路平面要素。标准梁预制场位置和面积； 3. 桥梁总图包含区间全桥平面图、纵立面、横断面、承台和桩基布置图，全桥主要工程数量表。内容包括：桥梁承台和基础平面布置、纵断面桥跨布置、桥梁横断面布置，各桥墩里程、高架线轨顶标高、上跨道路、铁路、桥梁桥下净空。包含相交道路、铁路、河流名称，高架桥位沿线道路机动车道、非机动车道、人行道和分隔带布置，道路地下管线分布情况。

编号	审查点	设计文件的审查内容

7.3 计算书

编号	审查点	设计文件的审查内容
7.3.1	计算书	1. 荷载及其组合是否完整、正确； 2. 计算输入参数是否正确、合理，与图纸是否吻合； 3. 结构计算模型是否正确、合理； 4. 提交的设计计算内容是否完整； 5. 结构计算成果是否满足规范要求； 6. 设计采用的配筋等计算成果和图纸是否吻合。

7.4 规范条文

编号	审查点	设计文件的审查内容
7.4.1	地基承载力的提高	TB 10002.5—2005　4.2.2 　　主力加附加力时，地基容许承载力 $[\sigma]$ 可提高 20%。主力加特殊荷载（地震力除外）时，地基容许承载力 $[\sigma]$ 可按表 4.2.2 提高。

表 4.2.2　地基容许承载力的提高系数

地基情况	提高系数
基本承载力 $\sigma_0 > 500$kPa 的岩石和土	1.4
150kPa $< \sigma_0 \leqslant 500$kPa 的岩石和土	1.3
100kPa $< \sigma_0 \leqslant 150$kPa 的岩石和土	1.2

TB 10002.5—2005　4.2.3

　　既有桥墩台的地基土因多年运营被压密，其基本承载力可予以提高，但提高值不应超过 25%。

编号	审查点	设计文件的审查内容
7.4.2	桩基类型选择	TB 10002.5—2005　6.1.1 　　桩基类型可按下列原则选定： 　　1　打入桩可用于稍松至中密的砂类土、粉土和流塑，软塑的黏性土，震动下沉桩可用于砂类土、粉土、黏性土和碎石类土，桩尖爆扩桩可用于硬塑黏性土以及中密、密实的砂类土和粉土； 　　2　钻孔灌注桩可用于各类土层、岩层； 　　3　挖孔灌注桩可用于无地下水或少量地下水的土层； 　　4　管柱基础适用于深水、有覆盖层或无覆盖层、岩面起伏等桥址条件，可支承于较密实的土或新鲜岩层内。

编号	审查点	设计文件的审查内容
7.4.3	类型、桩径、桩长的选择	TB 10002.5—2005　6.1.4 　　同一桩基中，不应同时采用摩擦桩和柱桩，且不宜采用不同直径、不同材料的桩，亦不宜采用长度相差过大的桩。 TB 10002.5—2005　6.3.1 　　桩的直径应根据受力大小、桩基形式和施工条件确定。钻孔灌注桩的设计桩径不宜小于0.8m；挖孔灌注桩的直径或边宽不宜小于1.25m。
7.4.4	桩的排列	TB 10002.5—2005　6.3.2 　　钻（挖）孔灌注摩擦桩的中心距不应小于2.5倍成孔桩径，钻（挖）孔灌注柱桩的中心距不应小于2倍成孔桩径。 　　各类桩的承台板边缘至最外一排桩的净距，当桩径 $d \leqslant 1$m 时，不得小于 $0.5d$，且不得小于0.25m；当桩径 $d > 1$m 时，不得小于 $0.3d$，且不得小于0.5m。对于钻孔灌注桩，d 为设计桩径。 　　注：对于矩形截面的桩，d 为桩的短边宽。
7.4.5	钢筋与混凝土的变形模量比	TB 10002.3—2005　5.1.3 　　换算截面时，钢筋的弹性模量与混凝土的变形模量之比 n 应按表5.1.3采用。 表5.1.3　n 值 <table><tr><td>混凝土强度等级 结构类型</td><td>C20</td><td>C25～C35</td><td>C40～C60</td></tr><tr><td>桥跨结构及顶帽</td><td>20</td><td>15</td><td>10</td></tr><tr><td>其他结构</td><td>15</td><td>10</td><td>8</td></tr></table>
7.4.6	箱梁结构温差	TB 10002.3—2005　4.3.11 　　计算温差应力时，对于日照温差宜采用混凝土的受压弹性模量；对于降温温差宜采用0.8倍的受压弹性模量。
7.4.7	梁截面尺寸与构造	TB 10002.3—2005　4.1.3 　　梁截面尺寸和构造应保证梁体具有足够的横向刚度。
7.4.8	温度荷载参与组合时的容许应力	TB 10002.3—2005　4.3.12 　　计算主力和温差应力组合时，可不再与其他附加力组合。此时，材料容许应力可提高20%。

编号	审查点	设计文件的审查内容
7.4.9	双向板的配筋	TB 10002.3—2005 5.3.10 布置四周支承双向板的钢筋时，可将板沿纵向及横向各划分为三部分。靠边部分的宽度均为板的短边宽度的 1/4。中间部分的钢筋按计算数量设置，靠边部分的钢筋则按半数设置，其间距不应大于 250mm，也不应大于板厚的两倍。
7.4.10	带肋钢筋	TB 10002.3—2005 5.3.17 跨度等于和大于 12m 的钢筋混凝土梁宜采用带肋钢筋（包括受力钢筋及构造钢筋）。
7.4.11	钢筋之间的净距与弯钩	执行《公路钢筋混凝土及预应力混凝土桥涵设计规范》JTG D62—2004 第 9.1.5 条及表 9.1.5。
7.4.12	弯起钢筋	TB 10002.3—2005 5.3.14 梁内弯起钢筋可沿梁高的中线布置，并使任何一个与梁轴垂直的截面最少与一根斜筋相交。斜筋与梁轴所成的斜角宜采用 45°，且不小于 30°，也不应大于 60°。
7.4.13	滴水槽（檐）	TB 10002.3—2005 5.3.18 梁体悬臂板外侧下缘宜设置防止雨水流向梁腹的滴水槽（檐）。
7.4.14	钢筋弹性模量	TB 10002.3—2005 3.2.4 钢筋弹性模量应按表 3.2.4 采用。 **表 3.2.4 钢筋弹性模量**（MPa） 表见下方
7.4.15	允许开裂受弯构件的计算	TB 10002.3—2005 6.3.18 对允许开裂的预应力混凝土受弯构件，在恒载作用下，正截面混凝土受拉区压应力（扣除全部应力损失后）不应小于 1.0MPa；在运营荷载作用下的特征裂缝宽度应符合下列规定： 1 对于主力组合，不得大于 0.1mm；

表 3.2.4 钢筋弹性模量（MPa）

钢筋种类	符号	弹性模量
钢丝	E_p	2.05×10^5
钢绞线	E_p	1.95×10^5
预应力混凝土用螺纹钢筋	E_p	2.0×10^5
HPB300	E_s	2.1×10^5
HRB400	E_s	2.0×10^5

注：计算钢丝、钢绞线伸长值时，可按 $E_p \pm 0.1 \times 10^5$ MPa 作为上、下限。

编号	审查点	设计文件的审查内容

7.4.15	允许开裂受弯构件的计算	2 对于主力加附加力组合，不得大于 0.15mm；
		
		3 对于特种超载荷载，不得大于 0.15mm。
		
		对矩形、T形和工字形截面梁，在运营荷载作用下，其主要受力钢筋水平处侧面的"特征裂缝宽度"（系指小于该特征值的保证率为 95% 的裂缝宽度）可按下列公式计算：
		
		$$w_{\text{fk}} = \alpha_2 \alpha_3 \left(2.4 C_{\text{s}} + \upsilon \frac{d}{\mu_{\text{e}}} \right) \frac{\Delta \sigma_{s2}}{E_{\text{s}}} \qquad (6.3.18\text{-}1)$$
		
		$$d = \frac{4 \, (A_{\text{s}} + A_{\text{p}})}{U} \qquad (6.3.18\text{-}2)$$
		
		$$\mu_{\text{e}} = \frac{A_{\text{s}} + A_{\text{p}}}{A_{\text{ce}}} \qquad (6.3.18\text{-}3)$$
		
		式中 w_{fk}——特征裂缝宽度（mm）；
		
		    C_{s}——纵向钢筋侧面的净保护层厚度（mm）；
		
		    d——钢筋换算直径（mm）；
		
		    μ_{s}——纵向受拉钢筋的有效配筋率；
		
		    υ——钢筋粘结特性系数，对带肋钢筋取 0.02，对钢或钢绞线取 0.04；对后张法管道压浆的预应力钢筋，υ 应予以提高，对变形钢筋可取 0.04，对钢丝、钢绞线可取 0.06；两种钢筋混合使用时，可取加权平均值；
		
		    α_2——特征裂缝宽度与平均裂缝宽度相比的扩大系数，可取 1.8；
		
		    α_3——考虑运营荷载作用的疲劳增大系数，可取 1.5；
		
		    A_{p}、A_{s}——预应力钢筋和非预应力钢筋截面面积（mm²）；
		
		    U——钢筋周边长度总和（mm）；
		
		    A_{ce}——受钢筋影响的有效混凝土截面面积，可按图 6.3.18 计算。
		
		注：d—钢筋直径，$h_{\text{e}} \leqslant h/2$
		
		图 6.3.18 受钢筋影响的有效混凝土截面

7.4.16	预应力筋的布置	TB 10002.3—2005 6.1.4 预应力筋的布置应对称于构件截面的几何竖轴线，否则，在确定构件的内力时尚须考虑预加力对截面竖轴线的偏心影响。

编号	审查点	设计文件的审查内容
7.4.17	预应力筋的曲率半径	TB 10002.3—2005 6.5.7 如后张法结构中的预应力钢筋布置成曲线形时，其曲率半径应符合下列规定： 1 钢丝束、钢绞线束的钢丝直径等于或小于 5mm 时，不宜小于 4m；钢丝直径大于 5mm 时，不宜小于 6m。 2 预应力混凝土用螺纹钢筋的直径等于或小于 25mm 时，不宜小于 12m；直径大于 25mm 时，不宜小于 15m。
7.4.18	非预应力纵向钢筋	TB 10002.3—2005 6.5.14 在运营荷载作用下的截面受拉边缘，应按下列要求设置非预应力纵向钢筋： 1 对于不允许出现拉应力的构件，钢筋直径不宜小于 8mm，间距不宜大于 100mm。 2 对于允许出现拉应力和允许开裂的构件，宜采用 HRB400 级钢筋，钢筋面积应根据计算确定，但不宜小于 0.3% 的混凝土受拉区面积。钢筋宜采用较小直径及较密间距。
7.4.19	预应力梁的后期挠度	GB 50157—2013 10.1.10 预应力混凝土简支梁的徐变上拱度应严格控制，轨道铺设后，无砟桥面梁的后期徐变上拱值不宜大于 10mm。无砟桥面预应力混凝土连续梁轨道铺设后的后期徐变量，应根据轨道专业的要求控制。
7.4.20	孔道灌浆	TB 10005—2010 6.2.6 预应力混凝土孔道灌浆宜在终张拉完成后 48h 以内进行。
7.4.21	箱梁的防水与排水	TB 10002.3—2005 6.5.24 8 箱梁应设置排水装置加强防水措施，底板宜设排水孔。
7.4.22	钢桁梁桥面系	TB 10002.2—2005 7.1.1 钢桥宜优先采用有砟桥面。当采用明桥面时，其明桥面纵梁的中心距不得小于 2m，桥枕与纵（板）梁应采用可靠的连接方式，不应采用钩头螺栓连接。 TB 10002.2—2005 7.1.3 纵横梁腹板之间宜采用角钢连接。
7.4.23	钢板梁材质	TB 10002.2—2005 8.0.1 钢板梁材质宜采用 Q235qD 钢。

编号	审查点	设计文件的审查内容

7.4.24　受拉焊接板材最大厚度

TB 10002.2—2005　5.3.4

受拉焊接构件板件的最大厚度应根据拉应力的大小、最低设计温度及钢板和焊接接头的冲击韧性等因素，经设计计算、试验确定。最大板件厚度不得超过表 5.3.4-1（a）、表 5.3.4-1（b）、表 5.3.4-2（a）及表 5.3.4-2（b）的规定。

表 5.3.4-1 (a)　顺应力及垂直应力方向均有焊缝的构件的最大使用厚度

构件序号	设计拉应力（MPa）（按毛截面计算）钢材牌号			钢材质量等级	最低设计温度（℃）使用钢板最大厚度（mm）										
	Q345q	Q370q	Q420q		0	−5	−10	−15	−20	−25	−30	−35	−40	−45	−50
1	—	105	115	E	50	50	50	50	50	50	50	50	50	50	50
	100	—	—	E	40	40	40	40	40	40	40	40	40	40	40
2	—	140	155	E	50	50	50	50	50	50	50	50	50	44	36
	135	—	—	E	40	40	40	40	40	40	40	40	40	40	36
3	—	175	190	E	50	50	50	50	50	50	46	38	32	25	20
	165	—	—	E	40	40	40	40	40	40	40	38	32	25	20
4	—	190	210	E	50	50	50	50	50	44	36	30	24	18	14
	185	—	—	E	40	40	40	40	40	40	36	30	24	18	14
5	—	210	230	E	50	50	50	48	42	36	28	22	18	14	—
	200	—	—	E	40	40	40	40	36	28	22	18	14	—	

表 5.3.4-1 (b)　顺应力及垂直应力方向均有焊缝的构件的最大使用厚度

构件序号	设计拉应力（MPa）（按毛截面计算）钢材牌号		钢材质量等级	最低设计温度（℃）使用钢板最大厚度（mm）										
	Q345q	Q370q		0	−5	−10	−15	−20	−25	−30	−35	−40	−45	−50
1	100	105	D	35	35	35	35	35	35	35	35	35	35	35
2	135	140	D	35	35	35	35	35	35	35	35	35	30	24
3	165	175	D	35	35	35	35	35	32	26	20	14	—	—
4	185	190	D	35	35	35	35	35	30	25	18	14	—	—
5	200	210	D	35	35	35	34	28	22	18	14	—	—	—

注：1　此表可根据设计拉应力数值采用内插法推算出板件的最大使用厚度；

2　最低设计温度为桥址处历年极端最低气温减5℃；

3　经过研究和科学实验并得到批准，板厚可不受本表的限制。

编号	审查点	设计文件的审查内容

表 5.3.4-2（a）　仅顺应力方向有焊缝的构件的最大使用厚度

构件序号	设计拉应力（MPa）（按毛截面计算） 钢材牌号			钢材质量等级	最低设计温度（℃） 使用钢板最大厚度（mm）										
	Q345q	Q370q	Q420q		0	−5	−10	−15	−20	−25	−30	−35	−40	−45	−50
1	—	105	115	E	50	50	50	50	50	50	50	50	50	50	50
	100	—	—	E	40	40	40	40	40	40	40	40	40	40	40
2	—	140	155	E	50	50	50	50	50	50	50	50	50	50	50
	135	—	—	E	40	40	40	40	40	40	40	40	40	40	40
3	—	175	190	E	50	50	50	50	50	50	50	50	50	50	42
	165	—	—	E	40	40	40	40	40	40	40	40	40	40	40
4	—	190	210	E	50	50	50	50	50	50	50	50	50	42	34
	185	—	—	E	40	40	40	40	40	40	40	40	40	40	34
5	—	210	230	E	50	50	50	50	50	50	50	50	44	36	28
	200	—	—	E	40	40	40	40	40	40	40	40	40	36	28

表 5.3.4-2（b）　仅顺应力方向有焊缝的构件的最大使用厚度

构件序号	设计拉应力（MPa）（按毛截面计算） 钢材牌号		钢材质量等级	最低设计温度（℃） 使用钢板最大厚度（mm）										
	Q345q	Q370q		0	−5	−10	−15	−20	−25	−30	−35	−40	−45	−50
1	100	105	D	35	35	35	35	35	35	35	35	35	35	35
2	135	140	D	35	35	35	35	35	35	35	35	35	35	35
3	165	175	D	35	35	35	35	35	35	35	35	34	26	20
4	185	195	D	35	35	35	35	35	35	35	34	26	20	14
5	200	210	D	35	35	35	35	35	35	34	28	20	14	—

注：1　此表可根据设计拉应力数值采用内插法推算出板件的最大使用厚度；

　　2　最低设计温度为桥址处历年极端最低气温减5℃；

　　3　经过研究和科学实验并得到批准，板厚可不受本表的限制。

编号	审查点	设计文件的审查内容
7.4.25	栓接	TB 10002.2—2005　3.2.3 高强度螺栓预拉力的设计值，应根据高强螺栓的螺纹直径、性能等级按表3.2.3的规定确定。

（编号栏左侧：7.4.24　审查点：受拉焊接板材最大厚度）

编号	审查点	设计文件的审查内容
7.4.25	栓接	**表 3.2.3 高强度螺栓预拉力设计值** 表见下方

表 3.2.3　高强度螺栓预拉力设计值

螺纹直径	M22	M24	M27	M30
性能等级	10.9S			
预拉力设计值（kN）	200	240	290	360

TB 10002.2—2005　3.2.4

采用抗滑型高强度螺栓连接时；设计抗滑系数采用 0.45。

TB 10002.2—2005　3.2.5

铆钉及精制螺栓容许应力应按表 3.2.5 的规定确定。

表 3.2.5　铆钉及螺栓容许应力（MPa）

类　别	受力种类	容许应力
工厂铆钉	剪切	110
	承压	280
工地铆钉	剪切	100
	承压	250
精制螺栓	剪切	90
	承压	220

注：1　平头铆钉的容许应力减低 20%；

　　2　铆钉计算直径为铆钉孔的公称直径；

　　3　粗制螺栓直径至多较栓孔直径小 0.3mm；

　　4　本表适用于 BL2，当采用 BL3 时，容许应力可提高 10%。

7.4.26　板梁的加劲

TB 10002.2—2005　8.0.7

简支板梁腹板中间竖加劲肋和水平加劲肋的设置，可符合下列规定：

1　当 $h/\delta \leqslant 50$ 时，可不设置中间竖加劲肋。

2　当 $140 \geqslant h/\delta > 50$ 时，应设置中间竖加劲肋，其间距：$a \leqslant 950\delta/\sqrt{\tau}$，且不应大于 2m。

3　当 $250 \geqslant h/\delta > 140$ 时，除设置竖加劲肋外，还应在距压翼缘（1/4～1/5）h 处设置水平加劲肋。

4　当仅用竖加劲肋加强腹板时，则成对设置的中间竖加劲肋的每侧宽度不得小于 $h/30 + 0.04$（以 m 计）。

5　当用竖加劲肋和水平加劲肋加强腹板时，则加劲肋的截面惯矩不得小于：

竖加劲肋：$3h\delta^3$；

水平加劲肋：$h\delta^3 \left[2.4 \left(\dfrac{a}{h} \right)^2 - 0.13 \right]$，但不得小于 $1.5h\delta^3$。

编号	审查点	设计文件的审查内容
7.4.26	板梁的加劲	6 加劲肋伸出肢的宽厚比不得大于 15。 7 当采用单侧加劲肋时，则其截面对于按腹板边线为轴线的惯矩不得小于成对加劲肋对腹板中心的截面惯矩。 以上各式中： h——板梁腹板计算高度（m），焊接板梁为腹板全高，铆接板为两翼缘角钢最近铆钉线的距离； δ——腹板厚（m）； τ——检算板段处的腹板平均剪应力（MPa），$\tau=V/h\delta$，V 为板段中间截面处的剪力（MN）。
7.4.27	混凝土桥面的横向计算	TBJ 24—89 2.0.5 计算桥面板垂直于线路方向的横向弯矩时，可根据结构的连接情况考虑钢梁对桥面板变形的约束影响。
7.4.28	计算截面	TBJ 24—89 3.0.1 拟定结合梁截面时，宜将中性轴置于在钢梁截面内。如中性轴位于混凝土板截面内时，不得计入受拉混凝土的作用，且在板的受拉侧应配置钢筋，其截面最小配筋率应满足相关规范规定。
7.4.29	竖向剪应力计算	TBJ 24—89 3.0.3 计算结合梁横截面上的剪应力时，可假定竖向剪力由钢梁单独承受，不计混凝土板的作用。
7.4.30	温度荷载	TBJ 24—89 1.0.7 结合梁应计及温度变化影响产生的内力，根据钢梁和混凝土板之间实际的温度变化差值计算，在缺乏足够的技术资料时，可认为在梁和板内的温度在各自的高度范围内为一定值，其差值可用±15°。
7.4.31	联结器	TBJ 24—89 1.0.12 在钢梁翼缘和钢筋混凝土板的结合面上应根据计算和构造要求设置联结器，联接器应有足够的强度和耐久性。
7.4.32	计算假定	TBJ 24—89 1.0.13 在一般情况下，当结合梁的结合面上设置足够多的连接器时，除计算混凝土收缩和温度变化影响外，可认为钢梁和钢筋混凝土板完全共同作用，即整个结合梁受荷载后符合平截面假定。

编号	审查点	设计文件的审查内容
7.4.33	内力计算	TBJ 24—89 2.0.1 结合梁的内力计算应根据施工步骤确定。（后略）
7.4.34	剪力滞影响	TBJ 24—89 2.0.2 分析结合梁内力所用的截面可用其实有尺寸，不计剪力滞后和板内钢筋的影响。
7.4.35	温度与收缩剪力的传递	TBJ 24—89 4.0.6 结合面上由于混凝土收缩引起的纵向剪力，应由梁端部一段范围内的联接器承受。（后略） TBJ 24—89 4.0.7 结合面上由于温度变化影响引起的纵向剪力，应由梁端部一段范围内的联接器承受。（后略）
7.4.36	混凝土板的抗剪验算	TBJ 24—89 4.0.9 混凝土板应检算其下列截面上的纵向剪应力。（后略） TBJ 24—89 4.0.10 混凝土板应按本规定4.0.9条检算纵向截面上的主拉应力。（后略）
7.4.37	结合面处理	TBJ 24—89 5.0.4 预制混凝土板与钢梁翼缘间应用砂浆垫实。砂浆厚度在50mm以上时，应设钢丝网。砂浆标号不得低于200号。
7.4.38	防水层与保护层	TBJ 24—89 5.0.1 混凝土板上应铺设防水层和保护层。
7.4.39	支座的形式	TB 10002.3—2005 7.1.3 支座应根据反力、水平力、位移量、转动角等因素确定，其形式可按表7.1.3的规定选用。也可采用转动灵活，滑移平顺的其他新型支座。 表 7.1.3 支座形式 <table><tr><td>跨度（m）</td><td>8</td><td>10～16</td><td>20</td><td>≥24</td></tr><tr><td>钢（铸钢）支座</td><td>平板支座</td><td>弧形支座</td><td colspan="2">辊轴（摇轴）支座</td></tr><tr><td>橡胶支座</td><td colspan="3">板式橡胶支座</td><td>盆式橡胶支座</td></tr></table> 注：跨度20m的低高度、超低高度梁亦可采用弧型支座。
7.4.40	支座的选用	GB 50157—2013 10.4.6 跨度不大于20m的梁可采用板式橡胶支座，但板式橡胶支座应区分固定和活动两类，并应有横向限位装置。橡胶板反力应按现行行业标准《铁路桥梁板式橡胶支座》TB/T 1893 的有关规定取值。

编号	审查点	设计文件的审查内容
7.4.40	支座的选用	GB 50157—2013　10.4.7 　　跨度大于等于 20m 的梁宜采用盆式橡胶支座，其反力应按现行行业标准《铁路桥梁盆式橡胶支座》TB/T 2331 的有关规定取值，活动支座（纵向或多向）的纵向位移量可按±50mm、±100mm、±150mm、±200mm 和±250mm 设计；多向活动支座横向位移可按±40mm 设计。支座计算应符合现行行业标准《铁路桥涵钢筋混凝土和预应力混凝土结构设计规范》TB 10002.3 的有关规定。
7.4.41	支座的一般要求	TB 10002.3—2005　7.1.2 　　支座应满足易检查、维修和可更换的要求。
7.4.42	板式橡胶支座的竖向承载力	TB 10002.3—2005　7.1.5 　　盆式橡胶支座竖向承载力应按《铁路桥梁盆式橡胶支座》TB/T 2331 取值。
7.4.43	橡胶支座的构造细节	TB 10002.3—2005　7.4.5 　　橡胶支座的结构细节，应符合下列规定： 　　1　橡胶支座的最小边长不应小于支座总高的 5 倍，且不得小于 200mm。 　　2　对预先设置的预留孔槽灌注无收缩水泥、砂浆，形成台座。
7.4.44	桥墩抗震分析方法	GB 50111—2006（2009 年版）　7.2.2 　　多遇地震作用下，桥墩抗震计算可采用反应谱法。对 B 类桥梁或采用减隔震装置的桥梁，宜按反应谱法计算，或选用符合抗震设计要求的地震波，采用时程反应分析法进行分析。在罕遇地震作用下，应采用非线性时程反应分析法，对钢筋混凝土桥墩可按附录 F 的简化方法进行延性验算。
7.4.45	减、隔震设计	JTG/T B02—01—2008　10.1.2 　　满足下列条件之一的桥梁，可采用减隔震设计： 　　1　桥墩为刚性墩，桥梁的基本周期比较短。 　　2　桥墩高度相差较大时。 　　3　桥址区的预期地面运动特性比较明确，主要能量集中在高频段时。 JTG/T B02—01—2008　10.1.3 　　存在以下情况之一时，不宜采用减隔震设计： 　　1　地震作用下，场地可能失效。 　　2　下部结构刚度小，桥梁的基本周期比较长。 　　3　位于软弱场地，延长周期可能引起地基和桥梁共振。 　　4　支座中可能出现负反力。

编号	审查点	设计文件的审查内容
7.4.46	抗震措施	GB 50111—2006（2009 年版）　7.5.15 7 度及以上地区的钻孔桩基础，在桩顶 $2.5d \sim 3.0d$（d 为设计桩径）长度范围内，应适当加强箍筋配置。

8　地下结构

编号	审查点	设计文件的审查内容

8.1　设计说明

编号	审查点	设计文件的审查内容
8.1.1	设计依据	1. 经过审查合格的详细勘察报告，工程涉及地层的主要物理力学参数及结论和建议； 2. 符合住房城乡建设部发布的《市政公用设施抗灾设防管理规定》和《市政公用设施抗震设防专项论证技术要点（地下工程篇）》规定的防灾、抗震等专项论证和专家审查结论； 3. 周边环境的调查、探测结果说明或报告，或周边环境评估报告； 4. 执行的主要现行设计标准、规范（当有适用的地方标准时，应按地方标准中相关规定执行）； 5. 地震安全性评价报告（已进行工程场地地震安全性评价的）； 6. 风险工程专项论证的专家意见； 7. 轨道交通建设和管理部门颁发的条例、规定； 8. 总体的技术要求、科研成果等其他相关资料。 9. 初步设计、评审意见及政府有关部门的批复意见，及对相关意见的执行情况； 10. 变更设计的变更原因、方案及批准文件。
8.1.2	设计标准	1. 结构（含初期支护结构）的安全等级和结构重要性系数； 2. 结构的设计使用年限及检修、鉴定、更换等要求； 3. 结构的设防烈度、设防类别和抗震等级； 4. 结构的防水标准、抗浮标准、设计荷载标准、人防防护标准、防火要求等； 5. 结构所处的环境类别和作用等级； 6. 结构构件裂缝的控制标准； 7. 基坑安全等级、环境保护等级、地下水处理原则、围护结构变形控制要求及围护结构设计重要性系数； 8. 盖挖法施工时，盖板上的临时道路等级和车辆参数； 9. 盖挖逆作法施工时，盖板中柱与边墙的允许沉降差应明确并计入计算；

编号	审查点	设计文件的审查内容
8.1.2	设计标准	10. 盖挖法、暗挖法施工的中柱应明确垂直度偏差并计入计算； 11. 矿山法施工的复合式衬砌，应明确初期支护的设计使用年限及初期支护与二次衬砌的荷载取法。 12. 基坑支护体系的围护墙兼作永久结构时，其结构设计应同时满足各阶段需要。
8.1.3	材料及构造	工程材料： 　　1. 混凝土强度等级的确定应综合强度、耐久性、抗震、裂缝控制、防水等因素综合确定。应符合《地铁设计规范》、《铁路隧道设计规范》、《混凝土结构设计规范》、《建筑抗震设计规范》的规定；当结构处于一般环境以外的其他环境时宜采用《混凝土结构耐久性设计规范》； 　　2. 钢筋、钢材的性能及其连接的性能应符合《混凝土结构设计规范》、《钢结构设计规范》、《建筑抗震设计规范》、《钢筋机械连接技术规程》、《钢筋焊接及验算技术规程》等对材料性能的规定。 　　3. 盖挖法施工时，铺盖系统的材料应满足本工程的设计标准； 　　4. 矿山法施工时，应对管棚、导管注浆等掌子面加固材料的性能指标提出要求； 　　5. 地基加固、地层改良等工程，应对材料、施工、质量标准、检测方案等提出要求。 　　6. 选用的新型材料，应出具权威部门的检测评估报告，设计应提出工艺要求及质量保证要求，并应在设计中提出保障施工作业人员安全和预防生产安全事故的措施建议。 　　7. 盾构管片连接件性能要求和防腐处理要求。 结构构造： 　　1. 变形缝的设置应采取可靠措施确保差异沉降不影响行车安全和正常使用； 　　2. 构件中钢筋的混凝土保护层厚度的确定应根据结构类别、环境条件和耐久性要求综合确定，受力钢筋的保护层厚度不应小于其公称直径；当结构处于一般环境以外的其他环境时宜采用《混凝土结构耐久性设计规范》。 　　3. 钢筋的锚固形式和长度，连接的部位、接头率、形式及要求； 　　4. 施工缝、后浇带、诱导缝的设置要求及构造要求； 　　5. 板墙类构件的分布筋、拉结筋的直径、间距及布置形式； 　　6. 吊环的材质要求、锚固要求； 　　7. 主体结构的抗震构造要求； 　　8. 砌体围护结构的抗震构造要求，包括：砌块等级、砂浆等级、构造柱设置要求、圈梁设置要求、拉结筋形式、人流通道的加强方法； 　　9. 钢结构构件的除锈标准、防腐、防火涂装。

编号	审查点	设计文件的审查内容
8.1.4	施工注意事项	一般要求： 1. 结合结构特点的保证结构的承载力、耐久性、控制裂缝的措施； 2. 施工对周边环境影响的控制措施； 3. 温度、湿度、雨、雪、风等自然环境影响控制措施。 结合工法特点的施工技术要求： 1. 基坑工程 1）支护结构（桩、墙、支撑、临时立柱等）的施工要点及误差控制； 2）架撑、开挖、主体施工、拆撑等步序设计的合理性及步序设计与计算模型的一致性；当基坑开挖面上方的锚杆、土钉、支撑未达到设计要求时，严禁向下超挖土方；采用锚杆或支撑的支护结构，在未达到设计规定的拆除条件时，严禁拆除锚杆或支撑。 3）基坑及施工竖井周边堆载限值和范围，基坑周边施工材料、设施或车辆荷载严禁超过设计要求的地面荷载限值； 4）基坑降水要求应保证施工和周边建（构）筑物的安全； 5）基槽检验及地基保护措施； 6）围护结构与内部衬砌结合面的技术处理措施。 2. 矿山法施工 1）对分步开挖施工隧道的施工步序的要求； 2）初支格栅的焊接要求； 3）施做二衬时对临时支撑的拆除要求； 4）二衬和初支的受力转换等； 5）对衬砌背后进行注浆要求，包括：注浆材料和注浆压力、质量标准等； 6）联络通道马头门开洞等关键部位的技术措施等。 3. 盾构法 1）进出洞区、联络通道区及不良地质条件等区域，注浆加固措施的材料、施工、质量标准及检验等； 2）盾构掘进控制参数要求及相关说明； 3）对衬砌背后进行注浆要求，包括：注浆材料和注浆压力； 4）联络通道马头门开洞等关键部位的技术措施等。 4. 盖挖逆作法 1）竖向构件的施工应严格控制施工偏差，及桩（墙）底的沉渣厚度； 2）施工缝、后浇带、施工洞等的留设，不应影响水平构件对围护结构的支撑效果； 3）做好预留、预埋工作，保证连接后的整体性、水密性、耐久性。
8.1.5	风险控制	1. 风险的识别、分级及控制措施； 2. 风险预警控制指标及应急预案的技术措施； 3. 采用新结构、新材料、新工艺的建设工程和特殊结构的建设工程，设计中应提出保障施工作业人员安全和预防生产安全事故的措施建议； 4. 风险工程专项论证的专家意见执行情况。

编号	审查点	设计文件的审查内容
8.1.6	施工阶段监控量测	1. 明确监测对象、范围； 2. 结合工程特点和地质条件等确定监测项目、监测控制值、监测频率、预警等级和预警标准，并说明相关标准制定的依据； 3. 建立预警应急措施； 4. 明挖法和盖挖法基坑的监测项目应包括：桩（墙）顶水平和竖向位移、支撑轴力（锚杆拉力）、地表沉降、地下水位、竖井井壁收敛等；当监测等级较高或盖挖法时，应包括立柱的竖向位移和桩（墙）体水平位移； 5. 盾构法隧道的监测项目应包括：竖向位移、净空收敛、地表沉降等； 6. 矿山法隧道的监测项目应包括：初支拱顶沉降、初支净空收敛、地表沉降、地下水位等； 7. 周边环境的监测要求： 1）建（构）筑物——竖向位移、裂缝、倾斜（高层、高耸）等； 2）地下管线——竖向位移、差异沉降等； 3）高速公路与城市道路——路面路基竖向位移、挡墙竖向位移、挡墙倾斜等； 4）桥梁——墩台竖向位移、墩台差异沉降、墩柱倾斜、裂缝等； 5）既有城市轨道交通——隧道结构的竖向位移、水平位移、差异沉降，轨道结构竖向位移、轨道静态几何形位，隧道、轨道结构裂缝； 6）既有铁路（包括城市轨道交通地面线）——路基竖向位移、轨道静态几何形位等。

8.2　设计图纸

编号	审查点	设计文件的审查内容
8.2.1	平面图	1. 结构构件尺寸应与计算书一致； 2. 围护结构及支撑体系的布置，特别是斜撑、阴阳角等不规则部位，及斜撑处的腰梁与围护桩间的抗剪切滑动措施； 3. 隧道洞间净距较小、风险较大时，应根据地质条件及环境要求采取可靠的地层加固措施； 4. 相邻基坑施工的相互影响及安全措施； 5. 盾构机始发、接收及联络通道处的地层加固措施和范围； 6. 总平面图应标注结构的定位坐标，重要风险源应在图中标注，应有与线路、限界、建筑等专业的会签； 7. 铺盖法施工时，铺盖系统构件应定位清晰，构件型号明确。
8.2.2	纵剖面图	1. 地质剖面图应与经过审查的详细勘查报告相符，并应注明地下水位高度、承压水头高度；如有下穿河湖、铁路、公路、房屋等重要构、建筑物应标识清晰；当下穿河流时，应满足最大冲刷线下的最小覆土深度要求； 2. 地基持力层均匀性，对不良地质的处理措施应可靠、处理范围应清晰、检验方法明确；

编号	审查点	设计文件的审查内容
8.2.2	纵剖面图	3. 围护结构纵剖面图应结合地质纵剖面图，包括：围护墙长度、基坑深度、支撑的竖向布置（间距、换撑）； 4. 铺盖法施工临时，铺盖系统构件应标注清晰（立面、标高、坡度），构件型号明确； 5. 上下层隧道洞间净距较小或覆土厚度较小、风险较大时，应根据地质条件及环境要求采取可靠的地层加固措施； 6. 地层加固的措施和范围； 7. 应标注地面标高、各层板面控制点标高、控制部位的基底标高、控制部位轨顶标高和坡度。
8.2.3	横剖面图	1. 支护桩（墙）的入土深度，含地质柱状图； 2. 支撑的竖向布置（间距、换撑）； 3. 基坑周边的安全措施（地面排水、基坑周边限载及其范围）； 4. 锚杆或支撑的预加轴力应与计算一致； 5. 需要进行地基加固时其加固措施和加固深度； 6. 矿山法施工时，断面形式、支护参数、支护措施等； 7. 盖挖法施工时，铺盖系统的定位，选用的构件名称（如军便梁及其型号）； 8. 土钉、锚杆、基坑放坡等施工方法的技术要求； 9. 与周边环境的相对关系。
8.2.4	结构设计图	1. 结构构件的尺寸、材料、配筋、连接强度等与计算书一致性及设计合理性； 2. 结构构造（材料的选择、配筋率、钢筋锚固及连接、保护层厚度、梁柱主筋间距和箍筋的肢距及间距、钢结构的防腐防火措施及抗震构造措施等）应符合相关设计规范的规定； 3. 构件开洞、突变等薄弱部位的构造加强措施； 4. 围檩的连接措施、围檩及钢支撑的防坠落措施及斜撑处的构造措施； 5. 竖向临时支撑的稳定措施； 6. 支撑构件（钢支撑、钢围檩及连接）的焊缝高度应与计算一致； 7. 铺盖法临时路面系统的构造措施； 8. 盾构法施工时，应提出盾构管片的构造要求； 9. 矿山法初支构造（连接板的位置与节点连接）。
8.2.5	施工步序设计图	1. 明挖基坑土方开挖、架撑、拆撑、换撑的步序应与计算一致，拆撑、换撑应与主体结构分步回筑相结合，满足主体结构受力要求； 2. 矿山法的施工步序应根据开挖宽度、高度及围岩地质条件，采用工程类比法确定，矿山法纵向开挖导洞及上、下台阶的距离； 3. 盖挖逆作法的施工步序中的结构或构件工作状态应与计算模型工况吻合。

编号	审查点	设计文件的审查内容
8.2.6	监控量测设计图	1. 监测项目应完整，能反映监测对象的变化特征和安全状态； 2. 支护结构和周围岩土体监测点的布设，应满足分析监测对象安全状态的要求； 3. 应在计算的位移与内力最大部位、内力与位移变化最大部位及反映工程安全状态的关键部位设监测点； 4. 明挖法、盖挖法基坑支护结构应在各边中部、阳角和深度变化等基坑不规则部位、支撑不规则或支撑形式突变等布置复杂部位、邻近建（构）筑物及地下管线等重要环境部位布置监控点； 5. 暗挖隧道（含盾构隧道等）开挖洞室的正上方、断面变化处、横通道及马头门上方； 6. 地下水复杂情况下的水位监测； 7. 周边环境监测点的布置应满足反映环境对象变化规律和分析环境对象安全状态的要求，应布设在反映环境对象变形特征的关键部位和受施工影响敏感的部位。

8.3 计算书

| 8.3.1 | 计算书 | 1. 设计输入条件（地勘、人防、地震、最不利水位、现状及规划地面标高、地面超载、抗浮水位等）及与图纸的一致性；

2. 计算标准（安全等级及重要性系数、裂缝、刚度及抗浮安全系数等）；

3. 荷载计算、荷载组合、荷载布置、计算简图；

4. 采用计算软件计算时，应明确计算软件的名称、版本等信息；

5. 计算过程与施工工况的一致性；

6. 内力计算结果；

7. 结构的稳定性验算，整体抗浮验算；

8. 结构构件的强度、变形、裂缝宽度及连接的验算；

9. 对环境影响的验算与分析。

10. 计算断面、部位、构件等内容的完整性。 |

8.4 规范条文

| 8.4.1 | 隧道的埋置深度和相邻隧道的净距 | GB 50157—2013　11.1.12

地下结构……应符合下列规定；当无法满足时，应结合隧道所处的工程地质、水文地质和环境条件进行分析，必要时应采取相应的措施：

1　盾构法施工的区间隧道覆土厚度不宜小于隧道外轮廓直径；

2　盾构法施工的并行隧道间的净距，不宜小于隧道外轮廓直径；

3　矿山法区间隧道最小覆土厚度不宜小于隧道开挖宽度的1倍；

4　矿山法车站隧道的最小覆土厚度不宜小于6m～8m。 |

编号	审查点	设计文件的审查内容
8.4.2	地层压力	GB 50157—2013　11.2.2 　　地层压力应根据结构所处工程地质和水文地质条件、埋置深度、结构形式及其工作条件、施工方法及相邻隧道间距等因素，结合已有的试验、测试和研究资料确定。岩质隧道的围岩压力可根据围岩分级，按现行行业标准《铁路隧道设计标准》TB 10003 的有关规定确定。土质隧道可按下列方法和原则计算土压力： 　　1　竖向压力应按下列规定计算： 　　1）明、盖挖法施工的结构宜按计算截面以上全部土柱重量计算； 　　2）土质地层采用暗挖法施工的隧道竖向压力，宜根据所处工程地质、水文地质条件和覆土厚度，并结合土体卸载拱作用的影响进行计算； 　　3）浅埋暗挖车站的竖向压力按全土柱计算； 　　4）竖向荷载应结合地面及临近的任何其他荷载对竖向压力的影响进行计算。 　　2　水平压力应按下列规定计算： 　　1）施工期间作用在支护结构主动区的土压力宜根据变形控制要求在主动土压力和静止土压力之间选择，在支护结构的非脱离区或给支护结构施加预应力时应计入土体抗力的作用； 　　2）明挖施工长期使用阶段或逆作法结构承受的土压力宜按静止土压力计算； 　　3）明挖法围护结构或矿山法施工的初期支护，应计及100％的土压力作用；内衬结构，应与围护结构或初期支护共同分担的土压力，分别按最大、最小侧压力两种情况，与其他荷载进行不利组合计算； 　　4）盾构法施工的隧道土压力宜按静止土压力计算； 　　5）荷载计算应计及地面荷载和破坏棱体范围的建筑物，以及施工机械等引起的附加水平侧压力。
8.4.3	人防	RFJ 02—2009　5.7.1 　　轨道交通工程结构动力计算，可采用等效静荷载法，并可按单自由度体系，进行弹性或弹塑性工作阶段的计算。必要时也可按多自由度体系进行计算。

编号	审查点	设计文件的审查内容
8.4.4	对结构使用年限及耐久性设计的规定	GB/T 50476—2008　3.1.2 混凝土结构的耐久性设计应包括下列内容： 1　结构的设计使用年限、环境类别及其作用等级； 2　有利于减轻环境作用的结构形式、布置和构造； 3　混凝土结构材料的耐久性质量要求； 4　钢筋的混凝土保护层厚度； 5　混凝土裂缝控制要求； 6　防水、排水等构造措施； 7　严重环境作用下合理采取防腐蚀附加措施或多重防护策略； 8　耐久性所需的施工养护制度与保护层厚度的施工质量验收要求； 9　结构使用阶段的维护、修理与检测要求。
8.4.5	对地下水控制的规定	JGJ 120—2012　7.2.2 当坑底以下存在连续分布、埋深较浅的隔水层时，应采用落底式帷幕。落底式帷幕进入下卧隔水层的深度应满足下式要求，且不宜小于 1.5m： $$l \geqslant 0.2\Delta h - 0.5b \qquad (7.2.2)$$ 式中：l——帷幕进入隔水层的深度（m）； 　　　Δh——基坑内外的水头差值（m）； 　　　b——帷幕的厚度（m）。 JGJ 120—2012　7.2.3 当坑底以下含水层厚度大而需采用悬挂式帷幕时，帷幕进入透水层的深度应满足本规程第 C.0.2 条、第 C.0.3 条对地下水从帷幕底绕流的渗透稳定性要求，并应对帷幕外地下水位下降引起的基坑周边建（构）筑物、地下管线沉降进行分析。
8.4.6	水、土压力的计算规定	JGJ 120—2012　3.1.14 土压力及水压力计算、土的各类稳定性验算时，土、水压力的分、合算方法及相应的土的抗剪强度指标类别应符合下列规定： 1　对地下水位以上的黏性土、黏质粉土，土的抗剪强度指标应采用三轴固结不排水抗剪强度指标 c_{cu}、φ_{cu} 或直剪固结快剪强度指标 c_{cq}、φ_{cq}，对地下水位以上的砂质粉土、砂土、碎石土，土的抗剪强度指标应采用有效应力强度指标 c'、φ'； 2　对地下水位以下的黏性土、黏质粉土，可采用土压力、水压力合算方法；此时，对正常固结和超固结土，土的抗剪强度指标应采用三轴固结

编号	审查点	设计文件的审查内容
8.4.6	水、土压力的计算规定	不排水抗剪强度指标 c_{cu}、φ_{cu} 或直剪固结快剪强度指标 c_{cq}、φ_{cq}，对欠固结土，宜采用有效自重应力下预固结的三轴不固结不排水抗剪强度指标 c_{uu}、φ_{uu}； 3 对地下水位以下的砂质粉土、砂土和碎石土，应采用土压力、水压力分算方法；此时，土的抗剪强度指标应采用有效应力强度指标 c'、φ'，对砂质粉土，缺少有效应力强度指标时，也可采用三轴固结不排水抗剪强度指标 c_{cu}、φ_{cu} 或直剪固结快剪强度指标 c_{cq}、φ_{cq} 代替，对砂土和碎石土，有效应力强度指标 φ' 可根据标准贯入试验实测击数和水下休止角等物理力学指标取值；土压力、水压力采用分算方法时，水压力可按静水压力计算；当地下水渗流时，宜按渗流理论计算水压力和土的竖向有效应力；当存在多个含水层时，应分别计算各含水层的水压力； 4 有可靠的地方经验时，土的抗剪强度指标尚可根据室内、原位试验得到的其他物理力学指标，按经验方法确定。
8.4.7	基坑稳定性验算的规定	JGJ 120—2012 4.2.1 悬臂式支挡结构的嵌固深度（l_d）应符合下式嵌固稳定性的要求（图4.2.1）： $$\frac{E_{pk}a_{p1}}{E_{ak}a_{a1}} \geq K_e$$ 式中：K_e——嵌固稳定安全系数；安全等级为一级、二级、三级的悬臂式支挡结构，K_e 分别不应小于 1.25、1.2、1.15； E_{ak}、E_{pk}——分别为基坑外侧主动土压力、基坑内侧被动土压力标准值（kN）； a_{a1}、a_{p1}——分别为基坑外侧主动土压力、基坑内侧被动土压力合力作用点至挡土构件底端的距离（m）。 图 4.2.1 悬臂式结构嵌固稳定性验算

编号	审查点	设计文件的审查内容
8.4.7	基坑稳定性验算的规定	JGJ 120—2012 4.2.2 单层锚杆和单层支撑的支挡式结构的嵌固深度（l_d）应符合下式嵌固稳定性的要求（图4.2.2）： $$\frac{E_{pk}a_{p2}}{E_{ak}a_{a2}} \geqslant K_e$$ 式中：K_e——嵌固稳定安全系数；安全等级为一级、二级、三级的锚拉式支挡结构和支撑式支挡结构，K_e分别不应小于1.25、1.2、1.15； a_{a2}、a_{p2}——基坑外侧主动土压力、基坑内侧被动土压力合力作用点至支点的距离（m）。 图4.2.2 单支点锚拉式支挡结构和支撑式支挡结构的嵌固稳定性验算 JGJ 120—2012 4.2.3 锚拉式、悬臂式支挡结构和双排桩应按下列规定进行整体滑动稳定性验算： 1 整体滑动稳定性可采用圆弧滑动条分法进行验算； 2 采用圆弧滑动条分法时，其整体滑动稳定性应符合下列规定（图4.2.3）： $$\min\{K_{s,1}, K_{s,2}, \cdots, K_{s,i}, \cdots\} \geqslant K_s \quad (4.2.3\text{-}1)$$ $$K_{s,i} = \frac{\sum\{c_j l_j + [(q_j l_j + \Delta G_j)\cos\theta_j - u_j l_j]\tan\varphi_j\} + \sum R'_{k,k}[\cos(\theta_k + \alpha_k) + \psi_k]/s_{x,k}}{\sum(q_j b_j + \Delta G_j)\sin\theta_j}$$ $$(4.2.3\text{-}2)$$ 式中：K_s——圆弧滑动稳定安全系数；安全等级为一级、二级、三级的支挡式结构，K_s分别不应小于1.35、1.3、1.25； $K_{s,i}$——第i个圆弧滑动体的抗滑力矩与滑动力矩的比值；抗滑力矩与滑动力矩之比的最小值宜通过搜索不同圆心及半径的所有潜在滑动圆弧确定； c_j、φ_j——分别为第j土条滑弧面处土的黏聚力（kPa）、内摩擦角（°），按本规程第3.1.14条的规定取值；

编号	审查点	设计文件的审查内容
8.4.7	基坑稳定性验算的规定	b_j——第 j 土条的宽度（m）； θ_j——第 j 土条的滑弧面中点处的法线与垂直面的夹角（°）； l_j——第 j 土条的滑弧长度（m），取 $l_j=b_j/\cos\theta_j$； q_j——第 j 土条上的附加分布荷载标准值（kPa）； ΔG_j——第 j 土条的自重（kN），按天然重度计算； u_j——第 j 土条的滑弧面上的水压力（kPa）；采用落底式截水帷幕时，对地下水位以下的砂土、碎石土、砂质粉土，在基坑外侧，可取 $u_j=\gamma_w h_{wa,j}$，在基坑内侧，可取 $u_j=\gamma_w h_{wp,j}$；滑动面在地下水位以上或对地下水位以下的黏性土，取 $u_j=0$； γ_w——地下水重度（kN/m³）； $h_{wa,j}$——基坑外侧第 j 土条滑弧面中点的压力水头（m）； $h_{wp,j}$——基坑内侧第 j 土条滑弧面中点的压力水头（m）； $R'_{k,k}$——第 k 层锚杆在滑动面以外的锚固段的极限抗拔承载力标准值与锚杆杆体受拉承载力标准值（$f_{ptk}A_p$）的较小值（kN）；锚固段的极限抗拔承载力应按本规程第 4.7.4 条的规定计算，但锚固段应取滑动面以外的长度；对悬臂式、双排桩支挡结构，不考虑 $\sum R'_{k,k}\left[\cos\left(\theta_k+\alpha_k\right)+\psi_v\right]s_{x,k}$ 项； α_k——第 k 层锚杆的倾角（°）； θ_k——滑弧面在第 k 层锚杆处的法线与垂直面的夹角（°）； $s_{x,k}$——第 k 层锚杆的水平间距（m）； ψ_v——计算系数；可按 $\psi_v=0.5\sin\left(\theta_k+\alpha_k\right)\tan\varphi$ 取值； φ——第 k 层锚杆与滑弧交点处土的内摩擦角（°）。 3 当挡土构件底端以下存在软弱下卧土层时，整体稳定性验算滑动面中应包括由圆弧与软弱土层层面组成的复合滑动面。 图 4.2.3 圆弧滑动条分法整体稳定性验算 1—任意圆弧滑动面；2—锚杆

编号	审查点	设计文件的审查内容
8.4.7	基坑稳定性验算的规定	JGJ 120—2012 4.2.4 支挡式结构的嵌固深度应符合下列坑底隆起稳定性要求： 1 锚拉式支挡结构和支撑式支挡结构的嵌固深度应符合下列规定（图4.2.4-1）： $$\frac{\gamma_{m2}l_d N_q + cN_c}{\gamma_{m1}(h+l_d)+q_0} \geqslant K_b \qquad (4.2.4\text{-}1)$$ $$N_q = \tan^2\left(45°+\frac{\varphi}{2}\right)e^{\pi\tan\varphi} \qquad (4.2.4\text{-}2)$$ $$N_c = (N_q-1)/\tan\varphi \qquad (4.2.4\text{-}3)$$ 式中：K_b——抗隆起安全系数；安全等级为一级、二级、三级的支护结构，K_b分别不应小于1.8、1.6、1.4； γ_{m1}、γ_{m2}——分别为基坑外、基坑内挡土构件底面以上土的天然重度（kN/m³）；对多层土，取各层土按厚度加权的平均重度； l_d——挡土构件的嵌固深度（m）； h——基坑深度（m）； q_0——地面均布荷载（kPa）； N_c、N_q——承载力系数； c、φ——挡土构件底面以下土的黏聚力（kPa）、内摩擦角（°），按本规程第3.1.14条的规定取值。 图 4.2.4-1 挡土构件底端平面下土的抗隆起稳定性验算 2 当挡土构件地面以下有软弱下卧层时，坑底隆起稳定性的验算部位尚应包括软弱下卧层。软弱下卧层的隆起稳定性可按公式（4.2.4-1）验算，但式中的γ_{m1}、γ_{m2}应取软弱下卧层顶面以上土的重度（图4.2.4-2），l_d应以D代替。 注：D为基坑底面至软弱下卧层顶面的土层厚度（m）。 3 悬臂式支挡结构可不进行抗隆起稳定性验算。

编号	审查点	设计文件的审查内容

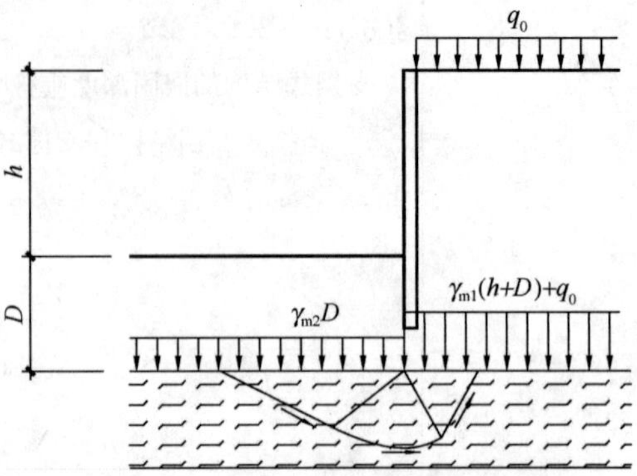

图 4.2.4-2　软弱下卧层的隆起稳定性验算

JGJ 120—2012　4.2.5

锚拉式支挡结构和支撑式支挡结构，当坑底以下为软土时，其嵌固深度应符合下列以最下层支点为轴心的圆弧滑动稳定性要求（图 4.2.5）：

$$\frac{\sum \left[c_j l_j + \left(q_j b_j + \Delta G_j \right) \cos\theta_j \tan\varphi_j \right]}{\sum \left(q_j b_j + \Delta G_j \right) \sin\theta_j} \geqslant K_r \qquad (4.2.5)$$

式中：K_r——以最下层支点为轴心的圆弧滑动稳定安全系数；安全等级为
　　　　　　一级、二级、三级的支挡式结果，K_r 分别不应小于 2.2、
　　　　　　1.9、1.7。

　　c_j、φ_j——分别为第 j 土条在滑弧面处土的黏聚力（kPa）、内摩擦角
　　　　　　（°），按本规程第 3.1.14 条的规定取值；

　　　l_j——第 j 土条的滑弧长度（m），取 $l_j = b_j / \cos\theta_j$；

　　　q_j——第 j 土条顶面上的竖向应力标准值（kPa）；

　　　b_j——第 j 土条的宽度（m）；

　　　θ_j——第 j 土条滑弧面中点处的法线与垂直面的夹角（°）；

　　ΔG_j——第 j 土条的自重（kN），按天然重度计算。

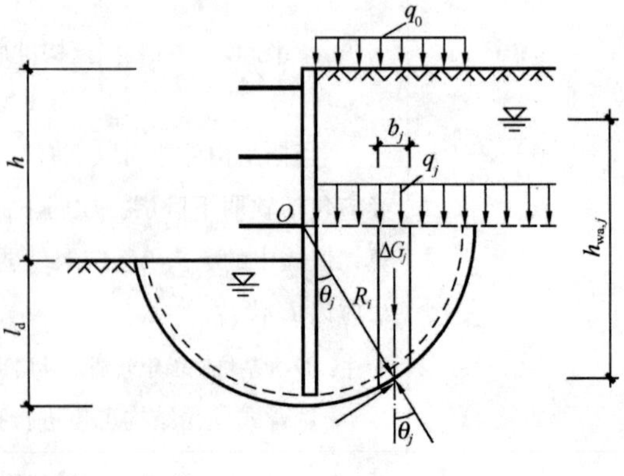

（编号：8.4.7　审查点：基坑稳定性验算的规定）

图 4.2.5　以最下层支点为轴心的圆弧滑动稳定性验算

编号	审查点	设计文件的审查内容
8.4.7	基坑稳定性验算的规定	JGJ 120—2012 4.2.6 采用悬挂式截水帷幕或坑底以下存在水头高于坑底的承压水含水层时，应按本规程附录C的规定进行地下水渗透稳定性验算。
8.4.8	对明挖法施工结构设计计算的规定	GB 50157—2013 11.5.3-2、3、4 明挖法施工的结构衬砌应符合下列规定： 2 围护结构的地下连续墙或灌注桩宜作为主体结构侧墙的一部分与内衬墙共同受力。墙体的结合方式可选用叠合式或复合式构造； 3 作为侧墙一部分利用的桩、墙，应计及在使用期内围护结构的材料劣化，内力向内衬转移的影响； 4 确能满足耐久性要求时，可将地下连续墙作为主体结构的单一侧墙。
8.4.9	对盾构法施工的结构设计的规定	GB 50157—2013 11.5.4 盾构法施工的隧道衬砌应符合下列规定： 1 在满足工程使用、受力和防水要求的前提下，可采用装配式钢筋混凝土单层衬砌或在其内现浇钢筋混凝土内衬的双层衬砌； 2 在联络通道门洞区段的装配式衬砌，宜采用钢管片、铸铁管片或钢与钢筋混凝土的复合管片。
8.4.10	对矿山法施工的结构设计的规定	GB 50157—2013 11.5.5-2、3、4、5 矿山法施工的结构衬砌应符合下列规定： 2 Ⅲ～Ⅵ级围岩中的区间隧道或相当断面尺度的隧道，宜采用封闭的曲线形衬砌结构，衬砌断面周边外轮廓宜圆顺；在稳定围岩中或受其他条件限制时，也可采用直墙拱衬砌结构；特殊情况下也可采用矩形框架结构； 3 Ⅲ～Ⅵ级围岩中的车站隧道或断面尺度接近的隧道，宜采用多跨结构形式，衬砌周边轮廓宜采用曲线形，并宜圆顺；在稳定围岩中或受其他条件限制时，可采用直墙拱衬砌结构；特殊情况下也可采用矩形框架结构； 4 Ⅲ～Ⅵ级围岩中的隧道宜设置仰拱。
8.4.11	对顶进法施工的结构设计的规定	GB 50157—2013 11.5.7 顶进法施工的结构，当长度较大时应分节顶进。分节长度应根据地基土质、结构断面大小及控制顶进方向的要求确定，首节长度宜为中间各节长度的1/2。节间接口应能适应容许的变形量并满足防水要求。

261

编号	审查点	设计文件的审查内容
8.4.12	对地下连续墙设计规定	GB 50157—2013 11.6.2-11-3) 3）当地下连续墙与主体结构连接时，预埋在墙内的受力钢筋、钢筋连接器或连接板锚筋等，均应满足受力和防水要求，其锚固长度应符合构造规定。钢筋连接器的性能应符合现行行业标准《钢筋机械连接技术规程》JGJ 107 的有关规定。 GB 50157—2013 11.6.2-11-4) 4）地下连续墙的墙面倾斜度和平整度，应根据建筑物的使用要求、工程地质和水文地质条件及挖槽机械等因素确定。墙面倾斜度不宜大于1/300，局部突出不宜大于 100mm，且墙体不得侵入隧道净空。
8.4.13	对沉管法施工的结构设计的规定	GB 50157—2013 11.6.7.-3、4、6、7 沉管法施工的隧道结构设计应符合下列规定： 3 沉管法施工的隧道抗浮稳定性应符合下列要求： 1）管节完成舾装后的干弦高度控制在 100mm～250mm 范围内； 2）在沉放、对接、基础处理等施工阶段的抗浮安全系数不应小于 1.05； 3）运营阶段的抗浮安全系数不应小于 1.10。 4 沉管隧道的沉降量应通过理论计算和基础沉降模拟试验的结果综合确定。 6 基槽横断面应符合下列要求： 1）基槽宽度宜在管节最大外侧宽度的基础上，每侧预留 1.0m～2.0m，采用水下喷砂基础处理方法时，应适当加大预留宽度； 2）基槽的深度应为沉管段的底面埋深加上基础处理所需的高度。基槽开挖的允许误差宜为 ±300mm； 3）基槽边坡率应通过稳定性计算确定，并应根据沉管隧道所处位置的潮汐、淤积和冲刷等水力因素进行修正。 7 沉管隧道应进行基础处理，并应根据场地的地质、水文情况、沉管隧道的断面形式、基槽开挖方法、施工设备和施工条件等，选择适宜的方法。一般地基的基础处理可采用先铺法或后填法来保证基底的平整；可能产生震陷的特别软弱地基上的沉管隧道宜采用桩基础。
8.4.14	场地周边变形控制的依据	GB 50157—2013 11.6.1-1 1 地下结构设计应严格控制基坑开挖和隧道施工引起的地面沉降量，对由于土体位移可能引起的周围建、构筑物和地下管线产生的危害应进行预测，依据不同建筑物按有关规范、规程的要求或通过计算确定其允许产生的沉降量和次应力，并提出安全可靠、经济合理的技术措施。地面变形允许数值应根据现状评估结果，对照类似工程的实践经验确定。

编号	审查点	设计文件的审查内容
8.4.15	钢筋锚固长度规定	GB 50010—2010　8.3.1 当计算中充分利用钢筋的抗拉强度时，受拉钢筋的锚固应符合下列要求： 1　基本锚固长度应按下列公式计算： 普通钢筋 $$l_{ab}=\alpha\frac{f_y}{f_t}d \qquad (8.3.1\text{-}1)$$ 预应力筋 $$l_{ab}=\alpha\frac{f_{py}}{f_t}d \qquad (8.3.1\text{-}2)$$ 式中：l_{ab}——受拉钢筋的基本锚固长度； f_y、f_{py}——普通钢筋、预应力筋的抗拉强度设计值； f_t——混凝土轴心抗拉强度设计值，当混凝土强度等级高于 C60 时，按 C60 取值； d——锚固钢筋的直径； α——锚固钢筋的外形系数，按表 8.3.1 取用。 **表 8.3.1　锚固钢筋的外形系数 α** 相见下表

表 8.3.1　锚固钢筋的外形系数 α

钢筋类型	光圆钢筋	带肋钢筋	螺旋肋钢丝	三股钢绞线	七股钢绞线
α	0.16	0.14	0.13	0.16	0.17

注：光圆钢筋末端应做180°弯钩，弯后平直段长度不应小于 $3d$，但作受压钢筋时可不做弯钩。

2　受拉钢筋的锚固长度应根据锚固条件按下列公式计算，且不应小于 200mm：

$$l_a=\zeta_a l_{ab} \qquad (8.3.1\text{-}3)$$

式中　l_a——受拉钢筋的锚固长度；

ζ_a——锚固长度修正系数，对普通钢筋按本规范第 8.3.2 条的规定取用，当多于一项时，可按连乘计算，但不应小于 0.6；对预应力筋，可取 1.0。

梁柱节点中纵向受拉钢筋的锚固要求应按本规范第 9.3 节（Ⅱ）中的规定执行。

3　当锚固钢筋的保护层厚度不大于 $5d$ 时，锚固长度范围内应配置横向构造钢筋，其直径不应小于 $d/4$；对梁、柱、斜撑等构件间距不应大于 $5d$，对板、墙等平面构件间距不应大于 $10d$，且均不应大于 100mm，此处 d 为锚固钢筋的直径。

编号	审查点	设计文件的审查内容
8.4.15	钢筋锚固长度规定	GB 50010—2010 8.3.2 纵向受拉普通钢筋的锚固长度修正系数 ζ_a 应按下列规定取用： 1 当带肋钢筋的公称直径大于 25mm 时取 1.10； 2 环氧树脂涂层带肋钢筋取 1.25； 3 施工过程中易受扰动的钢筋取 1.10； 4 当纵向受力钢筋的实际配筋面积大于其设计计算面积时，修正系数取设计计算面积与实际配筋面积的比值，但对有抗震设防要求及直接承受动力荷载的结构构件，不应考虑此项修正； 5 锚固钢筋的保护层厚度为 $3d$ 时修正系数可取 0.80，保护层厚度为 $5d$ 时修正系数可取 0.70，中间按内插取值，此处 d 为锚固钢筋的直径。 GB 50010—2010 8.3.3 当纵向受拉普通钢筋末端采用弯钩或机械锚固措施时，包括弯钩或锚固端头在内的锚固长度（投影长度）可取为基本锚固长度 l_{ab} 的 60%。弯钩和机械锚固的形式（图 8.3.3）和技术要求应符合表 8.3.3 的规定。

表 8.3.3 钢筋弯钩和机械锚固的形式和技术要求

锚固形式	技术要求
90°弯钩	末端 90°弯钩，弯钩内径 $4d$，弯后直段长度 $12d$
135°弯钩	末端 135°弯钩，弯钩内径 $4d$，弯后直段长度 $5d$
一侧贴焊锚筋	末端一侧贴焊长 $5d$ 同直径钢筋
两侧贴焊锚筋	末端两侧贴焊长 $3d$ 同直径钢筋
焊端锚板	末端与厚度 d 的锚板穿孔塞焊
螺栓锚头	末端旋入螺栓锚头

注：1 焊缝和螺纹长度应满足承载力要求；

2 螺栓锚头和焊接锚板的承压净面积不应小于锚固钢筋截面积的 4 倍；

3 螺栓锚头的规格应符合相关标准的要求；

4 螺栓锚头和焊接铺板的钢筋净间距不宜小于 $4d$，否则应考虑群锚效应的不利影响；

5 截面角部的弯钩和一侧贴焊锚筋的布筋方向宜向截面内侧偏置。

图 8.3.3 弯钩和机械锚固的形式和技术要求

编号	审查点	设计文件的审查内容
8.4.15	钢筋锚固长度规定	GB 50010—2010 8.3.4 混凝土结构中的纵向受压钢筋，当计算中充分利用其抗压强度时，锚固长度不应小于相应受拉锚固长度的70%。 受压钢筋不应采用末端弯钩和一侧贴焊锚筋的锚固措施。 受压钢筋锚固长度范围内的横向构造钢筋应符合本规范第8.3.1条的有关规定。 GB 50010—2010 8.3.5 承受动力荷载的预制构件，应将纵向受力普通钢筋末端焊接在钢板或角钢上，钢板或角钢应可靠地锚固在混凝土中。钢板或角钢的尺寸应按计算确定，其厚度不宜小于10mm。 其他构件中受力普通钢筋的末端也可通过焊接钢板或型钢实现锚固。
8.4.16	对地下结构的风险控制的规定	GB 50652—2011 7.5.4 施工图设计风险管理，应对采用新技术、新材料、新工艺、新型车辆、新设备系统及关键单项工程进行风险分析，对建设中的关键工序或难点进行专项风险评估。 GB 50652—2011 7.5.5 施工图设计风险管理，应针对周边重要环境影响区域，结合现场监控制定环境影响风险预警控制指标，编制施工注意事项说明及事故应对技术处置方案。
8.4.17	对换填垫层地基的规定	JGJ 79—2012 4.1.1 换填垫层适用于浅层软弱土层或不均匀土层的地基处理。 JGJ 79—2012 4.1.4 换填垫层的厚度应根据置换软弱土的深度以及下卧土层的承载力确定，厚度宜为0.5m～3.0m。 JGJ 79—2012 4.2.1 垫层材料的选用应符合下列要求： 1 砂石。宜选用碎石、卵石、角砾、圆砾、砾砂、粗砂、中砂或石屑，并应级配良好，不含植物残体、垃圾等杂质。当使用粉细砂或石粉时，应掺入不少于总重量30%的碎石或卵石。砂石的最大粒径不宜大于50mm。对湿陷性黄土或膨胀土地基，不得选用砂石等透水性材料。 2 粉质黏土。土料中有机质含量不得超过5%，且不得含有冻土或膨胀土。当含有碎石时，其最大粒径不宜大于50mm。用于湿陷性黄土或膨胀土地基的粉质黏土垫层，土料中不得夹有砖、瓦或石块等。

编号	审查点	设计文件的审查内容
8.4.17	对换填垫层地基的规定	3　灰土。体积配合比宜为2∶8或3∶7。石灰宜选用新鲜的消石灰，其最大粒径不得大于5mm。土料宜选用粉质黏土，不宜使用块状黏土，且不得含有松软杂质，土料应过筛且最大粒径不得大于15mm。 4　粉煤灰。选用的粉煤灰应满足相关标准对腐蚀性和放射性的要求。粉煤灰垫层上宜覆土0.3m～0.5m。粉煤灰垫层中采用掺加剂时，应通过试验确定其性能及适用条件。粉煤灰垫层中的金属构件、管网应采取防腐措施。大量填筑粉煤灰时，应经场地地下水和土壤环境的不良影响评价合格后，方可使用。 5　矿渣。宜选用分级矿渣、混合矿渣及原状矿渣等高炉重矿渣。矿渣的松散重度不应小于11kN/m³ 时，有机质及含泥总量不得超过5％。垫层设计、施工前应对所选用的矿渣进行试验，确认性能稳定并满足腐蚀性和放射性安全的要求。对易受酸、碱影响的基础或地下管网不得采用矿渣垫层。大量填筑矿渣时，应经场地地下水和土壤环境的不良影响评价合格后，方可使用。 6　其他工业废渣。在有充分依据或成功经验时，可采用质地坚硬、性能稳定、透水性强、无腐蚀性和无放射性危害的其他工业废渣材料，但应经过现场试验证明其经济技术效果良好且施工措施完善后方可使用。 7　土工合成材料加筋垫层所选用土工合成材料的品种与性能及填料，应根据工程特性和地基土质条件，按照现行国家标准《土工合成材料应用技术规范》GB 50290的要求，通过设计计算并进行现场试验后确定。土工合成材料应采用抗拉强度较高、耐久性好、抗腐蚀的土工带、土工格栅、土工格室、土工垫或土工织物等土工合成材料。垫层填料宜用碎石、角砾、砾砂、粗砂、中砂等材料，且不宜含氯化钙、碳酸钠、硫化物等化学物质。当工程要求垫层具有排水功能时，垫层材料应具有良好的透水性。在软土地基上使用加筋垫层时，应保证建筑物稳定并满足允许变形的要求。
8.4.18	复合地基—搅拌法	JGJ 79—2012　7.1.1 复合地基设计前，应在有代表性的场地上进行现场试验或试验性施工，以确定设计参数和处理效果。 JGJ 79—2012　7.3.1 水泥土搅拌桩复合地基处理应符合下列规定： 1　适用于处理正常固结的淤泥、淤泥质土、素填土、黏性土（软塑、可塑）、粉土（稍密、中密）、粉细砂（松散、中密）、中粗砂（松散、稍密）、饱和黄土等土层。不适用于含大孤石或障碍物较多且不易清除的杂

编号	审查点	设计文件的审查内容
8.4.18	复合地基—搅拌法	填土、欠固结的淤泥和淤泥质土、硬塑及坚硬的黏性土、密实的砂类土，以及地下水渗流影响成桩质量的土层。当地基土的天然含水量小于30%（黄土含水量小于25%）时不宜采用粉体搅拌法。冬期施工时，应考虑负温对处理地基效果的影响。 2 水泥土搅拌桩的施工工艺分为浆液搅拌法（以下简称湿法）和粉体搅拌法（以下简称干法）。可采用单轴、双轴、多轴搅拌或连续成槽搅拌形成柱状、壁状、格栅状或块状水泥土加固体。 3 对采用水泥土搅拌桩处理地基，除应按现行国家标准《岩土工程勘察规范》GB 50021 要求进行岩土工程详细勘察外，尚应查明拟处理地基土层的 pH 值、塑性指数、有机质含量、地下障碍物及软土分布情况、地下水位及其运动规律等。 4 设计前，应进行处理地基土的室内配比试验。针对现场拟处理地基土层的性质，选择合适的固化剂、外掺剂及其掺量，为设计提供不同龄期、不同配比的强度参数。对竖向承载的水泥土强度宜取 90d 龄期试块的立方体抗压强度平均值。 5 增强体的水泥掺量不应小于12%，块状加固时水泥掺量不应小于加固天然土质量的 7%；湿法的水泥浆水灰比可取 0.5～0.6。 6 水泥土搅拌桩复合地基宜在基础和桩之间设置褥垫层，厚度可取 200mm～300mm。褥垫层材料可选用中砂、粗砂、级配砂石等，最大粒径不宜大于20mm。褥垫层的夯填度不应大于 0.9。 JGJ 79—2012 7.3.3-2～7 水泥土搅拌桩复合地基设计应符合下列规定： 2 复合地基的承载力特征值，应通过现场单桩或多桩复合地基静载荷试验确定。 3 单桩承载力特征值，应通过现场静载荷试验确定。 4 桩长超过 10m 时，可采用固化剂变掺量设计。在全长桩身水泥总掺量不变的前提下，桩身上部1/3桩长范围内，可适当增加水泥掺量及搅拌次数。 5 桩的平面布置可根据上部结构特点及对地基承载力和变形的要求，采用柱状、壁状、格栅状或块状等加固形式。独立基础下的桩数不宜少于 4 根。 6 当搅拌桩处理范围以下存在软弱下卧层时，应按现行国家标准《建筑地基基础设计规范》GB 50007 的有关规定进行软弱下卧层地基承载力验算。 7 复合地基的变形计算应符合本规范第 7.1.7 条和第 7.1.8 条的规定。

编号	审查点	设计文件的审查内容
8.4.18	复合地基—搅拌法	JGJ 79—2012　7.3.7-3 水泥土搅拌桩复合地基质量检验应符合下列规定： 　3　静载荷试验宜在成桩 28d 后进行。水泥土搅拌桩复合地基承载力检验应采用复合地基静载荷试验和单桩静载荷试验，验收检验数量不少于总桩数的 1%，复合地基静载荷试验数量不少于 3 台（多轴搅拌为 3 组）。
8.4.19	复合地基—旋喷法	JGJ 79—2012　7.4.1 旋喷桩复合地基处理应符合下列规定： 　1　适用于处理淤泥、淤泥质土、黏性土（流塑、软塑和可塑）、粉土、砂土、黄土、素填土和碎石土等地基。对土中含有较多的大直径块石、大量植物根茎和高含量的有机质，以及地下水流速较大的工程，应根据现场试验结果确定其适应性。 　2　旋喷桩施工，应根据工程需要和土质条件选用单管法、双管法和三管法；旋喷桩加固体形状可分为柱状、壁状、条状或块状。 　3　在制定旋喷桩方案时，应搜集邻近建筑物和周边地下埋设物等资料。 　4　旋喷桩方案确定后，应结合工程情况进行现场试验，确定施工参数及工艺。 JGJ 79—2012　7.4.3 旋喷桩复合地基承载力特征值和单桩竖向承载力特征值应通过现场静载荷试验确定。 JGJ 79—2012　7.4.4 旋喷桩复合地基的地基变形计算应符合本规范第 7.1.7 条和第 7.1.8 条的规定。 JGJ 79—2012　7.4.5 当旋喷桩处理地基范围以下存在软弱下卧层时，应按现行国家标准《建筑地基基础设计规范》GB 50007 的有关规定进行软弱下卧层地基承载力验算。 JGJ 79—2012　7.4.10 竣工验收时，旋喷桩复合地基承载力检验应采用复合地基静载荷试验和单桩静载荷试验。检验数量不得少于总桩数的 1%，且每个单体工程复合地基静载荷试验的数量不得少于 3 台。
8.4.20	复合地基—挤密法	JGJ 79—2012　7.5.1 灰土挤密桩、土挤密桩复合地基处理应符合下列规定： 　1　适用于处理地下水位以上的粉土、黏性土、素填土、杂填土和湿陷性黄土等地基，可处理地基的厚度宜为 3m～15m；

编号	审查点	设计文件的审查内容
8.4.20	复合地基—挤密法	2 当以消除地基土的湿陷性为主要目的时，可选用土挤密桩；当以提高地基土的承载力或增强其水稳性为主要目的时，宜选用灰土挤密桩； 3 当地基土的含水量大于24%、饱和度大于65%时，应通过试验确定其适用性； 4 对重要工程或在缺乏经验的地区，施工前应按设计要求，在有代表性的地段进行现场试验。 JGJ 79—2012 7.5.2-3、4、5、6、9 灰土挤密桩、土挤密桩复合地基设计应符合下列规定： 3 桩孔直径宜为300mm～600mm。桩孔宜按等边三角形布置，桩孔之间的中心距离，可为桩孔直径的（2.0～3.0）倍，也可按下式估算： $$s = 0.95d\sqrt{\frac{\bar{\eta}_c \rho_{dmax}}{\bar{\eta}_c \rho_{dmax} - \bar{\rho}_d}} \qquad (7.5.2\text{-}1)$$ 式中：s——桩孔之间的中心距离（m）； d——桩孔直径（m）； ρ_{dmax}——桩间土的最大干密度（t/m³）； $\bar{\rho}_d$——地基处理前土的平均干密度（t/m³）； η_c——桩间土经成孔挤密后的平均挤密系数，不宜小于0.93。 4 桩间土的平均挤密系数$\bar{\eta}_c$，应按下式计算： $$\bar{\eta}_c = \frac{\bar{\rho}_{d1}}{\rho_{dmax}} \qquad (7.5.2\text{-}2)$$ 式中：$\bar{\rho}_{d1}$——在成孔挤密深度内，桩间土的平均干密度（t/m³），平均试样数不应少于6组。 5 桩孔的数量可按下式估算： $$n = \frac{A}{A_e} \qquad (7.5.2\text{-}3)$$ 式中：n——桩孔的数量； A——拟处理地基的面积（m²）； A_e——单根土或灰土挤密桩所承担的处理地基面积m²，即： $$A_e = \frac{\pi d_e^2}{4} \qquad (7.5.2\text{-}4)$$ 式中：d_e——单根桩分担的处理地基面积的等效圆直径（m）。 6 桩孔内的灰土填料，其消石灰与土的体积配合比，宜为2∶8或3∶7。土料宜选用粉质黏土，土料中的有机质含量不应超过5%，且不得含有冻土，渣土垃圾粒径不应超过15mm。石灰可选用新鲜的消石灰或生石灰粉，粒径不应大于5mm。消石灰的质量应合格，有效CaO＋MgO含量不得低于60%。

编号	审查点	设计文件的审查内容
8.4.20	复合地基—挤密法	9 复合地基承载力特征值，应按本规范第 7.1.5 条确定。 JGJ 79—2012 7.5.4-5 灰土挤密桩、土挤密桩复合地基质量检验应符合下列规定： 5 承载力检验应在成桩后 14d～28d 后进行，检测数量不应少于总桩数的 1%，且每项单体工程复合地基静载荷试验不应少于 3 点。 JGJ 79—2012 7.5.5 竣工验收时，灰土挤密桩、土挤密桩复合地基的承载力检验应采用复合地基静载荷试验。
8.4.21	复合地基—水泥粉煤灰碎石桩	JGJ 79—2012 7.7.1 水泥粉煤灰碎石桩复合地基适用于处理黏性土、粉土、砂土和自重固结已完成的素填土地基。对淤泥质土应按地区经验或通过现场试验确定其适用性。 JGJ 79—2012 7.7.2-2、3、6 水泥粉煤灰碎石桩复合地基设计应符合下列规定： 2 桩径：长螺旋钻中心压灌、干成孔和振动沉管成桩宜为 350mm～600mm；泥浆护壁钻孔成桩宜为 600mm～800mm；钢筋混凝土预制桩宜为 300mm～600mm。 3 桩间距应根据基础形式、设计要求的复合地基承载力和变形、土性及施工工艺确定： 1）采用非挤土成桩工艺和部分挤土成桩工艺，桩间距宜为（3～5）倍桩径； 2）采用挤土成桩工艺和墙下条形基础单排布桩的桩间距宜为（3～6）倍桩径； 3）桩长范围内有饱和粉土、粉细砂、淤泥、淤泥质土层，采用长螺旋钻中心压灌成桩施工中可能发生窜孔时宜采用较大桩距。 6 复合地基承载力特征值应按本规范第 7.1.5 条规定确定。 JGJ 79—2012 7.7.4-2、3 水泥粉煤灰碎石桩复合地基质量检验应符合下列规定： 2 竣工验收时，水泥粉煤灰碎石桩复合地基承载力检验应采用复合地基静载荷试验和单桩静载荷试验； 3 承载力检验宜在施工结束 28d 后进行，其桩身强度应满足试验荷载条件；复合地基静载荷试验和单桩静载荷试验的数量不应少于总桩数的 1%，且每个单体工程的复合地基静载荷试验的试验数量不应少于 3 点。

编号	审查点	设计文件的审查内容
8.4.22	对注浆处理地基的规定	JGJ 79—2012 8.2.1-2、3、5 水泥为主剂的注浆加固设计应符合下列规定： 　2　注浆孔间距宜取 1.0m～2.0m； 　3　在砂土地基中，浆液的初凝时间宜为 5min～20min；在黏性土地基中，浆液的初凝时间宜为（1～2）h； 　5　对劈裂注浆的注浆压力，在砂土中，宜为 0.2MPa～0.5MPa；在黏性土中，宜为 0.2MPa～0.3MPa。对压密注浆，当采用水泥砂浆浆液时，坍落度宜为 25mm～75mm，注浆压力宜为 1.0MPa～7.0MPa。当采用水泥水玻璃双液快凝浆液时，注浆压力不应大于 1.0MPa。 JGJ 79—2012 8.2.2 硅化浆液注浆加固设计应符合下列规定： 　1　砂土、黏性土宜采用压力双液硅化注浆；渗透系数为（0.1～2.0）m/d 的地下水位以上的湿陷性黄土，可采用无压或压力单液硅化注浆；自重湿陷性黄土宜采用无压单液硅化注浆； 　2　防渗注浆加固用的水玻璃模数不宜小于 2.2，用于地基加固的水玻璃模数宜为 2.5～3.3，且不溶于水的杂质含量不应超过 2%； 　3　双液硅化注浆用的氧化钙溶液中的杂质含量不得超过 0.06%，悬浮颗粒含量不得超过 1%，溶液的 pH 值不得小于 5.5； 　4　硅化注浆的加固半径应根据孔隙比、浆液黏度、凝固时间、灌浆速度、灌浆压力和灌浆量等试验确定；无试验资料时，对粗砂、中砂、细砂、粉砂和黄土可按表 8.2.2 确定； 表8.2.2　硅化法注浆加固半径 （见下表）

表8.2.2　硅化法注浆加固半径

土的类型及加固方法	渗透系数（m/d）	加固半径（m）
粗砂、中砂、细砂 （双液硅化法）	2～10	0.3～0.4
	10～20	0.4～0.6
	20～50	0.6～0.8
	50～80	0.8～1.0
粉砂（单液硅化法）	0.3～0.5	0.3～0.4
	0.5～1.0	0.4～0.6
	1.0～2.0	0.6～0.8
	2.0～5.0	0.8～1.0
黄土（单液硅化法）	0.1～0.3	0.3～0.4
	0.3～0.5	0.4～0.6
	0.5～1.0	0.6～0.8
	1.0～2.0	0.8～1.0

编号	审查点	设计文件的审查内容
8.4.22	对注浆处理地基的规定	5 注浆孔的排间距可取加固半径的 1.5 倍；注浆孔的间距可取加固半径的（1.5~1.7）倍；最外侧注浆孔位超出基础底面宽度不得小于 0.5m；分层注浆时，加固层厚度可按注浆管带孔部分的长度上下各 25% 加固半径计算； 6 单液硅化法应采用浓度为 10%~15% 的硅酸纳，并掺入 2.5% 氯化钠溶液；加固湿陷性黄土的溶液用量，可按下式估算： $$Q = V \bar{n} d_{N1} \alpha \qquad (8.2.2\text{-}1)$$ 式中：Q——硅酸纳溶液的用量（m³）； 　　　V——拟加固湿陷性黄土的体积（m³）； 　　　n——地基加固前，土的平均孔隙率； 　　　d_{N1}——灌注时，硅酸纳溶液的相对密度； 　　　α——溶液填充孔隙的系数，可取 0.60~0.80。 7 当硅酸钠溶液浓度大于加固湿陷性黄土所要求的浓度时，应进行稀释，稀释加水量可按下式估算： $$Q' = \frac{d_N - d_{N1}}{d_{N1} - 1} \times q \qquad (8.2.2\text{-}2)$$ 式中：Q'——稀释硅酸钠溶液的加水量（t）； 　　　d_N——稀释前，硅酸纳溶液的相对密度； 　　　q——拟稀释硅酸纳溶液的质量（t）。 8 采用单液硅化法加固湿陷性黄土地基，灌注孔的布置应符合下列规定： 1）灌注孔间距：压力灌注宜为 0.8m~1.2m；溶液无压力自渗宜为 0.4m~0.6m； 2）对新建建（构）筑物和设备基础的地基，应在基础底面下按等边三角形满堂布孔，超出基础底面外缘的宽度，每边不得小于 1.0m； 3）对既有建（构）筑物和设备基础的地基，应沿基础侧向布孔，每侧不宜少于 2 排； 4）当基础底面宽度大于 3m 时，除应在基础下每侧布置 2 排灌注孔外，可在基础两侧布置斜向基础底面中心以下的灌注孔或在其台阶上布置穿透基础的灌注孔。

9 工程防水

编号	审查点	设计文件的审查内容
9.1 设计说明		
9.1.1	设计依据	1. 是否列出设计执行的主要设计标准和规范；是否采用已废止的版本； 2. 初步设计、评审意见及政府有关部门的批复意见，及对相关意见的执行情况； 3. 防水方案（或防水标准图）是否经过专家审查，是否说明对专家审查意见的执行情况； 4. 如果是变更设计，是否符合变更程序（变更原因、变更方案及批准文件）。
9.1.2	设计原则	GB 50157—2013 12.1.1 地下工程防水应遵循"以防为主，刚柔结合，多道设防，因地制宜，综合治理"的原则，采取与其相适应的防水措施。 GB 50157—2013 12.1.6 高架结构防水应遵循"以防为主，防排结合"的原则，桥面应设柔性防水层，并应设置顺畅的排水系统。 GB 50157—2013 12.1.7 车辆基地的建筑屋面、车辆段上盖物业平台的结构防水，应符合现行国家标准《屋面工程技术规范》GB 50345 的有关规定。
9.1.3	防水等级和标准	GB 50157—2013 12.1.5 地下工程防水等级应符合下列规定： 1 地下车站、行人通道和机电设备集中区段的防水等级应为一级，不得渗水，结构表面应无湿渍； 2 区间隧道及连接通道等附属的隧道结构防水等级应为二级，顶部不得滴漏，其他部位不得漏水，结构表面可有少量湿渍，总湿渍面积不应大于总防水面积的 2/1000，任意 $100m^2$ 防水面积上的湿渍不应超过 3 处，单个湿渍的最大面积不应大于 $0.2m^2$； 3 隧道工程中漏水的平均渗漏量不应大于 $0.05L/m^2 \cdot d$，任意 $100m^2$ 防水面积渗漏量不应大于 $0.15L/m^2 \cdot d$。
9.1.4	混凝土结构自防水	1 结构埋深与防水混凝土的设计抗渗等级； 2 防水混凝土的环境温度要求，及侵蚀性地层中，防水混凝土的氯离子扩散系数限制。 3 防水混凝土结构构造厚度，及裂缝控制要求。

编号	审查点	设计文件的审查内容
9.1.5	防水层	1 选用的防水层材料及材料厚度，应有相应的地方、行业、国家标准；明令禁止的产品严禁选用； 2 新材料、新技术、新工艺的应用。
9.1.6	施工工艺及注意事项	应符合相关材料施工技术要求及《地下工程防水技术规范》GB 50108 的规定。
9.1.7	防水材料性能指标	应符合材料的相关地方标准、行业标准和国家标准，以及应符合相关国家、地方规范的规定。

9.2 设计图纸

编号	审查点	设计文件的审查内容
9.2.1	主体结构横剖面防水图	标准横剖面防水图、特殊部位横剖面防水图。
9.2.2	附属结构横剖面防水图	标准横剖面防水图、特殊部位横剖面防水图。
9.2.3	节点防水图	含阴阳角、防水层接头、防水层的固定、穿墙管、桩头防水图；盾构隧道洞口防水密封做法、永久接头防水图、管片接缝防水图、螺栓孔密封防水图、管片内嵌缝防水图、螺栓孔封堵构造图；结构出地面防水层收头节点防水图和立柱或降水井穿结构防水图；联络通道防水构造图。
9.2.4	主体结构与附属结构接头防水图	主体结构与附属结构接头部位防水层甩槎保护和接头防水构造。
9.2.5	细部构造防水	施工缝、后浇带、诱导缝和变形缝防水构造、桥梁伸缩缝防水图、细部构造防水详图。

9.3 规范条文

编号	审查点	设计文件的审查内容
9.3.1	防水混凝土配合比	GB 50157—2013 12.2.2 防水混凝土的施工配合比应通过试验确定，试配混凝土的抗渗等级应比设计要求提高一级。
9.3.2	防水层的种类和设置方式	GB 50157—2013 12.3.2 防水层的设置方式应符合下列要求： 1 卷材防水层宜为1层或2层； 2 高聚物改性沥青防水卷材应采用双层做法，总厚度不宜小于7mm； 3 自粘聚合物改性沥青防水卷材宜采用双层做法，无胎基卷材的各层厚度不宜小于1.5mm，聚酯胎基卷材的各层厚度不宜小于3.0mm；

编号	审查点	设计文件的审查内容
9.3.2	防水层的种类和设置方式	4 合成高分子防水卷材单层使用时，厚度不宜小于1.5mm；双层使用时，总厚度不宜小于2.4mm； 5 膨润土防水毯的天然钠基膨润土颗粒净含量不应小于5.5kg/m²。 6 沥青基聚酯胎预铺防水卷材的厚度不宜小于4mm；合成高分子预铺防水卷材的厚度不宜小于1.5mm； 7 塑料防水板的厚度不宜小于1.5mm； 8 聚乙烯丙纶复合防水卷材应采用双层做法，各层材料的芯材厚度不得小于0.5mm； 9 卷材及其胶粘剂应具有良好的耐水性、耐久性、耐穿刺性、耐侵蚀性和耐菌性，其胶粘剂的粘结质量应符合现行国家标准《地下工程防水技术规范》GB 50108的有关规定； 10 涂料防水层应根据工程环境、气候条件、施工方法、结构构造型式、工程防水等级要求选择防水涂料品种，并应符合下列规定： 1）潮湿基层宜选用与潮湿基面粘结力大的有机防水涂料或水泥基渗透结晶型防水涂料、聚合物改性水泥基等无机防水涂料，或采用先涂无机防水涂料而后涂有机防水涂料的复合涂层； 2）有腐蚀性的地下环境宜选用耐腐蚀性好的反应型涂料，涂料防水层的保护层应根据结构具体部位确定； 3）选用的涂料品种应具有良好的耐水性、耐久性、耐腐蚀性及耐菌性，且无毒或低毒、难燃、低污染；无机防水涂料应具有良好的湿干粘结性、耐磨性，有机防水涂料应具有较好的延伸性及适应基层变形的能力； 4）无机防水涂料厚度宜为2mm～4mm，有机防水涂料厚度宜为1.2mm～2.5mm。
9.3.3	防水混凝土耐久性	GB 50157—2013 12.2.3 防水混凝土应满足抗渗等级要求，并应根据地下工程所处的环境和工作条件，满足抗压、抗裂、抗冻和抗侵蚀等耐久性要求。 GB 50157—2013 12.2.4 防水混凝土的环境温度不得高于80℃；当结构处于侵蚀性地层中时，防水混凝土的氯离子扩散系数不宜大于4×10^{-12} m²/s，装配式钢筋混凝土结构的氯离子扩散系数不宜大于3×10^{-12} m²/s。
9.3.4	防水混凝土结构	GB 50157—2013 12.2.6 防水混凝土结构，应符合下列规定： 1 结构厚度不应小于250mm； 2 裂缝宽度应符合表11.6.1的规定，并不得出现贯通裂缝。

编号	审查点	设计文件的审查内容
9.3.5	底板垫层的强度等级和厚度	GB 50157—2013　12.2.5 防水混凝土结构底板的混凝土垫层,强度等级不应小于C15,厚度不应小于100mm,在软弱土层中不应小于150mm。
9.3.6	施工缝防水	GB 50157—2013　12.7.1 施工缝防水应符合下列规定: 1　复合墙结构的环向施工缝设置间距不宜大于24m,叠合墙结构的环向施工缝设置间距不宜大于12m。 2　墙体水平施工缝应留在高出底板表面不小于300mm的墙体上。拱(板)墙结合的水平施工缝宜留在拱(板)墙接缝线以下150mm～300mm处。施工缝距孔洞边缘不应小于300mm。 3　水平施工缝浇灌混凝土前,应先将其表面浮浆和杂物清除,先铺净浆或涂刷界面处理剂、水泥基渗透结晶型防水涂料,再铺30mm～50mm厚的1:1水泥砂浆,并应及时浇筑混凝土;垂直施工缝浇筑混凝土前,应将其表面凿毛并清理干净,并应涂刷混凝土界面处理剂或水泥基渗透结晶型防水涂料,同时应及时浇注混凝土。 4　盖挖逆作法施工的结构板下墙体水平施工缝,宜采用遇水膨胀止水条(胶),并配合预埋注浆管的方法加强防水。
9.3.7	变形缝防水	GB 50157—2013　12.7.2 变形缝防水应符合下列规定: 1　变形缝处的混凝土厚度不应小于300mm,当遇有变截面时,接缝两侧各500mm范围内的结构应进行等厚等强处理; 2　变形缝处采取的防水措施应能满足接缝两端结构产生的差异沉降及纵向伸缩时的密封防水要求; 3　变形缝部位设置的止水带应为中孔型或Ω型,宽度不宜小于300mm; 4　顶板与侧墙的预留排水凹槽应贯通。
9.3.8	后浇带防水	GB 50157—2013　12.7.3 后浇带防水应符合下列规定: 1　后浇带应设在受力和变形较小的部位,间距宜为30m～60m,宽度宜为700mm～1000mm; 2　后浇带可做成平直缝、阶梯形或楔形缝;后浇带应采用补偿收缩防水混凝土浇筑,其强度等级不应低于两侧混凝土;后浇带应在两侧混凝土龄期达到42d后再施工; 3　后浇带两侧的接缝宜采用中埋式止水带、外贴式止水带、预埋注浆管、遇水膨胀止水条(胶)等方法加强防水。

编号	审查点	设计文件的审查内容
9.3.9	桩头防水	GB 50157—2013　12.7.4 桩头防水应符合下列规定： 1　桩头选用的防水材料应具有能够增加混凝土的密实性、与桩头混凝土和钢筋的良好粘结性、耐水性和湿固化性等性能； 2　桩头刚性防水层与底板柔性防水层应形成连续、封闭的防水体系。
9.3.10	管片接缝用密封垫	GB 50157—2013　12.8.4 管片应至少设置一道密封垫沟槽。接缝密封垫宜选择具有良好弹性或遇水膨胀性、耐久性、耐水性的橡胶类材料，其外形应与沟槽相匹配。 GB 50157—2013　12.8.5 管片接缝密封垫应能被完全压入密封垫沟槽内，密封垫沟槽的截面积应为密封垫截面积的 1 倍～1.15 倍。 GB 50157—2013　12.8.6 管片接缝密封垫应满足在计算的接缝最大张开量和估算的错位量下、埋深水头的 3 倍水压下不渗漏的技术要求；选用的接缝密封垫应进行一字缝或 T 字缝耐水压检测。
9.3.11	螺栓孔防水	GB 50157—2013　12.8.7 螺孔防水应符合下列规定： 1　管片肋腔的螺孔口应设置锥形倒角的螺孔密封圈沟槽； 2　螺孔密封圈的外形应与沟槽相匹配，并应有利于压密止水或膨胀止水； 3　螺孔密封圈应为合成橡胶、遇水膨胀橡胶制品。
9.3.12	管片嵌缝防水	GB 50157—2013　12.8.8 嵌缝防水应符合下列规定： 1　在管片内侧环向与纵向边沿应设置嵌缝槽，其深宽比应大于 2.5，槽深宜为 25mm～55mm，单面槽宽宜为 5mm～10mm。 2　嵌缝材料应具有良好的不透水性、潮湿基面粘结性、耐久性、弹性和抗下坠性。 3　应根据隧道使用功能及表 12.8.2 中的防水等级要求，确定嵌缝作业区范围，采取嵌填堵水、引排水措施。 4　嵌缝防水施工应在盾构千斤顶顶力影响范围外进行。同时，应根据盾构施工方法、隧道的稳定性确定嵌缝作业开始的时间。 5　嵌缝作业应在接缝堵漏和无明显渗水后进行，嵌缝槽表面混凝土有缺损时，应采用聚合物水泥砂浆或特种水泥修补，强度应达到或超过混凝土本体的强度。嵌缝材料嵌填时，应先刷涂基层处理剂。嵌填应密实、平整。

编号	审查点	设计文件的审查内容
9.3.13	管片外防水涂层	GB 50157—2013　12.8.10 管片外防水涂层应符合下列规定： 　1　涂层应具有良好的耐化学腐蚀性、抗微生物侵蚀性和耐水性，并应无毒或低毒； 　2　涂层应能在盾构密封用钢丝刷与钢板挤压条件下不损伤、不渗水； 　3　在管片外弧面混凝土裂缝宽度达到 0.2mm 时，涂层应能在最大埋深处水压或 0.8MPa 水压下不渗漏； 　4　涂层应涂刷在衬砌背面和环、纵缝橡胶密封垫外侧的混凝土上。

10　通风、空调与供暖

编号	审查点	设计文件的审查内容

10.1　设计说明

编号	审查点	设计文件的审查内容
10.1.1	设计依据	1. 设计执行的主要设计标准和规范；不应采用已废止的版本； 2. 如果是变更设计应符合变更程序（变更原因、变更方案及批准文件）。
10.1.2	设计说明	1. 设计计算室内外空气标准； 2. 供暖、通风、空调系统说明； 3. 总冷、热负荷及冷热源说明； 4. 节能设计专项说明； 5. 消防设计专项说明（消防性能化分析报告）； 6. 环境、噪声控制； 7. 对施工特殊要求及一般要求； 8. 工程总体概况及设计范围； 9. 初步设计专家评审意见执行情况。

10.2　设计图纸

编号	审查点	设计文件的审查内容
10.2.1	总平面图	1. 地下车站的出入口通道和长通道连续长度； 2. 地面进、排风及活塞风亭的位置； 3. 排风亭口部的设置； 4. 消防紧急出入口的位置。
10.2.2	平剖面图	1. 站厅、站台公共区防烟分区划分及管道布置； 2. 挡烟垂帘（壁）的设置； 3. 设备管理用房防烟分区划分及管道布置； 4. 管道穿越防火墙处防火阀的设置。

编号	审查点	设计文件的审查内容
10.2.3	系统图及原理图	1. 全线隧道通风空调系统原理图； 2. 站厅、站台公共区原理图； 3. 设备管理用房区系统图。
10.2.4	大样图（详图）	1. 通风、空调机房设备及管路布置； 2. 冷冻机房设备及管路布置； 3. 防烟楼梯间和前室正压送风平、剖面； 4. 活塞风机、风孔（阀）、风井关系剖面图； 5. 排热风机与轨底风道、轨顶风道、风阀布置关系剖面图。
10.2.5	工艺控制图	1. 站厅、站台公共区平时及火灾时设备控制模式表； 2. 设备管理用房区平时及火灾时设备控制模式表。

10.3 计算书

编号	审查点	设计文件的审查内容
10.3.1	冷热负荷计算	1. 空调、供暖冷热负荷计算； 2. 风系统管道阻力计算、供暖管道水力平衡计算。

10.4 规范条文

编号	审查点	设计文件的审查内容
10.4.1	通道、风亭、风道和风井	GB 50157—2013　13.2.50 地面进风风亭应设在空气洁净的位置，并宜设在排风亭的上风侧，排风亭口部的设置宜避开当地年最多的风向。
10.4.2	通风与空调系统控制	GB 50157—2013　13.2.53 地铁隧道通风系统宜设就地控制、车站控制、中央控制的三级控制。 GB 50157—2013　13.2.54 地下车站公共区通风与空调系统宜设就地控制、车站控制、中央控制的三级控制。 GB 50157—2013　13.2.55 地下车站设备与管理用房通风与空调系统宜设就地控制、车站控制的两级控制。
10.4.3	地下车站公共区通风与空调系统	GB 50157—2013　13.2.12 地下车站公共区的进风应直接采自大气，排风应直接排出地面。 GB 50157—2013　13.2.15 地下车站公共区冬季室内空气计算温度应低于当地地层的自然温度，但最低温度不宜低于12℃。 GB 50157—2013　13.2.25 当活塞风对车站有明显影响时，应在车站的两端设置活塞风泄流风井或活塞风迂回风道。

编号	审查点	设计文件的审查内容
10.4.4	地下车站设备与管理用房通风、空调系统	GB 50157—2013　13.2.28 　　地下车站的各类用房应根据其使用要求设置通风系统，必要时可设置空调系统；进风应直接采自大气，排风应直接排出地面。 GB 50157—2013　13.2.40 　　地下车站内的设备与管理用房的室内空气计算温度、相对湿度和换气次数，应符合表13.2.40的规定。
10.4.5	空调冷源及水系统	GB 50157—2013　13.2.41-1、3 　　空调冷源设计应符合下列规定： 　　1　空调系统的冷源宜采用自然冷源，无条件采用自然冷源时，可采用人工冷源； 　　3　设于地下线路内的空调冷源设备宜采用电动压缩式制冷机组，不应采用直接燃烧型吸收式制冷机组。 GB 50157—2013　13.2.42-1、7 　　冷冻机房设计应符合下列规定： 　　1　冷冻机房应设置在靠近空调负荷中心的位置，宜与空调机房综合布置，但应避免设置在变电所的正上方； 　　7　水冷、风冷式冷水机组的选型，应选用制冷性能系数高的产品，冷水机组制冷性能系数选择与台数的配置应计及地铁负荷的变化规律。 GB 50157—2013　13.2.43-4 　　冷冻水系统设计应符合下列规定： 　　4　冷冻水泵宜与冷水机组匹配设置，可不设置备用泵。 GB 50157—2013　13.2.44-5 　　冷却水系统设计应符合下列规定： 　　5　冷却水泵宜与冷水机组匹配设置，可不设置备用泵。
10.4.6	通风与空调	GB 50157—2013　13.3.1 　　地上车站的公共区应采用自然通风。必要时，站厅中的公共区可设置机械通风或空调系统。 GB 50157—2013　13.3.2 　　通风与空调的室外空气计算温度、相对湿度应采用当地现行的地面建筑的设计指标。 GB 50157—2013　13.3.5 　　地面变电所宜采用自然通风降温，当自然通风不能达到设备对环境要求时，可采用机械排风、自然进风的方式。 GB 50157—2013　13.3.7 　　高架和地面区间应采用自然通风。

编号	审查点	设计文件的审查内容
10.4.7	地下车站供暖	GB 50157—2013　13.2.57 车站设备与管理用房根据使用要求需供暖时，可采用局部供暖。 GB 50157—2013　13.2.58 对于最冷月份室外平均温度低于−10℃的地区，车站的出入口宜采取冷风阻挡措施。
10.4.8	供暖	GB 50157—2013　13.3.10 对于最冷月份室外平均温度低于−10℃的严寒地区，车站的站台可不设供暖装置，站厅宜设供暖系统。 GB 50157—2013　13.3.16 热源应采用附近热网，无条件时可采用无污染的热源。
10.4.9	车辆基地	GB 50157—2013　27.1.7 车辆基地设计应对所产生的废气、废液、废渣和噪声等进行综合治理，并应符合国家现行相关标准的规定。 GB 50157—2013　27.5.5 车辆段应根据工艺的要求和当地的具体情况设置供暖、通风和空调设施。供暖地区宜利用城市集中供热系统。独立设计锅炉房时，应符合现行国家标准《锅炉房设计规范》GB 50041 的有关规定。
10.4.10	环境保护措施（声环境、振动环境、水环境）	GB 50157—2013　29.1.2-1、3、4 地铁噪声应符合下列规定： 　1　列车及设备运行噪声影响应符合现行国家标准《声环境质量标准》GB 3096 的有关规定。车辆基地及停车场厂界噪声应符合现行国家标准《工业企业厂界环境噪声排放标准》GB 12348 的有关规定； 　3　车站站台内列车进、出站噪声应符合现行国家标准《城市轨道交通车站站台声学要求和测量方法》GB 14227 的有关规定。车站在无列车的情况下，其站台、站厅环境噪声不得超过 70dBA； 　4　地铁各类管理用房的环境噪声应符合现行国家标准《工业企业噪声控制设计规范》GBJ 87 的有关规定。 GB 50157—2013　29.1.3-1 地铁振动应符合下列规定： 　1　列车运行振动影响应符合现行国家标准《城市区域环境振动标准》GB 10070 的有关规定； GB 50157—2013　29.4.10 轨道减振措施的效果应使振动环境保护目标达到现行国家标准《城市区域环境振动标准》GB 10070 规定的昼、夜间环境振动限值标准的要求。 GB 50157—2013　29.4.8-3 声屏障设计应符合下列规定： 　3　声屏障的降噪效果应使声环境保护目标达到现行国家标准《声环境质量标准》GB 3096 规定的相应环境功能区昼、夜间环境噪声限值标准的要求。

编号	审查点	设计文件的审查内容
10.4.11	节能要求	GB 50189—2005 5.3.26 空气调节风系统的作用半径不宜过大。风机的单位风量耗功率（W_s）应按下式计算，并不应大于表5.3.26中的规定。 $$W_s = P/(3600\eta) \qquad (5.3.26)$$ JGJ 174—2010 3.1.3 多联机空调系统的各设备性能指标应符合国家现行有关标准的规定。
10.4.12	室外供热管网设计规定	CJJ 34—2010 6.0.1 热水供热系统应采用热源处集中调节、热力站及建筑引入口处的局部调节和用热设备单独调节三者相结合的联合调节方式，并宜采用自动化调节。 CJJ 34—2010 8.1.1 城镇供热管网的布置应在城镇规划的指导下，根据热负荷分布、热源位置、其他管线及构筑物、园林绿地、水文、地质条件等因素，经技术经济比较确定。
10.4.13	热力网保温、补偿器及阀门安装	CJJ 34—2010 8.4.2 选用管道补偿器时，应根据敷设条件采用维修工作量小、工作可靠和价格较低的补偿器。

11 给水与排水

编号	审查点	设计文件的审查内容

11.1 设计说明

编号	审查点	设计文件的审查内容
11.1.1	设计说明	1. 采用的国家、地方现行设计规程、规范及施工验收规范必须是有效版本； 2. 消防审批意见； 3. 市政给水排水管网的接驳条件； 4. 给水、水质、水量、水压标准及要求，排水的水质、水量标准及要求； 5. 给水排水方案的确定及给水排水系统说明； 6. 与各专业的接口要求； 7. 按照《建设工程质量管理条例》要求，设计单位不得指定生产厂、供应商； 8. 设计不得采用淘汰产品； 9. 设计选择用水器具时必须符合《节水型生活水器具》CJ 164—2002的规定； 10. 初步设计专家评审意见及执行情况。

编号	审查点	设计文件的审查内容

11.2 设计图纸

编号	审查点	设计文件的审查内容
11.2.1	室外总图	1. 室外给水排水管线的平面布置,各管线之间的水平、垂直净距和上下相对位置。给水排水管线交叉时的保护措施; 2. 与市政给水排水管网的接驳点; 3. 水泵接合器与室外消火栓的数量对应关系,室外消火栓、消防水池取水口与水泵接合器之间的距离; 4. 阀门井、检查井、水表井的设置,阀门井节点大样。
11.2.2	车站室内平面图	1. 室内给水排水管路布置,阀门、地漏等设置的合理性; 2. 室内给水排水管路穿过变形缝、人防等特殊位置的做法; 3. 消火栓布置; 4. 灭火器布置。
11.2.3	给排水及消防系统图	1. 给水、排水、消防管线布置; 2. 阀门设置。
11.2.4	消防泵房详图	1. 从市政管网直接抽水时,倒流防止器的设置; 2. 试验放水阀的设置; 3. 消防泵需自灌启动。
11.2.5	水箱、水池详图	1. 补水的防倒流措施; 2. 通气管、溢流管等防虫网的设置。
11.2.6	出入口、风道详图	1. 消火栓布置; 2. 室内给水排水管道穿过人防段防护措施的做法。

11.3 规范条文

编号	审查点	设计文件的审查内容
11.3.1	消防供水方案的确定	GB 50157—2013　28.3.4-1、2 地铁消防给水系统,应结合地铁给水水源等因素确定,宜按下列要求确定: 1　当城市自来水的供水量能满足消防用水的要求,而供水压力不能满足消防用水压力的要求时,应设消防增压、稳压设施,当地消防和市政部门许可时,可不设消防水池,从市政管网直接引水; 2　当城市自来水的供水量不能满足消防用水量要求或城市自来水管网为枝状管网时,地下车站及地下区间应设消防增压、稳压设施和消防水池;地面和高架车站消防设施及消防水池的设置,应符合现行国家标准《建筑设计防火规范》GB 50016 的有关规定。
11.3.2	给水管道穿越特殊部位	GB 50015—2003(2009 年版)　3.5.11 给水管道不宜穿越伸缩缝、沉降缝、变形缝。如必须穿越时,应设置补偿管道伸缩和剪切变形的装置。

编号	审查点	设计文件的审查内容
11.3.3	消防给水排气阀的设置	GB 50974—2014　8.3.2 消防给水系统管道的最高点处宜置设自动排气阀。
11.3.4	水泵接合器的设置	GB 50974—2014　5.4.3 消防水泵接合器的给水流量宜按每个 10L/s～15L/s 计算。每种水灭火系统的消防水泵接合器设置的数量应按系统设计流量经计算确定，但当计算数量超过 3 个时，可根据供水可靠性适当减少。
11.3.5	地铁消火栓的布置	GB 50157—2013　28.3.8-2、3 地铁室内消火栓的设置应符合下列要求： 2　车站的消火栓，宜设单口单阀消火栓，困难地段可设双口双阀消火栓箱； 3　地下区间隧道的消火栓，宜设消火栓口，可不设消火栓箱，但水龙带和水枪应放在邻近车站站台端部专用消火栓箱内。 GB 50974—2014　5.4.9 水泵接合器处应设置永久性标志铭牌，并应标明供水系统、供水范围和额定压力。
11.3.6	地铁气灭设置场所	GB 50157—2013　28.3.13 设置在地下的通信及信号机房（含电源室）、变电所（含控制室）、综合监控设备室、蓄电池室和主变电所，应设置自动灭火系统。地上运营控制中心通信、信号机房、综合监控设备室、自动售检票机房、计算机数据中心应设置自动灭火系统。地面、高架车站、车辆基地自动灭火系统的设置，应按现行国家标准《建筑设计防火规范》GB 50016 及《高层民用建筑设计防火规范》GB 50045 的有关规定执行。
11.3.7	室外给水管道过轨防护	TB 10010—2008，J832—2009（参照）8.2.3 DN100mm 及以上管道穿越站场范围内的线路时，宜设防护涵洞，其余管道可设防护套管。当设置防护套管时，管道接口应设于两线路之间。

12　供电

编号	审查点	设计文件的审查内容
12.1　供电设计说明		
12.1.1	设计说明	供电工程各专业（供电系统、变电所、电力监控、牵引网、杂散电流防护）的施工设计说明都应按照《城市轨道交通工程设计文件编制深度规定》的要求进行说明。 1. 初步设计审批定案的一些主要技术指标应该录入； 2. 初步设计专家审查意见和落实情况； 3. 牵引网专业的施工图说明中，应有牵引网适用的气象条件（最高最低温度、风速、结冰等）、线路条件和运行条件的说明。

编号	审查点	设计文件的审查内容
12.1.2	一般规定	1. 供电工程施工图审查，应首先提供该条地铁线路的供电系统图，包括主变电所、牵引变电所、降压变电所的设置文件； 2. 设计依据的现行规范和标准，不应采用已淘汰的过时规范。

12.2 供电设计规范条文

编号	审查点	设计文件的审查内容
12.2.1	牵引网电压	GB 50157—2013 15.1.18 牵引网电压等级可分为直流 750V 和直流 1500V。
12.2.2	变电所平面图	变电所平面布置图中，设备运输通道是否符合要求，特别是设在站厅层及设备层的变电所，应有完整的运输通道。 JGJ 16—2008 4.9.4 配电装置室及变压器室门的宽度宜按最大不可拆卸部件宽度加 0.3m，高度宜按不可拆卸部件最大高度加 0.5m。

GB/T 14549—1993 4
公用电网谐波电压（相电压）限值见表 1。

表 1 公用电网谐波电压（相电压）

电网标称电 kV	电压总谐波畸变率 %	各次谐波电压含有率/%	
		奇次	奇次
0.38	5.0	4.0	2.0
6/10	4.0	3.2	1.6
35/66	3.0	2.4	1.2
110	2.0	1.6	0.8

（审查点 12.2.3 谐波电压）

GB/T 14549—1993 5.1
公共连接点的全部用户向该点注入的谐波电流分量（方均根值）不应超过表 2 中规定的允许值。当公共连接点处的最小短路容量不同于基准短容量时，表 2 中的谐波电流允许值的换算见附录 B（补充件）。

表 2 注入公共连接点的谐波电流允许值

标准 电压 kV	基准 短路 容量 MVA	谐波次数及谐波电流允许值，A																							
		2	3	4	5	6	7	8	9	10	11	12	13	14	15	16	17	18	19	20	21	22	23	24	25
0.38	10	78	62	39	62	26	44	19	21	16	28	13	24	11	12	9.7	18	8.6	16	7.8	8.9	7.1	14	6.5	12
6	100	43	34	21	34	14	24	11	11	8.5	16	7.1	13	6.1	6.8	5.3	10	4.7	9.0	4.3	4.9	3.9	7.4	3.6	6.8
10	100	26	20	13	20	8.5	15	6.4	6.8	5.1	9.3	4.3	7.9	3.7	4.1	3.2	6.0	2.8	5.4	2.6	2.9	2.3	4.5	2.1	4.1
35	250	15	12	7.7	12	5.1	8.8	3.8	4.1	3.1	5.6	2.6	4.7	2.2	2.5	1.9	3.6	1.7	3.2	1.5	1.8	1.4	2.7	1.3	2.5
66	500	16	13	8.1	13	5.4	9.3	4.1	4.3	3.3	5.9	2.7	5.0	2.3	2.6	2.0	3.8	1.8	3.4	1.6	1.9	1.5	2.8	1.4	2.6
110	750	12	9.6	6.0	9.6	4.0	6.8	3.0	3.2	2.4	4.3	2.0	3.7	1.7	1.9	1.5	2.8	1.3	2.5	1.2	1.4	1.1	2.1	1.0	1.9

注：220kV 基准短路容量取 2000MVA。

（审查点 12.2.4 谐波电流）

编号	审查点	设计文件的审查内容
12.2.5	电缆敷设	GB 50157—2013　15.4.11 　　电缆穿越轨道时，可采用轨道下穿硬质非金属管材敷设，也可采用刚性固定方式沿隧道顶部敷设。 GB 50157—2013　15.4.9 　　电缆在地上线路采用支架明敷时，宜采取罩、盖等遮阳措施。
12.2.6	主接线	JGJ 16—2008　4.4.7 　　当同一用电单位由总配电所以放射式向分配变电所供电时，分配变电所的电源进线开关选择应符合下列规定： 　　1　电源进线开关宜采用能带负荷操作的开关电器，当有继电保护要求时，应采用断路器； 　　2　总配电所和分配变电所相邻或位于同一建筑平面内，两所之间无其他阻隔而能直接相通，当无继电保护要求时，分配变电所的进线可不设开关电器。
12.2.7	车辆段电缆工程	GB 50217—2007　5.5.1-1、2 　　电缆构筑物尺寸应按容纳的全部电缆确定，电缆的配置应无碍安全运行，满足敷设施工作业与维护巡视活动所需空间，并应符合下列规定： 　　1　隧道内通道净高不宜小于 1900mm；在较短的隧道中与其他管沟交叉的局部段，净高可降低，但不应小于 1400mm； 　　2　封闭工作井的净高不宜小于 1900mm； GB 50217—2007　5.4.6-3、4 　　使用排管时，应符合下列规定： 　　3　管路顶部土壤覆盖厚度不宜小于 0.5m； 　　4　管路的纵向排水坡度不宜小于 0.2%。
12.2.8	杂散电流限制措施	GB 50157—2013　15.7.6 　　上、下行轨道间应设置均流线，均流线间距不宜大于 600m。 GB 50157—2013　15.7.7 　　均流线具体位置应与信号、轨道专业共同确定，且每处不应少于 2 根电缆。 CJJ 49—92　4.1.2 　　新建地铁线路的牵引供电系统，宜选用较高的牵引电压和分布式的牵引供电方案。应缩短直流牵引馈电距离。

编号	审查点	设计文件的审查内容

12.3 动力照明设计说明

编号	审查点	设计文件的审查内容
12.3.1	设计说明	1. 设计依据中引用的规范和标准，不得采用已经过时的旧规范、标准。 2. 照明设计的说明中，应明确各场所的照度值及功率密度值设计要求，以及布灯后的实际照度值及功率密度值，便于检查是否符合节能要求。 3. 动力配电设计说明中，应说明配电的原则，控制方式。 4. 说明电缆及电线的选型及敷设方式，是否选用了低烟、无卤阻燃型。 5. 说明电气设备的选型及安装方式等。 6. 说明防雷等级、接地型地、接地电阻等安全要求。 7. 车站建筑物应有土建概况的说明，该站是地下站、地面站还是地上站，说明各层的层高，垫层的厚度，哪些部分有吊顶。说明车站的建筑面积，有几个出入口及风亭，有几个换乘通道，有几个防火分区，地上站要说明建筑物的总高度。 8. 一个车站的动力照明分为几个图册出图时，应说明每个图册的出图范围、内容。 9. 初步设计审查意见及执行情况。 10. 施工设计已审查过，又重新出新版图的，应说明修改原因及修改内容。

12.4 动力照明设计图纸

编号	审查点	设计文件的审查内容
12.4.1	配电系统图	1. 各配电箱都应标注负荷计算值（设备容量、需要系数、计算容量、功率因数及计算电流）。 2. 配电箱系统图应标注配电箱编号，进线回路编号及电缆型号、规格；各出线回路都应标注回路编号，导线型号，规格，负荷名称及容量。 3. 电箱上电气元件应标注型号、规格及整定值。开关定值要和回路负荷及导线相配合。 4. 配电箱插座支路、室外支路是否采用了漏电保护开关（JGJ 16—2008，第10.9.3条）。 5. 消防设备的控制回路中，是否采用了不得使用的变频调速器作为控制装置（JGJ 16—2008，第13.9.6条）。 6. 扶梯（含直升电梯）的电源箱应设有检修通道使用的带漏电保护的检修插座支路和检修照明支路。 7. 一条线路给几个配电箱供电时，各线段的截面是否有变化，电源线路的开关是否能保护每一段线路（JGJ 16—2008，第7.6.8条）。 8. 消防控制室、消防泵房、防烟和排烟机房的消防用电设备及消防电梯等的供电，应在其最末一级配电箱处设自动切换装置。

编号	审查点	设计文件的审查内容
12.4.2	动力照明配电平面图	1. 照明平面图应标注建筑轴线及其主要尺寸，包括建筑墙体及门窗，标注房间名称、标注配电箱编号及出线支路的编号，动力平面上除注明配电箱编号及支路编号外，还应标注用电设备的名称（编号）及容量。 2. 应急照明配电箱应按防火分区设置，并且做到末端配电箱双电源自动切换。 3. 疏散指示标志的设置是否符合规范要求。 4. 疏散指示方向应考虑指向疏散方向较近的应急出口（主要是设备区及办公区）。 5. 人防段防护区内外的照明灯具是否为独立支路，当采用一个支路供电时，应在防护区内设置短路保护装置。 6. 电缆干线平面图应表示出从变电所低压柜到各配电箱的全部路径，在电缆竖井应有电缆引上，或引上来的符号。应有电缆在支架（或桥架）上的电缆敷设示意图（主要桥架断面示意）显示出电缆在支架（或桥架）上的敷设位置。应有电缆在电缆竖井的敷设示意图。 7. 地上站及车辆段地面建筑物应有防雷平面图。显示出建筑物顶层的轴线及尺寸，顶层标高，标注避雷带及引下线位置，标注测试点及断线卡子的平面位置。应有接地装置，接地阻的说明或接地图。 8. 防雷接闪器的网格和引下线的间距是否符合相应防雷类别等级的防护要求。

12.5 动力照明规范条文

编号	审查点	设计文件的审查内容
12.5.1	线路敷设	GB 50016—2014　10.1.10-3 消防配电线路应满足火灾时连续供电的需要，其敷设应符合下列规定： 3　消防配电线路宜与其他配电线路分开敷设在不同的电缆井、沟内；确有困难需敷设在同一电缆井、沟内时，应分别布置在电缆井、沟的两侧，且消防配电线路应采用矿物绝缘类不燃性电缆。
12.5.2	照明	RFJ 02—2009　9.0.6 战时照明应符合下列规定： 1　战时正常照明可利用车站平时节电照明； 2　战时应急照明可利用车站平时应急照明。

编号	审查点	设计文件的审查内容
12.5.3	防雷措施	GB 50057—2010　4.3.5-3、4、6 利用建筑物的钢筋作为防雷装置时，应符合下列规定： 　3　敷设在混凝土中作为防雷装置的钢筋或圆钢，当仅为一根时，其直径不应小于10mm。被利用作为防雷装置的混凝土构件内有箍筋连接的钢筋时，其截面积总和不应小于一根直径10mm钢筋的截面积。 　4　利用基础内钢筋网作为接地体时，在周围地面以下距地面不应小于0.5m，每根引下线所连接的钢筋表面积总和应按下式计算： $$S \geqslant 4.24K_c^2 \qquad (4.3.5)$$ 式中：S——钢筋表面积总和（m²）； 　　　K_c——分流系数，按本规范附录E的规定取值。 　6　构件内有箍筋连接的钢筋或成网状的钢筋，其箍筋与钢筋，钢筋与钢筋的连接应采用土建施工的绑扎法连接或焊接。单根钢筋或圆钢或外引预埋连接板、线与上述钢筋的连接应焊接或采用螺栓紧固的卡夹器连接。构件之间必须连接成电气通路。
12.5.4	防雷装置	GB 50057—2010　5.4.7 防直击雷的专设引下线距出入口或人行道边沿不宜小于3m。
12.5.5	防雷击脉冲	GB 50057—2010　6.1.2 **当电源采用 TN 系统时，从建筑物总配电箱起供电给本建筑物内的配电线路和分支线路必须采用 TN-S 系统。**

13　通信

编号	审查点	设计文件的审查内容

13.1　设计说明

编号	审查点	设计文件的审查内容
13.1.1	工程概况	包括线路长度和类型，车站数量和类型、控制中心、车辆段和主变电所位置等。
13.1.2	设计范围	包括设计内容是否具体、明确。
13.1.3	设计依据	1. 系统设备采购项目技术规范书及供货合同； 2. 建筑、结构专业提供的设计施工图应为正式、有效的版本； 3. 设计采用的国家、行业及地方的设计规范、技术标准应为有效版本； 4. 初步设计专家审查意见及对专家审查意见的执行情况； 5. 工程设计合同或工程设计协议书； 6. 地铁建设单位的设计任务书； 7. 相关专业设计条件提供单及通信要求； 8. 变更设计的依据文件。

编号	审查点	设计文件的审查内容
13.1.4	设计说明	1. 通信系统。 1）根据工程运营、公安和运营商管理特点及功能需求，提出和设计的专用、公安和民用通信系统是否安全可靠、是否适应、满足轨道交通工程专用、公安和民用通信的需要； 2）通信各个子系统的功能、技术体制的选择、系统构成是否合理，选用的系统设备是否是技术先进且成熟的产品； 3）系统设备的配置及设置处所是否满足运营、公安和运营商管理以及维修的要求； 4）全线包括控制中心、车站（含地下、地面、高架车站）、车辆基地、公安分局、派出所通信各个子系统设备的设置位置、安装高度、安装方式、线缆敷设及保护设计是否满足运营、公安和运营商管理的需要，是否满足安装和维修方便的要求。 2. 通用要求。 1）地下隧道、地面以及高架区间的干线光、电缆线路的设计原则、敷设方式以及光、电缆的选择是否符合有关设计规范要求；区间通信设备的机箱设计、安装位置以及安装方式是否符合有关设计规范要求，是否考虑了防水、防潮、防腐蚀、抗震、耐久性的要求； 2）专用通信各个子系统的管线径路、管线敷设部位以及敷设方式的设计是否合理、节约工程投资、便于施工，是否与有关的综合管线图相一致并满足限界要求； 3）设计分工以及与相关专业的接口界面、接口方式是否明确、清晰； 4）对于首次采用通信新技术、新工艺（如果工程涉及到）或者突破规范规定的工程设计，应审查有无设计依据。 3. 其他要求。 1）民用通信天馈系统的电缆馈线及无源器件的选择和设置是否满足节能和能量分配合理要求，场强覆盖是否满足不同制式的设备使用要求； 2）地下线路的通信主干电缆、光缆应采用无卤、低烟的阻燃材料，并应具有抗电气化干扰的防护层。 4. 施工注意事项。 5. 其他需要说明的问题。 6. 主要工程数量表。

13.2 设计图纸

编号	审查点	设计文件的审查内容
13.2.1	传输系统	传输系统图、通道和时隙分配图、光纤运用图、区间线路图、ODF端子分配图，包括：线缆选型、容量、敷设方式、网络、接口等。

编号	审查点	设计文件的审查内容
13.2.2	公务电话系统	公务电话系统图、公务电话管线图，包括：功能、容量、传输衰耗、编号、防灾功能等。
13.2.3	专用电话系统	专用电话系统图、专用电话管线图，包括：设置、组成、功能等。
13.2.4	无线通信系统	无线通信系统图、无线通信管线图、区间线路和设备布置图、天馈系统图、计算表，包括：设置、功能、制式、传输等。
13.2.5	闭路电视监视系统	闭路电视监视系统图、闭路电视监视系统管线图，包括：设置、组成、功能等。
13.2.6	广播系统	广播系统图、广播系统管线图，包括：设置、功能等。
13.2.7	时钟系统	时钟系统图、时钟系统管线图，包括：设置、功能等。
13.2.8	办公自动化系统	办公自动化系统图、办公自动化系统综合布线图、配线架端子分配图，包括：设置、功能、网络安全等。
13.2.9	电源及接地系统	电源系统图、空开配置图、接地系统图，包括：负荷等级、功能、容量等。
13.2.10	集中告警系统	集中告警系统图，包括：设置、功能等。
13.2.11	民用通信引入系统	传输系统图、通道和时隙分配图、光纤运用图、民用无线引入系统图、民用无线通信管线图（含站外引入条件）、民用区间线路和设备布置图、民用电源系统图、空开配置图，包括：组成、功能等。
13.2.12	公安通信引入系统	传输或数据网系统图、传输通道和时隙分配图或数据交换机端子分配图、光纤运用图、公安无线引入系统图、公安无线通信管线图、公安区间线路和设备布置图、公安电源系统图、空开配置图，包括：设置、功能等。
13.2.13	通信用房要求	机房设备布置图，包括：位置及使用面积的确定等。

13.3　规范条文

13.3.1	通信系统组成	GB 50157—2013　16.1.4 地铁通信系统宜由专用通信系统、民用通信引入系统、公安通信系统组成。
13.3.2	专用通信系统组成	GB 50157—2013　16.1.5 通信系统宜由传输系统、无线通信系统、公务电话系统、专用电话系统、视频监视系统、广播系统、时钟系统、办公自动化系统、电源系统及接地、集中告警系统等子系统组成。
13.3.3	系统制式	GB 50157—2013　16.3.3 无线通信系统采用的工作频段及频点应由当地无线电管理部门批准。无线通信系统宜采用数字集群移动通信系统。

编号	审查点	设计文件的审查内容
13.3.4	光电缆敷设方式	GB 50157—2013 16.2.7 通信电缆、光缆在区间隧道内宜采用沿隧道壁架设方式，进入车站宜采用隐蔽敷设方式；高架区段电缆、光缆宜敷设在高架区间通信槽道内或托板托架上；地面电缆、光缆的敷设宜采用管道或槽道敷设方式。
13.3.5	无线调度电话的种类	GB 50157—2013 16.3.5 无线通信系统可设置行车调度、防灾环控调度、综合维修调度、车辆基地调度等用户群。
13.3.6	广播区的划分	GB 50157—2013 16.7.7 正线运营广播系统车站负荷区宜按站台层、站厅层、出入口通道、与行车直接有关的办公区域、区间等进行划分。负荷区各点的声场均匀度及混响指标应保证广播声音清晰、稳定。
13.3.7	系统组成及功能	GB 50157—2013 16.7.2 广播系统应由正线运营广播系统、车辆基地广播系统组成。
13.3.8	设备设置地点	GB 50157—2013 16.11.2 集中告警系统设备宜设置于控制中心或维护中心，并可实现故障监测、安全管理等功能。
13.3.9	民用通信引入系统组成	GB 50157—2013 16.12.1 地铁民用通信引入系统宜由民用传输系统、移动通信引入系统、集中监测告警系统、民用电源系统等组成。
13.3.10	民用电源系统功能	GB 50157—2013 16.12.5 民用电源系统应满足民用传输系统、移动通信引入系统、集中监测告警系统等设备的供电需求。
13.3.11	预留条件	GB 50157—2013 16.12.6 地铁应为民用通信系统预留站外光电缆引入到站内机房的条件，并应预留站内线缆和设备的布设条件。
13.3.12	公安通信引入系统	GB 50157—2013 16.13.1 地铁公安通信系统宜由公安视频监视系统、公安无线通信引入系统、公安数据网络、公安电源系统等组成。
13.3.13	地铁通信用房面积	GB 50157—2013 16.14.1 地铁通信设备用房，应根据设备合理布置的原则确定机房及生产辅助用房的面积。 GB 50157—2013 16.14.2 地铁通信设备用房的面积应按远期容量确定，并应根据需要提供民用通信引入系统、公安通信系统设备设置的用房。

编号	审查点	设计文件的审查内容
13.3.14	地铁通信用房位置安排	GB 50157—2013　16.14.3 地铁通信设备用房的位置安排，除应做到经济合理、运转安全外，尚应做到缆线引入方便、配线最短和便于维修等方面的因素。

14 信号

编号	审查点	设计文件的审查内容

14.1 设计说明

编号	审查点	设计文件的审查内容
14.1.1	设计依据	1. 设计采用的国家、行业、地方的设计规范及技术标准应为有效版本； 2. 具有系统产品的有效文件版本号； 3. 初步设计专家审查意见的执行情况； 4. 变更设计的变更方案及批准文件。
14.1.2	设计范围	1. 线路长度、道岔型号及牵引类型； 2. 设置车站数量，联锁区的划分，车站类型（地面站、地下站及高架站）； 3. 列车编组辆数，供电牵引方式； 4. 控制中心的设置地点，系统设备及调度大厅设备布置等； 5. 车辆段/场的设置地点、存车股道数、道岔型号及牵引类型。
14.1.3	设计说明	1. ATP 系统、设备及电路应符合故障导向安全的原则。采用的安全系统、设备应经过安全认证； 2. 根据工程运营管理特点及功能需求，提出和设计的信号系统是否安全可靠、满足该轨道交通工程需求； 3. 信号各子系统的功能、技术体制的选择、系统构成是否合理，选用的系统设备是否技术先进且成熟的产品； 4. 系统设备的配置及设置处所是否满足运营、管理及维修的需求； 5. 区间的干线光、电缆径路的设计原则、敷设方式以及光、电缆的型号选择、敷设位置是否符合有关设计规范要求及是否满足用户需求； 6. 全线各车站（含地下、地面、高架车站）以及车辆段/场信号各个子系统设备的设置位置、安装高度、安装方式是否满足运营、管理及维修方便的需求； 7. 设计分工及与相关专业的接口界面、接口方式合理、明确； 8. 正线室外信号设备、金属箱、盒外壳应贯通接地。车辆基地的室外信号设备、金属箱、盒外壳应就近接地；其接地电阻应符合规范要求； 9. 控制中心各子系统设备的设置位置是否满足用户需求。

编号	审查点	设计文件的审查内容
14.1.4	施工注意事项	1. 预埋（留）的沟、槽、管、洞是否符合满足本专业的要求，设置位置与相关专业有无碰撞；与其他管线及建筑物的最小间距是否满足规范要求； 2. 尽可能少地影响土建工程和装饰工程；对已完工的土建的保护，是否按土建标准和原样修复任何对装饰工程的损坏； 3. 电缆引入设备及箱盒时，应按规定进行防水、防火、防虫及防鼠封堵。

14.2 设计图纸：正线车站图纸（按设备联锁区成册）

编号	审查点	设计文件的审查内容
14.2.1	正线车站站台、站厅层及区间沟槽管洞预埋（留）图	1. 预埋（留）的沟、槽、管、洞是否符合满足本专业的要求，设置位置与相关专业有无碰撞；与其他管线及建筑物的最小间距是否满足规范要求； 2. 站台层： 1）紧急停车按钮、发车计时器、自动折返按钮所需的沟、槽、管、洞设置位置是否合理；定位坐标、材质、型号是否标注明确； 2）由站厅层至站台层及由桥架至站台门、紧急停车按钮、发车计时器、自动折返按钮的竖向电缆的防护措施及坐标、材质、型号是否标注清楚； 3. 站厅层：由站厅层至站台层及站厅层至区间沟、槽、管、洞预埋（留）图定位坐标、材质、型号是否标注清楚； 4. 区间一般整体道床电缆过轨预埋（留）的钢管或重型PVC管是否符合满足本专业的要求，坐标、材质、型号是否标注清楚； 5. 区间钢弹簧浮置板道床电缆过轨不能预埋（留）的钢管或重型PVC管时，其过轨方式，是否满足本专业需求，坐标、材质、型号是否标注清楚。
14.2.2	正线信号系统配置图	正线信号系统配置图是否全面，是否满足用户需求。
14.2.3	信号平面布置图	1. 信号平面布置图信号机设置是否满足运营要求； 2. 信号机的灯位显示是否正确； 3. 道岔的型号与牵引设备是否匹配；牵引点的设置位置是否侵限； 4. 计轴等轨道区段的划分是否满足运营保护区段、折返等行车运营和不同进路控制方式的安全要求，是否有侵限警冲标标识； 5. 信号设备的布置位置是否完整、准确。

编号	审查点	设计文件的审查内容
14.2.4	电缆径路及室外设备布置图	审查是否满足 GB 50157—2013 第 17.7.7，17.7.8 条的要求，除此，还要审查以下内容： 1. 电缆径路布置是否合理，信号设备的控制电缆是否有遗漏； 2. 站台设备：紧急停车按钮、发车计时器、自动折返按钮、监察亭等电缆布置是否准确； 3. 各种信号设备的电缆型号是否正确，备用量是否合理； 4. 控制设备的电缆截面或芯线数量应满足控制距离要求； 5. 信号系统的地面设备严禁侵入设备限界； 6. 高架和地面线的室外信号设备及隧道以外连接的室内信号设备应具有雷电防护措施； 7. 室外信号设备的金属箱、盒壳体应接地。 8. 转辙机与接触轨的安全距离应大于 1.2m。
14.2.5	信号设备室信号设备布置图	审查是否满足 GB 50157—2013 第 17.7.5，17.7.6 条的要求，除此，还要审查以下内容： 1. 防静电地板下：敷设电缆设置的金属线槽是否经过热镀锌处理，型号、尺寸是否标注清楚； 2. 信号设备机柜是否单独设置了支架，严禁将机柜直接设置在防静电地板上； 3. 机柜设置位置、间距、与墙的距离是否合理； 4. 是否设有综合接地箱，综合接地连线是否正确； 5. 信号设备有无遗漏； 6. 干线电缆接地是否满足单端接地要求。
14.2.6	组合柜设备布置图	应审查信号设备有无漏排列，组合类型是否正确。
14.2.7	道岔控制电路图	应审查道岔控制电路是否符合故障导向安全的设计原则。 1. 380V 交流五线制道岔控制电路：双机牵引时，审查启动继电器 QDJ 及总保护继电器 ZBHJ 电路是否正确； 2. 审查电路图中控制接点是否有误。
14.2.8	信号机点灯电路图	应审查信号机控制电路是否符合故障导向安全的设计原则。 1. 信号机控制电路是否正确，杜绝升级显示； 2. 引导信号控制电路或 YXJ 的联锁驱动电路中，是否检查了红灯的灯丝继电器良好，即黄灯的电路中必须检查 DJ 的灯丝继电器接点。

编号	审查点	设计文件的审查内容
14.2.9	灯丝断丝报警电路图	应审查信号机灯丝断丝报警电路是否有遗漏。
14.2.10	熔丝报警电路图	审查熔丝报警电路是否将室内组合柜、分线柜及接口柜的全部熔丝断丝均报警。
14.2.11	计轴控制电路图	审查产品的安全性是否满足具备有效安全认证报告，电路是否满足故障导向安全原则。
14.2.12	计轴复位及接口原理图	审查其电路是否满足《铁路信号计轴应用系统技术条件》TB/T 3189—2007 第 3.6 小节的要求。
14.2.13	站台紧急关闭按钮控制电路图	审查站台紧急关闭按钮控制电路及接口关系的故障导向安全性核查。
14.2.14	站台门控制接口电路图	审查站台门与车门开门、关门是否一致性，其控制电路是否满足故障导向安全原则。
14.2.15	折返按钮接口电路图（如果有）	审查折返按钮接口电路是否满足故障导向安全原则。 审查按钮接口电路的继电器动作与表示的联锁关系是否正确。
14.2.16	计算机联锁接口电路图（驱动及采集电路图）	审查计算机联锁接口电路是否满足故障导向安全原则。 1. 计算机联锁驱动 LXJ、ZXJ、YXJ，回采其接点，并采集 DJ、2DJ 的灯丝继电器接点，检查信号机点灯信息的完整性采集和反馈； 2. 轨道空闲/占用信息，要求采集 GJ 的前后接点或两组吸起接点，计算机编程时满足逻辑编码，实现安全原则； 3. 采集道岔 DBJ 及 FBJ 吸起接点，检查道岔位置室内、外一致性，实现安全原则。
14.2.17	场间联系电路图	审查（正线与车辆段）场间有无敌对进路，满足运营安全。 1. 场站间是否互送进、出段信号机 ZCJ、LXJ、YXJ 及 GJ 的条件，互相照查； 2. 电路采用双断及外线增加防雷措施，满足故障安全原则，是否有混线防护措施。
14.2.18	联锁表（进路表）	应重点审查联锁表，因为联锁表是安全行车的凭证。 1. 联锁表编制原则的完整性、准确性、安全性核查； 2. 各种运行控制模式下联锁表中的道岔、信号机、区段等联锁关系正确性核查； 3. 敌对进路、敌对信号的核查； 4. 进路完整性核查，避免遗漏联锁进路。

编号	审查点	设计文件的审查内容
14.2.19	柜间零层端子与电源屏电源环线图	应重点审查各类电源及容量是否满足信号要求。 1. 柜间零层端子号、电源名称是否正确； 2. 柜间零层端子与电源屏电源环线及电缆线径是否正确； 3. 电源屏提供的各类电源是否满足信号要求。

14.3　设计图纸：车辆段/场及试车线图纸

编号	审查点	设计文件的审查内容
14.3.1	车辆段/场库内、外沟槽管洞预埋（留）图	1. 预埋（留）的沟、槽、管、洞是否符合满足本专业的要求，设置位置与相关专业有无碰撞；与其他管线及建筑物的最小间距是否满足规范要求； 2. 库外干线电缆的防护措施是否满足需求； 3. 库外电缆过道（人行道、车行道）、过沟（排水沟、暖气沟）预埋（留）的钢管或重型PVC管是否符合满足本专业的要求，坐标、材质、型号是否标注清楚； 4. 库内整体道床电缆过轨预埋（留）的钢管或重型PVC管是否符合满足本专业的要求，电缆过轨钢管的预埋（留）方式类型是否标注清楚，预埋类型图是否齐全； 5. 库内干线电缆的防护措施是预制电缆槽，还是预埋钢管或重型PVC管是否符合满足本专业的要求，手孔坐标、材质、型号是否标注清楚； 6. 库内信号设备基坑与干线电缆间的预埋钢管或重型PVC管是否符合满足本专业的要求，手孔坐标、材质、型号是否标注清楚； 7. 信号管道与相关专业管道平行与垂直敷设时，应满足GB 50157—2013第16.2.9、16.2.10条的相关规定。
14.3.2	信号平面布置图	1. 车辆段/场设进、出段/场信号机，根据需要设调车信号机，进、出段/场信号机、调车信号机显示的正确性核查； 2. 其各种信号机的设置，应满足运营要求和不同进路控制方式的要求； 3. 道岔的型号与牵引设备是否匹配；牵引点的设置位置是否侵限； 4. 轨道区段的划分是否满足有关规范要求，是否有侵限标识； 5. 车辆段/场与正线接口是否准确及与正线布置是否一致。
14.3.3	试车线信号平面布置图	应重点审查试车线信号地面设备的配置，应能完成信号系统车载设备功能的动态测试和双向试车的需要。

编号	审查点	设计文件的审查内容
14.3.4	电缆径路及室外设备布置图	审查是否满足 GB 50157—2013 第 17.7.7, 17.7.8 条的要求, 除此, 还要审查以下内容: 1. 电缆径路布置是否合理, 信号设备的控制电缆是否有遗漏; 2. 各种信号设备的电缆型号是否正确, 备用量是否合理; 3. 信号系统的地面设备严禁侵入设备限界; 4. 室外信号设备的金属箱、盒壳体应接地; 5. 控制设备的电缆截面或芯线数量应满足控制距离要求; 6. 干线电缆接地是否满足相关要求。
14.3.5	室外电缆网络图	同上。
14.3.6	信号设备室信号设备布置图	审查是否满足 GB 50157—2013 第 17.7.5, 17.7.6 条的要求, 除此, 还要审查以下内容: 1. 防静电地板下: 敷设电缆设置的金属线槽是否经过热镀锌处理, 型号、尺寸是否标注清楚; 2. 信号设备机柜是否单独设置了支架, 严禁将机柜直接设置防静电地板上; 3. 机柜设置位置、间距、与墙的距离是否合理; 4. 是否设有综合接地箱, 综合接地连线是否正确; 5. 信号设备有无遗漏。
14.3.7	组合柜设备布置图	应审查信号设备有无漏排列, 组合类型是否正确。
14.3.8	道岔控制电路图	应审查道岔控制电路是否符合故障导向安全的设计原则。 1. 道岔控制电路正确性核查, 采用的标准电路的准确性核查; 2. 审查电路图中控制接点是否有误; 3. 接点及分线盘端子配线是否正确。
14.3.9	信号机点灯电路图	应审查信号机控制电路是否符合故障导向安全的设计原则。 1. 信号机控制电路是否正确, 杜绝升级显示; 2. 引导信号控制电路或 YXJ 的联锁驱动电路中, 是否检查了红灯的灯丝继电器良好, 即黄灯的电路中必须检查 DJ 的灯丝继电器接点。
14.3.10	灯丝断丝报警电路图	应审查信号机灯丝断丝报警电路是否有遗漏。
14.3.11	熔丝报警电路图	审查熔丝报警电路是否将室内组合柜、分线柜及接口柜的全部熔丝断丝均报警。

编号	审查点	设计文件的审查内容
14.3.12	轨道或计轴控制电路图	审查产品的安全性是否满足具备有效安全认证报告，电路是否满足故障安全原则。
14.3.13	计轴复位及接口原理图	审查其电路是否满足《铁路信号计轴应用系统技术条件》TB/T 3189—2007 第 3.6 小节的要求。
14.3.14	计算机联锁接口电路图（驱动及采集电路图）	审查计算机联锁接口电路是否满足故障安全原则。 1. 计算机联锁驱动 LXJ、ZXJ、YXJ，回采其接点，并采集 DJ、2DJ 的灯丝继电器接点，检查信号机点灯信息的完整性采集和反馈； 2. 轨道空闲/占用信息，要求采集 GJ 的前后接点或两组吸起接点，计算机编程时满足逻辑编码，实现安全原则； 3. 采集道岔 DBJ 及 FBJ 吸起接点，检查道岔位置室内、外一致性，实现安全原则。
14.3.15	联锁表（进路表）	应重点审查联锁表，因为联锁表是安全行车的凭证。 1. 联锁表编制原则的完整性、准确性、安全性核查； 2. 各种运行控制模式下联锁表中的道岔、信号机、区段等联锁关系正确性核查； 3. 敌对进路、敌对信号的核查； 4. 进路完整性核查，避免遗漏联锁进路。
14.3.16	场间联系电路图	应重点审查（正线与车辆段）场间有无敌对进路，满足运营安全。 1. 场站间是否互送进、出段信号机 ZCJ、LXJ、YXJ 及 GJ 的条件，互相照查； 2. 电路采用双断及外线增加防雷措施，满足故障安全原则，是否有混线防护措施。
14.3.17	与试车线联系接口电路图	审查试车线是否满足试车功能及安全。 1. 试车线请求试车及车辆段/场放/收权试车手续是否完善； 2. 接口电路是否正确； 3. 试车线配置是否满足试车功能需求。
14.3.18	柜间零层端子与电源屏电源环线图	应重点审查各类电源及容量是否满足信号要求。 柜间零层端子与电源屏电源环线及电缆线径是否正确。

14.4 设计图纸：控制中心图纸

编号	审查点	设计文件的审查内容
14.4.1	中心设备系统构成图	系统配置图是否全面，是否满足用户需求。

编号	审查点	设计文件的审查内容
14.4.2	中心室内设备工艺布置图	应重点审查室内设备工艺布置图合理性。 网管室、设备机房、运营图室、培训室、调度大厅打印室等各层的设备工艺布置图是否合理，有无遗漏。
14.4.3	中心设备电缆径路及管线预埋图	应重点审查预埋图合理性和安全性。 电缆径路及管线预埋是否合理，满足施工要求，设置位置与相关专业有无碰撞。
14.4.4	中心设备电源图	应重点审查设备电源是否符合用电要求。 1. 一级负荷，是否采用双电源双回线路供电，确保供电安全性； 2. 是否具有 UPS 电源； 3. 是否使用低烟无卤阻燃电力电缆。
14.4.5	与相关系统的接口连线图	应重点审查与相关系统的接口连线图合理性。 1. 各功能设备的电缆连线是否齐全、合理，设置位置与相关专业有无碰撞； 2. 各种标注是否明确。

14.5 规范条文

编号	审查点	设计文件的审查内容
14.5.1	一般规定	GB 50157—2013　17.1.1 地铁信号系统应由行车指挥和列车运行控制设备组成，并应设置故障监测和报警设备。 GB 50157—2013　17.1.2 信号系统应具有高可靠性、高可用性和高安全性。 GB 50157—2013　17.1.7 信号系统应具有电磁兼容性。
14.5.2	系统要求	GB 50157—2013　17.2.2 信号系统按地域划分可包括下列系统： 1　控制中心系统； 2　地面设备系统； 3　车载设备系统； 4　车辆基地系统。 GB 50157—2013　17.2.9 ATC 系统应能与通信、电力监控、防灾报警和环境监控等系统接口。当地铁配置综合监控系统时，ATC 系统应能与其接口或部分纳入综合监控系统；可建以行车指挥系统为核心的综合监控系统。 GB 50157—2013　17.2.10-2 ATC 系统采用区域控制方式应符合下列要求： 2　折返站、与车辆基地的衔接站等车站宜设置为区域控制站。

编号	审查点	设计文件的审查内容
14.5.3	列车自动监控系统	GB 50157—2013　17.3.1 ATS 系统构成应符合下列要求： 1　ATS 系统主要应包括控制中心、车站和车辆基地等 ATS 设备； 2　控制中心 ATS 主要应包括服务器、工作站、网络设备、接口设备、打印机等设备。工作站应包括调度员工作站、调度长工作站、时刻表编辑工作站、维护工作站和培训工作站等； 3　车站 ATS 主要应包括服务器/工作站、终端和网络设备、发车计时器/指示器等设备；ATS 终端可与 ATP 终端合设，但不应影响 ATP 系统的安全性； 4　ATS 系统构架与配置应符合下列要求： 1）网络拓扑结构采用冗余方式； 2）主要服务器采用双机热备方式；当主机故障时，主备机切换应确保系统功能完整、各种显示连续、正确； 3）调度员工作站的数量，根据在线列车对数、线路长度和车站数量等因素合理配置；各调度工作站应互为备用，调度工作站的多个显示器输出控制应相对独立。 GB 50157—2013　17.3.4 ATS 系统与下列主要系统接口应符合下列要求： 1　ATS 系统应与 ATP、ATO 等系统接口； 2　ATS 系统应与无线通信、广播、乘客信息等系统接口； 3　ATS 系统宜接收时钟系统的时间信号，宜实现信号系统的时间同步； 4　ATS 系统可与电力监控、防灾报警和环境监控或综合监控等系统接口； 5　ATS 可提供与城市轨道交通线网监控系统的接口。
14.5.4	列车自动防护系统	GB 50157—2003　17.4.1 ATP 系统应由地面设备及车载设备组成。 GB 50157—2003　17.4.2 ATP 地面设备应主要包括地面计算机设备、信息传输设备、列车位置检测设备及相关接口等设备。 GB 50157—2003　17.4.3 ATP 车载设备应主要包括 ATP 车载计算机设备、测速设备、人机显示设备、车地通信设备及相关接口等设备。 GB 50157—2003　17.4.4 地面 ATP 计算机设备应采用冗余结构。 GB 50157—2003　17.4.6

编号	审查点	设计文件的审查内容
14.5.4	列车自动防护系统	运营列车首尾两端宜各设一套 ATP 车载设备，ATP 车载设备宜采用热备冗余结构。 GB 50157—2003　17.4.7 无人驾驶系统 ATP 地面/车载计算机设备应采用三取二或二乘二取二冗余结构。 GB 50157—2013　17.4.8 ATP 系统应具有下列主要功能： 1　检测列车位置，实现列车间隔控制和进路控制； 2　监督列车运行速度，实现列车超速防护控制； 3　防止列车误退行等非预期移动； 4　为列车车门、站台门的开闭提供安全监督信息； 5　实现车载信号设备的日检； 6　记录司机操作。
14.5.5	列车自动运行系统	GB 50157—2013　17.5.1 ATO 系统构成应由地面设备和车载设备组成。 GB 50157—2013　17.5.2 　ATO 地面设备应主要包括轨旁定位设备、ATO 接口等设备。ATO 可利用 ATP 系统的轨旁设备，但不应影响 ATP 系统的安全性。 GB 50157—2013　17.5.3 ATO 车载设备应主要包括 ATO 车载计算机及相关接口等设备。 GB 50157—2013　17.5.4 当采用无人驾驶方式时，ATO 设备应采用冗余结构。
14.5.6	车辆基地信号系统	GB 50157—2013　17.6.1 车辆基地信号系统构成应符合下列要求： 1　车辆基地信号系统应包括车辆段和停车场的信号系统。应设置车辆段及停车场 ATS 设备、计算机联锁设备、计算机监测设备、试车线信号设备、培训设备、日常维修和检测设备等设备； 2　用于培训的主要设备应与实际运用的信号设备一致，可设置信号机、转辙机等室外培训设备； 3　车辆段及停车场采用无人驾驶系统时，其系统主要设备应按冗余结构设置。 GB 50157—2013　17.6.2 车辆基地信号系统采用人工控制方式时，应符合下列要求： 1　车辆段/场设进、出段/场信号机，应根据需要设调车信号机。进、出段/场信号机、调车信号机应以显示禁止信号为定位。

编号	审查点	设计文件的审查内容
14.5.6	车辆基地信号系统	2 停车场可部分或全部纳入 ATC 控制范围；其各种信号机的设置，应根据运营要求和控制方式等确定； 3 车辆段不宜全部纳入 ATS 监控； 4 列车在段内宜按调车进路控制，联锁设备可根据段内运营作业特点实现连锁条件的检查。 GB 50157—201 17.6.5 试车线信号系统应符合下列要求： 1 试车作业时，试车线操作员应与车辆基地值班员交接控制权。车辆基地与试车线的接口设计应保证试车作业与车辆基地作业互不影响； 2 试车线信号地面设备的配置，应能完成信号系统车载设备功能的动态测试和双向试车的需要； 3 试车线配置的车地无线通信设备，不应干扰正线列车的运行。 GB 50157—2013 17.6.6 培训设备符合下列要求： 1 培训设备应能提供运行环境模拟、故障设定及仿真功能； 2 配置的车地无线通信设备不应干扰或影响运营设备的运行； 3 培训设备的配置应基于线网范围内资源共享的原则。
14.5.7	信号系统设备的供电等级，正线 UPS 供电范围。	GB 50157—2013 17.7.3-2、3、4、5、6 信号系统供电应符合下列要求： 2 车载设备应由车辆专业提供直流电源或经变流设备供电； 3 信号设备可由专用电源屏供电，宜选用不间断电源（UPS）设备和免维护蓄电池设备。控制中心、车站信号设备，包括电动转辙机和信号机等室外设备在内的 UPS 电池后备时间应相同，其供电时间不宜小于 30min； 4 信号设备专用交、直流电源应对地绝缘； 5 输出至室外的设备供电回路应采用隔离供电方式； 6 电源屏宜具有远程监测功能或纳入 ATS 监测。
14.5.8	信号系统的基本信号显示	GB 50157—2013 17.7.1 信号系统的基本信号显示，应符合现行国家标准《城市轨道交通信号系统通用技术条件》GB/T 12758 的有关规定。
14.5.9	道岔牵引设备	GB 50157—2013 17.7.2 ATC 系统控制区域内的道岔宜采用交流转辙机，车辆基地等其他线路可采用直流转辙机。采用三相交流电源控制的电动转辙机或电液转辙机，应设置断相保护和相序检测装置。

编号	审查点	设计文件的审查内容
14.5.10	信号系统电线路	GB 50157—2013　17.7.4-1、2、4、5、6 信号系统电线路应符合下列要求： 1　采用的电线、电缆应符合本规范第15.4.1条的规定。 2　电缆敷设宜采用下列方式： 1）地面电缆采用直埋、电缆槽或管道方式； 2）区间隧道内电缆宜采用明敷方式，车站宜用隐蔽方式敷设； 3）高架线路的电缆宜用隐蔽方式敷设。 4　电缆芯线或芯对应有备用量，其中普通信号电缆的备用芯线数应符合下列规定： 1）9芯以下电缆备用1芯； 2）12芯～21芯电缆备用2芯； 3）24芯～30芯电缆备用3芯； 4）33芯～48芯电缆备用4芯； 5）52芯～61芯电缆备用5芯。 5　音频电缆应成对备用芯线；当电缆芯线被完全使用时，应根据电缆使用数量和特点备用整根同类型电缆。 6　电缆贯穿隔墙、楼板的孔洞处均应实施阻火封堵。
14.5.11	信号系统设备用房	GB 50157—2013　17.7.5 信号系统设备用房应符合下列要求： 1　信号机房面积应留有适当余量； 2　信号机房环境应满足设备运用的要求，并应符合现行国家标准《电子信息系统机房设计规范》GB 50174的有关规定； 3　信号设备室内布置间距宜符合表17.7.5的规定。 表17.7.5　信号设备室内布置距离（m） <table><tr><th>名　称</th><th>设备间隔对象</th><th>净距离要求</th></tr><tr><td>机柜间</td><td>走道</td><td>≥1.0</td></tr><tr><td rowspan="3">控制台、机柜与墙</td><td>主走道</td><td>≥1.2</td></tr><tr><td>次走道</td><td>≥1.0</td></tr><tr><td>尽端架</td><td>≥0.8</td></tr><tr><td>电源屏与其他机柜</td><td>—</td><td>≥1.5</td></tr><tr><td>电源屏与墙</td><td>—</td><td>≥1.2</td></tr></table>
14.5.12	信号设备的接地	GB 50157—2013　17.7.6 信号设备的接地系统应符合下列要求： 1　应设工作地线、保护地线、屏蔽地线和防雷地线等；

编号	审查点	设计文件的审查内容
14.5.12	信号设备的接地	2 信号设备室内应设综合接地箱；当采用综合接地时，应接入综合接地系统弱电母排，接地电阻不应大于1Ω； 3 信号室外设备应通过线缆接地； 4 出入信号设备室的电缆应采用屏蔽电缆，应在室内对电缆屏蔽层一端接地，并应在引入口设金属护套； 5 车辆基地内未设综合接地系统或局部未设时，信号设备可分散接地；分散接地电阻值不应大于4Ω； 6 车载信号设备的地线应经车辆接地装置接地； 7 防雷与接地按现行国家标准《建筑物电子信息系统防雷技术规范》GB 50343 的有关规定执行。
14.5.13	信号设备防雷装置	GB 50157—2013　17.7.7 信号设备防雷装置应符合下列要求： 1 高架和地面线的室外信号设备及与隧道以外连接的室内信号设备应具有雷电防护措施； 2 室外信号设备的金属箱、盒壳体应接地； 3 信号设备室电力线引入处应单独设置电源防雷箱； 4 防雷元器件的选择应将雷电感应过电压抑制在被防护设备的冲击耐压水平之下； 5 防雷元器件的设置不应影响被防护设备的正常工作； 6 防雷元器件与被防护设备之间的连接线应最短，防护电路的配线应与其他配线分开，其他设备不应借用防雷元器件的端子。 GB 50157—2013　17.7.8 信号室外设备的安装应符合下列要求： 1 设置于有砟道床范围内的信号设备基础应设硬化地面； 2 高架区段无线通信设备的安装设计应与声屏障等专业配合； 3 转辙机与接触轨的安全距离应大于 1.2m。

15　自动售检票系统

编号	审查点	设计文件的审查内容

15.1　设计说明

编号	审查点	设计文件的审查内容
15.1.1	设计说明	1. 所采用的设计规范名称及版本号是否正确； 2. 有关系统架构的描述是否符合规范； 3. 有关系统设计能力的描述是否符合规范； 4. 有关接地要求的描述是否符合规范； 5. 有关防雷要求的描述是否符合规范； 6. 系统管线、线槽敷设要求； 7. 设计说明中对上阶段设计文件专家评审意见的执行情况。

编号	审查点	设计文件的审查内容
15.1.2	设计依据	1. 是否具有系统集成商或供货商提供的设计资料； 2. 是否具有运营单位或建设单位运营部门关于车站售检票终端设备平面布置的意见； 3. 设计采用的国家、行业、地方的设计规范及技术标准应为有效版本； 4. 是否具有工程设计合同或工程设计委托书； 5. 初步设计专家审查意见及对专家审查意见的执行情况。

15.2 设计图纸

编号	审查点	设计文件的审查内容
15.2.1	网络系统图	1. 紧急放行功能设计是否满足规范要求； 2. 防雷设计是否满足规范要求； 3. 系统架构设计是否满足规范要求； 4. 接地设计是否满足规范要求。
15.2.2	配电系统图	1. 配电设计是否满足规范所规定的负荷等级要求； 2. 配电设计是否满足规范要求； 3. 接地设计是否满足规范要求； 4. 防雷设计是否满足规范要求。
15.2.3	设备平面布置图	1. 设备配置设计是否满足规范要求； 2. 设备布置设计是否满足规范要求。
15.2.4	设备管线布置图	1. 强弱电管线敷设设计是否满足规范要求； 2. 地面线槽预留维修口位置、尺寸是否符合维修及使用要求。
15.2.5	材料表	电线、电缆所用材料是否满足规范要求。

15.3 规范条文

编号	审查点	设计文件的审查内容
15.3.1	系统架构	GB 50157—2013 18.1.13 线网自动售检票系统应按多层架构进行设计，并应遵循集中管理、分级控制、资源共享的基本原则。各层级应具有独立运行的能力。
15.3.2	设备配置	GB 50157—2013 18.5.1 自动检票机的设置宜满足每组不少于3通道要求。
15.3.3	设备布置	GB 50157—2013 9.3.7 售票机前应留有购票乘客的聚集空间，聚集空间不应侵入人流通行区。出站检票口与出入口通道边缘的间距不宜小于5m，与楼梯的距离不宜小于5m，与自动扶梯基点的距离不宜小于8m。进站检票口与楼梯口的距离不宜小于4m，与自动扶梯基点的距离不宜小于7m。

16 火灾自动报警系统

编号	审查点	设计文件的审查内容
16.1　设计说明		
16.1.1	设计依据	1. 设计执行的主要现行设计规范； 2. 初步设计专家审查意见及对专家审查意见的执行情况。
16.1.2	设计标准	1. 工程总体概况及设计范围； 2. 保护对象的保护等级划分。
16.1.3	系统组成与功能	1. 中央级监控管理系统组成，应具备的功能； 2. 车站级监控管理系统组成，应具备的功能； 3. 现场控制级系统组成，应具备的功能。
16.1.4	消防联动控制	应审查消防联动控制是否符合要求： 1. 消火栓系统； 2. 自动灭火系统； 3. 防烟、排烟系统； 4. 消防泵和专用防烟、排烟风机； 5. 消防电源、应急照明及疏散指示的控制； 6. 消防联动对其他系统的控制应符合要求。
16.1.5	火灾探测器与报警装置的设置	应审查探测区域的划分及火灾探测器与报警装置的设置是否符合规定： 1. 探测区域的划分原则； 2. 火灾探测器设置要求； 3. 手动报警按钮设置要求。
16.1.6	系统接口	应审查与相关系统及设备的接口描述是否准确、清晰。
16.1.7	供电	应审查主电源和直流备用电源是否按规定设置。
16.1.8	防雷与接地	1. 采用综合接地装置时，接地电阻值不应大于 1Ω； 2. 火灾自动报警系统应设等电位连接网络。
16.1.9	布线	1. 铜芯绝缘导线、铜芯电缆线芯的最小截面面积不应小于 GB 50157—2013 表 19.7.1 的规定； 2. 水平敷设的火灾自动报警系统的传输线路，当采用穿管布线时，不同防火分区的线路不应穿入同一根管内； 3. 火灾自动报警系统的供电线路、消防联动控制线路应采用耐火铜芯电线电缆，报警总线、消防应急广播和消防专用电话等传输线路应采用阻燃或阻燃耐火电线电缆。

编号	审查点	设计文件的审查内容
16.2 设计图纸		
16.2.1	一般规定	设计内容是否完整、主要设备材料是否齐全、签署是否符合规定。
16.2.2	系统图	1. 火灾报警控制器所连接的火灾探测器、手动火灾报警按钮和模块等设备总数和地址总数,每一总线回路连结设备的总数; 2. 消防联动控制器地址总数或火灾报警控制器(联动型)所控制的各类模块总数,每一联动总线回路连结设备的总数; 3. 系统总线上应设置总线短路隔离器,每只总线短路隔离器保护的火灾探测器、手动火灾报警按钮和模块等消防设备的总数。
16.2.3	平面图	1. 总线穿越防火分区时,应在穿越处设置总线短路隔离器; 2. 探测区域划分; 3. 火灾探测器保护面积; 4. 应单独划分的探测区域; 5. 消防控制室内设备的布置; 6. 手动火灾报警按钮设置。
16.2.4	监控点表	应审查不要遗漏重要消防设备及其监视和控制点。
16.2.5	会签	1. 消防控制室内严禁与消防设施无关的电气线路及管路穿过; 2. 消防控制室不应设置在电磁场干扰较强及其他影响消防控制室设备工作的设备用房附近。
16.3 规范条文		
16.3.1	探测区域划分	GB 50116—2013　3.3.2 探测区域的划分应符合下列规定: 1　探测区域应按独立房(套)间划分;一个探测区域的面积不宜超过 500m²;从主要入口能看清其内部,且面积不超过 1000m² 的房间,也可划为一个探测区域; 2　红外光束感烟火灾探测器和缆式线型感温火灾探测器的探测区域的长度,不宜超过 100m;空气管差温火灾探测器的探测区域长度宜为 20m～100m。

17 综合监控系统

编号	审查点	设计文件的审查内容
17.1 设计说明		
17.1.1	设计依据	1. 初步设计专家评审意见执行情况; 2. 工程总体概况及设计范围。

编号	审查点	设计文件的审查内容
17.1.2	设计标准	设计依据中应列出主要设计标准（规范），不应采用已废止的文本。
17.1.3	设计说明	1. 系统组成的合理性：集成子系统、互联子系统的范围及是否符合轨道交通当前自动化发展的实际情况； 2. 设计说明中应包含系统构成，并应符合《地铁设计规范》GB 50157 的有关规定，系统构成还应与系统图一致； 3. 系统组成的合理性：集成子系统、互联子系统的范围及是否符合轨道交通当前自动化发展的实际情况； 4. 系统的完整性：是否设置网络管理等系统； 5. 关键设备的配置情况； 6. 系统网络：全线主干网、控制中心局域网、车站（车辆段、停车场）局域网、现场级网络组网的合理性； 7. 设计说明中应包含系统功能，应满足轨道交通运营的需要，并应符合《地铁设计规范》GB 50157 的有关规定； 8. 设计说明中应包含系统配置及安装。系统配置应与系统网络图一致，并应符合《地铁设计规范》GB 50157 的有关规定； 9. 设计说明中应包含管线敷设，并应符合《地铁设计规范》GB 50157 的有关规定； 10. 综合监控系统供电、接地应满足《地铁设计规范》GB 50157 的有关规定。
17.1.4	系统接口	1. 综合监控系统和集成或互联系统的接口应符合国家现行有关的标准的规定。综合监控系统应通过内部接口将被集成的子系统无缝接入系统中； 2. 综合监控系统应通过外部接口实现与互联子系统的信息交互； 3. 应对接口（内部、外部）的物理特征详细描述，如接口位置、通信界质、链路数量、接口型式、物理接口界面等。

17.2 设计图纸

编号	审查点	设计文件的审查内容
17.2.1	配电系统图（若有的话）	应有开关规格和负荷计算。
17.2.2	平面图	1. 平面中应有机柜布置及定位尺寸； 2. 平面中应有至机柜线缆表示； 3. 引上引下处应标注线缆的规格型号及数量； 4. 管线敷设应采取抗电磁干扰措施。应满足《地铁设计规范》GB 50157 的有关规定； 5. 接地应满足《地铁设计规范》GB 50157 的有关规定； 6. 有雷电干扰的场所，应按《建筑物电子信息系统防雷技术规范》GB 50343 的要求采取防护措施； 7. 平面应与说明、系统图、配电系统图一致。

编号	审查点	设计文件的审查内容
17.2.3	其他	系统可靠性： 1. 采取主备、冗余的配置情况； 2. 抗电磁干扰的措施； 3. 设计图是否完整齐全、主要设备材料是否齐全。

17.3 规范条文

编号	审查点	设计文件的审查内容
17.3.1	一般规定及系统设置原则	GB 50157—2013 20.1.2 综合监控系统宜为实时监控与事务数据管理相结合的系统。 GB 50157—2013 20.2.2 综合监控系统宜设置中央级综合监控系统和车站/车辆基地级综合监控系统，并应通过网络设备将全线各车站/车辆基地级综合监控系统与中央级综合监控系统连接构成完整综合监控系统；现场级应由被集成或互联的子系统现场设备组成。
17.3.2	系统网络	GB 50157—2013 20.2.5 综合监控系统的骨干网宜利用通信系统传输网络组网或组建专用传输网络。
17.3.3	系统基本功能	GB 50157—2013 20.3.2 综合监控系统宜具备运营数据统计、操作员培训和决策支持等运营辅助管理功能。

18 环境与设备监控系统

编号	审查点	设计文件的审查内容

18.1 设计说明

编号	审查点	设计文件的审查内容
18.1.1	设计依据	1. 设计依据中是否有风、水、电相关资料； 2. 初步设计专家评审意见执行情况； 3. 土建概况介绍及设计范围；
18.1.2	设计标准	1. 设计依据中应列出主要设计标准（规范），不应采用已废止的文本。
18.1.3	设计说明	1. 设计说明中应包含系统设置原则，并应符合《地铁设计规范》GB 50157 的有关规定； 2. 设计说明中应包含系统构成，并应符合《地铁设计规范》GB 50157 的有关规定，系统构成还应与系统图一致； 3. 设计说明中应包含系统功能，并应符合《地铁设计规范》GB 50157 的有关规定； 4. 设计说明中应包含设备安装，并应符合《地铁设计规范》GB 50157 的有关规定； 5. 设计说明中应包含管线敷设，并应符合《地铁设计规范》GB 50157 的有关规定； 6. 设计说明中应包含供电及保护，并应符合《地铁设计规范》GB 50157 的有关规定； 7. 设计说明中应包含其他施工注意事项。

编号	审查点	设计文件的审查内容
18.1.4	系统接口	1. BAS应通过内部接口将被监控的系统、设备无缝接入本系统中，通过接口实现与被监控的系统、设备的信息交互； 2. BAS应通过外部接口实现与相关系统的信息交互； 3. 应对接口（内部、外部）的物理特征详细描述，如接口位置、通信界质、链路数量、接口型式、物理接口界面等；接口设备全面，无漏项。
18.1.5	监控点表及管线选择	1. 监控点表设计合理可行； 2. 管线选择合理。

18.2 设计图纸

编号	审查点	设计文件的审查内容
18.2.1	平面图	1. 系统设备位置选择合理； 2. 系统主机房应有设备定位； 3. 系统线槽大小选择合理，有标识； 4. 系统管线选择合理，应满足《地铁设计规范》GB 50157的有关规定； 5. 平面中应有至机柜线缆表示； 6. 引上引下处应标注线缆的规格型号及数量； 7. 采用屏蔽布线系统时，应保持系统中屏蔽层的连续性，以满足系统接地的可靠性。BAS的电缆屏蔽层宜采用一点接地，应满足《地铁设计规范》GB 50157的有关规定； 8. 所有BAS现场机柜均应接地，应满足《地铁设计规范》GB 50157的有关规定。
18.2.2	其他	设计图是否完整齐全、主要设备材料是否齐全。

19　乘客信息系统

编号	审查点	设计文件的审查内容

19.1 设计说明

编号	审查点	设计文件的审查内容
19.1.1	设计依据	1. 系统方案是否经过初步设计专家审查，是否说明对专家审查意见的执行情况； 2. 是否具备设计合同或设计委托依据； 3. 如果是变更设计，是否符合变更程序（变更原因、变更方案及批准文件）； 4. 是否具有系统设备采购项目技术规范书及供货合同。
19.1.2	设计标准	应列出执行的主要设计标准（规范），不应采用已废止的版本。
19.1.3	设计范围与设计接口	1. 设计范围是否明确； 2. 设计接口与相关专业是否一致，界面是否清晰； 3. 乘客信息系统终端布置与装修专业是否一致。

编号	审查点	设计文件的审查内容
19.1.4	系统功能与系统构成	1. 乘客信息系统的系统功能、系统构成是否合理，是否适应、满足轨道交通工程的使用要求。选用的系统设备是否是技术先进且成熟的产品； 2. 系统是否具备全数字传输功能，信息采集、传输、显示宜采用全数字的方式； 3. 系统是否支持文字、图片、视频信息等媒体格式； 4. 系统是否支持数据传送及数据显示的优先级别定义功能； 5. 需同时显示多类信息的终端显示设备，是否具有每个区域可独立控制的多区域屏幕分割功能，并应具备单独播出列表功能； 6. 全线包括控制中心、车站（含地下、地面、高架车站）以及车辆段及停车场乘客信息系统的系统设备的配置、设置处所、安装高度、安装方式设计是否满足运营、管理的需要，是否满足安装和维修方便的要求，是否符合本工程技术规格书及供货合同书的要求； 7. 车地无线网络应满足列车高速运行时的无缝切换； 8. 对于首次采用新技术、新工艺（如果工程涉及）或者突破规范规定的工程设计，应审查有无设计依据。
19.1.5	供电与接地	1. 乘客信息系统负荷等级宜为二级； 2. 乘客信息系统设备电源开关容量是否满足要求； 3. 是否采用综合接地，接地电阻不应大于1Ω。

19.2 设计图纸

编号	审查点	设计文件的审查内容
19.2.1	系统图及配线图	1. 数据线与电源线不应共用电缆，并不应敷设在同一根金属套管内； 2. 数据线应采用无卤、低烟的阻燃屏蔽电缆； 3. 地下隧道、地面以及高架区间的干线光、电缆线路的设计原则敷设方式以及光、电缆的选择是否符合有关设计规范要求； 4. 乘客信息系统的管线径路、管线敷设部位以及敷设方式的设计是否合理、节约工程投资、便于施工，是否与有关的综合管线图相一致。
19.2.2	终端设备布置施工图	1. 车站终端显示设备应面向乘客，每侧站台终端显示设备数量不宜少于6块；车站站厅宜配置终端显示设备，终端显示设备数量不宜少于4块； 2. 区间乘客信息系统设备的机箱设计、安装位置以及安装方式是否符合有关设计规范要求，是否考虑了防水、防潮、防腐蚀、抗震、耐久性的要求，是否满足限界要求。
19.2.3	主要工程数量表	工程项目量是否有漏项，工程数量是否偏大或不足。

20 门禁

编号	审查点	设计文件的审查内容
20.1 设计说明		
20.1.1	设计依据	初步设计专家评审意见执行情况。
20.1.2	设计标准	应列出主要设计标准（规范），不应采用已废止的文本。
20.1.3	设计说明	1. 设计说明中应门禁点、门锁设置原则，应满足运营需求，并应符合《地铁设计规范》GB 50157 的有关规定； 2. 设计说明中应包含系统构成，并应符合《地铁设计规范》GB 50157 的有关规定。系统构成还应与系统图一致； 3. 设计说明中应包含设备安装，并应符合《地铁设计规范》GB 50157 的有关规定； 4. 设计说明中应包含管线敷设，并应符合《地铁设计规范》GB 50157 的有关规定； 5. 设计说明中应包含供电及保护，接地电阻不应大于 1Ω；并应符合《地铁设计规范》GB 50157 的有关规定； 6. 设计说明中应包含其他施工注意事项。
20.2 设计图纸		
20.2.1	平面图	1. 系统设备位置选择合理； 2. 系统主机房应有设备定位； 3. 系统线槽大小选择合理； 4. 系统设备及管线应安装和敷设在安全区域； 5. 门禁车站级系统设备宜设在车站控制室，具体位置应与运营管理模式相适应； 6. 读卡器在公共区可以根据需要明装或暗装，安装方式应与建筑装修协调配合；控制按钮的安装应便于识别和操作； 7. 平面中应有至机柜线缆表示； 8. 引上引下处应标注线缆的规格型号及数量。
20.2.2	其他	设计图是否完整齐全、主要设备材料是否齐全。
20.3 规范条文		
20.3.1	系统构成	GB 50157—2013　23.3.1 门禁系统宜由线网中央级系统、线路中央级系统、车站级系统、现场级系统和终端设备、传输网络和电源及门禁卡等组成。 GB 50157—2013　23.3.6 门禁系统监控管理层系统可自成系统或与综合监控（或安防）系统实现集成或互联。 GB 50157—2013　23.3.7 门禁系统宜采用通信传输网络，当门禁系统与综合监控（或安防）系统实现集成或互联时，宜采用综合监控（或安防）系统的传输网络。

编号	审查点	设计文件的审查内容
20.3.2	系统配置	GB 50157—2013　23.3.2 　　线网中央级系统宜由服务器、监控管理工作站、授权工作站、授权读卡器、打印机、局域网设备及不间断电源等组成。 GB 50157—2013　23.3.3 　　线路中央级系统宜由服务器、监控管理工作站、授权工作站、授权读卡器、打印机、局域网设备及不间断电源等组成。 　　注：当集成于综合监控系统时，中央级设备由综合监控系统提供。 GB 50157—2013　23.3.4 　　车站级系统宜由车站工作站、授权读卡器、打印机、局域网设备及不间断电源等组成。 　　注：当集成于综合监控系统时，车站级工作站和IBP盘可由综合监控系统统一提供。 　GB 50157—2013　23.3.5 　　现场级系统和终端设备宜由车站控制器、本地控制器、读卡器、密码键盘、电子锁、门磁、紧急开门按钮、出门按钮及门禁卡等组成。
20.3.3	其他	GB 50157—2013　23.5.2 　　门禁车站级系统设备宜设在车站控制室，具体位置应与运营管理模式相适应。

21　站内客运设备

编号	审查点	设计文件的审查内容

21.1　设计说明

编号	审查点	设计文件的审查内容
21.1.1	设计说明	1. 采用的设计标准与规范是否为有效版本； 2. 选型要求应满足： 1）地铁应采用公共交通型自动扶梯和自动人行道； 2）车站应选用无机房电梯，当无法满足无机房电梯布置要求时，宜选用液压电梯； 3）露天出入口应选用室外型轮椅升降机； 3. 主要技术参数应满足现行《地铁设计规范》GB 50157 第 25 章的要求； 4. 相关接口说明； 5. 初步设计审查意见与执行情况； 6. 施工注意事项。

21.2　设计图纸

编号	审查点	设计文件的审查内容
21.2.1	工艺平面布置图	1. 自动扶梯和自动人行道的各支点应按产品要求设置预埋件和预留吊装条件； 2. 自动扶梯和自动人行道机坑内应采用重力流排水； 3. 自动扶梯和自动人行道安装位置宜避开土建结构的诱导缝和变形缝，跨越时应采用相应的构造措施； 4. 电梯的安装位置应避开土建结构的诱导缝和变形缝； 5. 轮椅升降机平台面应采用防滑材料，平台四周应设护栏。

编号	审查点	设计文件的审查内容
21.2.2	剖面图	1. 自动扶梯、电梯的底坑内应设置排水设施，并不应漏水、渗水； 2. 电梯井道应根据产品要求在土建工程中设置预埋件、预留孔、预留槽和起重吊环。

21.3 规范条文

编号	审查点	设计文件的审查内容
21.3.1	自动扶梯和自动人行道的安装位置	GB 50157—2013　25.1.19 自动扶梯和自动人行道安装位置，宜避开结构诱导缝和变形缝，跨越时应采用相应的构造措施。
21.3.2	电梯选型要求	GB 50157—2013　25.2.1 车站应选用无机房电梯，当无法满足无机房电梯布置要求时，宜选用液压电梯。 GB 50157—2013　25.2.5 电梯的底坑内应设置排水设施，并不应漏水、渗水；当采用液压电梯时，底坑应具有集油装置。
21.3.3	轮椅升降机选型要求	GB 50157—2013　25.3.4 轮椅升降机应具备乘客自行操作条件，并应设置与车站控制室的可视对讲装置。

22　站台门

编号	审查点	设计文件的审查内容

22.1 设计说明

编号	审查点	设计文件的审查内容
22.1.1	设计说明	1. 应满足基本要求： 1）站台门不得作为防火隔离装置； 2）地下车站站台门系统的绝缘材料、密封材料和电线电缆等应采用无卤、低烟的阻燃材料；地面和高架车站站台门系统的绝缘材料、密封材料和电线电缆等应采用低卤、低烟的阻燃材料； 2. 设计采用的规范是否为有效版本； 3. 主要设计原则； 4. 主要技术参数，主要技术指标应满足现行地铁设计规范第26.2节的要求； 5. 相关接口的说明，与相关专业的接口划分是否准确，应满足现行《地铁设计规范》GB 50157第26.1.14条要求； 6. 供电与接地要求，是否满足现行地铁设计规范第26.5节的要求； 7. 运行与控制系统的组成及相关要求，是否满足现行《地铁设计规范》GB 50157第26.4节的要求； 8. 施工注意事项、安全技术要求、施工工艺要求； 9. 初步设计审查意见及修改情况。

编号	审查点	设计文件的审查内容

22.2 设计图纸

编号	审查点	设计文件的审查内容
22.2.1	平面布置图	1. 平面图中安全门的布置及尺寸是否满足规范要求； 2. 平面图中是否满足限界要求，有曲线站台的，是否满足曲线加宽要求。
22.2.2	设备室与管线布置图	1. 图中应给出施工过程的注意事项； 2. 线缆型号、预留孔洞是否准确。
22.2.3	站台绝缘层图	绝缘层敷设范围是否满足实际需要，应有施工接口说明。

22.3 规范条文

编号	审查点	设计文件的审查内容
22.3.1	基本要求	GB 50157—2013 26.1.10 站台门设置区域不宜有变形缝；站台门跨越变形缝时其门体结构应采取相应的构造措施。 GB 50157—2013 26.1.12 站台门的整体钢结构使用寿命不应少于30年。
22.3.2	平面图中安全门的布置及尺寸	GB 50157—2013 26.3.1 站台门应包括固定门、滑动门、应急门，每侧站台门的两端宜各设一樘端门。
22.3.3	运行与控制系统的组成及相关要求	GB 50157—2013 26.4.1 站台门控制系统应主要由中央控制盘、就地控制盘、门控单元、就地控制盒、控制局域网和接口模块组成。 GB 50157—2013 26.4.5 中央控制盘和接口模块宜布置在站台门设备室，就地控制盘宜布置在每侧站台出站端。

23 车辆基地

编号	审查点	设计文件的审查内容

23.1 工艺设计说明

编号	审查点	设计文件的审查内容
23.1.1	设计说明	1. 车辆段和停车场的功能和任务量分配情况及依据； 2. 车辆段的工艺设计是否按本工程采用车辆的技术参数进行的； 3. 设计采用的标准是否是有效版本； 4. 车辆检修工艺流程的合理性及依据； 5. 施工注意事项； 6. 初步设计审查意见及修改情况； 7. 分期建设的合理性及设计依据。

编号	审查点	设计文件的审查内容

23.2 工艺设计图纸

编号	审查点	设计文件的审查内容
23.2.1	总图	1. 占地面积的经济性是否满足建设标准要求及依据； 2. 公众安全性是否满足现行地铁设计规范的要求； 3. 环境保护措施的设置； 4. 卸车场地及出入口的设计； 5. 总图中安全栅栏的设置、建筑单体之间距离是否满足要求； 6. 主要经济技术指标表、建筑单体面积表、股道表、工艺规模等表内容是否齐全。
23.2.2	运用库	1. 列检列位数及依据； 2. 运用库内的安全保护措施； 3. 月检库安全设施设置； 4. 洗车库安全设施设置、洗车流程是否满足在总图中工艺流程的要求； 5. 不落轮镟库基坑排水设施，基坑周边的安全防护措施，钢轨防迷流措施等。
23.2.3	联合检修库	1. 联合检修库内的安全措施设置； 2. 静调库的安全措施设置； 3. 工艺设备表与图中工艺设备布置是否一致。
23.2.4	油漆库	油漆库应设置通风设备及消防和环保措施。
23.2.5	空压机站	空压机站的设计，应满足现行国家标准《压缩空气站设计规范》GB 50029 的相关要求。
23.2.6	物资总库及易燃品仓库	存放易燃品的仓库宜单独设置，并应符合现行国家标准《建筑设计防火规范》GB 50016 有关规定。
23.2.7	锅炉房	独立设计的锅炉房应符合现行国家标准《锅炉房设计规范》GB 50041 的有关规定。

23.3 规范条文

编号	审查点	设计文件的审查内容
23.3.1	车辆段和停车场的功能和任务量分配情况	GB 50157—2013 27.1.2 车辆基地的功能、布局和各项设施的配置，应根据本工程的运营需要、城市轨道交通线网车辆基地的规划布置和既有车辆基地的功能及分布情况，实现线网车辆基地的资源共享。
23.3.2	分期建设的合理性	GB 50157—2013 27.1.3 车辆基地设计，应初、近、远期结合，分期实施。用地范围应在站场股道和房屋规划布置的基础上按远期规模确定。

编号	审查点	设计文件的审查内容
23.3.3	工艺流程的合理性	GB 50157—2013　27.2.14 车辆段生产房屋布置应以运用及检修库为核心，各辅助生产房屋应根据生产性质按系统布置；与运用和检修作业关系密切的辅助生产房屋宜分别布置在相关车库的侧跨内或邻近地点；性质相同或相近的房屋宜合并设置。
23.3.4	运用库内的安全保护措施	GB 50157—2013　27.3.10 双周/三月检库内线路应设柱式检查坑，并应根据作业要求，设置车顶作业平台和中间作业平台。
23.3.5	卸车场地及出入口的设计	GB 50157—2013　27.1.9 车辆基地应具有外来物资、设备及新车进入的运输条件，有条件时应设连接国家铁路的专用线；车辆基地内应有运输、消防道路，并应有不少于两个与外界道路相连通的出入口。运输道路、消防道路与线路设有平交道时，应在道口前安装安全警示标识及限高、限载标识牌。
23.3.6	安全栅栏的设置	GB 50157—2013　27.2.17 车辆基地内出入线、试车线、洗车线和镟轮线及车场线群外侧，应设通透的隔离栅栏。

23.4　站场设计说明

编号	审查点	设计文件的审查内容
23.4.1	设计依据	1. 采用的规范、标准是否恰当、适用； 2. 是否具有经过审查合格的地质及水文详细勘察报告。 3. 方案是否经过专家审查及对专家审查意见的执行情况进行反馈； 4. 如果是变更设计，是否符合变更程序（变更原因、变更方案及批准文件）。
23.4.2	设计标准	1. 线路最小曲线半径的确定是否符合要求； 2. 曲线间、道岔间夹直线长度的确定是否满足要求； 3. 最大线路坡度的确定是否符合要求； 4. 路基基床厚度是否满足要求； 5. 路基横坡是否满足要求； 6. 路基填料路基压实度是否符合设计规范； 7. 排水坡度的确定； 8. 行车速度的确定； 9. 路面宽度的规定； 10. 道路曲线半径的规定； 11. 道路纵坡的规定。
23.4.3	施工注意事项	应结合设计内容有针对性地提醒相关事项。

编号	审查点	设计文件的审查内容

23.5 站场设计图纸

编号	审查点	设计文件的审查内容
23.5.1	站场线路平面图	1. 站场线路布置是否顺畅，是否满足各项作业要求； 2. 数据标注是否规范、齐全。
23.5.2	纵断面图	1. 地质剖面图是否与勘查报告相符； 2. 坡度、坡长是否符合标准要求。
23.5.3	路基横断面图	1. 基线设计合理清晰； 2. 横断面数量应每100m不少于3个； 3. 横断面图应带地质剖面； 4. 横断面坡向、坡度是否符合要求； 5. 路基标高、间距标注是否齐全。
23.5.4	站场排水平面图	1. 排水系统设计是否满足路基排水的要求； 2. 排水流向是否合理； 3. 沟管内底标高、坡度、长度标注是否齐全； 4. 工程量项目是否齐全。
23.5.5	排水构筑物图	1. 排水设备的类型是否适合路基排水； 2. 排水设备类型是否与设计说明和平面图一致； 3. 尺寸标注是否正确； 4. 采用标准通用图，必须注明通用图的图号。
23.5.6	站场道路平面图	1. 设计路面宽度、道路最小曲线半径、最大纵坡是否满足标准要求； 2. 道路系统设计是否合理、与市政道路衔接是否协调； 3. 道路与铁路交叉是否满足要求； 4. 道路边缘至建筑物距离是否满足要求； 5. 主要建筑物周围是否设置消防环路； 6. 路面标高、坡度、长度标注是否齐全； 7. 工程量项目是否齐全。
23.5.7	路面结构图	1. 路面结构设计是否符合要求； 2. 路缘石规格是否适当； 3. 尺寸标注是否正确。

23.6 规范条文

编号	审查点	设计文件的审查内容
23.6.1	线路平面曲线及纵坡设计	GB 50157—2013 6.3.2-4 车站及其配线坡度设计应符合下列规定： 　4　道岔宜设在不大于5‰的坡道上。在困难地段采用无砟道床，尖轨后端为固定接头的道岔，可设在不大于10‰的坡道上。

编号	审查点	设计文件的审查内容
23.6.2	道床间距	详见本附录线路相关部分。
23.6.3	路基填料、基底处理	详见本附录路基相关部分。
23.6.4	排水设备选择	GB 50157—2013 27.10.3-2 路基排水系统应符合下列要求： 2 站场路基排水系统宜采用重力自流排水方式，有条件时应排入城市排水系统。段内排水设备应采用排水沟、排水管相结合的形式。建筑密集区应采用暗管排水，股道间应采用盖板排水沟。
23.6.5	流量计算	GB 50014—2006（2014 年版） 3.2.1 采用推理公式计算雨水设计流量，应按下列公式计算。当汇水面积超过 2km^2 时，宜考虑降雨在时空分布的不均匀性和管网汇流过程，采用数学模型法计算雨水设计流量。 $$Q_s = q\psi F \qquad (3.2.1)$$ 式中：Q_s——雨水设计流量（L/s）； q——设计暴雨强度 [L/（s·hm^2）]； ψ——径流系数； F——汇水面积（hm^2）。 注：当有允许排入雨水管道的生产废水排入雨水管道时，应将其水量计算在内。 GB 50014—2006（2014 年版） 3.2.2 应严格执行规划控制的综合径流系数，综合径流系数高于 0.7 的地区应采用渗透、调蓄等措施。径流系数，可按本规范表 3.2.2-1 的规定取值，汇水面积的综合径流系数应按地面种类加权平均计算，可按表 3.2.2-2 的规定取值，并应核实地面种类的组成和比例。 GB 50014—2006（2014 年版） 3.2.4 雨水管渠设计重现期，应根据汇水地区性质、城镇类型、地形特点和气候特征等因素，经技术经济比较后按表 3.2.4 的规定取值。
23.6.6	道路曲线及纵坡	GBJ 22—1987 2.3.4 厂内道路最小曲线半径，当行驶单辆汽车时不宜小于 15m，当行驶拖拉机时，不宜小于 20m。 厂内道路的平面转弯处可不设超高、加宽。
23.6.7	路拱及横坡	GBJ 22—1987 4.1.4 路拱形式，可根据路面面层类型确定，水泥混凝土路面，可采用直线型路拱；沥青路面和整齐块石路面，可采用直线加圆弧形路拱。厂内道路的路拱形式，可采用单向直线型路拱。路拱坡度宜采用 1%～3%。